2019

海峡两岸司法实务热点问题研究（上）

ISSUES IN CROSS-STRAIT JUDICIAL PRACTICE

吴偕林 主编

Chief Editor XieLin Wu

人民法院出版社

图书在版编目（CIP）数据

海峡两岸司法实务热点问题研究.2019／吴偕林
主编.--北京：人民法院出版社，2020.9
ISBN 978－7－5109－2902－1

Ⅰ.①海… Ⅱ.①吴… Ⅲ.①海峡两岸－司法－文集
Ⅳ.①D926－53

中国版本图书馆CIP数据核字（2020）第128037号

海峡两岸司法实务热点问题研究（2019）

吴偕林　主编

责任编辑：陈晓璇
执行编辑：吴朔桦　邢峻彬
出版发行：人民法院出版社
地　　址：北京市东城区东交民巷27号（100745）
电　　话：（010）67550629（责任编辑）　67550558（发行部查询）
　　　　　65223677（读者服务部）
客服QQ：2092078039
网　　址：http://www.courtbook.com.cn
E－mail：courtpress@sohu.com
印　　刷：北京华联印刷有限公司
经　　销：新华书店

开　　本：787毫米×1092毫米　1/16
字　　数：900千字
印　　张：52.25
版　　次：2020年9月第1版　2020年9月第1次印刷
书　　号：ISBN 978－7－5109－2902－1
定　　价：238.00元（上·下）

2019年海峡两岸司法实务研讨会大会

中国法官协会领导于会前会见参会嘉宾

福建省领导于会前会见参会嘉宾

中国法官协会名誉副会长杨万明与海峡两岸法学交流协会（台湾）理事长廖正豪互赠纪念品

福建省委常委、秘书长郑新聪与海峡两岸法学交流协会（台湾）理事长廖正豪互赠纪念品

福建省法官协会会长吴偕林与海峡两岸法学交流协会（台湾）理事长廖正豪互赠纪念品

福建省委常委、秘书长郑新聪致辞

福建省政协副主席阮诗玮出席会议

福建省法官协会会长吴偕林主持大会

中国法官协会特邀咨询专家唐正瑞致辞

海峡两岸法学交流协会（台湾）理事长廖正豪先生在大会上致辞并作主题演讲

中国法官协会理事姜启波在大会上致辞

台湾世新大学法律系兼任教授叶百修在大会上致辞

泉州市委书记康涛在大会上致辞

福建省法官协会副会长周瑞春作主题演讲

中国法官协会会员孙福辉作主题演讲

中国法官协会会员张卫兵与台湾世新大学法学院院长赖来焜共同主持两岸诉讼服务机制比较研究专题研讨

中国法官协会会员高晓力与台湾铭传大学财金法律学系教授、法学院前院长刘秉钧共同主持两岸同胞权益平等保障问题研究专题研讨

华东师范大学法学院党委书记张惠虹与海峡两岸法学交流协会（台湾）理事杨秀美共同主持两岸知识产权审判制度、司法科技信息化问题研究专题研讨

2019年海峡两岸司法实务研讨会研讨场景

福建省法官协会会长吴偕林在闭幕式上作总结讲话

2019年海峡两岸司法实务研讨会闭幕式

台湾师范大学研究员兼教授陈新民在闭幕式上发言

华东政法大学党委书记郭为禄在闭幕式上发言

台湾东吴大学校长、法律学系专任教授潘维大在闭幕式上发言

中国法官协会会员周加海在闭幕式上发言

2019年海峡两岸司法实务研讨会参会嘉宾合影

海峡两岸司法实务热点问题研究

编辑委员会

序一　服务两岸融合发展　平等保障台胞权益

习近平总书记在党的十九大报告中提出，我们秉持“两岸一家亲”理念，愿意率先同台湾同胞分享祖国大陆发展机遇，扩大两岸经济文化交流合作，实现互利互惠，逐步为台湾同胞在学习、创业、就业、生活提供与祖国大陆同胞同等的待遇，增进台湾同胞福祉。深化两岸融合发展，是新时代造福两岸同胞、推动两岸关系和平发展的重要途径。在这一历史进程中，人民司法肩负重大职责使命，作用无可替代、不可或缺。一直以来，人民法院始终坚定不移坚持党的领导，紧紧围绕“努力让人民群众在每一个司法案件中感受到公平正义”的目标，牢牢坚持司法为民、公正司法主线，坚持稳中求进工作总基调，审判执行、司法改革、信息化建设、队伍建设等各项工作取得新的进展，维护国家政治安全、确保国家大局稳定、促进社会公平正义、保障人民安居乐业的能力不断提升。

2019 年 1 月 2 日，习近平总书记在《告台湾同胞书》发表 40 周年纪念会上的重要讲话，全面阐述了我们立足新时代、推进祖国和平统一的重大政策主张，为新时代做好对台工作提供了根本遵循和行动指南。为深入贯彻落实习近平总书记关于对台工作的重要论述，3 月 26 日，最高人民法院发布了《关于为深化两岸融合发展提供司法服务的若干措施》，提出了全面保障诉讼权利、提供优质司法服务、健全服务保障机制、扩大参与司法工作等四个方面 36 条司法惠台措施。积极回应了台湾同胞的需求和关切，展现了司法机关为台湾同胞办实事、做好事、解难事的决心和诚意，使台湾同胞在司法领域进一步扩大受益面和获得感，切切实实分享我国大陆日新月异的发展进步所带来的各种机遇，得到台湾同胞的普遍关注和一致好评。

自2009年以来，福建省法官协会始终坚持以法为媒、厚植共识，连续举办了11届海峡两岸司法实务研讨会，为两岸司法法律界研讨交流搭建了重要平台，发挥着促进两岸共同弘扬中华法治文化、增进两岸同胞心灵契合的积极作用。特别是2019年海峡两岸司法实务研讨会，聚集我国惠台政策和司法惠台措施的制定出台，围绕“深化两岸融合发展中的司法服务与保障”这一主题展开热议，突出展现人民法院为服务两岸经济文化交流合作、促进深化两岸融合发展、保障台湾同胞合法权益等方面的探索和实践，得到与会代表的广泛共鸣。根据研讨主要成果汇编而成的《海峡两岸司法实务热点问题研究》一书，集中反映了两岸司法实务交流的重要实践，积极展示了时代背景下对民众司法需求的关心关注，有效彰显了两岸融合发展大势中的司法回应，进一步丰富了中华司法理论宝库。

习近平总书记强调指出，“两岸同胞是命运与共的骨肉兄弟，是血浓于水的一家人。”两岸同胞同根同源，血脉相连，没有理由不交流交往。今天，我们比历史上任何时期都更接近中华民族伟大复兴的目标，在民族复兴大业和祖国统一进程中，两岸民众都是参与者、奉献者和受益者，两岸司法法律界有识之士都是亲历者、推动者和见证者。衷心希望两岸司法法律界同仁共担民族大义，在坚持体现一个中国原则的“九二共识”基础上，秉持法治精神，深化交流合作，为中华民族的伟大复兴和中华法治与司法事业的繁荣昌盛，为推进两岸关系和平发展、造福两岸民众作出司法新的更大贡献。

是为序。

中国法官协会

最高人民法院台湾司法事务办公室

2019年10月于北京

序二　深化两岸融合发展　推动司法交流合作

2019 年 7 月 26 日，由福建省法官协会和海峡两岸法学交流协会（台湾）共同举办的第十一届海峡两岸司法实务研讨会在福建泉州成功召开。

本届研讨会是习近平总书记在《告台湾同胞书》发表 40 周年纪念会上发表重要讲话和在参加十三届全国人大二次会议福建代表团审议时发表重要讲话后，两岸首场较大规模的司法实务交流活动。研讨会始终坚持学习贯彻习近平总书记关于对台工作的重要论述，着力宣介司法惠台措施，积极展现法治建设成就，主题鲜明、内容丰富、成效明显。研讨会始终秉持“立足司法实务，理论促进实践”的宗旨，以“深化两岸融合发展中的司法服务与保障”为主题，围绕两岸诉讼服务机制、两岸同胞权益平等保障、知识产权审判和司法科技信息化等议题进行了深入交流研讨。大会共收到两岸法学界、司法界人士提交论文 150 篇，33 位嘉宾围绕主题议题，或发表精彩的主题演讲，或作了极具针对性的专题报告，或踊跃发言，或深刻点评，倾注着两岸法律人致力于深化两岸司法交流合作、推动两岸关系和平发展的深厚情怀，凝聚着两岸同胞对探索两岸融合发展新路、实现民族伟大复兴的拳拳之心，引起广泛共鸣。

一是围绕两岸司法诉讼服务与审判质效提升谋求新对策。近年来，法院受理案件不断增多，案多人少矛盾突出。两岸与会嘉宾中，有的提出应大力推进司法诉讼服务机制改革，优化司法资源配置，全面提高司法质效和公信力。有的提出以跨域立案诉讼服务制度为基础，以诉讼线上服务“一网通办”为目标，从立法、机构设置、适用范围、信息化建设、配套机制建设等方面进行设计完善。有的以案件质量与效率为考量标准，提出难案多元调解、简案迳行裁判的繁简分流司法诉讼机制。

二是围绕保障两岸同胞同等待遇和同等权益谋求新思路。随着最高人民法院和福建省高级人民法院陆续制定出台了司法惠台 36 条和 59 条措施，在司法领域积极回应台胞司法需求、切实维护台胞合法权益、服务保障两岸同胞享受同等待遇，已然在两岸司法界达成高度共识。两岸与会嘉宾中，有的对台湾同胞在大陆就业的发展现状和享有同等就业权益的法理基础进行分析，提出建构台湾同胞同等就业权益保障体系的意见建议。有的紧密结合涉台刑事司法工作实践和大量案例，深刻阐述平等保障被告人、被害人权益原则在涉台刑事审判中的体现与融入。

三是围绕两岸知识产权审判合作与司法保护谋求新举措。知识产权保护是当今世界普遍高度关注的热点话题，是营造有利于创新创业创造良好发展环境的重要内容。两岸与会嘉宾中，有的介绍我国法院知识产权审判制度新发展，展示法治建设成就。有的提出借鉴台湾地区智慧财产法院关于知识产权专业化审判方面的有益经验，围绕建立完善我国知识产权专业化审判格局和体系、健全完善我国法院技术调查官制度、比较研究两岸知识产权领域商业秘密的认定标准和判断等，提出了许多富有创见的设想和建议。

四是围绕两岸司法实务与科技信息创新发展谋求新途径。当前，“互联网 +”“标准化 +”“数字化 +”的思维理念，正逐渐被广泛应用于法院科技信息化建设进程中。两岸与会嘉宾中，有的对高科技运用与传统司法审判相结合存在的问题加以剖析，提出加强网络科技在司法审判中的运用，发挥网络科技的正向功效，让司法审判的触角延伸，并逐步走向公众视野，增进法律信仰，增强司法权威。有的从两岸跨境电信网络诈骗案件实证分析入手，对推进信息化时代背景下刑事诉讼电子证据庭审实质化路径提出建议。有的着眼于全媒体时代的两岸司法互助特别是证据的取得与效力问题，从两岸司法互助信息化运用的合法性、高效性、操作性、客观性等方面出发，探明了提升两岸司法互助效率的路径。

人之相识，贵在相知；人之相知，贵在知心。海峡两岸司法实务研讨会自 2009 年创办以来，已经进入第十一个年头，得到两岸越来越多同胞同仁、乡亲朋友的关心、支持和参与，已成为海峡两岸司法实务界人士的交流盛会，成为大家真诚交流、真情交往、真心合作的重要平台，对促进两岸交流合作、推进两岸应通尽通发挥着积极而又重要的作用。借助研讨会有力平台，大家深切感受到，两岸同胞虽身处海峡两岸，但同属中华民族，有着共同的血脉、共同的连结和共同的愿景，共同传承着中华民族优秀传统文化的特点，致力于实现中国梦、法治梦、复兴梦。大家深切感受到，两岸同胞不忘初心、守望相助，积极借助闽台具有的天然亲缘、血缘等多重优势，越来越多致力于两岸和平发展、热心两岸司法交流的台湾同胞同仁回乡谒祖、追寻根脉。我们坚信，今后只要两岸同胞同仁常来常往，越走越亲，共话同业谊，共叙同胞情，共谋发展计，持续扩大深化两岸司法交流合作，着力拉近两岸同胞心灵距离，服务保障两岸交流合作与融合发展，不断增进两岸同胞亲情与福祉，就一定能推动新时代两岸关系沿着正确的方向奋勇前行，在中华民族伟大复兴的新征程中续写新的辉煌篇章！

福建省法官协会会长　吴偕林

2019 年 12 月于福州

目 录

（上册）

主题演讲

专题一　两岸同胞权益平等保障问题研究

专题二　两岸诉讼服务机制比较研究

（下册）

专题三　两岸知识产权审判制度、司法科技信息化问题研究

主 | 题 | 演 | 讲

依法保障台胞同等待遇落实　促进新时代两岸融合发展

周瑞春*

两岸同胞是命运与共的骨肉兄弟，是血浓于水的一家人。以习近平同志为核心的党中央始终心系两岸同胞利益福祉，采取了一系列促进两岸各领域交流合作的重大政策举措，推动两岸融合发展、携手发展、共享发展。福建处在两岸融合发展最前沿，福建省高级人民法院坚定贯彻党中央对台工作方针和决策部署，坚持把涉台司法工作作为造福台湾同胞的重点工作和倾力打造的特色品牌，走在前，做在先，2019 年 2 月 22 日，在中共中央台办、最高人民法院的关心指导下，颁布实施了《关于进一步发挥司法职能　促进两岸经济文化交流合作的若干措施》（以下简称"福建法院惠台 59 条措施"），从全面发挥台胞权益保护职能、切实维护台胞平等诉讼权利、积极完善台胞诉讼服务机制、支持鼓励台胞有序参与司法等四个方面提出 59 条具体举措，并抓好跟踪问效和落细落实，引发了海峡两岸民众热议和积极反响。

一、切实强化保障台胞同等待遇落实的政治自觉和司法担当

两岸同胞血脉相连，亲望亲好。在 2019 年 1 月 2 日举办的《告台湾同胞书》发表 40 周年纪念会上，习近平总书记全面阐述了我们立足新时代、推进祖国和平

* 福建省法官协会副会长。

统一的重大政策主张，进一步指出：“我们对台湾同胞一视同仁，将继续率先同台湾同胞分享大陆发展机遇，为台湾同胞台湾企业提供同等待遇，让大家有更多获得感，”习近平总书记强调：“不管遭遇多少干扰阻碍，两岸同胞交流合作不能停、不能断、不能少；两岸关系和平发展要两岸同胞共同推动，靠两岸同胞共同维护，由两岸同胞共同分享；两岸要应通尽通，提升经贸合作畅通、基础设施联通、能源资源互通、行业标准共通……”2019 年 3 月 10 日，习近平总书记在参加十三届全国人大二次会议福建代表团审议时，反复强调对台工作既要着眼大局大势，又要注重落实落细；要在对台工作中贯彻好以人民为中心的发展思想，对台湾同胞一视同仁，像为大陆百姓服务那样造福台湾同胞；要把工作做到广大台湾同胞的心里，增进台湾同胞对民族、对国家的认知和感情；要把惠台措施落实到位，只要能做到的都要尽力去做。习近平总书记的重要讲话，一以贯之的是总书记对台湾同胞利益福祉的浓浓关心和亲切关怀，为新时代两岸关系发展指明了前进方向，为做好新时代对台工作提供了根本遵循和行动指南。

一家人不说两家话。一段时期以来，中央各部门和各地深入贯彻习近平总书记关于对台工作的重要论述，特别是习近平总书记在 2019 年 1 月 2 日的对台重要讲话精神，采取了一系列惠及台湾同胞的政策措施，为台湾同胞带来了实实在在的获得感。2019 年 3 月 26 日，最高人民法院发布了《关于为深化两岸融合发展提供司法服务的若干措施》，从全面保障台湾同胞的诉讼权利、为台湾同胞提供优质司法服务、为服务台湾同胞建立完善保障机制、扩大台湾同胞参与司法工作等四个方面提出了 36 条司法措施；考虑到福建在两岸融合发展中地位特殊，专门规定福建高院可以根据中央赋予的先行先试政策统筹谋划，推进落实。福建高院积极顺应时代大势、回应台胞需求关切，率先颁布实施“福建法院惠台 59 条措施”，大力推动涉台司法工作融入大局、先行先试。“福建法院惠台 59 条措施”坚持以习近平新时代中国特色社会主义思想为指导，坚持一个中国原则，秉持“两岸一家亲”理念，切实把全部精神和内容统一到党中央对台大政方针上来；坚持以人民为中心的发展思想，立足深化两岸融合发展，以保障率先同台湾同胞分享祖国大陆发展机遇、为台湾同胞提供与大陆同胞同等待遇为导向，涵盖涉台司法工作各领域各方面；坚持法治原则，结合人民法院工作实际、实践经验和台胞需求，与中央“31 条惠及台胞措施”、福建省“66 条实施意见”及最高人民法院“惠台 36 条司法措施”衔接贯通，既为中共中央有关惠台政策及其指导下各地方、各部门出台的惠台措施提供法治保障，也推动福建法院涉台司法各项工作的法治化；坚持先行先试、务实创新，80% 以上的举措属于福建法院的创新性举措，充分展示了我们全心全意为台湾同胞办实事、做好事、解难事的决心和诚意，体现了全省法院服务大局、司法为民、公正司法的自觉性和坚定性。

二、全面发挥台胞权益保护职能

当前，两岸交流越来越频繁，两岸合作越来越广泛，法律在两岸关系中所扮演的角色越来越重要。人民法院对台湾同胞一视同仁，首先必须在司法保护上一视同仁，像为大陆百姓服务那样造福台湾同胞，像维护大陆民众合法权益那样维护台胞合法权益。我们始终秉持“两岸一家亲”理念，在颁布实施的“福建法院惠台 59 条措施”中，特别强调要坚持平等保护、全面保护、依法保护原则，切实保障台湾同胞、台资企业依照法律法规和相关主管部门、地方出台的政策措施所享有的与大陆同胞及企业同等待遇落实落地。全省法院严格执行各项法律法规特别是涉台法律法规，认真履行和拓展司法职能，依法保护台资企业参与“中国制造 2025”、国家重点研发计划项目、基础设施建设、政府采购和国有企业混合所有制改革等的投资权益和经济合作利益；依法保障在大陆就业、生活的台湾同胞在居住地依法享受劳动就业，参加社会保险，缴存、提取和使用住房公积金的权利；依法保护台湾同胞取得大陆专业技术人员职业资格、技能人员职业资格，以及台资企业在大陆取得的相应资质的权益，保障台湾同胞在执业证书许可范围内开展业务，保障台资企业依法参与特许经营项目、业务、机构的经营权；依法保护台资企业产权，保护台湾同胞投资者和企业家的投资财产、工业产权、上市股份、金融持股比例、股权激励所得等财产权利和其他合法权益；依法保护台湾同胞、台资企业在大陆转化的知识产权、在大陆独立取得的知识产权、与大陆产学研等机构和人员合作产生的知识产权；依法维护台湾同胞在台湾农民创业园区、花卉果蔬生态园区等投资生产权利，以及植物新品种权和园艺创意设计的相关权益；依法保护两岸海上直航经营主体和旅客的合法权益，保障台湾航运企业及其他船东诉讼权利的行使；依法保障台湾同胞、台资企业参与台湾海峡水域及西岸生态环境建设，保护台湾同胞、台资企业参与垃圾污水处理、农村人居环境整治、海洋环境保护、大气污染防治等投资和收益。2016 年至 2018 年，福建省各级法院审执结各类涉台案件 6358 件，约占我国法院同类案件总数的 40%。2019 年以来，审执结各类涉台案件946件，其中，民间借贷、货物买卖、承包经营、合伙协议、股权转让、合资合作经营等涉台合同纠纷216件，公司解散、股东出资、股权确认、不当得利等涉台权属、侵权纠纷19件，涉台婚姻家庭和继承纠纷案件225件，涉台行政案件4件，执结各类涉台案件408件，有力维护了台胞台企合法权益，增进了两岸人民共同福祉。

三、切实维护台胞平等诉讼权利

随着到祖国大陆学习、创业、就业、生活的台胞日益增多，由于他们并不完全熟悉大陆法律，因而思维、观念、习惯不可避免会出现差异。“福建法院惠台59条措施”坚持以人民为中心，充分考虑台湾同胞的特殊情况和实际困难，考虑两岸风俗习惯差异，从管辖、立案、庭审、执行到文书送达、调查取证、法律适用、强制措施适用、司法救助、法律援助等各领域各方面积极想办法、下功夫，创新推出17条维护台胞平等诉讼权利的具体举措，保障台湾同胞在诉讼活动中与大陆同胞诉讼地位平等、法律适用平等、法律责任平等。为了更加方便台湾同胞参加诉讼，明确提出台湾同胞可以台湾居民居住证或台胞证作为有效身份证明文件在大陆从事诉讼活动，查阅本人参与诉讼案件材料，旁听公开庭审。对持有台湾居民居住证的台湾同胞委托大陆律师、在大陆执业的台湾律师或者代理诉讼的，由代理人转交的授权委托书的，无需通过公证认证或提交其他证明材料。对于台湾同胞使用普通话与其他诉讼参与人沟通有障碍的问题，还免费为其提供翻译。为了让台湾同胞更好维护自身权益，对经济确有困难的台湾同胞提起民事、行政诉讼的，依法予以缓交、减交或者免交诉讼费用；对符合法律援助条件的台湾同胞，主动协调法律援助机构提供援助；对台湾同胞权利受到侵害无法获得有效赔偿的，提供一次性国家司法救助。对涉台案件当事人及其诉讼代理人因客观原因不能自行收集的证据，依申请或者主动依职权调查收集。向台湾同胞送达司法文书时，采取直接送达、通过海峡两岸司法互助途径等方式，规范适用公告送达，确保台湾同胞实际知悉送达内容、及时行使诉讼权利。对台湾同胞及其代理人因受台湾地区有关规定的限制导致其在大陆诉讼受到影响，可以此作为不能归责于本人的事由。为了使两岸司法互助渠道更加高效便捷，建立健全覆盖全省、横向到边、纵向到底的办理涉台司法互助事务三级网络，加强与台湾地区各级法院之间的沟通，加强与台办、台商协会等的联络，做到“一件都不能错、不能拖、不能少”。2016 年至 2018 年，福建省各级法院共办理涉台司法互助案件 10699 件，约占我国法院同类案件总数的 40%；今年以来办理 1747 件。闽台司法互助职能不断延伸，互助案件范围不断拓展，案件类型不断出新，全国首例申请认可台湾地区仲裁裁决、首例申请认可台湾地区司法部门核定的乡镇市调解委员会调解书、大陆首例通过司法互助渠道查明台湾地区有关规定、两岸罪赃移交司法互助实践中首例全额返还被害人财产等案件均出自福建省。为了保障台胞台企正常生产、生活，明确规定审理和执行涉台民商事案件，在法律允许的范围内合理顾及台湾同胞、台资企业正常生产生活需要，慎用查封、扣押、冻结、限制出境等强制措施。依法确需予以保全的，尽量采取对当事人生产经营影响较小的措施。为了保障涉台刑事被告人平等权利，对于户籍在台湾地区的被告人，开庭审理期间在不妨碍诉讼活动的前提下，准予会见其监护人、近亲属；采取拘留、逮捕等强制措施，应当在 24 小时内通知其家属。针对涉台刑事案件被告人适用缓刑、假释往往面临审前调查评估难、考察机关确定难、交付社区矫正难等问题，平等适用缓刑、管制、裁定假释、决定或批准暂予监外执行，并支持建立涉台社区矫正专门机构，或者在当地台商投资企业等单位建立涉台社区矫正场所，以及实行台湾居民居住证颁发地执行为主的社区矫正机制。漳州市中级人民法院与市检察院、市公安局联合出台台籍被告人近亲属会见制度，为台籍被告人近亲属探视提供便利；厦门海沧法院推动成立首个涉台社区矫正中心，漳州法院在台商投资企业设立涉台社区矫正基地，为在闽的台籍服刑人员参与社区矫正搭建平台。这些措施，既为持有居住证的台湾同胞在诉讼中提供了便利，保障了台湾同胞的平等诉讼权利，也增强了台湾同胞作为一家人享受同等待遇的认同感和获得感。

四、积极完善台胞诉讼服务机制

福建法院涉台案件数量大、影响广、类型多，涉台审判面临许多新情况和新问题，客观上需要人民法院发挥更加专业的司法职能作用，提供更深层次、更有针对性的司法服务和保障。我们坚持以台胞司法需求为导向，因地制宜，大胆创新，在完善台胞诉讼服务机制上推出了 18 条具体举措，努力为台湾同胞提供优质多元、贴心暖心的司法服务，让广大台胞更加充分地感受到公平正义。着力从专业化审判入手。针对涉台审判工作特点，推进涉台专业审判全覆盖，推广涉台刑事、民事、行政三类案件由涉台专业审判组织集中办理的审判机制。目前，福建高院和9个中院均设立包括涉台案件在内的专门民商事审判庭，厦门、漳州中院和平潭法院等17个法院成立了涉台案件审判庭，48个基层法院设立了专门的涉台合议庭，不少法院结合内设机构改革，建立涉台案件新型审判团队，通过专门的机构、专门的人员，促进涉台审判质量、效率与效果同步提升。着力在精准化服务上下功夫。走心才能更加走近。我们牢固树立“互联网+”“标准化+”“数字化+”思维，在工作程序上做“减法”，在诉讼服务上做“加法”，不断强化精准服务、便捷服务、品质服务。建立健全涉台案件“绿色通道”，做到快立快审快结快执行；建设面向台湾同胞的司法服务网络系统及专业网站、专门邮箱、专线电话、微博微信等在线司法服务平台，完善升级使用台湾居民居住证作为身份证明参与诉讼活动的各项诉讼服务措施与相关司法信息管理系统设置，健全线上“一网通办”、线下“一站服务”的集约化诉讼服务，推进“最多跑一次”和“最好不用跑”；推广设立台胞权益保障法官工作室、司法服务联络点、巡回法庭，探索建设涉台案件远程视频或在线庭审、调解、作证、申诉等异地诉讼平台，编制专门的诉讼指导材料，加强判前释法、判中说理、判后答疑，努力提升福建涉台司法的速度、力度和温度。福建省高级人民法院和福州、厦门、泉州等涉台案件较多的法院均已设立台胞诉讼服务专门窗口；福州法院首创设立台胞权益保障法官工作室，目前全省已设立45家；漳州法院开通“涉台司法直通车”微信便民公众号；泉州法院首创“跨域·连锁·直通”式诉讼服务；厦门中院、平潭法院建设涉台法律查明研究中心，为两岸同胞参与诉讼提供了更加立体多元的便利。着力在多元化调解上见成效。合理配置涉台民事、行政审判资源，持续强化全面、全程、全员调解“三全”调解，推进涉台案件“分流、调解、速裁、快审”机制改革，提高案件审理效率，降低台胞诉讼成本，促进案结事了人和。健全涉台纠纷多元化解机制，支持台湾同胞投资企业协会、台资企业、台胞生活区等设立调解组织或聘请台湾同胞担任调解员，鼓励获准在大陆律师事务所执业的台湾同胞开展律师调解工作，充分运用各种力量和社会资源，特别是发挥台胞、台企和涉台行业组织等力量，最大限度地将矛盾纠纷化解在诉前讼外。2016年以来，福建法院审结的涉台民商事案件中，以调解撤诉方式结案的526件，运用多元化纠纷解决机制调解民商事案件5735件。

五、支持鼓励台胞有序参与司法

新时代人民法院各项工作离不开台湾同胞的关心和支持，离不开台湾同胞的监督和支持。实践证明，两岸司法交流越顺畅、形成共识越多，两岸民众的受益面就更大、获得感就更强。我们坚持以法为媒、立足实务、厚植共识，敞开人民法院大门。59 条措施中有 10 条是属于支持鼓励台胞有序参与司法的内容，推动两岸共同弘扬中华法律文化，增进理解，促进心灵契合。进一步扩大台胞司法参与渠道。充分发挥台胞间的“同乡之情、同业之谊”，聘请台胞担任人民法院联络员和人民法院监督员，聘用符合条件的台胞担任调解员、家事调查员、心理咨询员、缓刑考察员、法庭义工等，聘请、委托具有专门知识的台湾同胞担任知识产权、生态环境、医疗卫生、海事海商、智能网络等领域审判技术咨询专家、鉴定专家，完善台胞担任人民陪审员工作机制，探索吸纳台胞担任司法辅助人员及其他工作人员，推动向台湾同胞开放的人民法院工作范围最大化。我们在全国率先聘任一批熟悉两岸政策法律、了解风俗民情的两岸人士担任涉台案件调解员、陪审员，2013 年以来台胞陪审员、调解员共参与审理各类涉台案件 3759 件、参与成功调解 2116 件。对参与人民司法工作成绩突出的台湾同胞，我们还将授予福建法院司法荣誉称号。这些举措的推行，不仅能提升台胞参与人民司法的荣誉感和归属感，也能有效促进台胞对大陆司法的理解和认同。进一步搭好司法交流研讨载体。鼓励、支持台湾地区法学界专家学者参加“中国法学会审判理论研究会海峡两岸审判理论专业委员会”，申报福建法院司法研究课题项目。福建省高级人民法院倡导和主办的“海峡两岸司法实务研讨会”，2009 年以来已连续成功举办十届，规模影响与日俱增。千余名两岸司法实务界、法律界人士共话同业谊，共叙同胞情，共圆中国梦，体现了浓浓的交流之心、合作之愿、共进之盼。十届研讨会共收集论文 1600 余篇，结集出版《海峡两岸司法实务热点问题研究》十套 20 册，深化拓展了理论研究和司法实践成果。厦门中院成功举办三届“厦金法院司法实务交流研讨会”，海沧法院成功举办首届“海峡两岸家事司法实务研讨会”，闽台司法交流渠道日趋丰富多元。进一步密切闽台司法人员往来。以乡情亲情为纽带，深入开展闽台司法人员互访考察、工作会晤、资讯交流等活动，推动建设两岸法学人才和青年学生学习交流实践基地，鼓励台湾学生到福建法院实习、见习，欢迎台湾学生及台湾各界参与法院开放日、模拟法庭等各类活动，加强对口交流、专业交流、实务交流、文化交流与合作联系。2009 年至 2018 年，福建法院先后接待台湾嘉宾参访 497 人次，组织法官赴台交流考察 200 余人次，通过面对面沟通、心与心交流、情与情交融，增进彼此理解，拉近心理距离，促进司法交流合作。

当前，福建正坚决贯彻落实2019年3月习近平总书记在参加十三届全国人大二次会议福建代表团审议时的重要讲话精神，积极探索“海峡两岸融合发展新路”“努力把福建建成台胞台企登陆的第一家园”。我们要坚持以习近平新时代中国特色社会主义思想为指导，认真研究、加快推进最高人民法院36条措施和福建法院59条措施中需要配套的条款，落细、落小、落实、落深惠及台胞的各项措施，努力在营造良好发展环境上再创佳绩，在推动两岸融合发展上作出示范。

1. 更高站位强化涉台司法工作。认真学习、深刻领会习近平总书记对台工作重要论述，特别是在《告台湾同胞书》发表40周年纪念会上的重要讲话和参加十三届全国人大二次会议福建代表团审议时的重要讲话精神，牢牢把握新时代对台工作的指导思想、重要理念、目标任务、原则方针和主要措施，进一步提高政治站位，切实担当起历史使命，以公正的司法审判保障台湾同胞分享祖国大陆发展机遇，用法律的力量增强两岸同胞的心灵契合度和获得感，不断促进涉台司法新作为。

2. 更广领域保障台胞同等待遇。两岸经济交流融合，既是大义、更具大利，没有理由不走得更近更好，也一定会走得更近更好。我们要秉持“两岸一家亲”理念，坚持对台湾同胞一视同仁，既着眼大局大势，又注重落实落细，推进司法服务精细化、均等化、普惠化、便捷化。要积极回应台胞台企对司法的新期待新需求，全心全意为台湾同胞办实事、做好事、解难事，真正把工作做到广大台湾同胞的心里，让台湾同胞在更大范围和更多领域享受自家人的“同等待遇”，更好地分享祖国大陆发展的机遇和成果。

3. 更大力度促进第一家园建设。坚决贯彻落实好福建省《关于探索海峡两岸融合发展新路的实施意见》，充分发挥福建对台司法工作天然的地缘人缘区位优势、独特的先行先试政策优势、丰厚的司法工作经验优势。紧紧围绕“应通尽通”，依法妥善审理在提升经贸合作畅通、基础设施联通、能源资源互通、行业标准共通中产生的各类纠纷，以“通”促融、以“惠”促融、以“情”促融，让台湾同胞在闽学习更有收获、创业更有成果、就业更加轻松、生活更加愉悦，为把福建建成台胞台企登陆的第一家园贡献更大力量。

4. 更加用心提升司法服务品质。心走近了，海峡就是咫尺。要紧紧围绕涉台审判专业化、互助规范化、服务精细化和交流常态化“四化”工作重点，持续深入推进涉台司法创新发展工程，努力构建福建服务中央对台工作大局的先行窗口和司法品牌。针对平潭、厦门、福州与台湾本岛及金门、马祖邻近的情况，鼓励、支持这些地区人民法院推出直接惠及台湾同胞的司法服务措施，进一步推动闽台交流合作更加热络、更有成效，更好地为两岸同胞谋福祉，为和平发展聚合力。

新时代是中华民族大发展大作为的时代，也是两岸同胞大发展大作为的时代。两岸经济交流融合的大势任何力量都压制不住，两岸同胞维护国家统一的决心和信心任何力量都动摇不了，两岸民众同根同源的文化纽带任何力量都切割不断，两岸各界携手实现民族复兴的愿望任何力量都阻挡不了。我们要从民族大义的更高站位看待两岸关系，把握两岸大势，把思想和行动切实统一到习近平总书记对台工作重要讲话精神上来，敢于担当、勇于创新，举司法之力推进两岸交流合作，增进民生福祉，激发情感共鸣。携手同心，共圆中国梦，共担民族复兴重任，共享民族复兴荣耀。

司法的本质　人民的正义

廖正豪*

一、前言

国家透过各种制度，保障国家的发展与人民的权益，达成社会的公平正义。制度的建立，是人民群体意志委托的表现。因此，国家所建立的制度，应该符合人民的需求与期待。欠缺人民信赖基础的制度，可能无法得到人民的信服与遵守，所造成的危害不仅及于个人，同时会影响整个社会的发展，形成不公不义的现象。职是之故，制度的建立应列为国家最优先健全的项目。其中尤以司法制度，涉及人民权利保障，具有维护公平正义的目的，应当列为一切制度之首要。台湾地区司法主管机构 2018 年调查报告中指出，一般民众对法院表示信任的比例为 36.3%，不信任则为 57.6%，而认为法院判决是公正的民众有 32.0%，认为不公正则高达 63.1%。[①] 追根究底，人民所需要的无非是健全的法律制度，司法公平、正确、客观、迅速，才能让人民信服。易言之，良好的司法制度，能建立起人民对司法的信赖，并使人民愿意主动透过司法解决纷争，捍卫自己的权利，同时也透过司法接受裁判结果、彼此接纳宥恕，使社会和谐、安定，体现司法的本质与价值。

---

* 海峡两岸法学交流协会（台湾）理事长。

① 《台湾地区司法主管机构 2018 年一般民众对司法认知调查报告》，载 https://www.judicial.gov.tw/juds/u107.pdf，最后访问时间：2019 年 7 月 19 日。

本文首先探讨司法的本质，了解其内涵以及所欲达成的目的，即实现人民所企求的正义，其次介绍当前台湾地区法制中落实司法为民的相关措施，最后提出建议。

二、司法的本质

（一）以民为本的司法

中国自古即有民本思想。孟子曰："民为贵，社稷次之，君为轻。是故得乎丘民而为天子，得乎天子为诸侯，得乎诸侯为大夫。诸侯危社稷，则变置。牺牲既成，粢盛既洁，祭祀以时，然而旱干水溢，则变置社稷（孟子尽心下十四）。"①西方思想家霍布斯、洛克、卢梭于近代提出社会契约思想，并依此导出政治权力之正统性，作为为构筑社会体制之理论根据，同时具有强烈规范性的特质。② 其中，卢梭的社会契约论，认为社会中每个人将自身和一切权力交给公共，受公意最高指挥，社会上的每一个分子都被作为权力之不可分的部分看待③，而国家因此建立。人民在社会契约上所丧失的是自然的自由（个人之力受限），和随心所欲、尽其所能的无限权利；相对地，人民获得的是社会的自由（受限于公共意志），以及其保有物之所有权。有了社会契约，便有政治之社会及生活，随后需要制定法律规范，使体制的运作以人民意志为基础，作为该政治社会自身的依据。④ 人民将权力赋予国家，由国家行使权力，因此，国家在行使各种权力时，不可偏离"保障人民"的主旨。

以司法为例，由主权在民的原则出发，人民透过代议制度立法，当人与人或人民与政府之间产生纷争时，司法机关应给予正确、客观的判断。职是之故，司法应发挥为民排解纷争之功能，进而保障人权，实现公平正义。一个司法不彰的社会，即是欠缺正义的社会，欠缺正义的社会，无法长治久安。国家必须以人民为出发点，司法应以保障人民权益为中心，才能实现人民的正义。

然而，何谓人民所追求的正义？正义的概念依照不同时代的背景与观点而有不同的界定。古希腊哲学家亚里士多德认为正义是德性的一种状态，是政治共同

---

① 廖正豪：《以人为本的司法——中华法系的传承与发扬》，载《所有人的正义——台湾地区法务主管部门前负责人廖正豪近年法制论文集》，台湾地区五南图书出版公司 2016 年版，第 81 页。原文系廖正豪于 2013 年 12 月 6 日"两岸法制前瞻研讨会"之专题演讲。

② 朝仓拓郎：《社会契約论における信頼概念の位置づけ》，载《政治研究》第 55 卷，第 118 页。

③ ［法］卢梭：《社约论》，徐百齐译，台湾商务印书馆 2016 年版，第 20～21 页。

④ 同注③，第 49 页。

体的首要之德，亦是政治社群的基本规范和准则，在此正义观之下，法将人导向行善的状态，[①] 正义则应该被应用于决定权利、荣誉与财富之分配，[②] 此即所谓分配的正义，涉及国家对于人民的财物与权利之分配问题。在此思考脉络之下，公平正义代表追求合理适当安排社会资源，而分配正义则强调事物分配的公平性。[③] 在司法体制之下，更重视的是司法正义之实现。以下将以刑事司法正义进行深入探讨。

（二）所有人的正义

刑事司法是指犯罪发生时，有关国家追诉以及处罚犯罪者之制度。针对犯罪以及刑罚，刑法有抽象、一般性的规定，与此相应的，现实的、具体的犯罪发生时，对于个别犯罪之侦查、起诉、审判乃至于具体刑罚之适用，则由刑事诉讼法所规范。刑法与刑事诉讼法在形式上有实体法与程序法之差异，但实质上两者是一体而密不可分，此乃形成一个近代国家之刑事司法制度最重要的法体系。[④] 为建构完善的刑事司法制度，使刑事司法发挥机能，应以刑事政策作为上位概念指导之。

两极化刑事政策（大陆为宽严相济刑事政策）是指对于重大犯罪及危险犯罪者，采取严格的刑事政策；对于轻微犯罪及具有改善可能性之犯罪者，则采取缓和的刑事政策。采取重罪重罚的严格刑事政策，使其罪当其罚，罚当其罪，以有效压制犯罪，目的在于防卫社会，有效维持社会秩序。另一方面，采取非刑罚化的缓和手段，系以抑制刑罚权之发动为出发点，透过不同阶段之转向（diversion），采取各项缓和之处遇措施代替传统刑罚，而达成促使犯罪人回归社会，并发挥防止再犯功效之积极目的。[⑤]

对于重大犯罪者，为保障人民公共利益，对其采取严格的处遇方式来防止或是矫正其罪行，以有效压制犯罪，达成防卫社会、有效维持社会秩序的目的。惟应注意的是，在进行刑事诉讼程序中，容易侵害到人民的基本权利与自由，且依据刑事审判之结果，产生具有剥夺人民财产、自由，甚至是生命的法律效果。案

---

① 高田顺三：《正义の概念について》，载尚美学园大学総合政策论集（24），西洋哲学を中心にして 2017 年版，第 54 页。

② 余佳霖：《当代正义理论》，台湾地区秀威信息科技 2010 年版，第 3 页。

③ 陈清秀：《法理学》，台湾地区元照出版有限公司 2018 年版，第 83 ~84 页。

④ ［日］河上和雄・中山善房・古田佑纪・原田国男・河村博・渡辺咲子：《大コンメンタール刑事诉讼法》，日本青林书院 2013 年版，第 3 ~5 页。

⑤ 廖正豪：《刑法之修正与刑事政策之变迁》，载《刑事法杂志》2006 年第 4 期。

件在刑事诉讼程序中实现程序正义，并借由刑事诉讼程序，实现实体正义，因此刑事诉讼法除了规范诸多保障被告人权的原则性规定，也以各种手段发现实体真实，以兼顾发现真实与保障人权之目的。

相对于前者，侵害法益微小、轻度的过失犯罪，或是危险性小、足以复归社会、社会观感上也能接受之轻刑行为人，则尽量利用缓和或是转向之措施，使其早日回复社会正常生活。但是在传统的犯罪理论之下，所谓犯罪向来被认为指违反法规范，而刑事程序的目的是发现真实，透过对犯罪行为人科处刑罚，进而实现实体刑法，达成应报、一般预防、特别预防等效果。在此，国家与犯罪行为人之间的关系是问题之所在，被害人基本上是在两者关系以外的存在。传统的刑事司法强调犯罪行为与犯罪人之间的关系，而在长期忽视被害人的情况下，不仅对被害人造成二次伤害，也将使潜在的被害人对于司法失去信任。[①] 有别于传统刑罚式正义，修复式正义之理论认为犯罪系犯罪行为人、被害人与社会之间所产生的纷争，而刑事司法制度之目的即是除去此纷争，以回复法和平性。实际上，被害人不仅可以回复物理上的损害，更可借由了解案件的背景、接受犯罪行为人的道歉，从而获得精神上的满足与安定。另一方面，犯罪行为人不仅是避免不必要的刑罚，直接与被害人会面接触、面对自己所造成的犯罪结果，知悉自己的行为应受到非难，并接受对于该行为所应负的责任，此具有使犯罪行为人改善更生的促进效果。[②]

两极化刑事政策的理念重点是调和，在非刑罚的转向制度这一端，实际上含有修复式正义概念。修复式正义强调修复犯罪者、加害者与社会之关系，促进犯罪行为人与被害人的和解、回复被害人之损害、使所受创伤受到抚慰，因犯罪所生损害能达到实质上的恢复，同时修复犯罪行为人与社会之关系，使其能悛悔并复归于社会，真正达成所有人的正义的目标。

（三）司法制度革新之必要性

司法是正义的最后一道防线，“司法好了，社会就不会坏到哪里；司法坏了，社会也好不到哪里。”而司法制度乃是行使国家司法权作用的法律制度，最重要的目的即是为民实现正义，平亭曲直。由此可知，司法制度是所有国家制度建设之基石，要发挥司法的功能，必须要建立良善的司法制度，根本之道是以民为本，

---

① 许福生：《犯罪被害人保护之整体政策规划》，台湾地区新学林出版有限公司 2013 年版，第 15 页。

② ［日］川出敏裕、金光旭：《刑事政策》，日本成文堂 2019 年版，第 346 ~ 348 页。

符合人民所需，真正落实公平正义，促进社会进步发展。准此，制定法律、执行法律及政府施政，均应本于如此的理念。

惟当前科技发展迅速，人际脉络与交流工具日益复杂，导致犯罪形态随之多元化、科技化、集团化、跨境化，使人民与社会随时随地都有可能遭受危害；加以人权观念持续在进步，法律也要能与时俱进，当传统的观念或是制度已无法因应社会的变迁，无法响应人民的需求，即应思索革新之路。人民需要解决的事项，就应该列为优先改革的事项，所以政府必须追求一切可能的对策，以预防犯罪、消弭伤害、实现正义，共同追求建立和谐社会的目标。因此，司法革新应作为一切改革的先锋。

三、近期台湾地区司法制度中“司法为民”理念之具体落实

（一）以人为核心—诉讼当事人权益保障之强化

1. 强化被告之防御权

根据台湾地区“宪制性规定”第16条，人民享有诉讼权，此乃人民之基本权利。当人民权利遭受侵害时，必须赋予向法院提起诉讼，请求依正当法律程序公平审判的权利。依据台湾地区“刑事诉讼法”第31条规定，被告符合下列各款事由之一，于“审判中”未经选任辩护人者，审判长应指定公设辩护人或律师为其辩护。此为人民依台湾地区“宪制性规定”第16条规定赋予诉讼权所衍生之基本权，目的在于使被告充分行使防御权，与检察官立于平等之地位，而受法院公平之审判。在2013年台湾地区“刑事诉讼法”修正时，将强制辩护范围扩大于被告具有台湾地区少数民族身份者，且若被告或犯罪嫌疑人因智能障碍无法为完全之陈述或具台湾地区少数民族身份者，于“侦查中”未经选任辩护人，检察官、司法警察官或司法警察应通知依法设立之法律扶助机构指派律师到场为其辩护。讯问被告应先告知其得选任辩护人，如被告为低收入户、中低收入户、台湾地区少数民族或其他依法令得请求法律扶助者，得请求之①，因低收入户、中低收入户、劳工、台湾地区少数民族均属法律上弱势，应积极提供法律扶助。此外，在2017年4月21日台湾地区“刑事诉讼法”修正时将强制辩护制度扩及于侦查中检察官申请羁押程序中，因此对于侦查中之羁押审查程序未经选任辩护人者，审判长应

① 参照台湾地区“刑事诉讼法”第31条。

指定公设辩护人或律师为被告辩护①，并且赋予辩护人于侦查中之羁押审查程序得检阅卷宗及证物并得抄录或摄影之权利。② 此次修正系依照台湾“大法官会议第737号”解释意旨③，因羁押将限制被告人身自由权重大，应保障被告有受辩护的权利。扩张强制辩护范围与被告知悉权，坚实被告的防御权，避免被告与检察官享有的信息、资源有落差而导致无法发现实体真实，并使法院裁判更为公平、公正。

2. 强化被害人地位与修复式司法（Restorative Justice）之法制化

为改变传统以刑罚为中心的刑事司法制度，保障被害人权益、兼顾所有人的正义，建立以人为本的柔性司法体系，台湾地区法务主管部门首先于1998年5月27日制订“犯罪被害人保护法”，首开先河重视被害人地位及保护。2010年6月又函颁实行台湾地区法务主管部门推动“修复式司法试行方案”实施计划④，择定于板桥（现为新北）、士林、宜兰、苗栗、台中、台南、高雄及澎湖等地方法院检察署（现为地方检察署）开始办理试行方案。当时所推行修复式正义的方案，乃是采取对于现行制度最小变动的试行方案，主要原因在于“修法”之困难。台湾地区法务主管部门复于2018年10月函颁修正计划名称为台湾地区法务主管部门推动“修复式司法方案”实施计划。依照实施计划，在个案中，有意愿参与修复之加害人或被害人可自行申请；或检察官于案件侦查过程中，认有符合本方案者，于征询双方意愿后予以转介或告知其提出申请。再者，台湾地区司法主管机构于2019年3月提出“刑事诉讼法”部分条文修正草案，将修复式司法纳入“刑事诉讼法”中。依照草案第271条之4规定：“法院于言词辩论终结前，得将案件

① 参照台湾地区“刑事诉讼法”第31-1条。

② 参照台湾地区“刑事诉讼法”第33-1条。

③ 台湾地区“大法官会议第737号”解释：本于“台湾地区宪制性规定”第八条及第十六条人身自由及诉讼权应予保障之意旨，对人身自由之剥夺尤应遵循正当法律程序原则。侦查中之羁押审查程序，应以适当方式及时使犯罪嫌疑人及其辩护人获知检察官据以声请羁押之理由；除有事实足认有湮灭、伪造、变造证据或勾串共犯或证人等危害侦查目的或危害他人生命、身体之虞，得予限制或禁止者外，并使其获知声请羁押之有关证据，俾利其有效行使防御权，始符台湾地区宪制性规定正当法律程序原则之要求。其获知之方式，不以检阅卷证并抄录或摄影为必要。台湾地区“刑事诉讼法”第33条第1项规定：辩护人于审判中得检阅卷宗及证物并得抄录或摄影。同法第101条第3项规定：第1项各款所依据之事实，应告知被告及其辩护人，并记载于笔录。整体观察，侦查中之犯罪嫌疑人及其辩护人仅受告知羁押事由所据之事实，与上开意旨不符。有关机关应于本解释公布之日起1年内，基于本解释意旨，修正台湾“刑事诉讼法”妥为规定。逾期未完成修法，法院之侦查中羁押审查程序，应依本解释意旨行之。

④ 台湾法务主管部门推行修复式司法方案相关计划资料，载https://www.moj.gov.tw/fp-217-45178-e17b0-001.html，最后访问日期：2019年6月28日。

移付调解；或依被告及被害人之申请，于听取检察官、代理人、辩护人及辅佐人之意见后，转介适当机关、机构或团体进行修复。前项修复之申请，被害人无行为能力、限制行为能力或死亡者，得由其法定代理人、直系血亲或配偶为之。”[①]该修正草案由台湾地区行政主管机构与司法主管机构会衔送请立法主管机构审议，并于2019年4月经审查会初审照提案通过，未来修复式司法将正式法制化。

依照台湾法务主管部门统计，推行修复式司法迄至2019年4月底止，各地检署总计收案1999件，开案1743件，进入对话程序的有959件，进入对话后双方达成协议的件数为694件，占72.37%。[②]修复式司法推行迄今已将近十年，已累积不少实务经验，法制化后，在实际执行上应无困难。但应注意的是，有论者指出在实证研究上，因为台湾地区的修复式司法系典型由上而下推行的政策，许多刑事司法人员仍认为修复式司法是与传统刑事司法无关的社会福利工作或是纠纷调处，此种对于修复式司法的误解或偏狭的看法，并未因试行方案执行多年而消失。[③]

修复式司法虽是最能够修复被害人伤害之作法，但实行修复式司法所需花费之人事、经费实在过于庞大，且仍存有被告是否是真正悔改之疑虑。是以，修复式司法仅能作为手段之一，并不能取代两极化刑事政策，两者应相互结合。修复式司法不仅是对犯罪行为人的改善，使其复归于社会，更使被害人得以受到保障，回复其物理上，甚至于精神上之损害，使社会秩序得以回归和平，同时避免司法资源的过度浪费，最终使得所有人的正义均得以实现。

3. 多元纷争解决机制之精致化

诉讼过程往往旷日废时，而且实际上司法资源是有限的，为了有效提升司法质量，让司法正义得以实现，有必要建立多元化的争议解决渠道以疏减讼源，弥补诉讼方式的局限性。为有效活用司法资源与尊重人民程序选择权之下，目前台湾的诉讼外纷争解决机制（Alternative Dispute Resolution，ADR），依主导者之性质区分，大致可分为司法型、行政型与民间型3种。所谓司法型的ADR即是指经由法院进行调解程序；行政型ADR系指县市政府有关部门或是乡镇市区调解委员会进行之调解程序；民间型的ADR即是由民间团体主导调解程序，仲裁程序也被归类于此。以下分述说明：

---

① 参照修正草案第271条第4款。

② 载https：//www.moj.gov.tw/cp－217－45177－ac76d－001.html，最后访问时间：2019年6月28日。

③ 黄兰媖：《修复式正义在刑事政策定位之回顾与前瞻》，载《刑事法杂志》2017年第5期。

（1）司法型 ADR —诉讼上之调解

民事诉讼上的调解可分为强制调解与任意调解，强制调解乃系就特定性质之案件于起诉前，应经法院调解。依照台湾地区“民事诉讼法”第 403 条规定，强制调解共有 11 款事由。就此条规定以外之事件，当事人亦得于起诉前申请调解，此即为任意调解。调解程序进行之指挥由法官为之，原则上由法官选任调解委员 1 至 3 人先行调解，俟至相当程度有成立之望或其他必要情形时，再报请法官到场。如双方当事人合意，或是法官认为适当时，亦得径由法官为之。[①] 综上所述，无论是强制调解或任意调解，依规定，均须于起诉前为之，但为扩大纷争解决途径，起诉后，双方当事人仍得合意将事件移付调解，[②] 且不限于一审案件。[③] 此外，应注意的是，法院亦可以将案件裁定移送乡镇市区调解，[④] 此时将转变为诉讼外之调解，由乡镇市区调解委员会进行。诉讼上调解如成立，其效力同诉讼上和解，与确定判决具有同一效力。[⑤] 根据统计，2018 年地方法院办理民事诉讼第一审终结案件（不包含家事调解案件）为 115403 件，其中调解不成立者 47676 件；调解成立者 46709 件，调解成立比例为 40.47%。此外，2018 年台湾地区高等法院及分院受理民事上诉事件（第二审）终结案件为 9986 件，其中调解成立者 920 件，调解成立比例约为 9.2%。[⑥]

（2）行政型 ADR —诉讼外之调解

目前行政型 ADR 可分为细分为 14 类，如劳动、政府采购、公害纠纷、医疗、不动产、财税、智慧财产、营建、电信、乡镇市区调解委员会、消保、性平、公寓大厦、其他，共计有 546 个部门，民众可以依照案件类型、专业面向，与行政相关部门进行调解，以达解决纷争。

以乡镇市区调解为例，调解由乡镇市区调解委员会办理。调解之申请，民事案件应得当事人之同意；告诉乃论之刑事案件应得被害人之同意，始得进行调解。[⑦] 根据台湾地区内部政务主管部门统计处统计 2018 年 6 月 5 日发布之统计通报，

---

① 参照台湾地区“民事诉讼法”第 406－1 条。

② 参照台湾地区“民事诉讼法”第 463 条。

③ 参照台湾地区“民事诉讼法”第 406－1 条。

④ 参照台湾地区“乡镇市调解条例”第 12 条。

⑤ 参照台湾地区“民事诉讼法”第 416 条、第 380 条。

⑥ 《2018 年度司法统计年报》，载 https://www.judicial.gov.tw/juds/，最后访问时间：2019 年 7 月 17 日。

⑦ 参照台湾地区“乡镇市调解条例”第 11 条。

2018 年乡镇市区调解成立件数逾 11 万件，成立比例逾 8 成，双创历年新高，概述如下：2018 年乡镇市区调解委员会办理调解业务计结案 14522 件，虽较前（2017）年略减 0.7%，但调解成立者 112774 件，成立比例达 80.3%，皆为历年新高。有关案件类型部分，2018 年调解结案件数中，刑事案件（占 65.4%）较民事案件（34.6%）为多。其中，刑事案件以伤害案件占 91.3% 最多；民事案件以债权、债务纠纷案件占 64.6% 最多。①

（3）民间型 ADR

目前民间型 ADR 共分为公平交易、劳动、金融、环境、仲裁，以及其他等六大类。共计有 52 个民间团体，依照专业进行调解。

4. 法律扶助机制之强化

对于弱势参与诉讼的需求，台湾以“法律扶助”制度补其不足。在台湾地区“法律扶助法”施行之前，台湾并没有完整的扶助制度，亦无专责机构负责提供弱势者全面性的法律扶助。② 随着社会发展，民众对于司法的需求日益增加，台湾地区司法主管机构依照“司法改革会议决议”，拟定“法律扶助法”草案③，立法机构遂于 2003 年 12 月 23 日通过，并于 2004 年 6 月 20 日施行。“法律扶助法”的立法目的即在于保障人民权益，对于无资力或因其他原因，无法受到法律适当保护者，提供必要之法律扶助。同时，政府负有推展法律扶助事务及提供必要资金之责任；各级法院、检察署、律师公会及律师负有协助实施法律扶助事务之义务。如果人民因为自身经济基础处于弱势，或是未能享有法律赋予的权利保障，例如选任辩护人（诉讼权之保障），无以接近、利用司法保障自己的权益，此将造成强者恒强、弱者恒弱，容易落入司法不公正的诟病，无法真正落实公平正义。依据台湾地区“法律扶助法”，法律扶助基金会于 2004 年 4 月 22 日正式完成法人设立登记，并于同年 7 月 1 日正式开办受理民众申请，自此开展台湾地区法律扶助工作。④ 其中有关申请法律扶助之“无资力”的认定标准，系由基金会每年度依据依各县市政府公告之

---

① 载 https://www.moi.gov.tw/stat/node.aspx? cate_sn = -1&belong_sn = 7887&sn = 8203，最后访问时间：2019 年 7 月 9 日。

② 吴景芳：《台湾的法律扶助制度》，载台湾地区《军法专刊》2012 年第 3 期。

③ 有关“法律扶助法”立法历程及相关文书，载 https://lis.ly.gov.tw/lglawc/lawsingle? 005932F803AC0000000000000000001E00000000500FFFFFD00^04584092122300^00098001001，最后访问时间：2019 年 7 月 12 日。

④ 法律扶助基金会介绍，载 https://www.laf.org.tw/index.php? action = about&Sn = 98，最后访问时间：2019 年 7 月 12 日。

低收入户、中低收入户标准而异动，以2019年标准为例，请参照下表1：

表1　台湾申请法律扶助相关规范整理表

2019年度无资力标准认定表（总表）

住所地	资力上限		家庭人口数									
	类型	范围	1	2	3	4	5	6	7	8	9	10
台北市	每月可处分收入（新台币）	全部扶助	28,000	47,372	71,058	94,744	118,430	142,116	165,802	189,488	213,174	236,860
		部分扶助	33,600	56,846	85,270	113,693	142,116	170,539	198,962	227,386	255,809	284,232
新北市		全部扶助	23,000	43,998	65,997	87,996	109,995	131,994	153,993	175,992	197,991	219,990
		部分扶助	27,600	52,798	79,196	105,595	131,994	158,393	184,792	211,190	237,589	263,988
桃园市		全部扶助	23,000	43,734	65,601	87,468	109,335	131,202	153,069	174,936	196,803	218,670
		部分扶助	27,600	52,481	78,721	104,962	131,202	157,442	183,683	209,923	236,164	262,404
台中市		全部扶助	23,000	41,440	62,160	82,880	103,600	124,320	145,040	165,760	186,480	207,200
		部分扶助	27,600	49,728	74,592	99,456	124,320	149,184	174,048	198,912	223,776	248,640
台南市		全部扶助	23,000	37,164	55,746	74,328	92,910	111,492	130,074	148,656	167,238	185,820
		部分扶助	27,600	44,597	66,895	89,194	111,492	133,790	156,089	178,387	200,686	222,984
高雄市		全部扶助	23,000	39,298	58,947	78,596	98,245	117,894	137,543	157,192	176,841	196,490
		部分扶助	27,600	47,158	70,736	94,315	117,894	141,473	165,052	188,630	212,209	235,788
其他地区		全部扶助	22,000	37,164	55,746	74,328	92,910	111,492	130,074	148,656	167,238	185,820
		部分扶助	26,400	44,597	66,895	89,194	111,492	133,790	156,089	178,387	200,686	222,984
各地	可处分资产（新台币）	全部扶助	50万	50万	65万	80万	95万	110万	125万	140万	155万	170万
		部分扶助	60万	60万	78万	96万	114万	132万	150万	168万	186万	204万
受法律扶助者无效力认定标准规定		第二条	第一项第一款及第二项	第一项第二款及第二项								
说明			一、每月可处分收入上限：除单身户外，申请人家庭每月可处分收入标准，依申请人住所地直辖市、县（市）主管机关审核认定社会救助法中低收入户之收入标准为准。 二、可处分资产上限：家庭人口自第三人起以每增加一人增加15万元为准，但不包括公告现值于550万元以下之自宅或自耕农地。但中央或各直辖市政府依社会救助法公告之当年度中低收入户不动产限额逾550万元者，依其公告限额扣除之。									

数据源：法律扶助基金会

除台湾地区“法律扶助法”外，在特别性质的案件中，当事人通常处于弱势，此时政府更应给予协助，使其得以透过法律途径或其他纷争解决机制，保障权益。尤应注意的是，针对影响环境公害的事件中，对于揭发不法行为之人（揭弊者），当其因揭发行为而受到不利处分，如解雇、调职等处分时，可以向主管机关申请法律扶助。有此等保护规范做为后盾，无论是公私部门的员工，将不会有受到报复处分的顾虑，勇于揭发公司或所属单位的不法情事，以防止社会公益受到危害。关于此种特别性质案件的法律扶助规范，整理如下表2：

表2　台湾申请法律扶助相关规范整理表

法源依据	对象	扶助内容	请求单位
“法律扶助法”	无资力或因其他原因无法受到法律适当保护者	法律扶助项目如下： 1. 诉讼、非讼、仲裁及其他事件之代理、辩护或辅佐。 2. 调解、和解之代理。 3. 法律文件撰拟。 4. 法律咨询。 5. 其他法律事务上必要之服务及费用。 6. 其他经基金会决议之事项。	财团法人法律扶助基金会
“性别工作平等法”“性别工作平等诉讼法律扶助办法”	受雇者或求职者因雇主违反本法之规定，而向法院提出法律诉讼者	法律扶助项目如下： 1. 法令咨询。 2. 律师代撰民事书状之费用。 3. 民事诉讼程序、保全程序、督促程序及强制执行程序之律师费。	主管机关 为劳动主管部门；在地方为直辖市或县（市）政府
“原住民族工作权保障法”“原住民族委员会就业歧视及劳资纠纷法律扶助办法”	台湾少数民族在工作职场发生就业歧视或劳资纠纷时	法律扶助项目如下： 1. 法律咨询。 2. 调解、和解及仲裁。 3. 法律文件撰拟。 4. 民事诉讼、刑事诉讼之代理或辩护。 5. 诉愿、行政诉讼之代理。	主管机关 为少数民族主管机构；在地方为直辖市或县（市）政府

续上表

法源依据	对象	扶助内容	请求单位
“油症患者健康照护服务条例”“油症患者权益诉讼案件法律扶助办法”	油症患者涉及本条例之合法权益受侵害，而向法院提出诉讼时	仅限下列项目费用补助： 1. 民事及行政诉讼程序之律师代理酬金。 2. 刑事审判程序开始前之告诉代理酬金。 3. 刑事审判程序自诉之律师代理酬金。 4. 民事及行政诉讼程序之裁判费及其他必要费用。	主管机关 为卫生福利主管部门；在地方为直辖市或县（市）政府
“空气污染防制法”“公私场所违反空气污染防制法行为揭弊者法律扶助办法”	揭弊者因公私场所或其行使管理权之人违反本法第95条第1项规定， 而受有不利之处分且非属有资力者	法律扶助范围如下： 1. 法令咨询及法律文件撰拟之律师服务酬金。 2. 民事诉讼程序、保全程序、督促程序、强制执行程序之律师代理酬金。 3. 民事诉讼程序、保全程序、督促程序及强制执行程序之裁判费。	主管机关 为行政主管机构环境保护署；在地方为直辖市或县（市）政府
“毒性及关注化学物质管理法”“违反毒性及关注化学物质管理法行为揭弊者法律扶助办法草案”	揭弊者因运作人或其行使管理权之人违反本法第54条第1项规定， 而受有不利之处分且非属有资力者	法律扶助范围如下： 一、法令咨询之律师服务酬金。 二、法律文件撰拟及民事诉讼程序之律师代理酬金。 三、民事诉讼程序之裁判费。	执行机关 为行政主管机构环境保护署；在地方为直辖市或县（市）政府

（二）以物为核心—法院机能之精进化

1. 诉讼审级制度之变革

为解决台湾地区目前诉讼制度所面临诉讼冗长、无法充分发挥诉讼解决纷争的功能，造成当事人讼累难除的困境，应以建构金字塔型诉讼制度为首要任务。

所谓金字塔型诉讼制度，系将诉讼资源尽量分配于诉讼最基础的第一审，至于终审法院则只专注于法律争议的处理及法律见解的统一，形成底宽上尖的资源分布。[①] 有关金字塔型诉讼结构修正条文，民事诉讼部分，经司法主管机构第169次院会通过，于2018年7月16日函请立法主管机构审议；刑事诉讼部分，经司法主管机构同年第170次院会通过，于同年7月5日送行政主管机构会衔；行政诉讼部分，经司法主管机构第170次院会通过，于同年8月23日函请立法主管机构审议。[②]

但是，假若第一审事实审不够坚实，一审判决确定后，即无法再就事实部分争执。判决草率，质量低落，将会使人民权益受到莫大的侵害，造成真实无法发现，公平正义无法伸张的后果。换个角度思考，打破以往法官任职之审级制度，法官不按年资配任，让具有相当审判经验的法官可以进到第一审，同样可以达到坚实第一审判决质量的效果。其实，根本之道在于司法人员的养成教育及培训。台湾在学校培养法律人才时，往往只注重法律学科的研读，所学知识太过狭隘，应该有必要在现有的大学，甚至法官研习单位中增设相关课程或研修班，加强涵养与思辩能力。明辨是非、善恶分明，此乃成为执法者的必要基础条件，担任法官之职者，应当善尽职责、通情达理，应以人民为出发点、以是非对错为标准，透过法曹的培养，再加上完善的司法制度，才能有效提升司法威信，增进人民对司法的信赖。

2. 专业法院及法庭之建置

台湾地区目前专业法院有智慧财产法院以及高雄少年及家事法院。为因应科技不断推陈创新，所衍生之知识产权保护便成为各地在推动经济发展与贸易自由化过程中日益重视之课题，更被视为竞争力之指标。为保障知识产权，妥适处理智慧财产案件，促进科技与经济发展，台湾地区自2008年7月1日成立设立智慧财产专业法院，掌理关于智慧财产之民事诉讼、刑事诉讼及行政诉讼之审判事务，目的为：（1）避免民、刑事案件停止诉讼之延滞。（2）加速解决诉讼纷争累积审

---

① 台湾地区司法主管机构金字塔型诉讼制度改革建构完成新闻稿，载 http：//jirs. judicial. gov. tw/GNNWS/NNWSS002 - print. asp？ id = 345749&MuchInfo = &key = Serkey&CourtID，最后访问时间：2019年7月16日。

② 载台湾地区司法主管机构“司法改革第三次半年进度报告”，http：//jirs. judicial. gov. tw/GNNWS/NNWSS002. asp？ id = 422474&flag = 1®i = 1&key = % AA% F7% A6r% B6% F0&MuchInfo = &courtid = ，2019年2月25日，最后访问时间：2019年7月16日。

理智慧财产案件之经验。（3）达成法官专业化需求促进经济发展。[①] 由于社会变迁快速，少年与家庭所呈现的问题，日趋复杂严重，相关制度有随着进步成长之必要，处理的专业化程度之需求，也逐渐提高，司法主管机构遂于2013年6月1日，成立高雄少年及家事法院，并以特别规划的审理制度，及具备专业背景或经专业培训的法官为核心，配置各种专业的人员以为协助，并结合社工、心理、辅导、调解、精神医学等领域的专家、行政部门及社会资源，以全方位的处理方式，彻底解决少年非行问题及家庭成员间之家事纷争。[②]

在法院，依审理性质，分有民事法庭、刑事法庭、少年法庭、家事法庭，以及行政诉讼法庭，更依照案件性质，设有专业股别，以台湾台北地方法院股别分配为例，民事法庭中设有医疗、消债、劳工、海商国贸、工程、智财、选举法、少数民族、调解专股；刑事法庭设有军事、医疗、智财、性侵、强制处分、少数民族、金融、审查专股。[③] 各级法院、法庭依照案件性质，专业分工，精进法官对于特定案件的裁判质量，不仅可以提升司法公信力，更可以使人民获得公正、正确的裁判。

3. 科技法庭之优化

法院审理案件，逐渐加入科技设备，以科技帮助事实发现，以期更能接近客观真实。科技法庭的建置可区分为硬件与软件建设两大部分。前者例如建置电子诉讼系统，提供设备让当事人或辩护人可以使用电子行动装置自由地展示各项卷证，可以增加法庭审理之流畅度，提高审理效能。但是，科技法庭的硬设备仅是软件建设的体现，最终的目标与效能发挥实有赖于软件系统的开发，[④] 例如建置在线起诉系统等电子化法庭。借由科技之协助，可以减轻法官工作的负担，同时优化案件审理的质量，司法主管机构因应“司改会议决议”，拟定4大目标如下[⑤]：（1）提升硬件环境及效能。（2）升级信息系统及服务。（3）加强信息及数据安

---

① 载台湾地区知识产权法院网页，http：//ipc. judicial. gov. tw/ipr_ internet/index. php？ option = com_ content&view = article&id = 12&Itemid = 100054，最后访问时间：2019年7月19日。

② 载高雄少年及家事法院网站，http：//ksy. judicial. gov. tw/chinese/CP. aspx？ s = 346&n = 10335，最后访问时间：2019年7月19日。

③ 载台湾台北地方法院网站，http：//tpd. judicial. gov. tw/？ struID = 1&contentID = 414，最后访问时间：2019年7月19日。

④ 何君豪：《建置科技法庭的迫切性与必要性》，载《司法改革杂志》2013年5月。

⑤ 参照台湾地区司法主管机构“司法主管机构数字政策”发表记者会新闻稿，2018年7月31日公告，http：//jirs. judicial. gov. tw/GNNWS/NNWSS002. asp？ id = 334802，最后访问时间：2019年7月16日。

全。(4) 迈向科技及智慧法庭。有关检察系统部分，法务主管部门推动数字卷证管理系统，自2017年6月起陆续办理推广作业，截至2018年12月已推广24个检察机关上线使用。[①] 再者，法务主管部门亦推动院检间的数字卷证网络交换作业，从2018年6月间起截至2018年10月15日，已启动基隆、台北、新北、苗栗、台中、南投、彰化、云林、嘉义、台南、高雄院检及台中、台南高分院检等13个院检机关透过网络交换双方的数字卷证数据，以达到数字卷证再利用及资源共享目的。透过科技法庭的建置与优化，使审、检、辩（当事人）三方，提高司法便利性，更可以贴近使用者的需求，增加司法的透明度，增强人民对司法的信赖。

四、结语

司法的本质即是保障人民权利，实现公平正义，人民授予国家司法权，国家应当透过司法制度之建构，以确保司法权之正确运作行使。吾人应注意的是，“错误的制度比贪腐还可怕”。随着时空移转与变迁，法律应当与时俱进，若固守陈旧、不合时宜的观念，法制将与社会严重脱节，阻碍国家发展与建设。“真正的法律，是刻在人民心上的法律。”[②] 国家在考虑建构司法制度时，应当以保障人民的权益为出发点，以人民的需求为依归，落实人民所期待的公平，实现所有人的正义，人民因此信赖司法、遵守法制，社会终将和谐稳定发展。

① 《台湾地区法务主管部门“司法改革第三次半年进度报告”》，载 http：//jirs. judicial. gov. tw/GN-NWS/NNWSS002. asp？ id =422474&flag = 1®i = 1&key = % AA% F7% A6r% B6% F0&MuchInfo = &courtid = ，2019年2月25日，最后访问时间：2019年7月17日。

② ［法］卢梭：《社约论》，徐百齐译，台湾商务印书馆2016年版，第72页。

人民法院信息化建设实践

孙福辉*

党的十九大报告提出，要“增强改革创新本领，保持锐意进取的精神风貌，善于结合实际创造性推动工作，善于运用互联网技术和信息化手段开展工作。”如何运用互联网技术和信息化手段更好地开展法院工作，是我们一直思考和实践的问题。我们这次研讨会的主题是“深化两岸融合发展中的司法服务与保障”，我想，在信息化技术高速发展的今天，信息化已经成为司法不可或缺的服务和保障。借此机会，我就人民法院信息化建设实践向海峡两岸的各位专家和同仁做一个简要介绍。主要包括五个方面内容。

一、打造司法公开平台，推动审判执行全流程依法公开

为推进司法公开，践行司法为民的理念，构建开放、动态、透明、便民的阳光司法机制，我们打造了以流程信息、庭审活动、裁判文书、执行信息四大公开平台为主、以新型公开平台为延伸的系列司法公开平台，阳光司法的广度不断拓展，内涵不断丰富。目前，已经覆盖四级人民法院、覆盖全部案件类型，实现从立案到执行主要流程节点的自动公开。

在中国审判流程信息公开网，当事人或诉讼代理人可以查看案件进展信息、

* 中国法官协会会员。

接受送达信息。目前，已公开审判信息项目8.2亿个，总访问量达9060万次；在中国庭审公开网，每天都有数以万计的庭审直播，接受着法庭内外的监督，同时也成为一堂堂生动的法治宣传课。目前，已累计直播庭审387万余次，点击率超过177亿人次；在中国裁判文书网，各级人民法院生效裁判文书，除涉及未成年人等特殊原因之外，都予以公布。裁判文书公开已经成为国家法治文明的重要窗口，受到广泛关注，访客遍及200多个国家和地区。目前，已公开裁判文书超过7248万篇，网站访问量突破287亿人次；在中国执行信息公开网，实现执行案件信息、失信被执行人信息、终本案件信息等统一公开，成为国家征信体系建设的重要组成部分。目前，已经累计公布执行案件4485万余件，公布失信被执行人1449万人次；在四大公开平台以外，我们还不断拓展司法公开的广度和深度，打造了企业破产重整案件信息网、减刑、假释和暂予监外执行信息网、中国司法案例网等新型公开平台，不断满足经济社会发展需求。

通过这一系列司法公开措施，不但有效破除了人民群众传统意识中对司法的“神秘感”，拉近了司法和社会公众之间的距离，还有利于人民群众树立法治意识，推动形成全面知法、尊法、学法、守法、用法的社会环境，有力推进了法治社会、法治国家建设。

二、创新“互联网+”诉讼服务，为人民群众提供更加便捷的司法服务

在构建阳光司法机制过程中，信息化建设的第二个作为就是践行司法为民的理念。诉讼服务大厅、诉讼服务网、12368诉讼服务热线“三位一体”的诉讼服务中心，已经成为各级法院的常态化配置。这两年，我们还积极探索创新诉讼服务模式，即推进电子诉讼，实现司法服务便捷化，让老百姓足不出户打官司成为可能。

电子诉讼，就是当事人、律师和法官在网上进行诉讼活动。最高人民法院积极推动部署网上立案、网上缴费、网上证据交换、网上开庭、网上送达等五个电子诉讼标准模块，支持当事人、律师和法官在网上进行诉讼和涉法涉诉信访业务。使用电子诉讼平台，实现“全业务覆盖、全天时诉讼、全流程公开”，最大限度减轻当事人的往返奔波。特别是网上证据交换环节，证据三方可见，并充分发表意见，庭审时重点关注有异议的证据，大大提高了庭审效率。吉林、浙江等地民事一审案件网上立案率已经达到67%以上。

随着互联网的普及，涉互联网纠纷案件与日俱增，司法随“网”而动、因“网”改革势在必行。2017 年 8 月，杭州互联网法院挂牌成立，成为网络空间法治化治理的“孵化器”，探索互联网下的诉讼规则、审理机制。互联网法院的诉讼平台与多个企业平台对接，实现电子证据的提取和认定。庭审阶段平均用时 36 分钟，平均审理期限仅 40 天，相较传统审理模式分别节约用时 65.2% 和 25%，审理结果被接受程度高，一审服判息诉率达 98.6%。2018 年 9 月，北京互联网法院和广州互联网法院相继成立。互联网法院着眼网络空间治理，是中国司法适应互联网发展大势的一次重大制度创新，为维护网络安全、化解涉网纠纷、促进互联网和经济社会深度融合等提供了司法保障。

为满足移动用户的需求，我们研发了基于微信小程序的中国移动微法院，为当事人提供网上立案、多元调解、网上送达等功能，实现了诉讼服务事项跨区域远程办理、跨层级联动办理、跨部门协同办理，让群众打官司“最多跑一次，甚至一次不用跑”成为可能，切实解决“问累、诉累、跑累”的问题。目前已经在 12 个地区开展试点工作。中国移动微法院不仅是司法工具、司法模式的重大创新，更将推进诉讼服务在移动互联时代迭代转型。

三、推进智能化应用，提高审判工作质效

审判工作是人民法院的核心业务。各级人民法院大力推进基于电子卷宗的网上办案，开发智能化审判辅助系统，辅助法官制作裁判文书、开展庭审活动、预判裁判结果，提升审判质效。

最高人民法院组织研发的智审审判辅助支持系统，实现基于电子卷宗的智能化网上办案，将卷宗内容文档化、数据化、结构化，辅助法官一键生成各类通知书、传票、公告、送达回证等制式文书，通过检索、复用起诉状、答辩状、庭审笔录等信息，智能辅助法官快速生成裁判文书部分内容。系统已经在十多个地区广泛应用，减轻法官案头事务性工作 30% 以上；我们还将语音技术应用在庭审记录中，通过庭审语音识别系统，自动区分庭审发言对象和发言内容，将语音自动转化为文字，采用人工智能辅助、批量修订等技术，书记员只需进行少量修改即可实现庭审的完整记录，庭审时间平均缩短 20% ~30%。我们开发了类案推送系统，对于全部案由，准确率已经达到 63.7%，对于民事和刑事前十名的案由，准确率已经超过 85%。

人民法院审判工作涉及方方面面，也面临与其他部门之间的协同问题。我们建设减刑假释信息化办案平台，实现人民法院与检察机关、刑罚执行机关之间共享案件信息、网上协同办案，在大幅提升办案效率的同时，也使案件审理活动全程留痕、全程受到监督。利用道路交通纠纷“网上数据一体化”处理平台，法院与公安、保险、鉴定等部门“一网办案”，实现保险行业人民调解前置，损害赔偿标准统一，交通事故纠纷全流程在线处置。

四、推进执行信息化，助力解决执行难

近三年来，最高人民法院推动基本解决执行难取得重大进展，信息化是攻坚利器。

为破解查人找物难题，我们建设覆盖主要财产形式的网络查控系统，实现与中国人民银行、公安部等 16 家单位联网，对各种形式的财产做到全面覆盖、一网打尽，我国大陆人民法院使用“总对总”网络查控系统共查询执行案件 6781 万件，冻结资金 6022 亿元，查询房屋、土地等不动产信息 3564 万条，车辆 6756 万辆，证券 2739 亿股，船舶 277 万艘，网络资金 335 亿元，有力维护了胜诉当事人合法权益；为破解规避执行难题，我们建设失信被执行人联合信用惩戒系统，与国家发改委等 60 多个单位合作，实现失信被执行人“一处失信，处处受限”。目前，我国大陆法院累计公布失信被执行人 1449 万人次，限制 2710 万人次购买机票，限制 597 万人次乘坐动车和高铁；为破解财产变现难题，我们出台网络拍卖司法解释，形成以网拍为原则、以现场拍卖为例外的制度，实现网络司法拍卖全覆盖。建立国家统一的网络司法拍卖平台，2017 年 3 月上线以来，共进行网络拍卖 129 万次，成交额 7927. 3 亿元，溢价率 66%，为当事人节省佣金 246. 6 亿元，在高风险的司法拍卖领域实现了违纪违法零投诉。

在最高人民法院执行指挥中心，形成四级人民法院统一管理、统一协调、统一指挥的执行工作管理体系。这一系列“组合拳”，助力“基本解决执行难”这一阶段性目标如期实现。

五、运用司法大数据分析，服务司法管理和科学决策

今天，数据已经越来越具有生产力。我们以“大数据、大格局、大服务”理念为指导，构建了大数据管理和服务平台。

利用这个平台，实现了基于个案信息的司法审判数据自动汇聚。各级人民法院收结案数据每 5 分钟自动更新一次，每日大约汇聚 7 至 8 万件案件数据。从大数据平台首页，可以看到今天截止到此刻，人民法院的新收案件数量，已结案件数据。平台目前已汇集 1. 82 亿件案件数据。在数据的汇集过程中，我们建立了严格的数据质量管控体系，这为精准化的数据分析工作奠定了坚实基础。

利用这个平台，实现了人民法院司法统计报表的自动生成。传统司法统计是由各级人民法院司法统计人员利用手工或系统统计后，逐级上报汇总，形成最终的司法统计报表。大数据平台从根本上改变了传统方式耗时费力且难以检验的弊端。平台能够面向 3525 个人民法院，按月、年一键自动生成 570 万张报表，报表上的每个数字，都可以下钻到具体的案件列表和案件详情，从而严格确保统计数字的真实性、准确性和可追朔性。网络化的全自动生成，实现了司法统计历史上报表数量最多、一次性服务单位最多、生成效率最快等“三个之最”，真正是司法统计领域中的一次革命性跨越。

利用这些数据资源，可以进行人民法院审判态势的实时分析。对本院和辖区法院开展“数据体检”，按案件类型、区域分布、统计区间等维度，动态分析、可视化展现、比对辖区法院收结案情况、案由分布等内容，按地区、层级、案由、案件进展等维度生成审判态势分析报告，客观评估审判执行工作态势和成效，大幅提升了审判态势分析的及时性、全面性和丰富性。

利用这些数据，对法官的评价也更加准确。我们实现了基于关联融合信息的人事绩效评估。针对定量化人事绩效评估需求，大数据平台对汇集的人事数据和案件数据进行关联融合，提供面向法院、业务庭室、法官等多个维度的人事绩效评估服务，为建立“人与案、事与人”相关联的定量化人事绩效管理体系，发挥司法大数据在法官员额制改革效果评估、审判资源优化配置等方面的作用提供了重要支撑。

人民法院审理的各类案件情况，在某种意义上说，是国家经济发展和社会生产生活的“晴雨表”“风向标”。基于这些数据，可以为人民法院和经济社会提供司法大数据实证分析服务。我们以服务人民群众、服务审判执行、服务司法管理和服务社会治理为主线，定期开展专题分析研究，已累计完成近 643 项专题分析报告。《公交车司乘冲突引发刑事案件分析》《离婚纠纷》等报告通过互联网向社会公开发布，引起重大社会反响。以 2018 年 3 月公开发布的《离婚纠纷》专题为例：研究表明，我国离婚纠纷案件73.4%的案件由女性提出，显现出我国女性婚姻自由和独立意识进一步加强；婚后2～3年为婚姻破裂的高发期，传统的婚姻七年之痒进一步提前到2～3年；14.86%的夫妻因家庭暴力原因向法院申请解除婚姻关系，显示出家庭中的妇女权益保护仍然任重道远。

除此之外，我们也在努力提高两岸司法互助信息化水平。2014年8月，最高人民法院上线涉台司法互助案件管理系统平台，实现此类案件的网上立案、办理、统计和流程管理。2014年至2018年人民法院共办理两岸司法互助案件45180件，年均9000余件，其中2014年突破万件。通过在线审查和流转，降低了案件办理周期，平均办理时间大幅缩短。

在各级人民法院的共同努力下，信息基础设施建设扎实推进，网络化、阳光化、智能化应用全面发展，数据资源汇聚和服务水平迈上了新的台阶，信息安全和运维保障能力显著提升，信息化实现了由被动向主动、由初级向高级、由局部向全局、由基础建设向全面应用的巨大转变，支撑了智慧法院总体建成，推动了人民法院审判执行方式的全局性变革，也为绿色发展贡献了我们的力量。我们对2018年人民法院通过信息化应用促进绿色发展的成效进行了分析。具体数据表明，各级人民法院通过信息化手段减少群众办事和干警办案各类出行约28.4亿人次，减少出行约331亿公里，节约出行成本约215亿元，相当于节约标准煤164万吨、减少碳排量337万吨。此外，我们通过电子签章、公文网上流转等应用推进无纸化办公，2018年节约纸张约1794吨，相当于保护3万颗树。综合来看，2018年我们通过各类信息化应用节约群众办事和干警办案时间约58亿小时，相当于传统工作方式下的312万人全年工作时间。

中国社科院《法治蓝皮书－中国法院信息化发展报告No.2（2019）》指出，“人民法院信息化3.0版的主体框架已经确立，智慧法院的全业务网上办理基本格局已经形成，全流程依法公开基本实现，全方位智能服务的方向已经明确并展现广阔前景，先进信息技术推动法院审判执行方式发生了全局性变革，有力促进了审判体系和审判能力现代化，智慧法院由初步形成向全面建设迈进。”

我国法院信息化已经在全世界法院树立了网络覆盖最全、数据存量最大、业务支持最多、公开力度最强、协同范围最广、智能服务最新的样板。

后续，我们将以智慧化为重点，全面推进智慧审判、智慧执行、智慧服务、智慧管理，推动智慧法院向全面智能化转型升级。

专 | 题 | 一

两岸同胞权益平等保障问题研究

台湾同胞在祖国大陆同等就业权益保障问题研究

王成全[*]　许荣锟[**]

一、台湾同胞在祖国大陆享有同等就业权益的法理基础

（一）“台湾同胞”的法律定位

“台湾同胞”在我国的法律体系中处于何种身份、具有何种地位，是决定应有资格、权益的基础性问题。台湾同胞的称谓向来承载着特殊的政治意义、文化意义和情感意义，也是涉台法律和政策中的最常用语，但“没有一部完整的法律能够说明或规范台湾同胞的身份，所以台湾同胞的法律身份为何，更只能从相关的法律文件及司法实践中加以归纳”。[①] 笔者以为，对台湾同胞身份进行科学界定是落实“运用法治方式巩固和深化两岸关系和平发展，完善涉台法律法规，依法规范和保障两岸人民关系、推进两岸交流合作、依法保护台湾同胞权益”的现实要求，也是落实各项惠台政策的基础。对“台湾同胞”的认识，可从以下两个层面理解。首先，台湾同胞与大陆同胞同属中国公民。《宪法》在序言中宣示“台湾是中华人民共和国的神圣领土的一部分”；第三十三条明确规定“凡具有中华人民共和国国籍的人都是中华人民共和国公民”。结合《国籍法》出生地主义和血统

* 福建省法官协会会员。

** 福建省法官协会会员。

① 王鹤亭：《台湾同胞在祖国大陆的法律地位与同等待遇研究》，载《现代台湾研究》2018 年第 2 期。

主义相结合的原则，台湾同胞显然具有中国国籍，是中华人民共和国公民。台湾同胞与大陆同胞同为中国公民，这是其在大陆享有同等就业权益的基础。其次，台湾同胞是户籍地设在台湾地区的中国公民。1991 年国务院颁布的《中国公民往来台湾地区管理办法》首次提出“台湾居民”的概念，并界定为“居住在台湾地区的中国公民”，明确台湾同胞的特殊性就在于其居住在台湾地区，在大陆没有户籍。台湾地区“两岸人民关系条例”亦以户籍对两岸人员进行区分，规定“台湾地区人民指在台湾地区设有户籍之人民”大陆人民指在大陆设有户籍或台湾地区人民前往大陆继续居住逾四年之人民。这是对其待遇问题进行特殊考虑、提出“同等”目标的必要性。

（二）宪法和法律关于就业权的有关规定

《宪法》第三十三条第二款规定：“中华人民共和国公民在法律面前一律平等。”；第四十二条第一款规定：“中华人民共和国公民有劳动的权利及义务。”平等就业权作为劳动权的重要组成部分，被视为平等原则在劳动及就业领域的延伸和具体化，并作为我国公民的基本权利之一而受到保护。劳动立法也就平等就业权的相关内容做出了具体规定。《劳动法》第三条规定：“劳动者享有平等就业和选择职业的权利……”；第十二条规定：“劳动者就业，不因民族、种族、性别、宗教信仰不同而受歧视。”《劳动合同法》第三条规定：“劳动者享有平等就业和选择职业的权利。”2007 年颁布的《就业促进法》第三条规定：“劳动者……不因民族、种族、性别、宗教信仰等不同而受歧视。”宪法和法律虽然没有专门针对台湾同胞就业权益保障的规定，但是台湾同胞作为户籍地设在台湾地区的同胞的身份决定其行使方式虽然特殊，但劳动基本权益依法可受到宪法和法律的平等保护。[①]

二、检视：台湾同胞在祖国大陆就业的发展现状

在改革开放以前，两岸无直接的人员往来和商品交流，更无跨海峡就业问题。而以 1981 年叶剑英提出“叶九条”[②] 和 1987 年台湾地区开放民众赴我国大陆探亲

---

① 石慧：《平等就业权的立法保护研究》，载《济宁学院学报》第 38 卷第 1 期。

② 1981 年 9 月 30 日，时任全国人大常委会委员长叶剑英发表对台工作建议：提出举行国共谈判，实行第三次国共合作；双方共同为通邮、通商、通航、探亲、旅游以及开展学术、文化、体育交流提供方便；达成有关协议等建议。

为标志，两岸逐步打破隔阂，各项交流迅速开启。伴随我国经济的快速发展，大陆对台湾地区人才的磁吸效应不断增强。根据台湾地区《远见》杂志 2017 年 3 月民调显示，51.5% 的民众愿意来大陆发展，其中 20 ~ 29 岁愿意来大陆的比例高达 59.5%。台湾地区《联合报》2017 年 11 月“两岸关系年度大调查”显示，30 岁以下年轻人“西进”工作的意愿为 53%，30 ~ 49 岁也有近半数愿意到大陆就业。根据台湾地区的统计，2015 年在大陆就业的台湾同胞就有 42 万人。①

（一）就业范围不断扩大

1994 年，我国颁布《台湾和香港、澳门居民在内地就业管理规定》。根据该规定，聘雇台湾居民的岗位必须是“用人单位有特殊需要，且内地暂缺适当人选的岗位”，要“有劳动部门所属职业介绍机构开具的，在辖区内招聘不到所需人员的证明，或在劳动部门指导下进行公开招聘 3 周以上，仍招聘不到所需人员”。2005 年的《台湾香港澳门居民在内地就业管理规定》则明确在不违反国家法律法规的前提下，用人单位可以根据自己的需要自主聘雇台湾居民，不再限制台湾居民从事的岗位，大幅扩大了台湾地区居民在大陆就业的空间。在就职单位性质方面，2011 年，我国发布《关于开放台湾居民申请设立个体工商户的通知》，首度开放台湾地区居民在北京、上海、江苏、浙江、福建、湖北、广东、重庆等省市申请登记为个体工商户；2016 年将范围扩大到 26 个省市。2009 年福建省首度开放台湾地区居民可以应聘福建省内的事业单位；至 2017 年，我国已开放福建、江苏、天津等 12 省市作为台胞在大陆事业单位就业试点地域。2018 年 6 月，厦门海沧区聘请了数名台胞社区主任助理，探索台胞参与社区治理的新模式。2019 年 3 月，最高人民法院发布《关于为深化两岸融合发展提供司法服务的若干措施》，提出“探索聘请符合相关条件的台湾同胞担任人民法院书记员等司法辅助人员”，这是首度规定人民法院系统可以接纳台湾同胞工作。

（二）就业程序不断简化

早期台湾同胞在大陆就业实行就业许可制度。台湾同胞应填写《台湾居民在内地就业申请表》，在《申请表》及附件中应注明姓名、地区、年龄，出生日期及地点、身份证件号码、文化程度技术或专业证书，来大陆前在台湾地区或在国

① 尹赛楠：《［融融看两会］台湾省代表团：台湾同胞感受到了大陆的真情实意》，载东南网，http：//www.fjsen.com/2019-03-09/content-22056190.htm，最后访问时间：2019 年 5 月 15 日。

外担任职务及工作、入境证件种类、签发机关，来内地目的及住址、应聘受聘单位全称和地址。在内地应聘受雇原因，拟担任的职务或从事的工作，与用人单位签订合同期限等。经审批同意后，发给《台港澳人员就业证》。2018 年 8 月 3 日，国务院发布关于取消一批行政许可等事项的决定，其中包括取消台港澳人员在内地就业许可事项。从此，台湾同胞来大陆工作和大陆居民一样，不再需要办理专门的《台港澳人员就业证》。在大陆工作的台胞可以工商营业执照、劳动合同、工资支付凭证或社会保险缴费记录作为就业证明材料，依法享有各项劳动保障权益。

（三）就业保障内容不断完善

2005 年的《台湾香港澳门居民在内地就业管理规定》首度规定台湾居民在大陆就业，按照《社会保险费征缴暂行条例》的规定缴纳基本养老保险费、基本医疗保险费、失业保险费。之后，随着我国社会保障制度的完善，社会保险范围逐步扩大。上海、福建等地已经把台湾同胞纳入社会保障范围，立法赋予台湾同胞享受医保、养老、工伤、生育、失业等社保待遇的权利。[①] 2017 年 11 月，我国发布《关于在内地（大陆）就业的港澳台同胞享有住房公积金待遇有关问题的意见》，明确在大陆就业的台湾居民住房公积金缴存基数、缴存比例、办理流程实行与大陆缴存职工一致的政策规定，同等享有提取个人住房公积金、申请住房公积金个人住房贷款等权利。

（四）权利救济手段不断丰富

1991 年海协会成立后，国台办就授权海协会成立经济部，专门负责保护台商合法权益工作，在两岸两会间建立了一个受理、承办台商台胞求助陈情的工作渠道。之后国台办专门设置了投诉协调局，专司台胞权益保护工作。各地各级台办也建立起专业工作机构和队伍，推动涉台纠纷调处工作。早期初到大陆的台湾同胞对大陆法治情况不熟悉，习惯于碰到问题找政府，有大量劳动争议通过该渠道解决。随着 2007 年《劳动争议调解仲裁法》的颁布，劳动争议调解、仲裁、诉讼的纠纷解决机制日趋完备。许多地区的人民法院还设立了劳动法庭或劳动争议专门合议庭，台胞劳动权利受侵害的救济渠道更为畅通便捷。

---

① 郑清贤：《大陆有关台胞权益保障立法与前瞻——以现行涉台地方性法规的规定为分析对象》，载《海峡法学》2018 年第 1 期。

三、管窥：台湾同胞在大陆就业的主要制约因素

（一）户籍状况的影响

海峡两岸都实行“一人一籍”的立户原则，即每个人必须登记一个户籍，也只能登记一个户籍，既不能脱漏，也不能重复设定两个或两个以上的户籍。[①] 台湾同胞户籍所在地在台湾地区，其持有的“台湾居民来往大陆通行证”严格来说只是入境大陆用的旅行证件，不具有认定其人口信息的功能。本式台胞证上载明的“现住址”为台湾地区住址，如台北县、金门县等。新式卡式台胞证在首页增加“签发地点”，但上面载明的大陆省份仅代表签发地，亦不代表台胞以该地为经常居住地。长期以来，由于大陆户籍制度与社会身份、社会秩序、国家财政收入高度整合以及社会公共资源的有限性，户籍制度不仅是一种人口管理手段，也是确定社会福利的重要依据。本地户籍人口与非本地户籍人口往往在教育、就业、住房、社会保障等方面享有差别待遇。例如，许多单位在招聘时都会有户口的限制，社保、医保、住房公积金等就业福利待遇也往往与户籍挂钩。也因此，台湾同胞在大陆的就业机会及就业保障受到户籍限制的严重影响。我国出台一些涉及民生的法律法规时往往未考虑到在大陆的台湾同胞这个群体的特殊情况，也未进行特别规定，使得台胞自动成为政策绝缘体，“看得到摸不着”。

（二）台湾当局有关规定的限制

近年来，台湾当局对大陆为台胞就业提供的便利措施多进行负面解读，屡次强调“两岸双方在制度、法规、市场环境及理念价值等有所差异，台湾人赴陆就业、创业仍具有一定风险及挑战，应审慎评估”，事实上对台湾人才到大陆就业持消极态度。根据台湾地区“两岸人民关系条例”第33条（担任职务、联合设立法人等及缔结联盟之禁止）规定：“台湾地区人民、法人、团体或其他机构，非经主管机关许可，不得为大陆法人、团体或其他机构之成员或担任其任何职务；亦不得与大陆人民、法人、团体或其他机构联合设立法人、团体、其他机构或缔结联盟。”台湾当局多次以该规定对台湾同胞到大陆就业无限上纲上线，横加阻挠，甚至大肆恐吓。例如，2018年3月，中国银行推出“大陆台生和内地港生专项计

---

① 《户口登记条例》第六条规定：“公民应当在经常居住的地方登记为常住人口，一个公民只能在一个地方登记为常住人口。”台湾地区“户籍法”第3条第2款规定：“……一人同时不得有两户籍。”

划”，宣布5家分行将招收少量在大陆就读的台湾籍应届毕业生。台湾当局大陆事务管理部门马上出面称按有违“两岸人民关系条例”第33条规定处理。对于我国一些地方事业单位以公开招聘等方式录取台湾同胞就业，台湾当局大陆事务管理部门也称将检视有关职务是否危害台安全，必要时调查处理。2019年3月，台湾当局对在厦门海沧区担任社区主任助理的台胞李某和符某，以违反了“两岸人民关系条例”为由，对李、符二人开罚新台币10万元。台湾当局的“文攻武吓”在很大程度上成为台湾同胞到大陆相关机构任职的障碍。因此，虽然我国陆续开放台胞到高等院校、医院等事业单位就业，但实际招收人数极为有限。

（三）我国的经济社会发展水平

经济发展对就业与社会保障制度的发展起着决定性作用。经济发展情况直接决定就业机会的多寡，财政收入水平为社会保障体系完善提供物质基础。改革开放以来，我国经济综合实力大幅提升，覆盖全民、城乡统筹、权责清晰、保障适度、可持续的多层次社会保障体系日趋完善。台湾同胞就业权益保障是大陆社会保障体系的重要组成部分。大陆能否持续地向台湾同胞提供更多就业机会、推出更多就业扶持政策、进一步完善就业配套机制，与经济社会发展程度与水平息息相关。

（四）两岸同胞间的相互理解与认知程度

两岸文化同属中华文化，两岸人民同属中华民族，原本就是一家人、一家亲。两岸人员往来的年度规模已达到近1000万人次。但不可否认的是，两岸长期政治对立的特殊状态也在同胞间产生了一定程度的心理隔阂和认同疏离。有调查显示，有71%在大陆就业的台湾同胞就职于台企①，就业融合度不高。一些台湾同胞对大陆社会制度、意识形态和发展模式存在误解和疑虑，一方面希望在大陆寻求发展机会，另一方面又对大陆的发展心生抗拒与排斥。同时，也有个别大陆民众对政府不断推出惠台举措、向台胞开放就业领域有反感和抵触情绪，一些企事业单位为了管理方便，也不愿意招收台湾同胞。这些因素也都会影响台湾同胞在大陆的就业机会与发展前景。

① 姜俊禄、潘发銮：《台胞在大陆就业规制政策调整的建议》，载《新形势下两岸关系法律研究论文集》。

四、完善：台湾同胞同等就业权益保障体系的建构

（一）应遵循的基本原则

一是平等原则。台湾同胞基于其同胞身份与大陆同胞享有平等就业权，不是“外人”，不应以“抢饭碗”的态度对待。当然，“平等”并不意味着台湾同胞享有的权利义务与大陆同胞绝对一致，而是“相同的事情为相同的对待，不同的事情为不同的对待”。[①] 两岸居民所处的社会制度、管理体制等诸多方面存在差异，一味强调绝对或者完全相同的待遇既不现实也不合理，有时反而还会损害台湾同胞的利益。同时，强调台湾同胞权益保护，也不能走向给予特别照顾的“超国民待遇”。该种状况不但容易引发大陆人民的反感和抵触情绪，也不一定能给台湾同胞带来发自内心的真正归属感或认同感，不利于两岸人民的心灵契合。[②] 二是渐进原则。同等就业权益是台湾同胞的应然权利，但其实现也与两岸政治经济关系、大陆经济社会发展水平、社会容纳度等因素息息相关，应循序渐进统筹推进。以律师执业准入为例，从长远看，取得大陆律师执业证书的台湾地区居民在诉讼代理范围上理应与大陆律师一致。但考虑到两岸法制、行业管理模式的差异，以及行业市场的磨合度等因素，采取分行业准入的形式显然更为妥当。三是权利与义务一致原则。《宪法》第三十三条明确规定：“任何公民享有宪法和法律规定的权利，同时必须履行宪法和法律规定的义务。”权利的实现要求义务的履行，义务的履行要求权利的实现。台湾同胞在享有同等就业权益的同时，亦应依法承担相关法定义务。

（二）就维护台胞就业权益进行专门立法

平等的就业权，与本地居民一样的社会保障权益，既能保障台湾同胞的权利和利益，也有利于促进两岸融合发展。但是，在这些非经济民生领域，台湾同胞享有哪些权益、如何保障这些权益，虽然从中央到地方都出台了一些政策，但各部门的政策缺乏协调性，在政策之上缺乏更深层次的立法统一规范及系统谋划，不协调、不配套、步骤不一的问题突出。笔者以为，应参考《台湾同胞投资保护法》的制定，抓紧就台湾同胞就业和社会保障权益进行专门立法。一是以“居住

---

① 季烨：《台湾居民在大陆的同等待遇法律问题刍议》，载《台湾研究》2018 年第 3 期。

② 郭晓芳、陈贤贵：《论台湾同胞同等待遇的立法保护》，载《台湾法研究参考资料》2010 年第 2 期。

地址”为链接点落实当地同等待遇。2018年9月1日起，台湾居民在大陆居住半年以上，符合有合法稳定就业、合法稳定住所、连续就读条件之一的，可以申请领取台湾居民居住证。台湾居民居住证办理有在大陆居住期限的要求，有同大陆居民身份证一样18位的公民身份号码，证件中还有一栏记载其在大陆的居住地址。台湾居民居住证的启用，使得台湾同胞在大陆也有固定可识别的“居住地址”，可解决在大陆没有户籍地的问题，落实参照当地居民待遇更为便利。目前，一些地方政府已经出台持有台湾居民居住证可以同等享受当地城乡居民基本医疗保险、享受当地居民购房同等待遇、在设区市范围内就近入学等政策。可从中央立法层面对相关探索进行固化，明确台湾同胞在就业和社会保障权益方面与其居住地当地居民享有同等待遇。二是对差别事项进行专门规定。如前所述，同等待遇宗旨在于保障台湾同胞作为中国公民的应然权利，非意味着在权利义务方面与大陆同胞处处相同。例如，在参加社保方面，绝大多数在大陆的台湾同胞已经在台湾地区参加社会保险，在大陆参加社保后，有很大一部分费用进入统筹账户，如果台湾同胞要在退休前离开大陆，统筹账户部分无法领取，个人保障效果有限。如果不区分情况强制要求这些在台湾已参保人员在大陆参加社会保险，可能会造成重复参保，增加缴费负担。故而，在立法过程中必要认真梳理台湾同胞因其户籍地在台湾而在落实同等就业权益方面可能造成的差异，并针对这些差别事项进行专门规定。三是可适当参考吸纳台湾地区在保障就业权益方面的做法。从传统看，两岸系出同源、同文同种，有共同的语言文字、共同的人文观念及相近的民间习俗，正所谓“地缘相近、血缘相亲、文缘相承、商缘相连、法缘相循”。共同的人文传统构成了推动两岸在法律制度方面相向而行的动力。从现实看，改革开放以来我国私法的完善，在一定程度上借鉴和吸收了台湾地区的有益经验，两岸的私法实质上一直处于“统一”进程。① 在就业保障方面，大陆亦可借鉴台湾地区的先进经验。例如，根据台湾地区的“就业保险法”，通过就业保险提供失业给付、职业训练、生活津贴、提高就业奖助津贴等给付保障，只要劳动者依规定由所属雇主办理参加就业保险，在发生保险事故时，即可依规定请领相关保险给付；在领取失业给付及职业训练生活津贴时，劳工本人及随同劳工办理健

① 柳经纬：《“两岸四地”私法统一问题探讨》，载《海峡两岸法学研究（第二辑）》，九州出版社2014年版，第115页。

宝之眷属亦享有全民健康保险保险费补助。通过参考吸纳台湾地区在保障就业权益方面的有益做法，既可以提升大陆相关领域立法水平，也有利于促进两岸融合发展。

（三）加强为台湾同胞提供就业服务

近年来，我国不少地方政府出台了鼓励和支持台湾青年创业就业的政策，提出提供创业资金扶持、给予创业融资支持、提供现金补贴、给予经营场所租金优惠和住房保障等举措。但是，根据相关调查显示，台湾青年对于大陆的“奖助保障”类政策反应明显冷淡，而对于“获得与工作内容、环境与薪资待遇相关信息”“制定合理产业引导政策，提供良好的创业环境”“提供岗位培训、拥有平等升值机会”“注重良好的企业文化、实现社会价值”等服务引导类政策表现出浓厚兴趣。[①] 奖助保障政策还容易被台湾媒体渲染为统战手段，降低台湾青年就业创业的积极性。因此，在促进台湾同胞在大陆就业方面，应将重心转移到提供就业服务。例如，搭建台湾同胞就业信息发布平台，畅通台湾同胞获取更多来大陆就业工作的渠道，收集有意向来大陆发展的人员信息，充当撮合就业入职的媒人；劳动部门加强面向台胞的就业服务，提供咨询辅导、职业生涯规划、就业创业指导等服务，并指导就业后的社保、手续办理等；在市场准入、融资、税收和劳动保障方面要对标大陆居民同等待遇，着力提供良好的就业创业环境，创造公平公开的营商、法治等社会环境，以优质服务确保台湾同胞在大陆就业创业的持续发展。[②]

（四）加大专项劳动监督检查力度

劳动关系固然受契约自由、意思自治及等价有偿等民法基本原则的调整，但其从属性和不平等性要求国家必须对其进行干预。国家干预是保证劳动者与用人单位关系处于动态平衡状态的重要基础。例如在美国，建立了独立的联邦执法机构——平等就业机会委员会（EEOC），负责执行、监督和协调所有联邦的平等就业机会方面的法律、规定、措施及政策。该委员会在促进平等就业方面发挥了很

① 刘澈元：《台湾青年来大陆就业创业差异性政策诉求及原因探析——基于对台湾4所高校1030个样本的问卷调查》，载《现代台湾研究》2016年第6期。

② 台湾地区“就业服务法”，旨于“促进国民就业，以增进社会及经济发展”。其中规定政府应设置公立就业服务机构免费提供就业咨询、办理职业辅导、推介参加职业训练等做法值得借鉴。

有效的作用。[①]《劳动法》《劳动合同法》专设“监督检查”一章，履行监督检查责任的单位主要为劳动行政部门，可重点从以下几个方面加大针对台湾同胞就业权益保障的专项监督检查。一是企业是否设立针对台湾同胞的不合理门槛。例如，在发布招聘信息时，是否含有侵害台湾同胞平等就业权的歧视性条件。二是企业是否依法与台湾同胞建立劳动合同关系。例如，是否存在以“劳务合同”取代“劳动合同”的情形。三是企业是否为台湾同胞提供平等劳动条件和相关福利待遇。例如，是否依规定为台湾同胞交纳各项社会保险。四是台资企业是否按规定成立工会。引导台湾同胞加入所在单位工会，依法维护自身合法权益。

（五）完善涉台劳动争议纠纷解决机制

我国劳动争议处理程序为“一调一裁两审”，该机制的本意在于充分发挥调解和仲裁的作用，使劳动争议尽可能地在比较平和的气氛中得到解决，少打官司。但在实践中也衍生了企业内调解虚化、仲裁后起诉率高、裁审关系不顺、案件处理周期长等诸多问题。台湾地区对劳动争议处理则采或仲裁或诉讼的“双轨制”。对权利事项之劳动争议，一般以诉讼方式处理；当事人一致同意以仲裁方式解决的，仲裁判断效力与法院确定判决有同一效力。对调整事项之劳动争议，仅得通过仲裁方式解决[②]，仲裁判断视为当事人之间的契约。近年来，学者对借鉴包括台湾地区有关经验完善大陆劳动争议纠纷解决机制多有建言，可在涉台劳动争议处理方面先行先试。一是积极引入具有调解职能的第三方组织、人员参与劳动争议调解。《劳动争议调解仲裁法》规定当事人可以申请对劳动争议进行调解的组织有企业劳动争议调解委员会、基层人民调解组织和在乡镇、街道设立的具有劳动争议调解职能的组织三类。而这三类机构在不同程度上均存在专业性不足、社会认可程度低等问题，导致机制虚化，大量案件直接涌入仲裁及诉讼。[③] 因此，在强化现有劳动争议调解机制的同时，还应当积极鼓励、扶持专业的行业组织以及具有调解职能的第三方调解机构、调解工作室、个人参与劳动争议调解。[④] 例如，厦门法院受理涉台劳动争议案件后，通常会先委托厦门市台商协会或较有声望的台胞

① 蒋月、王铀镱：《国际公约视野下我国女性职工劳动权的保障》，载《天津师范大学学报（社会科学版）》2015 年第 2 期。

② 另有部分劳动争议事项采取由台湾地区劳动主管机关裁决方式解决。

③ 徐剑：《完善专业性劳动争议多元调解机制探讨》，载《中国劳动》2017 年第 6 期。

④ 2015 年 4 月，厦门市颁布《厦门经济特区多元化纠纷解决机制促进条例》，对第三方社会力量参与纠纷解决进行规定。

调解员进行调解。由这些机构与个人调解有独特的同乡同业优势，和台胞劳动者或台企沟通得更顺畅，更有利于促进双方争议解决。对于符合规定的调解协议，由人民法院依法进行司法确认，保障其法律效力。二是适度放宽涉台劳动争议管辖。目前，我国对台湾同胞在大陆就业产生劳动争议的管辖问题并无特殊规定。根据《劳动争议调解仲裁法》第二十一条规定，劳动者与用人单位建立劳动人事关系并发生劳动人事争议的，属劳动人事争议仲裁委员会受理范围的，由劳动合同履行地或者用人单位所在地的劳动争议仲裁委员会管辖。对仲裁不服的，则由用人单位所在地或者劳动合同履行地的基层人民法院管辖。笔者以为，参酌部分人民法院实行涉台案件集中管辖的成功经验，涉台劳动争议仲裁的管辖亦可辅以约定管辖、集中管辖。例如，现在上海、福建等地都在大力扶持两岸仲裁机构建设。除商事仲裁外，在涉台劳动争议较多的地方，政府亦可尝试支持建立专门的海峡两岸劳动争议仲裁机构。该机构的管辖范围除集中管辖辖区内的涉台劳动争议案件外，可扩大至辖区以外的劳资双方在发生劳动争议后合意选定该机构进行仲裁的案件。三是可依法适用台湾地区有关劳动规定。劳动合同从法律适用上一般适用劳动者工作地法。因此，对于台湾同胞与在大陆的企业、个体经济组织建立劳动关系后又主要在台湾地区工作的，是存在依据最高人民法院《关于审理涉台民商事案件法律适用问题的规定》适用台湾地区有关民事规定的空间。值得探讨的是，在不存在前述连接点的情况下，若台湾同胞与用人单位合意在劳动合同中约定适用台湾地区有关劳动规定，则该约定是否有效、人民法院可否依法适用？笔者以为，在劳动者和用人单位有台湾背景的情况下，以双方合意选择的台湾地区有关劳动规定处理纠纷确实可能更有利于当事人解决纠纷，可予以适用。但涉及劳动者权益保护的规定属于强制性规定，基于保护劳动者的需要，人民法院应注意审查选择适用的相关规定确定的劳动基准是否低于大陆劳动基准；若低于大陆法律法规规定的基准，应以违反社会公共利益不予适用。四是加强劳动争议审判专业化建设。劳动争议案件具有不同于民商事案件的特点，无论从审判理念、审判模式、法律适用、审理效果等方面分析，由民事法庭审理劳动案件具有多方面不妥。2018 年 11 月 9 日，台湾地区立法机构通过“劳动事件法”，明确规定“为处理劳动事件，各级法院应设立劳动专业法庭”，且要求“前项劳动法庭法官，应遴选具有劳动法相关学识、经验者任之”，在劳动争议审判专业化方面迈出坚实一步。我国亦应积极借鉴相关经验，进一步推广设立劳动法庭，探索适合劳动争议特点的审判模式，提升包括劳动者为台湾同胞在内的劳动争议案内的专业化审判程度。例如，将调解、及时处理、三方参与等作为劳动案件处理的原则；对于案件事实清楚、具有经济给付内容的案件，应简化程序，及时保障当事人的合法权益；劳动法庭同时吸收工会代表、雇主组织的代表作为人民陪审员，参加劳动案件合议庭审理等。[①]

① 蒋月：《人民法院应当设立劳动法庭》，载《河北法学》2007 年第 11 期。

论行政机关的改正义务及其界限

——评居泰安物业管理有限公司诉上海市工商行政管理局黄浦分局无主财产上缴财政案

陈新民*

导 言

本文籍最高人民法院2017年公布十大典型案例之《居安泰物业管理有限公司诉上海市工商行政管理局黄浦分局无主财产上缴财政案》，及台湾地区金融监管机构于2018年作出的“富邦人寿公司裁罚案”，以此讨论行政机关对错误行政行为的处置、修正义务及其界限的问题。

最高人民法院认为，行政机关依照当初作决定时的信息与事实作出的决定，尽管与事实不符，仍不妨害其合法性的认定。但行政机关在事后被相对人指摘或以其他方式得知此错误，仍然需要承担改正之义务。

这种强调“有错必纠”的见解，固然有助于我国国家法治之贯彻稳固与人民权益的保护，但也不宜漫无限制，让行政决定永远处于可撤销的状态，而有损及法律安定性，以及可能的他人信赖利益之保障。这也是现代法治国家并重行政合法性及法律安定性的旨意，不可偏废一方。

---

* 台湾师范大学研究员兼教授。

为探讨行政机关必须勇于认错、负起纠正以往错误行为的责任，本文特别讨论德国及台湾地区“行政程序法”所树立的“双轨改正制度”，一方面规定了行政机关随时可撤销已作出或已确定的行政决定，另一方面规定了对已确定的行政决定如何行使重开行政程序，此双轨制均有前瞻与较为进步的规定，行政法学界也为此有详尽探究，目前体系较为完备。本文希望对此新制度的分析与引荐，且透过两案之讨论以及最高人民法院之见解，从而进一步分析并导出，强调我国行政法制有必要尽快增列此制度的必要性。

一、楔子之一：居泰安公司案

最高人民法院2017年6月13日公布了第一批“十大经典案例”中，第三个案件“居泰安物业管理有限公司诉上海市工商行政管理局黄浦分局无主财产上缴财政案”，便是一件涉及行政机关对于已作出之行政行为，即使无法撤销，或基于举证困难等因素而进行撤销争讼等过程，但如产生能肯定造成人民违法损失时，主管机关是否仍然负有改正义务的问题。在最高人民法院采肯定的态度，针对此一件触及具体行政行为的“确定力”问题，这也是古典行政法学产生以来，学说徘徊在维持“行政合法性”与“法律安定性”之间的具体案例，如何界定国家应当勇于面对错误，重为有利人民权利的新的处分；或是在何种情况下得允许行政机关能自我决定，维持旧有违法所构建的秩序，是值得加以探究的议题。

本文谨借着最高人民法院所肯定的本案，是否妥适来论此一问题。

（一）案情介绍

1998年7月，柏德公司以存放于上海市宝山区仓库的250吨进口羊毛为厦门凯天公司向厦门建行的两笔借款提供质押。（后该质权于2006年转移给本案再审申请人居泰安公司）。1999年，该批羊毛因涉嫌走私，被公安机关移交海关处理。因海关在调查过程中无法找到柏德公司的法定代表人，遂于同年将涉案羊毛移交本案再审被申请人（上海黄浦工商分局）处理。嗣后，因发现涉案羊毛已出现脱脂变质现象，黄浦工商分局遂将其先行拍卖，得款人民币约720万，并于同年10月在媒体上刊载公告，载明：限有关该批羊毛的所有人于公告发布之日起3个月内，携带有关合法证明前往黄浦工商分局下属的支队接受调查，如逾期，黄浦工商分局将依照《工商行政管理机关行政处罚程序暂行规定》（以下简称《暂行规定》）第六十一条规定予以处理（即拍卖上缴）。

由于逾期货物所有人仍未出现，黄浦工商分局于2000年3月7日作出“视涉案被扣羊毛为无主财产，上缴财政”的决定。然而质押权人厦门建行称，在黄浦工商分局处理本案期间，该行及厦门中院的办案人员曾找到黄浦工商分局查询涉案羊毛的处理情况。据此，再审申请人认为涉案羊毛并非无主财产，遂对拍卖上缴行为不服，提起诉讼，请求撤销黄浦工商分局作出的没收涉案羊毛的决定，并判决该局给付拍卖上述财产所得全部款项。

（二）裁判结果

一、二审法院认为，黄浦工商分局在无法找到并确认走私、贩私行为人，进而无法处罚违法行为人的情况下，按照《暂行规定》作出无主财产上缴财政的行政处理决定，执法程序并无不当，并据此驳回了居泰安公司的诉讼请求。居泰安公司不服，向最高人民法院申请再审。

最高人民法院经审查认为，判断行政行为合法性一般应当以行政行为作出时的事实为准。即使行政行为与客观事实不符，只要行政机关在作出行为当时无法发现该事实，也不应以此简单地否定行政行为的合法性。但是，本案中，黄浦工商分局在事后经权利人主张，发现涉案羊毛设有质权的情况下，应当认识到其作出的被诉行政行为与客观事实不符，并及时采取相应的措施，包括：就涉案羊毛可能涉及的违法问题，依照法律规定的处理权限作出判断，并在此基础上对再审申请人提出的返还请求作出处理。据此，本案最终判决撤销原审判决，责令上海市黄浦区市场监督管理局在本判决生效之日起15日内将涉案羊毛涉嫌违法的问题交由有权机关处理，或者在本判决生效之日起15日内依职权启动调查并在其后120日内对再审申请人厦门居泰安物业管理有限公司提出的返还涉案羊毛拍卖款的请求作出处理，驳回厦门居泰安物业管理有限公司的其他诉讼请求。

（三）本案典型意义（最高人民法院见解）

本案的典型意义在于，法治政府要求行政机关法定职责必须为，勇于负责，敢于担当，行政机关在发现行政行为存在瑕疵的情况下，有义务加以改正。在以撤销诉讼为主的诉讼制度和理念的影响下，人民法院一般只有在被诉行为被撤销或者确认违法后，才会处理相关损失的补偿或赔偿问题，从而将行政行为的违法性与行政机关的给付义务挂钩，形成了无违法即无给付的诉讼格局。本案明确了即便在撤销诉讼中，行政机关的给付义务也并非仅仅取决于被诉行政行为的违法性。根据被诉行政行为作出时的基础事实，该行为无法被撤销或确认违法，但只要行政机关嗣后发现行政行为有瑕疵，且该瑕疵损害或者可能损害公民、法人或者其他组织的合法权益，行政机关就负有及时加以改正的义务，人民法院就应当视情况判决行政机关为一定的给付。

二、楔子之二：台湾富邦人寿公司裁罚案

无独有偶，同样是有关行政机关对所作出违法的行政行为，应当是否或如何承担改正义务的问题，最近台湾地区也出现了一个受人瞩目的案例——富邦人寿裁罚案，可以与上述楔子之一的案件，作一个比较。

2018 年 8 月 7 日，台湾媒体公布了一个台湾地区行政主管机构对台湾第二大金控公司富邦金控所属富邦人寿保险公司，裁罚新台币 1260 万的决定，理由之一是该委员会派员至该公司进行检查时，要求承办人员提供过去几年间的客户往来信息。在该委员会人员监督下，资讯工程人员与承办人员将相关资料调出后，发现有若干年的资料无法显现。金管会便认定该公司人员“在检查期间发现与检查事项相关电子邮件遭删除，涉有隐匿或毁损案关业务数据之情事”为由，裁罚 400 万元的罚款，并以该公司在“办理委托外部机构代操海外股票之遴选、审议及增加金额之作业程序核欠审慎确实，显示该公司法令遵循机制及内部控制制度未能有效发挥”为由，再处罚 860 万元，以及“限制该公司 1 年内不得新增委托国外代操投资业务”。

对于营业绩效在台湾地区属于首屈一指，且屡获国内外奖项的富邦金控与人寿公司而言，自认平日对员工的训练、法律遵循的要求十分严谨，不可能会产生有意删除客户信息，以逃避主管机关检查来掩饰违法与非法行径的可能。因此在发现数据未能显现时，已经与主管机关陈明不知理由何在，然而主管机关仍依其自行判断，认定被检查公司有恶意删除受检查文件之行为，而处以高额罚款。

面对财务的损失，特别是商誉的侵害。该公司认为此处罚并非合法与合理。除立即向主管机关陈明原因外，也进一步要求信息公司派员详加调查，不久遂在云端与数据库中，发现了之前未能显现的全部信息。就此发现而言，已足以证明原行政机关的处罚，已失依据。被处罚公司且依此新发现，陈报原处分机关，原处分机关是否即负有更改原决定的义务？为了维持与主管机关的和谐关系，被处罚公司在最初收到裁罚处分后，除了向主管机关陈述其“不服”之意旨，并未提

起诉愿程序。以至于新事实发现后已逾提起诉愿的时效。在此情形，面对原裁罚处分已经确定、但却属于明显违法，主管机关是否也应当主动撤销此处分？

以楔子之一或楔子之二的案情而言，都是提到行政机关对于过去已作出的行政决定，如果事后认为违法，应当如何补救的问题。这在德国行政法学很早就关注到，而且赋予行政机关可以随时行使撤销权的权力，例如《德国联邦行政程序法》第48条第1项，及受其影响之台湾地区“行政程序法”117条，都是规定得由原决定机关或上级机关行使撤销权。

但此规定有一个“罩门”：可由行政机关裁量处理。所以在行政实务上屡见不鲜的现象便是：若行政机关怠于行使此权时，人民究竟有何办法可以要求行政机关弥补错误？特别是行政机关往往爱面子，存在官僚习性，秉持“多一事不如少一事”的心态。这些条文是否即“束之高阁”而成为具文？故这些条文可否转换为“强制条款”？相信赞成此见解者，当不在少数！

故这两个案例已经涉及到行政机关的改正义务，以及其可能的界限问题。这也是行政法学最重要与复杂的议题之一。本文将分别以德国及受其影响的台湾地区行政法理论，来谈论此一问题。

三、居泰安案的判决评析

（一）“有错必纠”的宪法意义

1. 可以贯彻“依法行政”成为“依法良政”的理念

本案的积极意义，如同最高人民法院所指称的“典型意义”——法治政府要求行政机关执行法定职权必须勇于负责，敢于担当。因此只要行政机关嗣后发现行政行为有瑕疵，且该瑕疵损害或者可能损害公民、法人或者其他组织的合法权益，行政机关就负有及时加以改正的义务，人民法院应当视情况判决行政机关为一定的给付。即使该行政行为已经不可撤销，行政机关仍然负有及时改正的义务，并且为一定的给付。

显然这是坚持“有错必纠”的精神，不论该行政行为是否已经逾越了救济时效，而形成“铁案”，行政机关都有嗣后补救并改正错误的义务。如同最高人民法院在同为第一批十大经典案例中的“郑州市中原区豫星调味品厂诉郑州市人民政府行政处理决定案”，也是秉持有错必纠的基本原则，显然这是最高人民法院认定行政行为必须追求严缜的合法性，不论是否已形成确定的法秩序，都不能放弃此行政实质合法性的基本原则。

就此原则的宪法意义而言，的确是符合现代法治国家的思潮——讲求实质法治国原则的精神。同时要求行政行为必须自始至终都符合法律的规定，正是实践依法行政的最佳写照。同时这也是让公权力行为，获得人民信赖的唯一途径，不至于因为行政决定已经超越了可救济时效，或是其他因素而无法撤销，而认为“木已成舟”“生米已煮成熟饭”，时过境迁，将错就错地承认错误的行政行为，而变成合法事实。如此一来，行政机关的错误公权力，即使已取得了合法的外衣，但其实质仍属不合法，也是一种实质不正义，如此实践出来的公行政行为，丧失了正义的本质，也不符合实质法治国的原则。盖法治国家的理论，已经在第二次大战后产生了巨大的改变，由讲究形式意义的所谓“形式意义的法治国家”（Rechtsstaat in formaller Sinne），强调一切公权力措施必须讲究形式合法性，转变为“实质意义法治国（Rechtsstaat in materieller Sinne）”。这种强调所有国家公权力行为，当然包括行政行为及司法行为，都必须服膺法治国原则及保障人权。这种强调个别公权力行为都应当具有“内在合宪性”的时代精神。

就此而言，最高人民法院坚持这种有错必纠的态度，是可以获得人民的喝彩，可以强化人民对于公权力的信赖感，同时也会认为行政机关已经坚持了“诚信原则”，不至于产生错案、冤案、假案，而每一个公权力行使，都会光明磊落，经得起时间的考验，不会有实质之恶躲在合法性的外衣之下。这是建立优质的法治国家的极高标准，也是依法行政，会变成“依法良政”的同义词。

2. “有错必纠”原则的性质

由上述最高人民法院对有错必纠原则的坚持，可以导出下列几个原则：

第一，此为“强制原则”。可以推测出此原则应当是具有强制的色彩，亦即此原则是一种“当为条款”（Sollen - Vorschrift），而非训示规定，或是道德规范。主管机关必须严格执行这种原则，一旦事后发现原已作出的行政决定有违法之情形时，不仅应当主动或被动负有改正错误的义务，而人民拥有诉权请求行政机关必须纠正已经错误的行政决定。因此可以算是一种典型的拘束行政。

第二，表现出“法律安定性”与“行政合法性原则”（正义原则）相冲突，亦即形成“法律安定性”vs“行政合法性”概念对立的二分法。

由于最高人民法院强化了这种有错必纠的执行义务，可以想见，除非赋予行政机关这种强制改正的义务，否则无法督促行政机关勇于改正，不至于消极地怠惰。然而，这种“用猛药”的强制主义是否过于单方面思考，而忽视了现实法秩序，会因主管机关事后随时可能的改正或撤换原有决定，而使得行政秩序陷于“恒动不安”的状态之中？换言之，如果许可与要求行政机关事后随时可以变更原有的决定，重做裁量，而时效制度无法扮演安定法秩序的功能时，法治国家形成“动荡国家”，岂是实施法治国家的常态与理想？

如此一来无异认为维系旧有法律秩序的安定，与追求行政合法性的理念，即会产生冲突的现象，故此两个概念是相对立与可能产生冲突而不得兼顾。

第三，“有错必纠原则”也遵循平等原则，不论违法行为是对人民产生不法利益（违法的授益行为），或是违法的给予人民不利益（违法的负担行为），都一律适用，换言之，不承认违法的利益或不利益，有任何影响行政机关的改正义务。这种想法显然强调行政合法性原则的重要性外，亦可援引“法律之前人人平等”的宪法平等权之基本理念。然而法律安定性原则已经发展到必须调和法律信赖利益的保障，而后者也与平等权一样，取得了宪法保障的位阶，故成为限制行政机关改变过去所为行为的重要原则，因此，讨论行政机关的改正义务，是否必须要注意到行政法学在第二次世界大战后，特别是在1950年代才在行政法学界产生天翻地覆的变化，所谓新兴的宪法学及行政法学理论——“信赖保护”的体系问题？[①] 似乎正是最高人民法院在此强调有错必纠原则强制性方面，所不能忽视的议题所在。

综上所论，最高人民法院这种强制性的“有错必纠原则”，固然立意甚佳，然是否会陈义过高而有检讨的必要？

（二）有错必纠原则的调适——正义与法律安定性的协调

1. 法治国家的两大原则：正义与法律安定性

德国法哲学家赖特布鲁赫（G. Radbruch）在第二次世界大战前便极力强调了法律安定性的重要性，例如他在1929年便明确提出了：正义是法的第二项重大的使命，而第一项使命则是法的安定性（法的和平）。这种法安定性的重视在二次大战后，更是成为赖特布鲁赫法哲学的重要理念，例如他在1946年就明确提到：我们必须追求正义，但也同时必须重视法的安定性，因为法本身便是正义的一部分。我们要重建一个法治国，就必须尽可能考虑这两种思想。1947年，他也提到：正

① 参见 Hartmut Maurer，Allgemeines Verwaltungsrecht 15 Aufl. 2004. § 11，Rdnr. 21

义应该优先于（法规的）目的性，而法的安定性，也优于目的性。[①]

由赖特布鲁赫的理论可知，他认为法的安定性与正义观都应该超越法的目的性。换言之，一个实证法规范，尽管有其目的性，但既要符合正义，成为正确与公正的法，同时也必须符合法的安定性。就此而言，法的安定性能够确保，又能符合一个法规拥有正义的内涵，是构成一个法治国家法的两大原则。

故法治国原则这种把法的正义概念与法的安定性原则相调和，两者形成“你中有我、我中有你”，而非形成截然对立的现象。然而困难的问题便是如何进行调和？这必须从两方面着手：

一方面追根溯源，在法规范的目的考虑上，必须要符合正义的内涵，这涉及到法的内容是否达到一定的“质量要求”，例如符合基本人权，人性尊严与公平正义等，不仅立法目的与动机，甚至手段，都可以纳入这种正义观的检验，这当然是现代的法治国家建立违宪审查权制度的主要功能与目的所在。

另一方面，可以着力的焦点在调节法律安定性原则的适用。此原则如何运用？对一个已经实施并产生效力的国家行为，可调整到如何程度，方可一方面符合“正义”的要求，另一方面能够确保法律安定性原则的实现？这势必冲击到传统由法实证主义所强调的“恶法亦法”以及“木已成舟”的既定事实所带来的法律安定性理念。

所以一个客观已实现法律执行与产生法律效果的公权力行为，尽管已经产生了客观的法秩序，显然依赖特布鲁赫所强调的法安定性理念，仍然可以运用正义来检验其是否仍然残留不法的因素。换言之，法安定性必须建立在合法与公正的法律秩序之上，这才是法治国所许可之符合正义的法安定性原则。

因此，在法治国家中，法安定性与正义间是属于竞合与调和的关系，而非抗争的二分法关系。讨论一个既存法律秩序是否应当继续维系下去，所本的理念，便非援引正义理论来对抗法律安定性的原则，毋宁是以正义的理论，来要求法律安定性原则是否能够突破、并否认维系现有法律秩序的正当性与合法性，从而使其结果符合正义与公平的法律理念。这也是用正义理念来“形塑”如何构建法律安定性原则之架构的主要见解，这样就可以消除了乍看之下法律安定性会与正义理念是完全相反的“反作用概念”之误解。

---

① 赖特布鲁赫：《法律智慧警句集》，舒国滢译，法律出版社2009年版，第18页。

2. 行政行为合法性与正义理念

当然上述讨论到法律安定性与正义观的冲突或调和关系，是法哲学一个复杂的题材。即使德国法学家赖特布鲁赫教授在二战前极力宣扬法律安定性的原则，与正义视为法治国家法的两大要素。但是在经历了纳粹政权非法统治之后，在二战一结束后，其所撰写并提倡的理论——“法律上的不法”便严格批评法律实证主义给德国法治原则所带来的弊害。显然他已经强调了法律的正义观，特别是法律的内涵必须符合人性尊严等所谓基本人权的核心价值，似乎持反对过度重视法律安定性的立场。一旦法秩序达到了令人“不可容忍”的程度，这些实证法律就不构成法，任何人民及公务员与法官都应当否认其具有法的拘束力。这便是赖特布鲁赫在二次大战后，也是他在去世前数年所宣扬的新理论。

然而在赖特布鲁赫二战后这种新理论，以驳斥法律实证主义的严格性为对象，却显然贬低了行政与司法合法性原则的重要性，以及由此些原则构建出来的、涉及到客观存在的实证法以及其所创建的法秩序价值，是否可以获得人民及司法界的承认，具有法的拘束力？而重心显然偏向了法秩序的正义观，否认法律安定性之重要？

赖特布鲁赫并未进一步地探究提出此新理论的详细论证，其新理论与旧理论的差异所在，以及判断标准。而比重已加重的正义要求，也容易令人误解，援引任何的正义要求都可能足以推翻一个法规范正当拘束力的依据。如此一来，法律安定性原则濒临崩溃！

赖特布鲁赫当然不至于没有想到此情形，因此他提出的标准是严格的：必须是该法规的不法程度达到了“无法容忍的程度”，才可以作为否认法规范造成的法律安定性，已是不值得维护的依据。

这就是著名的所谓“赖特布鲁赫定律”（Die Radbruchsche Formel），一度在1950年代以后成为法哲学以及宪法学的显学，并在二战后追究纳粹战犯的国际审判中，实质上被援引，因此在学界也广受重视。但是鉴于这种概念的空泛，本理论盛极一时后，逐渐消沉，直到1990年后，两德统一，产生一连串追究东德士兵的枪击攀越柏林墙的人民案件后，此原则才再度被司法界援引，而受到重视。①

但赖特布鲁赫这种强调法律安定性的重要性，还是逐渐成为宪法与行政法学

---

① 关于赖特布鲁赫法律上不法问题的讨论，可参见陈新民：《不法法律及命令服从的困境——从译、读赖特布鲁赫的经典之作“法律上的不法与超法律的法”检视“赖特布鲁赫定律”的使用问题》，载《军法专刊》2008年第6期；另收录在陈新民：《公法学札记》，法律出版社2010年版，第220页。

的重要原则，而法的正义观成为法治国原则检验的目标，也是当然的结果。在此意义而言，法的正义观论及了法的内涵，也会以法的实施面来作观察，否则法的规范力无从显出，也就丧失了其内容正义观要求的目的所在。

所以法治国家的法不仅要创造出安定的法秩序，而且这整个法秩序都要符合正义的要求，法律安定性与法秩序呈现的正义现象，都是以切实的依法律执行为前提，在此便会导引出依法行政与依法裁判的原则。前者将在行政法的领域获得实践，后者则涉及到法官独立审判与法治国家司法权运作的基本原则，成为宪法学讨论的重点。

故法的正义观要求，便会与依法行政、行政合法性原则联结在一起，也形成法治国家的基本原则。为此《德国基本法》第 20 条第 3 项明确规定：立法受到合宪秩序、行政与司法权力受到法律与法的拘束。便是这种行政合法性的依据。[①]

因此讨论到法律安定性的问题时，必须调合的对象，便是由空泛的正义观，转为法律合法性原则所形成的，或所应形成的法律秩序，而产生一个权衡判断“究竟旧有的法秩序是否基于不法”，或是“必须加以调整或维系”，从而产生新的法规范与秩序是否应当存在的问题，以满足法治国原则的要求。

赖特布鲁赫居功甚伟地强调了法治国家的法必须兼顾能创造出符合法律安定性以及符合正义的要求，也必须呈现在依法行政或依法审判所呈现的法律秩序，必须符合正义的理念。赖特布鲁赫理论由原本专注法目的、法律安定性及正义要求的混杂不清之三角关系，转变为法治国家、法律安定性、正义理念以及行政与司法合法性的四角关系，让四个理念之间的相互制衡与调节之关系更为清楚。

3. 法律安定性原则的意义

法律安定性因此在法律秩序的稳定上，首先是扮演着在“时间”上的法律秩序的稳定方面重大影响力。一方面对于“过去”的国家行为，是否能否继续维持其效力；在另一方面则确保国家行为的“可预见性”——亦即，可以期待日后的国家行为会有一个可以让人民可以掌握的内容（“可掌握”的标准 greifbare Massstabsbildung），形成法律秩序的“可估测性”（Messbarkeit innerhalb der Rechtsordnung），因此法律安定性便具有了三重意义：

（1）关涉法律关系的存续力问题；

---

① Franz - Joseph Peine，Allgemeines Verwaltungsrecht，1994. Rdnr. 329.

（2）法律后果的可估测性；

（3）法律关系形成内容的可预见性

这便是德国当今著名公法学者索巴达教授于1997年在其《由宪法与行政法角度论法治国原则》一书中所阐述的法律安定性原则之于法治国原则的实践的三种功能，使得国家法律的实施，能够让被规范者事前就能掌控其可能自始至终的法律效力，因此取得了对是否要实行一定行为，从而承担法律后果的判断标准，如此一来，便可以获得一种“法确性”，法律秩序也会趋于稳定，形成“法和平”（Rechtsfrieden）的状态。①

法律安定性原则首要关切的对象，即在讨论一个国家行为的效力存续之问题，其次才是在此基础上，论及法律秩序如何形成可以估计其规范内容与可能法律后果的问题。在前者的情形中，如同赖特布鲁赫学说（而非单纯的“赖特布鲁赫定律”）所要求的达到法安定性与正义并重的理念，使得最终法律适用的结果（现存法律秩序），能够达到正义的要求，就必须要在一方面检验行政合法性原则应当尊重到何种程度，以致于哪一些已确定的法律状态，必须抛弃，而形成新的法律关系；或是肯定这些既存秩序，还是应当维持避免“牵一发而动全身”，而对公共利益或他人利益造成太大的损害。明显可知这是一种利益的衡量与价值判断的过程，显示出法律安定性原则与行政合法性的坚持，不是独钟一方。“有错必纠”原则的适用，如果偏离了这种利益衡量的思考过程，便会产生偏颇的疑虑。

（四）法律安定性与行政行为的“存续力”制度

为了确定法律秩序的安定，行政处分也如同其他公权力的决定，最明显的是例如各种司法诉讼，都设有一定的期限，来使该公权力决定产生最终的效力。此最终的效力表现在其“确定性”及“不可变性”。一方面要使主管机关产生“终结决定”的程序，另一方面让人民确定法律适用的结果，不再有争议的可能。在具体的法制形成上，都是结合救济程序，亦即当救济程序与机会终了后，争议即落幕，法律关系已然确立。

此在司法诉讼习称为“既判力”，而在行政法学上，则称为“行政处分的存续力”（Bestandskraft）或可译为“既决力”，以便与司法判决的“既判力”相互呼应。除非经过有权机关（包括法院），事后行使撤销或废止权外，此公权力的效

① Katharina Sobota, Das Prinzip Rechtsstaat = Verfassungs und verwaltungsrechtliche Aspete, 1997, S. 154

力便立刻确定。

虽然行政法学上有“形式存续力”与“实质存续力”之分。前者“形式存续力”——指行政行为已经超过了不可提起申诉或异议的期限，或是经过申诉与救济程序，却未能推翻原决定等，属于形式方面所产生的确定效果。

而后者“实质存续力”，乃是指一个行政行为，尽管已有了形式的存续力，然而主管机关或有权机关（包括法院），仍然可能行使撤销或废止的权力。如果法规范有限制主管机关或有权机关，不再能够行使这种变更旧有秩序的权力时——最具体的情形。可举经过一定的时间，例如《德国联邦行政程序法》第48条第4项规定，撤销权必须在管辖机关知道有撤销之事由发生起，一年内行使之。[①] 台湾地区所谓“行政程序法”第121条则将此一年的“除斥期限”（Ausschlussfrist）[②] 改为两年，显然这是台湾地区所谓的“行政程序法”对法律安定性原则，没有德国方面来得重视所致。如以德国的制度而论，则超过一年后，即使是违法的行政决定，也取得了事实上的存续力。

所以事实上的存续力，是以形式上的存续力为其前提，这也是行政程序法最复杂的一段规定。[③]

而关涉到行政机关能够行使撤销权的一年期限（或台湾地区的两年），对此期

---

① 《德国联邦行政程序法》第48条的条文如下：（1）违法行政行为，即使已具确定力，仍得部分或全部以对将来或溯及既往的效力撤销。已设立或用以证实义权利或权力上相当优惠的行政行为（授益行政行为），其撤销须受第2至第4款的限制。（2）提供一次或持续金钱给付或可分物给付，或为其要件的行政行为，如受益人已信赖行政行为的存在，且其信赖依照公益衡量在撤销行政行为时需要保护，则不得撤销。受益人已使用所提供的给付，或其财产已作出处分，时期不能或仅能在遭受不合理的不利时方可解除其处分，则信赖一般需要保护。下列情况下受益人不得以信赖为其依据：①受益人已欺诈、胁迫或贿赂取得一行政行为的；②受益人以严重不正确或不完整的陈述取得一行政行为的；③明知或因重大过失而不知行政行为的违法性。第3句所指的行政行为一般以具有溯及既往的效力撤销。已撤销的行政行为的受益人，须归还已履行的给付。对归还的范围，准用民法典返还不当得利的规定。归还义务人在具备第3句情形时，不得以得利的消灭作为依据。只要他明知或因重大过失而不知构成行政行为违法的情况。行政机关在撤销行政行为的同时决定须归还的给付。（3）行政机关撤销不属第2款所列的违法行政行为时，须应相对人申请，赔偿有关财产不利。该财产不利是因相对人相信行政行为的确定力而生，但以其信赖依公益衡量需要保护为限。在此准用第2款第3句。财产不利不得超过相对人在行政行为存在时所具有的利益值。行政机关有权确定须补偿的财产不利。（4）行政机关得知有可对一违法行政行为撤销的事由发生时，须在一年内方得行使撤销权。但前项第2款第1句的情形，不在此限。（5）关于撤回违法行政行为的机关，由本法第3条所规定的机关为之。当撤销的行政行为系由其他机关为之者，亦同。

② Knack – Henneke，Verwaltungs verfahrensgesetz，10. Aufl. 2014，§48，Rdnr. 58

③ 可参见陈新荣：《公法学札记》第五篇《信赖利益的保护与界限——郑州市中原区豫星调味品厂诉郑州市人民政府行政处理决定案》及第九篇《提起行政救济的“适格”及信赖利益保障的运用问题——评冯书军诉河北省衡水市人民政府撤销国有土地使用证案》，都有对此原则的适用及重要性，加以讨论。

限的开始计算，便关涉重大。对德国行政实务，此条规定也造成了很大的困扰，其中之一是此一年虽是原则规定，但是同条文第4项却明定排除条款，换言之只要相对人出于诈欺或贿赂的不法手段，致使行政机关作出此违法行为，但咎由自取，不必维持此违法造成的法律安定性，行政机关的撤销权则不受此一年方可行使撤销的限制。这种强调行政合法性重于法律安定性的见解，理论上超过30年，行政机关仍可行使撤销权，将对法律秩序造成很大的限制。因此在德国学术界争议不断，虽然屡经德国联邦行政法院召开联席会议肯定此维系行政合法性重要性的决议，但学术界普遍反对此制度。①

然而台湾地区“行政程序法”援引此制度时，例如依照其“行政程序法”第121条，此撤销权应自原决定机关或上级机关只有撤销原因起两年内为之，但却没有将德国“一年期限的例外规定”纳入；前者延长到两年的立法目的，明显是重视行政合法性；而后者没有对“一年条款的例外规定”，则立法目的又置重在法律安定性原则的维护。这是台湾地区法制比较德国制度与学界的批评后，所采取的折衷制度。

其次，撤销权消灭的期限如何起算，也是一个困难的问题。据法条规定的要件，必须是原机关或上级机关“知悉”有可撤销的理由时起算。而此“知悉”必须要达到如何的程度？一闻知消息便开始起算，或是必须透过确认消息，研判各方结果后，最后达到可判断要否采取行动时，方才开始起算？

如以前者的标准，则是属于所谓的“准备阶段”，便开始计算此时效（作业准备时效，Vorbearbeitungsfrist）。例如当行政机关发现原有决定已经存在的可能足以作为撤销原决定的事由时，便开始起算此时效。

如以后者的标准，则是属于所谓的“决定阶段”（决定时效，Entscheidungsfrist），才作为起算之时点。

德国联邦行政法院经过多次的研讨后，才决定实行后者的标准。这是因为在之前的准备阶段，还不够形成足以是否有撤销原决定的意志，因此不能够作为消灭此法定秩序的时效起算点也。② 这也同时表示这一个决定时效的功能，不是只是在“时间要素”（Zeitmoment），也是一种表示行政机关达到了一个成熟的可作决

① Knack－Henneke，Verwaltungs verfahrensgesetz，§48，Rdnr. 88

② 参见P. M. Huber，Allgemeines Verwaltungsrecht. 1992. 3167

定的“状态要素”（Zustandmonent），表示行政机关打不打算行使撤销权的意志，同时也让人民对此公权力的是否行使，产生了一个信赖感，创建了“信赖要素”（Vertrauenmoment）[①]，所以此标准比较中允而不至于过苛。

自然行政机关有无遵守此撤销的期限，负有举证的责任。

第三个问题，假如可以行使撤销权的机关不一时，例如原决定机关及其上级机关对于知晓可撤销事由的时间起算点不同时，应如何计算？是分别计算，或是采先到期，则全部失效？台北高等行政法院在 2015 年有一个判决（1922 号判决），对此采行“分别计算”的方式，许可该二机关分别计算其丧失撤销权的时效。此维护行政合法性的见解，超越法律安定性的考量，已经成为台湾地区“行政程序法”实务的通说见解。[②]

讨论行政机关的修正义务，自然是以行政合法性的维持，为主要的目的；而援引法律安定性原则，作为其“控制阀”。这一个“突破”（Durchbruch）行政行为的存续力的机制与问题，既然针对了该行政行为已经是“即使已不可撤销”，如同《德国联邦行政程序法》“第 48 条第 1 项”的明文规定，该行为“已经不可撤销”，以及台湾地区所谓的“行政程序法”第 117 条之使用了“违法行政处分于法定救济期限经过后……”的叙述，都显示出这些违法的行政行为，尽管最后都只是取得了“形式确定力”的程度，仍可以撤销，便是其并无实质确定力。如此一来，这一条主管机关可以随时撤销违法行政行为，突破法律安定性原则的“例外授权”，且针对所有已经作出，且不管是否已取得形式存续力的行政决定皆可为对象。[③]

既然，行政机关撤销违法行政行为的范围，会影响法律安定性，因此在制度的设计上，如何许可行政机关行使此一权力，就必须针对万一行使此权力时，其权利与利益会遭到损害者，会否造成失去正义或公平的结果。

由于这些违法的行政行为，可以分为授益或是侵益（给予负担）的行政行为。德国与台湾地区的“行政程序法”所重视对于行政机关行使撤销权，即兵分两途：

---

① Knack－Henneke，Verwaltungs verfahrensgesetz，§48，Rdnr. 58

② 此判决见解，被收入到《行政程序法裁判要旨汇编》（十三），台湾地区法务主管部门，2018 年 4 月；另见吴志光：《行政法》，台湾地区新学林出版社 2019 年版，第 183 页。

③ 这也是台湾地区“行政程序法”第 117 条立法理由的官方意见。

第一，针对违法的侵益行政行为，许可行政机关随时可以撤销之[①]，原则上鼓励主管机关或上级机关尽量可以撤销违法的负担行为，让人民解除不必要与不合法的负担，这是所谓的“自由撤销原则”（Grundsatz der freien Zurücknehmbarkeit）。[②]

但德国联邦行政程序法第 48 条第 4 项特别规定必须在行政机关知悉有撤销事由一年内为之的特别规定，以及当事人有诈欺等可归罪事由而致使行政机关作出此决定者，不在其限的特别规定。而台湾地区的“行政程序法”121 条虽定有 2 年更长的期限，但是特别加上如果撤销对公益有重大的危害（公益条款）或是类似德国“基于诈欺”等的“不值得信赖”的事由时，方得以限制主管机关的撤销权力。这一个允许主管机关能够在相当程度内否定法律既成秩序的权力，突破法律安定性，显示行政程序法重视行政合法性原则，也是认定“能够尽量摆脱人民的负担，即应尽量摆脱之”，这也是“有错必纠”的精神显现。

第二，至于针对违法的授益行政行为，则前述重视行政合法性的原则，便会进一步面临到如何保障“违法获得既得利益者”的问题，这便是涉及到更大范围的信赖利益保障的问题。

而信赖利益只是在例外的情形，例如当事人基于故意的欺诈行为，或是可能此负担行为会带给第三人利益时——涉及第三人的行政处分（Drittbezogener Verwaltungsakt），此时才会再涉及是否有值得信赖保护的问题外，信赖利益的保护没有扮演太多制衡行政机关行使撤销权，调和法律安定性的功能。多半在此情形，主管机关所援引与重视者，恐怕法律安定性的重要性会超过信赖利益，而行政机关几乎没有可以援引信赖利益保护的余地也。[③]

反之，在违法的授益行为，则信赖利益保护的重要性显然凌越了行政合法性，

---

① 这也是《德国联邦行政程序法》第 48 条第 1 项前段所特别规定的：任何违法行政行为，可事后随时撤销的规定，其本意所在也。按此条规定，虽然没有明文提到此种违法行政行为仅限于不利的负担行为，但由同条项的后段规定：如果该行政行为是对于他人的权利或重要的利益有创设或确认效果者（授益行为），仅能够依据本条文第 2 项、第 4 项的规定（即废止违法行为的许可条件），方得为之。显然对比此条文的前后规定，可得知此随时、无条件可以撤销的违法行为，仅限于违法的负担行为也。

② P. M. Huber，Allgemeines Verwaltungsrecht. S. 166

③ 本来德国行政法学界传统基于对行政合法性的重视，认为有错必纠，因此不分授益或负担的违法行政决定，都赋予行政机关可以自由撤销的权力。但在 1956 年 11 月 14 日德国柏林邦高等行政法院作出一个众所瞩目的案件判决，宣示了援引信赖利益保护与维护法律安定性理念，因此对于有授益性质的行政决定，行政机关不能够拥有如此高度的撤销自由权力。这种见解后来被联邦行政法院，以及联邦宪法法院的许多判决见解中所采纳，而形成了学术界的共识，而影响了 1976 年《联邦行政程序法》制定时，便将此撤销权的限制规范纳入。可参见 Knack – Henneke，Verwaltungs verfahrensgesetz，§ 48，Rdnr. 2.

因此法律安定性的原则便处于极大的不稳定状态，这也是法治国家要求行政机关要在此种行为上，努力节制此行为的施行，并作妥善的利益衡量。这当然是行政法学高度发展的一个体现。

然而庆幸的是，既然本文所讨论的焦点在于行政机关针对违法负担行为撤销的义务问题，显然即可以省却了太多关于信赖利益的考虑，使问题面对的难度便少了甚多。

（五）存续力突破的法制设计

针对行政机关已经作出的行政决定，且已经产生了存续力后，为了维持法律秩序的安定，因此唯有在特殊的情形下，才许可有翻案的可能性，此即“突破确定力”的法制设计。这也是调合法律安定性与正义（依法行政）的法治国理念而不至于产生“恶法亦法”，或“朝令夕改”的后果。

经过了将近一个世纪行政法学的研究与发展，二次大战后，直到1976年联邦行政程序法，方才将此突破确定之行政处分的可能性，予以“法制化”，亦即创设出两种改正的可能性。质言之，第一种为主管机关本于“知错能改”的主动改正权；第二种为赋予人民在一定条件满足时，能够申请主管机关“重开行政程序”的请求权。这两种情形，都是不同的法律制度与性质，也会产生不同的权利义务，值得重视。

1. 行政机关的主动改正权

《德国联邦行政程序法》第48条第1项前段及台湾地区“行政程序法”第117条，都有明确的规定：“任何违法行政处分，可事后随时撤销”，赋予了行政机关改正错误决定的权限。然而，行政机关这种修正错误的权限设计，有几种特色：首先，这是属于行政机关的裁量权，早在此条文的立法理由书，以及所有行政法的理论，皆认为这是裁量权，而非强制性的权利。换言之人民不会取得请求行政机关改正取得存续力之行政决定的公法请求权。①

这种行政机关行使的改正权力，显示其具有一方性质，换言之，做与不做，

---

① 例如台湾地区行政审判主管机构2011年“判字第1908号判决”，法院便认为，台湾地区“行政程序法”117条前段的规定并未赋予行政行为相对人或利害关系有请求原处分机关或上级机关撤销违法行政行为之全部或一部之公法上请求权的依据，法院的看法是主张如果许可相对人民拥有这种请求原处分机关或上级机关得行使撤销该原决定的公法上权力，则台湾地区“诉愿法”上提起诉愿或台湾地区“行政诉讼法”上的起诉不变期间，即失去意义。

操之在行政机关手中。纵然人民可以随时请求行政机关改正已成定案的决定，但并不影响行政机关改正原有决定的权限。

其次，这种改正的权限，可以针对任何已经颁布的行政决定，不论这个决定是否还处于可救济过程，亦即“尚未获得形式存续力”，也可能已取得了形式确定力，皆可为之——虽然重点是放在后者的“翻案功能”。都可以纳入主管机关的改正对象。

第三，主管机关此种权限虽然称为“主动改正”，也是一种“依职权”（ex officio，von Amts wegen）行使的职权。虽然可能是经过人民陈情、舆论与媒体的督促等，行政机关才实行改正行为。此时虽属于行政机关的被动改正性质，不是行政机关因为出现新的事实、证据而主动改正，但终归到底，都是行政机关最终决定要否实行改正的行为，人民的陈情等只不过是此种改正行为的动因。也因为人民没有请求权，才仍承认此还是行政机关的主动改正权，亦有别人民拥有改正请求权，可以经申请而获得行政机关“被动改正”的权利。

这种人民没有公法请求权，来请求行政机关撤销已经产生存续力之行政决定的前提下，并不阻止人民能够随时、持续地向行政机关陈情，呼吁与要求重做决定来收回成命。此时并无“一事不再理”的原则适用之余地。行政机关没有依其所请的义务，此时多半以“陈情”（我国称为“信访”）的方式解决之，也可以属于行政裁量的范围。

直言之，行政机关可以以三种方法来针对人民此种请求行为：

（1）拒绝改正。这种对于已经既成效力的行政决定，行政机关不予理会，则可以告知不必更改的决定。对于这种没有创造出新的法律关系之公权力决定，只是一种“信息告知”，行政法学上认为没有产生一个新的具体行政行为，可称为“重复处置”（Wiederholende Verfuegung）。相对人无法对之提起行政救济。这也是行政机关为了避免人民一再炒冷饭式的要求翻案造成行政机关工作的无谓负担。

（2）接受请求，增加或减少作出原决定的理由，但原决定并不改变。以及第三种，接受请求，但原决定改变，当然原因会随着不同的更变。

（3）在上述第三种情形是已经变更了原决定，因此可以视为新的行政行为。相对人如果对其仍有不满意，认为侵犯其权利，可以视为新的具体行政行为而提起救济，称为“二度裁决”（Zweitebescheid）。[①] 至于第二种的情形，虽然结果并未给当事人带来权利的变动，而决定理由的差异。如果这种理由的差异，发生在仍可提起救济的过程中，可能影响双方的权益，而使得原先作出结果的法律依据产生变动，故应当视为新的行政决定（二度裁决），然而若是发生在无法再予救济的阶段，即使理由的改变亦无济于事，因此只是信息与事由的告知，不能视为新的“二度裁决”。

2. 重开行政程序

除了上述由主管就单方面执行的改正义务外，《德国联邦行政程序法》第 51 条还有一种“重开规定”（Wiederaufgreifen des Verfahrens.）。此条文被台湾地区的“行政程序法”第 128 条完全延续下来。这是斟酌到援引各种诉讼（行政、民事、刑事）都会面临到既定判决在产生既判力后，一旦出现新的事证，证明原来判决已经违法或失去公平时，应当创设一种打破法律安定性及既判力的制度，来予以挽救，以平衡判决合法性及公平正义的概念。这便是德国大陆法系审判制度所建立的“再审制度”，列为一种特别与例外的救济程序。

这种兼顾法律安定性与存续力，以符合正义的法秩序为目的之法制，也应实施在行政程序上，使得已经产生存续力的行政决定，一旦面临有类似判决“再审”的情形时，能够有使行政机关重做考虑的机会。这便是行政机关的“重开程序”。

依《德国联邦行政程序法》（第 51 条）及台湾地区“行政程序法”（第 128 条[②]）的规定，这个制度的重点大约如下：

第一，此重开行政程序，是属于人民的公法请求权，人民可在本条文许可的范围内，请求行政机关重新检讨原来作出决定，是否符合法律的规定以及有无裁量滥用之情形，因此与前述行政机关主动改正权不同。

第二，人民行使此一公法请求权的对象，必须是已经获得了形式确定力的行

---

① 参见陈新民：《行政法学总论》，台湾地区三民书局 2015 年版，第 289 页。

② 台湾地区“行政程序法”第 128 条条文如下：行政行为于法定救济期间经过后，具有下列各款情形之一者，相对人或利害关系人得向行政机关申请撤销、废止或变更之。但相对人或利害关系人因重大过失而未能在行政程序或救济程序中主张其事由者，不在此限：

1. 具有持续效力之行政行为所依据之事实事后发生有利于相对人或利害关系人之变更者。

2. 发生新事实或发现新证据者，但以如经斟酌可受较有利益之处分者为限。

3. 其他具有相当于行政诉讼法所定再审事由且足以影响行政行为者。

前项申请，应自法定救济期间经过后三个月内为之；其事由发生在后或知悉在后者，自发生或知悉时起算。但自法定救济期间经过后已逾五年者，不得申请。

政行为，也是针对已产生形式确定力的特别救济程序。倘若一个行政决定仍在救济过程之中，则人民并不拥有此类的权利。一旦人民在提起行政申诉或行政诉讼的过程，再向主管机关提出重开行政程序的申请，主管机关可以视为一般的陈情而不予受理，此时不能认为已经产生了新的行政决定，而可另提行政救济，造成“一案两诉”的后果。

然而一旦行政机关决定从善如流，改采对人民有利的新决定时，此时会将行政的主动改正权（实质上）与行政重开程序重迭在一起。为此，《德国联邦行政程序法》第 51 条第 5 项特别规定，本条关于重开行政程序的规定，不影响本法第 48 条第 1 款（关于违法行政处分的撤销）及第 49 条第 1 款（关于违法行政行为的废止）的相关规定。易言之，两者在此情形可以发生重迭的现象。不过并不影响彼此的存在。[①]

至于在这种情形，前者正在行政救济的过程（例如仍在申诉过程），面临行政机关又作出一个新的决定，且多半是有利的决定时，原来的救济已经失去意义（诉讼目标的丧失[②]），原申诉或诉讼决定之机关或法院，可以驳回该申诉或诉讼。

第三，必须遵守一定的时效。由《德国行政程序法》（第 51 条第 3 项）规定，申请重开程序，必须在相对人得知有重开程序事由的三个月内为之；而台湾地区的“行政程序法”（第 128 条第 2 项），除了同样采纳此三个月的期限外，而且规定了“五年条款”（自法定救济期间经过后已逾五年者，不得申请），这是德国法制所无者，显示出德国制度对于法律合法性的重视，反之台湾地区则对法律安定性更为重视，也使得重开行政程序有更严格的限制。

---

① 而台湾地区“行政程序法”第 128 条并无纳入德国联邦行政程序法第 51 条第 5 款的该项设计。因此对于主动撤销与重开程序的可能重迭，便没有任何规定。但既然彼此没有影响，故德国学界也认为《德国联邦行政程序法》第 51 条第 5 项的规定只是具有澄清的功能而已，参见 Franz - Joseph Peine, Allgemeines Verwaltungsrecht. Rdnr. 373

② 例如台湾地区的“诉愿法”第 82 条第 2 项规定，对于人民因为行政机关怠于行为而提起因为一定行为的“义务之诉”时，受理诉愿机关在未为此决定前，该行政机关已经为一定行为时，受理诉愿机关应认为诉愿无理由而驳回。然而对于这种新作出的决定，如果完全对人民有利（如同本文此处所提及的重迭状态），自然失去申诉的目的，依该法条的规定，申诉机关予以驳回，自是合理。假如新的决定并不全然有利于人民，还有一部分对人民不利时，人民如果遭到驳回后，势必要针对此部分重新提起救济，既费时又费事。因此在台湾地区曾经在 2012 年 2 月台湾地区行政审判主管机构的“庭长法官联席会议”曾经做过一个限缩性的解释，认为此条文只局限在全部对人民有利的新决定，方有适用的余地，否则，仍应当续行原有的诉愿决定，而将新作出的决定并案审理。这可以兼顾人民诉讼程序的保障与诉讼经济的维护。这个结论广被台湾地区行政审判主管机构所采纳，例如 2013 年“判字 711 号”以及 2012 年“判字 492 号”。在行政程序重开与主动改正的案例重迭部分，也可以援引此一原则也。

第四，既然这是人民的公法请求权，行政机关尽管在人民依法申请的情形下必须受理，然而行政机关是否决定要重开行政程序，仍然是一种裁量权。因此行政机关可以决定采三种方法：（1）驳回相对人民的申请，即维持原议，这是一种新的不利行政决定，相对人民可以提起行政救济；（2）受理人民的申请，但最终给予维持原决定。这是分别成立的两个行政行为（前者理论上可以提起救济，但实际上没有人会提起；后者则可以提起）；（3）既受理人民的申请，最终也更改了原有的决定。两者都可以视为新的行政决定。

前述三种方式，及受理与否，以及最终结论的决定，都视为新的行政行为，而非“二度裁决”。

第五，重开程序并非全部行政程序必须强制的重新进行，而可弹性进行。这是因为此行政程序是促使行政机关重新裁量原有的决定是否在事实的认定，以及法规范的运用是否完全妥适？故才会有引用再审制度的理由，多半在事实与法律的适用层次有无错误与再斟酌的必要。也因此，以往所作的程序并非失效，采纳与否，由行政机关斟酌进行。

因此都是属于新的考虑，毋庸完全抛弃原有的程序，例如重开听证程序等，换言之，行政机关拥有对哪些行政程序重新开启调查的权限，原有的调查程序并不全然作废，人民也不能够指摘这些程序没有作出决定的正当性理由，当然举证认为以往的程序正是造成其违法后果者，对于若是基于违法证据而进行的相关程序，便可要求重开新的程序。

第六，一旦在新的程序有作出属于“二度裁决”的情形时，能否作出比原来决定更不利的行为？换言之，可否适用“不利变更禁止原则”，或是“上诉不加刑原则”（Verbot der reformatio in peius）?[①]

这在台湾地区“刑事诉讼法”（第370条及447条第2项），以及台湾地区“诉愿法”（第81条第1项）都承认的原则，避免人民提起救济后，遭到行政机关的挟怨报复。对此，德国行政法学界也争论甚久。主张适用这种理论者，例如早在德国行政法学创始之初的大学者哈谢克（J. Hatschek）便支持此见解[②]，这理

---

① 关于不利变更禁止原则之讨论与介绍，参见陈新民：《行政法学总论》，三民书局2015年版，第530页。

② J. Hatschek, Lehrbuch des deutschen and Preussischen Verwaltungsrechts, 2. Aufl., 1922. S. 407

论仍然获得相当多学术界的支持。[①] 但是另一派的见解，则认为基于行政重开程序，以及诉愿的制度，都有促使行政机关自我审查的功能，此时行政合法性的重要性既然已经凌越了法律安定性的维护，因此就必须专注在行政行为的合法性检验之上。一旦行政机关发现应当作出比原决定对相对人更不利的决定时，亦应许可之，使得行政再开程序是一种“中立性质”的程序。这种见解获得了德国联邦行政法院的支持，也逐渐形成了德国学界的通说。[②]

四、行政改正义务的性质——裁量权的运用问题

行政机关所为的违法行为，虽然已经取得了形式的确定力。但却是违法的行为，行政机关不论依据前述主动的撤销权，或是经相对人申请重开行政程序，而主管机关在两种情形，都拥有决定是否要主动撤销，或是重开行政决定以及更废原来决定的裁量权力。

因此，这是一种裁量权，而非强制性的权力。因此也必须回归到行政法有关裁量权行使的基本原则，换言之，不再是属于类似“概括授权”式的“自由裁量”，而是属于“合义务性”的裁量，行政机关必须遵守法律授权的范围、目的，并且在手段的选择上必须符合比例原则，否则便会造成裁量的滥用。

在此，便会产生两种限制行政机关改正义务的裁量权行使之原则：

第一，裁量权的滥用：当行政机关发现原来已经形成存续力的决定存有不法的瑕疵理由时，法条虽然使用了“得改正”的条款，许可行政机关决定要否行使改正或如何改正的权力，不论是使用撤销或是重开行政程序皆然。这种权衡的裁量，也不能够造成滥用的后果，最明显的是当行政机关认定原来的决定违法，理应当仔细权衡，一旦行使撤销权后，或再进行行政程序与作出新的决定，会造成影响公共利益或侵犯他人利益之虞时，此时行政机关便有仔细斟酌双方利益的义务，作出最妥当裁量的义务，这也是人民拥有在后者提出重开行政程序之请求权的目的所在。倘若行政机关面对此违法事实，而可以实行补正措施，不会造成严重或不当的副作用，却执意不更改，如何？德国学界主流见解如毛勒教授便认为

① Franz－Joseph Peine，Allgemeines Verwaltungsrecht. Rdnr. 363.

② BVerwGE51，310/312. P. M. Huber，Allgemeines Verwaltungsrecht. S179；Knack － Henneke，Verwaltungs verfahrensgesetz，§51，Rdnr. 25；另见张文郁：《诉愿决定之不利益变更禁止》，载《月旦法学教室》2003年第六期。

这是属于一种裁量的滥用权力。①

第二，“裁量萎缩至零”理论的适用：如同行政法中关于裁量权限制的一个重要原则，即“裁量萎缩至零”的理论，便有了适用的余地。

德国行政法学界已经普遍承认有此裁量萎缩至零原则的适用余地，这种情形多半在特殊的情况，必须靠个案的状况来判断，例如人民遭到生命威胁的急迫危险，求助于警察，警察必须立即施与援手，有违一定行为的义务时，一旦有违背如此义务的行为（警察束手不顾）以至于造成该人民身体健康的受伤，即可论就警察有怠于行使职权的行为，而产生国家赔偿的责任问题。在此个案的判断外，还必须由规范此种关系的法规依据上，可以构建出人民享有法律明确保障的法益存在，从而可以请求国家为一定的行为来保障此权利，此即“保护性法规理论”，换言之，由规范国家与人民之间法律关系的法规范含有保障人民权益的性质而导出人民拥有请求国家为一定行为的“公法请求权”，才会在国家违背此行为义务时，即使这种行为属于裁量行为，也可以认定为此裁量权已经“萎缩至零”而不存在矣。②

因此在裁量权行使的个案中，唯有特殊情形才有产生裁量萎缩至零的可能性。而在本文所提到的行政机关履行改正义务的裁量权行使上，也同样地适用此原则。因此德国行政法学界的通说理论，也认为不能只指摘违宪或违法，便可要求行政机关撤销违法的行政决定。而是必须有重大的违法性，造成人民损害的利益，不是轻微，而是严重。这两款构成“明显与重大损害”，所谓“明确与重大性理论”（Evidenz und Schwertheorie），同时也包括裁量滥用，例如违反平等原则③或违反风俗与道德（严重违反诚信原则），使得原来创设的法律秩序，显得“无法容忍”（Unerträglich）其继续存在的程度，方可以要求行政机关产生了撤销原有违法行政行为或重开行政程序来检讨原来行政行为的义务。当然在这里使用到了“无法容忍”的用语，按照德国行政法学的说法，这种不法的严重性，不必如同赖特布鲁

---

① Hartmut Maurer，Allgemeines Verwaltungsrecht 15 Aufl. 2004. §11，Rdnr. 61

② 具体可参见陈新民：《公法学札记》《举报人的诉讼权与行政机关对举报处理行为的审查——评罗镕荣诉吉安市物价局物价行政处理案，并评彭某诉深圳市南山区规划土地监察大队行政不作为案》，对此问题有详尽的分析，可对照参考之。

③ 依德国最权威的行政程序法注释书（Knack－Henneke，Verwaltungs verfahrensgesetz，§51，Rdnr. 20），行政机关的原作为，如果和过去以往的惯行措施，并不一致，又无提出合理化的说明时，这是属于权力的滥用而侵犯了平等原则，这也属于违法的行政行为。

赫当初提出来认定一个法规范必须达到此种“无法容忍的程度”，方可视为完全丧失法规范的“非法状态”，甚至可以作为否认其为法规范的资格。毋宁是认为这种违法性已经达到了十分重大与明确的结果，足以引起行政机关必须起而改正，不可推诿怠惰的程度即可属之。① 因此，德国行政法学的主流想法认为这种裁量萎缩至零的案例，来得较为稀少，而可在特殊与严重的场合才能够产生之。②

吾人可由德国的理论来检讨楔子之二所引的“富邦人寿裁罚案”，行政机关的行为既然已有了明确的不法性——根据错误的事实与信息，作出了高额的裁罚决定③，而且此决定造成了商誉的损害以及今后两年不得执行某种业务……，都属明确与重大的侵害，符合“明确与重要性理论”，这种行政行为的不法性已经使公权力的权威及正当性大幅丧失，是否已经达到了适用“萎缩至零理论”的程度？本文采取肯定的态度。也唯有如此，方可将“富邦公司裁罚案”具体的案情，作为学术界讨论如何运用此一特殊与难得案例，以作为探讨此极为困难的“萎缩至零理论”之极好的教材也。

五、本案行政机关改正行为的定性问题

（一）居泰安案的改正义务之定性

在楔子一的居泰安案，梳理案情，似乎有几个特点：

第一，对于原决定的违法性认定问题，法院提出的判断标准颇令人玩味：

判断行政行为合法性一般应当以行政行为作出时的事实为准。即使行政行为与客观事实不符，只要行政机关在作出行为当时无法发现该事实，也不应以此简单地否定行政行为的合法性。

这种说法似乎认为行政机关作出行为时，没有发现正确的事实，而错误认定

---

① 例如行政法学主流的想法，一般都会引用社会一般的观感、人情、善良风俗的标准，来认定一个违法行为是否太过分，以至于不应该容忍他继续存在下去，作为行政机关不能再怠惰不为的理由也，参见 Stelkens - Bonk - Sachs，Verwaltungs verfahrensgesetz，8 Aufl. 2014. §48，Rdnr. 85

② Franz - Joseph Peine，Allgemeines Verwaltungsrecht. Rdnr. 359. Stelkens - Bonk - Sachs，Verwaltungs verfahrensgesetz，§48，Rdnr. 85

③ 例如在台湾地区税务行政诉讼中很早就建立了必须根据正确的事实，才能够赋予人民税捐义务。台湾地区行政审判主管机构很早就提出了“必须基于客观事实而纳税”的原则作为税务行政的基本原则。例如台湾地区行政审判主管机构 2012 年第 895 号判决，便秉承这种意旨，认为税务机关对于应课税的事实，负有查明与调查的义务。如果事实不明时，仍必须调查清楚，即使调查后必须透过推计等方式来估算时，也必须附理由说明之。便是这种客观事实的强调。

时，仍可以符合合法性。这种以行政机关主观认定事实，而非应依客观立场来正确认定事实，引用证据与适用法律。这种行为模式，是否符合依法行政的原则？恐怕太过于主观矣。如此一来，如何树立起行政机关日后改进的义务之基础？

第二，本案明显不属于对已有存续力的案件，行政机关应否得以推翻原议，以至于涉及法律安定性与行政合法性维护的问题。本案是在行政诉讼的过程中，由法院采纳原告人民的理由，认定原决定机关在作出决定过程，误认事实，没有认真采纳该人民主张被拍卖之物品并非无主物的见解，因此是在尚未终结救济过程中的纠正行为。因此属于法院的纠正，而非行政机关行使的改正行为也。

就行政机关必须遵守法院的判决，为一定的行为而言，这才是最高人民法院所意指的“强制性义务”，而非裁量权。

第三，既然这是由法院执行的责令改正，如依德国或台湾地区的“行政程序法”，不属于行政机关依裁量的撤销权行使，或人民申请的重开行政程序。前者是行政机关自行行使撤销，可以在任何时刻，包括法院审判终结前，行使撤销权。本案并非如此也！而后者情形，必须已经是具有存续力的情形，才可能提出。本案亦非基于重开行政程序而导致的纠正。

第四，本案实际上并未涉及到行政机关对于已经形成存续力案件，可否与如何行使撤销权的问题。虽然本案在最高人民法院的“典型意义”说明中最后特别提到：

根据被诉行政行为作出时的基础事实，该行为无法被撤销或确认违法，但只要行政机关嗣后发现行政行为有瑕疵，且该瑕疵损害或者可能损害公民、法人或者其他组织的合法权益，行政机关就负有及时加以改正的义务，人民法院就应当视情况判决行政机关为一定的给付。

这里提到“该行为无法被撤销”，是否即指此违法的行政行为已经无法被撤销，而达到取得了存续力之情形乎？但是，推敲其原意，并配合本案的发现原决定的误认事实，却是在诉讼过程中的未具存续力的案件之中，显示这一段“无法被撤销”，乃指已经执行完毕的行政行为，如同本案中的扣案羊毛，已被拍卖，而无法撤销此拍卖行为矣。但不是德国与台湾地区“行政程序法”所谓的“确定案件”中的“不可撤销性”。

第五，法院在诉讼过程发现原决定有误用事实之虞，而令行政机关改正，便不涉及到已经享有存续力之行政决定，行政机关有无撤销与改正的权限问题，本号判决在典型意义中，即使有将其影响力“延伸”到已经形成存续力案件的雄心与企图，似乎仍然属于“诉外裁判”，超越本案案情及应当适用法条与论理的范围，严格而言，只有学术探究的价值，但没有产生拘束力。

（二）富邦人寿裁罚案的评析

相形之下，在富邦人寿裁罚案的情形，就有较多可以援引德国与台湾地区行政执行法制所树立的“双轨改正”之处。直言之：

第一，这是属于已经确定的案件。富邦人寿公司遭到主管机关的裁罚后，没有进行法定的申诉程序，也无进行其他的诉讼救济程序。因此在新事实发生后，也没有进行任何的申诉或要求重开行政程序，故已属不可撤销、拥有形式存续力的案件。

第二，既然富邦公司为了官民和谐，没有进行事后正式的申诉与救济程序，但事后产生的新事证，足以证明原决定是基于错误的事实，而导致原决定的合法性丧失，此时行政机关便拥有主动改正的义务。富邦公司虽然可以提出申请，则属于陈情的性质，主管机关得裁量应否改正。由于此新事证产生后已逾三个月，富邦公司也并未提出重开行政程序，以至丧失申请行政程序重开的权利。因此只有行政机关主动行使的撤销权，来改正之。

第三，在富邦公司裁罚案中，行政机关既然面临出现重大与明显的事由，足证明当初作出的高额罚款的处分乃错误认定事实所致，如继续维持此严重的侵犯人民财产权与商业信誉之公权力，将使其公信力丧失。行政机关要否行使撤销权的裁量空间，显然已经缩小，而达到只有勇于纠正错误，撤销此一违法决定之唯一方式。这也是现代德国行政法学强调平衡行政依法性、保障人民信赖利益与财产利益的当然结果。

六、结论

由本文的讨论可知，最高人民法院在本案中虽然强调了“有错必纠”的原则，这有高度的道德性，会让人误导为强制规定，而忽视了这种行政机关勇于认错的撤销权力，其实仍是裁量权性质。但这种宣示的积极意义，可以发挥鼓励行政机关勇于认错与改错的执法决心，对保障人权与国家的法治水平的提升都有甚大的帮助。

然而这是基于强调“行政合法性”的立论，在德国20世纪50年代以前的

《行政程序法》也是洋溢此种理想主义的色彩。但这种偏重行政合法性的见解，也必须同时考虑出其会对法律安定性及他人权益（信赖利益），造成冲击的后果，不能够漫无边际地尊崇。此即行政法学重视法治国家的法秩序，必须兼顾行政合法性、法安定性，从而使得法秩序取得符合公平正义的理念。

在这种平衡行政合法性与法律安定性之间能够达成一种“水乳交融”的状态，必须进行妥善的利益衡量，让彼此不会形成相对立与抗争的二分法——不会产生所谓“东风压倒西风”（法律安定性压倒行政合法性）或反之（行政合法性压倒法律安定性）的问题。此衡量必须融入依法治国的理念之中，不可偏倚。这也必须考虑如何调和此两种制度与理念，而由法制上来实践的问题。

这便是德国行政程序法及受此影响成立的其他法例，例如台湾地区“行政程序法”所制定的“双轨改正体系”，仔细设想行政机关一旦发现违法与错误的决定，分别赋予不论在任何时候，包括已经铁案如山、达到不可撤销阶段时，都可决定要否改正原议的裁量权限，同时，也让人民针对后者的情形，拥有在新事证产生后，立即行使请求行政机关重新进行行政程序的公法请求权（重开行政程序权）。都需仔细设计俾能兼顾行政合法性与法律安定性原则的法制。

虽然本文借着引述两个楔子案件中，富邦人寿裁罚案，已经涉及到前述行政机关在确定案件成立后是否应有行使撤销裁量权的问题，本文的讨论中可以有相当的参考价值。至于另一个居泰安案，虽不似富邦案已成为具有确定力的案件，而是诉讼中的法院责令行政机关改正权，则即非本文严格意义所谓的行政机关改正义务。易言之，不应具备能针对“已有形式确定力”的铁案起了“翻案效力”的指导意义。但是，就以两案件的相互比较，也借着本文的讨论，足以了解我国大陆有必要从速制定一部《行政程序法》，仔细研究考虑采纳此双轨修正义务的条款。方能够使有错必纠的理念，得以顺利实施。

尤其是行政机关面对庞大数量的行政案件，行政机关处理的人手与时间都处于紧张状态，会增加冤、假、错案出现的几率，比法院的判决来得高。德国当今最著名的行政法权威毛勒教授也认为，这种现象已经是现代社会公认的现实。[①] 故行政机关的“勇于改过”，便显得十分必要与值得鼓励。为此，德国行政法学界已经强调了行政机关的此种行政改正义务，尽管属于裁量权力，但是不论是基于防

---

① H. Maurer，Allgemeines Verwaltungsrecht. §11，Rdnr. 55

止裁量滥用，或是引用裁量萎缩至零的理论，都只是足以防止行政机关“过度与严重”地滥权。

故本文认为，行政机关既然要服膺严格的法治主义，也要尽可能地为人民的福祉着想，在此前提下，行政机关在“公益衡量”的天平下，似乎应当尽量朝保障人民的利益、坚持最大幅度的行政合法性原则，而只要没有严重侵犯公益或他人利益（信赖利益）外，应当压低侵犯所谓法律安定性原则的顾虑。特别是在诚信原则、比例原则都已经被德国学界引进要求作为论定行政机关不能够推诿其改正义务的理由时，就更应该放宽这种原因适用的范围。尤其是，当人民还普遍不能免除“畏惧与官相争”以及主管机关“秋后算账”的可能不利后果，经常会惮于行使救济程序，而使得实质不法的行政决定取得了形式的确定力（如本文楔子的富邦裁罚案），此时，只要在事后出现了任何足以否认原决定合法性的事由与证据时，如果相对人民仍然秉持上述不欲或不敢与官相争的态度，但行政机关岂能仿佛无事发生，而坐视此一不法事例的继续存在？恐怕答案不言可喻矣。

两岸同胞权益平等保障问题研究
——基于江西省涉台民事案件的实证分析

杨国安[*]　古豪莉[**]

引　言

两岸经济密切交往进一步加强的同时，随之而来的是涉台案件数量不断增加，人民法院受理涉台案件类型呈多样化趋势，加大了涉台案件审理的难度。妥善处理涉台案件，依法保障台湾同胞的合法民事权益成为司法实践中亟待解决的问题。大陆受理的涉台民事案件主要指法律关系中主体、客体、内容涉及台湾地区自然人、法人的案件。据统计，2008年至2018年间，人民法院受理一审涉台案件年均达5000余件，其中2012年最多，有7000余件。[①] 江西省作为我国中部省份，近年来经济发展迅速，吸引众多台湾同胞来江西投资、旅游、交流。尤其赣台经贸文化合作交流大会[②]为江西与台湾提供更多领域合作的契机。借助这个契机，江西省强化与台湾地区投资、合作，台胞不断加大在江西省的投资力度，投资领域涉

---

* 江西省法官协会副会长。

** 江西省法官协会会员。

① 最高人民法院：权威解读《最高人民法院关于深化两岸融合发展提供司法服务的若干措施》，载http://www.dffyw.com/fazhixinwen/lifa/201903/45768.html，最后访问时间：2019年5月19日。

② 自2003年起，赣台（南昌）经贸文化合作交流大会由国务院台湾事务办公室和江西省人民政府共同主办，已连续成功举办多届，促成一大批台资企业落户江西，赣台经贸合作进一步加强。

及陶瓷、机械、电子、医药化工及商贸服务等行业，台湾企业在江西已形成集聚效应。经济来往过程中伴随着纠纷，如何妥善处理这些纠纷，在司法上从管辖到最终执行，公平、公正保护台湾同胞合法权益，如何平等保障两岸同胞平等权益，使得台湾同胞在每个涉及自身权益案件中感受到公平、正义，切实体会到“两岸一家亲”就非常值得探究。

江西省高级人民法院曾与江西省台办联合出台《关于加强与省台湾工作办公室联系依法保护台商合法权益的意见》，制定了《关于审理涉台民商事案件若干问题的解答》，印发《关于加强本院涉港澳台工作归口管理的规定》，并成立涉港澳台工作指导小组，将涉台审判工作放到服务全省开放型经济发展、营造良好法治环境的大局中谋划，不断提升涉台案件审判工作质效，为依法平等保护台胞台企合法权益提供有力的司法服务和保障。2016 年 12 月底，中央电视台《海峡两岸》栏目采访报导了江西省法院重视涉台审判工作，依法保护台胞权益的经验做法。

一、江西省法院审理涉台案件现状

（一）江西省法院审理涉台案件数据统计

2014 年—2019 年 3 月，江西省各级法院共受理涉台案件 167 件案件，案件类型主要集中在民间借贷纠纷 24 件、金融借款合同纠纷 17 件，著作权权属侵权纠纷 22 件，公司及公司股权类纠纷 13 件。全省各地市受理案件数量如下表所示：

2014 年以来江西省法院涉台案件数量统计表

单位、年份	省法院	南昌	九江	景德镇	萍乡	新余	鹰潭	宜春	赣州	吉安	上饶	抚州	南铁	合计
2014			6				2		3	1	2	3		17
2015	1	3	11	3				1	5	2	2	3		31
2016		5	4	1				1	5	4	1	7		28
2017	1	10	11	1				1	2			3		29
2018	1	19	3			1	2	2	4		19	3		54
2019. 3	2	2							2	1		1		8
合计	5	39	35	5	0	1	4	5	21	8	24	20	0	167

今年4月，省法院就“惠台31条措施”等对台优惠政策出台后全省法院涉台胞台企纠纷诉讼情况进行了专项摸排梳理，调研数据显示，自《关于促进两岸经济文化交流合作的若干措施》（简称“惠台31条措施”）2018年2月28日颁布以来，截至2019年3月，江西省各级法院共受理涉台案件53件，审结42件。其中，著作权权属、侵权纠纷18件，离婚纠纷5件，房屋租赁合同纠纷4件，金融借款合同纠纷3件，装饰装修合同纠纷3件，民间借贷纠纷2件，合同纠纷2件，同居关系子女抚养纠纷、物权确认纠纷、申请认可和执行台湾地区法院民事判决、损害股东利益责任纠纷、财产损害赔偿纠纷、买卖合同纠纷、建设用地使用权纠纷、与公司有关的纠纷等案件各1件，涉案标的合计3000余万元。可以看出，“惠台31条措施”实施以来，全省法院涉台案件总体数量不多，没有出现涉台诉讼纠纷多发现象，没有重大敏感案件，未出现台商台胞因对司法裁判不满意而缠访闹访等情况。

具体案件类型如下图所示：

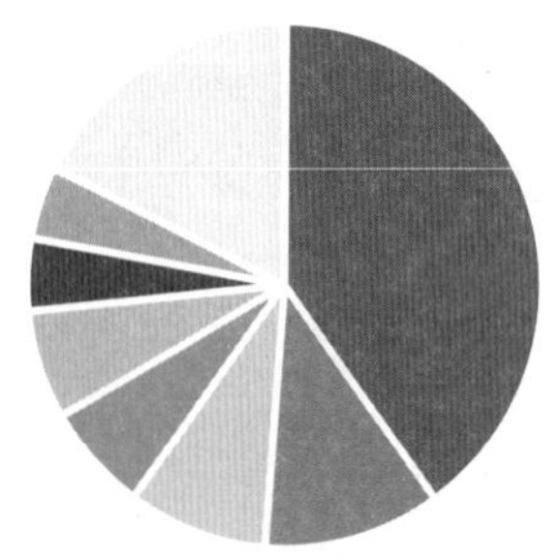

2018年2月28日－2019年4月18日江西省法院受理涉台案件数据

从上述统计可以分析出江西省涉台案件主要特点：（1）民间借贷、金融借款类案件合计占全省涉台案件总数的24.5%。说明台资企业也面临融资问题，存在企业发展与资金不足之间的矛盾。此类案件的消长变化主要与我国金融政策密切相关，2019年3月25日，最高人民法院出台《关于为深化两岸融合发展提供司法服务的若干措施》为解决此类纠纷提供了司法契机，以及给我们的审判工作提供了司法政策指南。（2）涉台知识产权纠纷仍然是江西省涉台案件审判的重点。我国知识产权法律体系虽然在法律体系上已经形成了完整、全面知识产权规则体系，然而毕竟与台湾地区知识产权保护法律规范不完全相同，保护理念一致，技术规范并不完全一致，因此造成的纠纷难以调和，给审判工作带来一定的困难。(3) 涉台案件的受理数量呈逐年上升的趋势。2018 年江西省受理的涉台案件近乎是 2017 年受理案件的 2 倍，而相应的江西省法院涉台案件审判力量赶不上涉台案件增长速度，再加上近年来涉台案件社会关注度高、案情疑难复杂，法律适用复杂，这些因素叠加在一起给江西省的涉台案件审判带来一定的困难。(4) 省内各中级人民法院受理涉台案件存在受案不均衡的情况，如：萍乡中院、南铁中院近五年都没有审理过涉台案件，受理总量较多的法院，如南昌中院、九江中院受理案件量则达到了 30 件以上。

(二) 审理涉台案件工作机制不断完善

从涉台案件数量上看，江西省虽然与福建等沿海省份相比总量偏少，但全省法院非常重视涉台案件审理，不断总结积累涉台案件审判经验，现已形成相对成熟的涉台案件审理机制。全省各中级人民法院均成立了涉台案件专门合议庭，审理涉台案件法官不仅具有深厚的法学理论功底，还具有多年办案经验，了解台湾地区风土人貌与当地相关法律法规。具体来讲，第一，涉台案件审理过程中，全程监控，做到公开、公平、公正，以确保涉台案件审判质量。第二，针对重大涉台民商案件，建立专门事项汇报制度，确保公平、公正的前提下，避免在处理涉台案件过程中发生可能影响对台大局的敏感事件。第三，构建多元化解决机制，“调解优先，调判结合”，既注重法律效果，又注重社会效果，更要兼顾政治效果，力争达到三个效果的有机统一，我们也正在尝试将涉台案件多元化解方案，嵌入江西法院多元 e 化解平台①，融入涉台特色调解工作，促进涉台调解工作品牌的智慧升级。第四，与涉台案件当事人建立通达的联络机制。电话联络、邮件，借助法院法讯通平台给当事人发信息，力求提高办案效率。第五，主动延伸司法服务。深入涉台企业调研座谈，邀请涉台企业人员旁听庭审案件，分析解答涉台企业在投资贸易中的相关法律问题，帮助涉台企业有效防范控制法律风险。

---

① 江西法院多元 e 化解平台系依托人民法院和相关部门单位建立的多元化纠纷解决机制，创设了调解流程管理、调解卷宗管理、远程调解系统、共享交换系统、数据分析平台、调解资源管理系统等六大系统，为树立“党委领导、政府主导、综治协调、社会参与、多元并举、法治保障”的现代纠纷解决理念提供了全流程智能化的服务。

（三）审理涉台案件亟需解决的问题

总结近年来江西省审理涉台案件存在的诸多问题，主要反映在以下几个方面：第一，不同法域内的法律冲突问题。台湾地区现存的法制体系与大陆已经建立的社会主义法律体系的内容存在较大差异，这使得大陆在处理涉台案件时存在法律冲突问题。第二，对涉台案件认定标准存在一定差异。大陆目前对主体、客体、法律事实均不直接涉及台湾因素，而仅涉及作为大陆企业法人的台商投资企业或台商经由第三地转投资的外商投资企业之民商事纠纷案件能否作为涉台案件处理尚无定论，人民法院大多排除前述两类我国大陆法人作为识别涉台案件的标准，这与我国台办、台商协会等涉台部门的认识存在一定差异。我们注意到，厦门市人大在2016年关于市人大十四届四次会议第71号代表建议案的答复函中对涉台案件认定标准问题给出了明确标准。而江西在这方面尚没有统一标准，下一步，我们将研究制定江西省的案件识别标准。第三，处理涉台案件面临最大困难就是文书送达难，调查取证难。例如两岸虽对某一社会现象作出具体的法律规定，但缺乏司法协作关系，使得面临文书送达难，调查取证难。[①] 我们在进行全省性调研时，九江中院就向省法院反馈：涉台案件送达存在直接送达难、邮寄送达效率低等多种困难，同时针对不同类型的民商事案件及不同的案情，没有明确的规定采取何种送达方式，导致在实践中各个案件普遍存在送达方式混乱无统一标准的情况。[②] 第四，大陆与台湾地区在民商事诉讼案件之专属管辖范围、当事人之诉讼资格与能力（如胎儿及非法人团体的诉讼资格）、对方法院之民事调解书可否申请认可、认可是否须以互惠和对等为前提条件、公共秩序保留（公序良俗）的适用、认可的是对方裁决的执行力还是既判力等方面均存在差异和冲突，这些冲突的存在不利于保护台湾同胞合法权益，不利于赣台民间的各项交流。

我们在审理涉台案件时，发现涉台胞台企纠纷诉讼在审判实务中还存在以下问题：（1）部分台胞台商对大陆的法律理解适用存在偏差。如台商陈某与万安县某木业公司及第三人张某等股东资格确认纠纷一案中，陈某在提交证据时，认为张某在情况汇报中抬头所称“陈副总”即代表其本人，并有按张某的要求转款100万美元至香港某公司的银行凭证等，可以证实该木业公司系其出资设立，但张某以

---

① 陈安主编：《海峡两岸交往中法律问题研究》，北京大学出版社1997年版。

② 《九江市中级人民法院关于平等保障台胞合法权益工作报告》

公司另有陈姓副总，100万美元并未转至木业公司，举证不充分等为由不予承认，并主张是自己出资设立。法院最终以事实不清证据不足发回重审。（2）有的台胞在委托他人代为办理相关事务时监管不到位。如台胞曾某（男）与曾某（女）物权确认纠纷一案，曾某（男）的父亲于1994年委托其弟在东乡县代办购地建房，后被其弟将房产登记在其女儿名下，双方老人去世后，因该房产发生纠纷诉至法院，法院依照法律和事实判决房产归台胞曾某（男）所有。

二、完善审理涉台案件机制建议

（一）两岸之间“法律冲突”究其本质来讲属于特殊国内法律事务和一国境内之“区际法律冲突”

遵循这个本质需要对台湾地区法院民商事裁判之认可与执行，及台湾地区民商事“法规”之适用比照涉外民商事案件中对外国法院裁判之承认与执行。（1）简化诉讼程序（如在主体身份证明要求、证据提交及审核验证、审理期限等方面更多参照大陆普通案件而非涉外案件，并增加可以企业的实际资金来源地识别涉台民商事案件属性的规定——“同等优先、适当放宽”），放宽审查标准；（2）对两岸法院均有管辖权的案件尊重先受理法院的管辖，尽量减少“一案两诉”；（3）尊重涉台民商事案件当事人的协议管辖和台湾地区法院的专属管辖，合理界定大陆法院专属管辖范围；（4）慎用“公共秩序保留”例外（仅应适用于违反“一中”原则或者限制两岸交往、违反大陆基本法律制度的特定情形），并采用“结果说”来避免随意扩张其适用范围。

（二）建立两岸民商事案件管辖权协调和司法互助机制

第一，可先行立法赋予海协会、律师协会、公证员协会等民间机构在两岸司法互助方面确定的法律地位以保障其行为的法定性和权威性；第二，及时将两岸民间机构推进司法互助的成果法律化。可立法赋予海协会、律师协会、公证员协会等民间机构在两岸司法互助方面确定的法律地位以保障其行为的法定性和权威性。及时将两岸民间机构推进司法互助的成果法律化，同时发挥律师、公证员在两岸公证、司法文书转递中的独特作用。

（三）借助司法经典案例，深化两岸民商立法协调

台湾地区虽为大陆法系，但现今大陆法系与英美法系界定标准越来越模糊。

借助经典案例来推动立法协调，从个案合作逐步发展到制度性，注重将“能动司法”引入涉台案件审理过程中，使得审理涉台案件处理结果上规范性、统一性。最高人民法院曾发布《人民法院涉台司法互助典型案例》，亦可在案例资源丰富时，筛选推出涉台典型案例，这类案例其中所包含的裁判规则也是法官面对新颖、疑难、复杂的涉台问题时，可供对后案审理提供更好的审理思路。

（四）立足平等保护台胞合法民事权益，探索涉台案件审理新机制

一是加强对台胞诉讼权利的平等保护。《关于为深化两岸融合发展提供司法服务的若干措施》第12条措施涉及公正高效审理案件，全面保障台湾同胞的诉讼权利。最高人民法院给出“保障台胞诉讼权利”命题，如何落实最高人民法院的要求？笔者认为（1）在法律、法规、司法解释上必须明确台胞享有与大陆同胞平等的诉讼权利，以达到在实践中保障台胞诉讼权利有法可依。（2）对于审理涉台案件专门人员进行培训学习，使他们真正从思想上重视保障台胞诉讼权利。（3）在台胞享有平等的诉讼权利无法得到保障时，给予专门的救济途径。（4）对于台企可提供诉讼上门服务，普及有关诉讼权利和相关法律法规知识。

二是明确台胞在司法便民利民措施上应享有的同等待遇。《关于为深化两岸融合发展提供司法服务的若干措施》提出完善涉台案件全流程便民利民措施，为台胞、台企提供优质便捷的司法服务。要明确台胞享有同等的待遇就需要消除认识上的偏差，台胞即大陆同胞，两者只有地理差异，而没有权利差异。所有司法便民利民措施台胞与大陆同胞同等享有，没有法律障碍。审理涉台案件司法工作人员在案件审理过程中需要坚持能动司法，可以适当放宽台胞在司法便民利民措施上应享有的同等待遇。

三是扩大台胞参与司法活动的范围。公民参与司法活动有广义与狭义两个层次，狭义的参与指公民参与审判活动，例如陪审制度。广义的指公民不仅参与审判活动，还参与侦查阶段、起诉环节、和刑罚执行环节。在司法活动中，台胞在申请法院陪审员、人民调解员时，应享有与大陆同胞平等机会、平等待遇。台胞作为旁观者、旁听者、监督者有权出入诉讼活动现场等。

三、结语

江西省法院审理涉台民商案件虽然总量较少，但通过学习、借鉴，对涉台民商案件的审理已经形成相对完善的工作机制。随着时间推移江西省法院通过不断

的经验积累，涉台民商案件审理机制更加完善。在今后的涉台民商事案件审理中，全省法院将认真学习贯彻习近平总书记在《告台湾同胞书》发表40周年纪念会上的重要讲话精神，落实好《关于促进两岸经济文化交流合作的若干措施》，在司法实践中结合江西实际，坚决抓好《关于为深化两岸融合发展提供司法服务的若干措施》的实施，坚持公正廉洁司法，努力让台胞、台企在每一起涉台案件中感受到公平正义。

台湾法院就诈骗犯罪被害人为大陆人民之案例分析

孙惠琳*

一、关于涉及两岸人民之犯罪侦查

两岸于2009年4月6日各通过海峡交流基金会（海基会）与海峡两岸关系协会签订司法互助协议，其中第二章“共同打击犯罪”之第5条即定有“双方同意交换涉及犯罪有关情资，协助缉捕、遣返刑事犯与刑事嫌疑犯，并于必要时合作协查、侦办”，为双方共同侦查提供基础。

二、台湾地区有关电信诈骗的规制

近来媒体多报导台湾地区人民在海外架设机房诈骗大陆人民，涉案之台湾地区人民多遭遣返大陆受审。其实在台湾地区也经常查获架设机房专门诈骗我国大陆人民的案件，也就是被告都是台湾人，而被害人则全部是大陆人民。此类案件，往往是台湾警方主动查获的，所以并没有任何大陆人民的报案资料，因为欠缺被害人的报案笔录，甚至连被害人的汇款资料都没有，与一般刑案相较，证据很薄弱，但是因为现场都有机房扣案，被告也都坦白承认自己的犯罪，只是欠缺被害人确切的资料，确实有犯罪的存在，但犯罪事实却并不明确，纵经检察官起诉，

* 台湾东吴大学、开南大学兼任讲师。

法院于审理时亦有证据不足之感。为解决此困境，台湾地区审判主管机构于2018年1月23日特别召开刑事庭会议，决议重点为：按台湾地区“刑事诉讼法”第159条之3，系为补救采纳传闻法则，实务上所可能发生搜证困难之问题，于本条所列各款被告以外之人于审判中不能供述之情形，例外承认该等审判外之警询陈述为有证据能力。此等例外，既以牺牲被告之反对诘问权，除应审究该审判外之陈述是否具有绝对可信性及必要性二要件外，关于不能供述之原因，自应以非可归责于机关之事由所造成者，始有其适用，以确保被告之反对诘问权。在体例上，台湾地区传闻法则之例外，除特信性文书（台湾地区“刑事诉讼法”第159条之4）及传闻之同意（台湾地区“刑事诉讼法”第159条之5）外，系视被告以外之人在何人面前所为之陈述，而就其例外之要件设不同之规定（台湾地区“刑事诉讼法”第159条之1至第159条之3）。此与日本刑诉法第321条第1项分别就法官（第1款）、检察官（第2款）与其他之人（第3款）规定不同程度的传闻例外之要件不同。

因是，依台湾地区之规定，被告以外之人于审判外向法官、检察官、检察事务官、司法警察官或司法警察等三种类型以外之人（即第四类型之人）所为之陈述，即无直接适用第159条之1至第159条之3规定之可能。惟被告以外之人在域外所为之警询陈述，性质上与台湾地区警询笔录雷同，同属传闻证据，在法秩序上宜为同一之规范，为相同之处理。若法律就其中之一未设规范，自应援引类似规定，加以适用，始能适合社会通念。在被告诘问权应受保障之前提下，被告以外之人在域外所为之警询陈述，应类推适用台湾地区“刑事诉讼法”第159条之2、第159条之3等规定，据以定其证据能力之有无（台湾地区审判主管机构2018年1月23日第1次刑事庭会议决议意旨参照）。

三、两岸司法互助协议的相关规定

再按司法互助协议第8点第1项规定：“双方同意依己方规定相互协助调查取证，包括取得证言及陈述；提供书证、物证及视听资料；确定关系人所在或确认其身分；勘验、鉴定、检查、访视、调查；搜索及扣押等”。依上述协议，我方既可请求大陆公安机关协助调查取证，则被告以外之人于大陆公安机关调查（询问）时所为之陈述，经载明于笔录或书面纪录，性质上与台湾地区警询笔录雷同，同属传闻证据，在法秩序上宜为同一之规范，为相同之处理，应类推适用台湾地区

“刑事诉讼法”第159条之3之规定，以决定其证据能力。依上说明，台湾地区法院在审理这类的案件，被告等人确有架设机房组成诈骗集团对外行骗，至少要有大陆人民在大陆的书面报案资料，法院还是会采为证据，判决被告有罪。

四、台湾地区高等法院2017年度上诉字第2135号刑事判决

查广西壮族自治区钦州市公安局犀牛脚边防派出所侦查员询问大陆人民苏某所制作之询问笔录，为被告以外之人在台湾地区法院审判外之陈述，具有传闻证据之性质；然其询问笔录系大陆具有刑事侦查职权之公务员所制作（参照《刑事诉讼法》第三条第一项规定：对刑事案件的侦查、拘留、执行逮捕、预审，由公安机关负责；第十九条第一项前段规定：刑事案件的侦查由公安机关进行），且符合《刑事诉讼法》相关规定［参照《刑事诉讼法》第五十条规定：可以用于证明案件事实的材料，都是证据。证据包括：（三）证人证言。证据必须经过查证属实，才能作为定案的根据；第50条前段规定：审判人员、检察人员、侦查人员必须依照法定程序，收集能够证实犯罪嫌疑人、被告人有罪或者无罪、犯罪情节轻重的各种证据。严禁刑讯逼供和以威胁、引诱、欺骗以及其他非法方法收集证据，不得强迫任何人证实自己有罪；第一百二十四条规定：侦查人员询问证人，可以在现场进行，也可以到证人所在单位、住处或者证人提出的地点进行，在必要的时候，可以通知证人到人民检察院或者公安机关提供证言。在现场询问证人，应当出示工作证件，到证人所在单位、住处或者证人提出的地点询问证人，应当出示人民检察院或者公安机关的证明文件。询问证人应当个别进行；第一百二十五条规定：询问证人，应当告知他应当如实地提供证据、证言和有意作伪证或者隐匿罪证要负的法律责任］，复于询问时，提示“被害人诉讼权利义务告知书”供受询问人苏某阅读，由苏某签名及书写询问日期于上开告知书，继而询问苏某关于其遭诈骗金钱之情形，经苏某以一问一答方式陈述，审酌其回答内容具体、连续，且证人苏某与本案被告并不认识，其亦仅就遭电话诈骗情形为描述，而未具体为嫌疑人之指认，堪认无诬指之动机，最后并由苏某确认笔录内容后签名为证，笔录每页正下方亦有其亲自签名及捺指印，由笔录制作过程及外部情况之观察，有足以相信其内容为真实之特殊情况。又上开证人苏某询问笔录，系本案经警查获后，警员勘查扣案计算机内之电磁纪录资料，寻找通话时间较久之群拨被叫号码，由台湾地区内部事务主管部门警政署刑事警察局传真行文大陆公安机关请求

对方协助调查所得之资料等情，也据证人即本案查获警员余某于原审证述明确，并有台湾地区内部事务主管部门警政署刑事警察局传真于大陆公安部刑侦局之传真函附卷足参。证人余某警员于第一审开庭时并当庭操作计算机标示证人苏某该笔群拨通联资料于本案扣案计算机内存放位置之路径。可认上开证人苏某询问笔录确系本案查获后，警员依现场扣案计算机所留存之电磁纪录，找寻较为可疑之群拨通联资料，传真行文大陆公安机关协助调查所得，堪信与本案具有关联性，且为证明本案犯罪事实存否所必要。

又因被告陈某之辩护人曾于申请传唤证人苏某作证，地方法院嘱托财团法人海峡交流基金会（下称海基会）向大陆人民苏某送达传票传唤其前来法院作证，传票经合法送达，然证人苏某并未到庭作证等情，有新竹地方法院 2017 年 1 月 12 日公函、海基会 2017 年 4 月 14 日公函暨检附之送达回证、送达文书回复书、原审刑事报到单等件在卷可凭。是证人苏某有传唤不到之情形，且其不能到庭证述之原因，非可归责于机关之事由所造成，揆诸前开说明，证人苏某于大陆公安机关调查中所为之陈述，经类推适用台湾地区“刑事诉讼法”第 159 条之 3 第 3 款之规定，得为认定本案犯罪事实之证据。

本案被告均被判处有罪，上诉台湾地区审判主管机构后，经台湾地区审判主管机构上诉驳回确定。

五、台湾地区新竹地方法院 2018 年度原诉字第 45 号刑事判决

本件事实为：被告姜某等多人以实施诈术为手段，组成具有持续性及牟利性之有结构性诈骗组织，以姜某为首，于 2018 年 2 月底承租台湾地区新竹县新丰乡埔和村某号透天厝做为诈骗机房之运作所在地，并架设电话、计算机及网络等相关设备，负责主持诈骗机房运作及担任诈骗机房现场管理人；姜某并与陈某担任计算机手；宋某、陈某、苏某等人担任一线人员；陈某、杜某、张某、曾某、韩某、林某等人担任二线人员；刘某、吴某等人担任三线人员、林某则以提供 IPHONE、IPAD 及笔记型计算机等设备之方式参与该诈骗机房。其诈欺方式系自 2018 年 3 月初起，先由计算机手姜某、陈某负责搜集被害人个资并设定笔记型计算机以“中国领事馆”之名义群发内容为“这里是中国领事馆，你有一份重要公文在中国领事馆尚未领取”之诈骗语音电话于居住在美国的大陆人民，告知被害人有未领取之公文，俟被害人回拨电话并按“1”后，转接给第一线成员，由第

线成员假冒“中国领事馆”人员，对被害人佯称：“你有一份重要文件在中国领事馆未签收，已经通知你很多次没有来拿，我们发现在中国海关查获一名嫌犯有大量银联卡，其中有1张是你的，请你跟中国警方联系”等语，如被害人表示要报案，第一线成员即按##将电话转接至第二线成员；由第二线成员假冒北京市公安局人员对被害人佯称：“你个人资料外泄，被别人冒名申办银联卡，涉嫌洗钱，只有检察官可以帮你”等语，并取得被害人年籍资料，由姜某、陈某同时将资料传送予水房人员，由水房人员伪造载有被害人资料之“中华人民共和国人民检察院刑事案件冻结通报”“刑事案件冻结通报”“公安部国际刑警组织调查名单”“公安部国际刑警组织调查名单”“北京市最高人民检察院”行政执行命令等私文书，姜某取得并转档后即以实时通讯软件传给被害人，嗣第二线成员再将电话转予第三线诈骗成员假冒大陆检察官对被害人佯称：“须将所有银行卡内一半金额汇至指定账户作为保证金，就不会被追查”等语，要求被害人汇款，若诈骗成功，第一线人员可获取诈欺所得金额8%，第二线人员可获取诈欺所得金额10%，第三线人员可获取诈欺所得金额10%。该诈欺集团以上述方式对如附表二各编号所示张众等人着手实施诈骗（共有19人），其中王某、罗某因此陷于错误而汇款，王某部分诈得7000美元，罗某部分诈得14500美元。

本案是警方依秘密证人之检举破获机房，然后警方再破解机房计算机资料，并清查出留存在计算机里的电话通话资料，一一过滤比对被害人应该是居住在美国的大陆人民。再经由司法互助，由美国警方在美国对被害人王某、罗某进行访谈，这两位被害人确实对美国警方陈述他们有接获诈骗集团的来电，并且汇款到对方指定的账号（其中一笔是进行比特币交易）。因为被告都坦白承认自己的犯罪，并没有争执被害人王某、罗某在美国所制作访谈笔录的证据能力，所以本案第一审法院也是判决被告有罪，大部分的被告都没有上诉而判处罪刑确定。

六、结论

依上说明，台湾地区警方依线索主动破获诈骗集团机房，纵然被害人都不是台湾人民，全部是大陆人民，不论被害人居住在何处，都很努力积极比对被害人真实姓名及身分，经由司法互助，设法取得被害人的书面陈述，法院也都会采为证据将被告定罪，遏止诈骗歪风，端正社会风气。且台湾地区“刑法”系一罪一罚，原则上依被害人之人数认定罪数，累加结果亦均判处重刑。且于2017年4月

19 日又修正公布“组织犯罪防制条例”，依该条例第 2 条第 1 项修正为“本条例所称犯罪组织，指 3 人以上，以实施强暴、胁迫、诈欺、恐吓为手段或最重本刑逾 5 年有期徒刑之罪，所组成具有持续性及牟利性之有结构性组织”；2018 年 1 月 3 日再将该条项修正为“具有持续性或牟利性之有结构性组织”。故台湾地区现行关于诈骗集团之犯罪，另依台湾地区“组织犯罪防制条例”加重处罚（依情节，主持、指挥者处三年以上有期徒刑；参与者处六个月以上有期徒刑，并均宣告强制工作三年），绝不轻纵此类犯罪。

涉台刑事案件当事人权益平等保障研究

——以漳州市中级人民法院十年涉台刑事审判为分析样本

罗　雄*　苏雅冰**

法律不能使人人平等，但是在法律面前人人平等。

——［英］波洛克

在法律体系中，各方权益应得到重视与平等的保障。《刑法》第四条明确规定：对任何人犯罪，在适用法律上一律平等。不允许任何人有超越法律的特权。在刑事司法实践中，平等保护原则不仅适用于被告人，而且也适用于被害人；不仅适用于大陆居民、企业，也同样适用于台湾地区居民、企业；不仅贯穿于实体法适用，也应当落实到诉讼程序中；不仅在同案中应予以体现，在不同案件中也应当予以体现。总而言之，这是一个全方位的概念。本文以平等原则在涉台刑事审判中的体现、融入为切入点，以漳州市中级人民法院十年来审结的107个涉台刑事案件为分析样本，阐述涉台刑事实体法、程序法的适用中如何体现两岸刑事案件当事人的权益平等保障，探讨新的历史条件下，刑事司法中平等保障的理论及实践创新方面尚需要推动解决的问题，及至提出粗浅的完善思路，以抛砖引玉。

---

* 福建省法官协会会员。
** 福建省法官协会会员。

一、特性盘点：漳州十年涉台刑事审判概况

漳州与台湾地区隔海相望，独特的地理位置造就了漳台两地割不断的情缘。基于历史、人文、社会等各方面的因素和来漳投资创业生活的台胞台商的司法需求，2009 年漳州中院成立涉台庭，同时建立了“三合一”审判机制，集中审理涉台刑事、民事、行政案件。多年来，漳州市中级人民法院深入践行“平等保护定纷止争，增进两岸同胞福祉”的理念，持续创新刑事审判机制，形成了独具特色的漳州模式。

漳州市中级人民法院受理涉台刑事案件范围，包括被告人、被害人一方或双方为台湾地区居民、台湾地区法人或台资企业的刑事一、二审案件以及案件审理工作中具有涉台因素的刑事案件。2009 年以来，漳州市中级人民法院共审结涉台刑事案件 107 件 484 人，其中台湾地区被告人 91 人，大陆被告人 393 人。从案例类型看，诈骗案件最多，为 67 件 347 人，分别占比 62.6%、71.7%；涉毒品犯罪案件次之，19 件 67 人；走私普通货物案件 11 件 29 人；其他类型案件 10 件 41 人，包括走私废物、盗窃、故意伤害、组织他人偷越国（边）境、猥亵儿童、非法经营等其他类型案件。

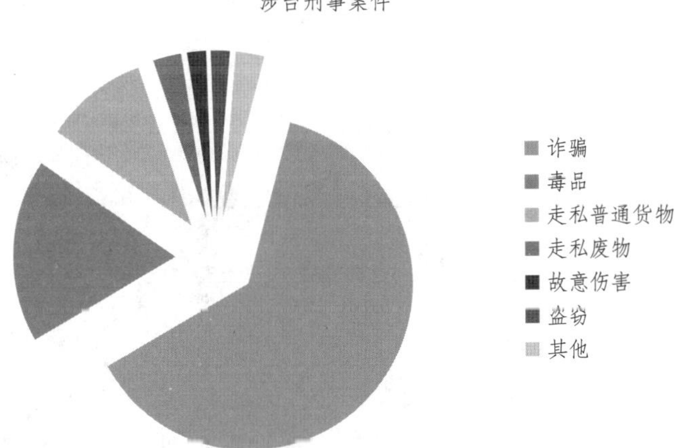

根据犯罪主体、犯罪地、被害人等不同情况，涉台刑事案件的类型可作以下划分：

（一）两岸被告人共同犯罪的案件：一方为大陆居民或企业，另一方为台湾地区居民或企业

两岸被告人共同实施的犯罪，合计 72 件 353 人，分别占总数的 67.3%、72.9%。从案件类型看，以诈骗案最多，且为电信诈骗案，已判决 48 件 239 人；居第二位者为毒品案件，有 10 件 43 人；第三位是走私普通货物、物品案，有 11 件 29 人；第四位是走私废物案，有 3 件 26 人。

在同类共同犯罪案件中，台湾地区被告人①与大陆被告人犯罪人数此消彼长。在毒品犯罪案件中，到案的台湾地区被告人 26 人，占 74.6%；其次为走私废物案，占 62.5%；再者为走私普通货物案，占 37.9%。与此相反，诈骗案中，台湾地区同伙到案的比例较低，仅为 10 人，已判决的大陆同案犯达 229 人。而故意伤害案，仅有大陆被告人。也就是说，到案的大陆被告人犯罪案件的数量，降序排列依次为诈骗、走私普通货物、毒品犯罪、走私废物等；而台湾地区被告人犯罪案件的数量，降序排列为毒品犯罪、诈骗、走私普通货物、走私废物等。（如下图所示）

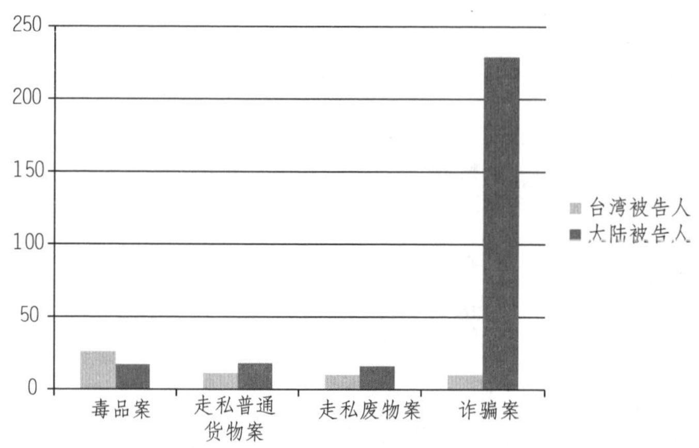

（二）两岸被告人分别单独犯罪的案件

这类案件包括大陆或者台湾地区被告人在大陆犯罪的案件、大陆或者台湾地区被告人在台湾海峡犯罪且属于大陆司法管辖的案件，据统计，共有 35 件 131 人。其中占比较大的是，诈骗案 19 件 92 人，毒品案 9 件 24 人。

① 本文所称台湾被告人，特指户籍在台湾地区的被告人。

（三）被害人为台湾地区居民、企业或者台资企业且属于大陆司法管辖的其他案件

这类案件以诈骗案、故意伤害案较为突出。诈骗案中，生效裁判查明有台湾地区被害人的有 16 件，其次是 2 起故意伤害案，台湾地区被害人有 3 人。

二、实践革新：平等保障刑事被告人被害人权益的漳州探索

作为普通民众极少触碰的领域，刑事案件从立案、审判到执行，即使在司法公开已到达历史高度的今天，仍带有一定的神秘感。由于能力、法律状态、资源占有等方面的差异，使社会上一些人有许多机会利用法院来提出或者捍卫某些主张；而另一些人则少有这样的机会。[①] 涉台刑事案件尤为如此。

（一）定罪量刑一视同仁

现实的复杂性、个案之间的差异性等因素，决定了“同案同判”“同罪同罚”是一种理想和追求。从公平正义的角度出发，对于同一时期审理的案件，应当尽量做到三个平衡，即地区平衡、同院平衡、同案平衡。要做到前两项比较容易；而“同案平衡”，倘若在个案中，一般无碍；再细化延扩至同案犯，根据刑事案件管辖情况，可能存在两种情形：一是大陆、台湾地区被告人均在大陆法院受审；二是大陆被告人在大陆法院受审、台湾地区被告人在台湾地区法院受审。

第二种情形的案件，首先有个突出特点，就是常常没有台湾方面的证据。以诈骗案为例。漳州中院在审理被告人曾树荣犯诈骗案时[②]，第一次开庭，被告人就提出其行为是电话营销、掩饰身份是为消除营销障碍、进店消费无诈骗意图，不构成诈骗罪的辩解。罪责相适应，源于因果报应与同态复仇观念。因果报应论的主要内容是善有善报、恶有恶报。[③] 这种理念在两岸也是形成共识的。通过两岸司法互助方式调取的同案主犯谢旭圳在台湾地区法院受审的卷宗材料显示，台湾地区高等法院“105 年度上易字第 1558 号”刑事判决以谢旭圳共同犯诈欺取财罪，执行有期徒刑八年。可见，两岸有关法院对于“剥皮酒店”诈骗手法都认定是构成犯罪的。

---

① ［美］彼得·德恩里科、邓子滨：《法的门前》，北京大学出版社 2012 年版，第 71 页。

② 福建省漳州市中级人民法院（2016）闽 06 刑初 24 号刑事判决。

③ 张明楷：《刑法格言的展开》，北京大学出版社 2013 年版，第 90 页。

此次司法互助还调取了证人证言以及台湾地区被害人遭诈欺的明细表等证据，使证据链更加完整，查明事实更加详实，各被告人的地位作用更加明确，为定罪量刑提供了更客观的依据，也回应了被告人的辩解意见。最终，漳州中院一审认定诈骗数额达人民币12911.1975万元，以诈骗罪判处主犯曾树荣无期徒刑，并处罚金1000万元。

当然，两岸有关法院对于两个主犯的量刑有天壤之别也是显而易见的。《联合报》曾评论，由于台湾地区诈骗犯被带回台湾后，多被司法单位轻判或者纵放，台湾社会对此问题已有不同看法。有台湾地区网民认为，这些人回到台湾就好像回到天堂，等于鼓励他们继续犯罪；送去大陆才会让这些欺诈犯真正悔改。①

《刑法》第五条规定，“刑罚的轻重，应当与犯罪分子所犯罪行和承担的刑事责任相适应。”纵观漳州市中级人民法院审结的107个涉台刑事案件，从个案分析，台湾地区被告人与大陆被告人适用的法律规定、量刑幅度均一致：走私、贩卖、运输、制造毒品案件，仅有1人因系从犯且具有自首等从轻、减轻情节而被判处有期徒刑三年缓刑五年，其余65名台湾地区被告人、大陆被告人均被判处十年以上有期徒刑、无期徒刑直至死刑；其他类型案件，除了主犯之外，量刑幅度一般在十年以下；在诈骗、走私普通货物、走私废物、交通肇事等类型的案件中，如果被告人认罪认罚或具有从轻、减轻情节的，缓刑适用率较高；对于犯罪情节显著轻微不需要判处刑罚的，依法免予刑事处罚。②

（二）程序藩篱逐一破除

绝大多数对法律体系的分析都是从规则开始的，然后透过制度设施了解这些规则在当事人身上所起的作用。把这个程序倒转过来，从望远镜的另一端看过去，思考当事人之间的差异对制度运行方式可能产生的影响。③ 在同一起案件中，大陆被告人与台湾地区被告人之间存在着各种各样的差异性，而这种差异一定程度上影响了法律制度的统一实施。这样的困惑，即使适用《刑法》第六条规定，即“凡在中华人民共和国领域内犯罪的，除法律有特别规定的以外，都适用本法”，也无法解决的。十年来，漳州市中级人民法院秉持“两岸一家人”的理念，先行

---

① 《环球时报》2016年8月7日“综合报道”。

② 福建省漳州市中级人民法院（2017）闽06刑终410号刑事案件。

③ ［美］彼得·德恩里科、邓子滨：《法的门前》，北京大学出版社2012年版，第71页。

先试创新涉台刑事审判机制，探索建立了台湾地区被告人适用缓刑、近亲属会见、律师辩护等多项制度，解决了当事人在行使诉讼权利上的客观障碍，着力打造台胞台企登陆的第一家园。

1. 台湾地区被告人、罪犯在同等条件下适用缓刑、假释难的破解

据不完全统计，2009 年以来，漳州辖区基层人民法院审结的涉台被告人犯罪案件 14 件 24 人，判处三年以下有期徒刑、拘役、管制的较多，但适用缓刑较少。即使判处缓刑，与大陆被告人不一样的是，这些台湾地区被告人都没有经过审前社会调查程序，即使被判处缓刑，也难以交付执行。比如，被告人曹婉贞、江艺红、文艳、祖群妹诈骗罪一案[①]，曹婉贞因其系台湾地区居民，其在大陆的暂住地不接收，造成了缓刑移交执行难的尴尬。究其根源，在于“居住地”认定难，导致难以启动审前社会调查和确定社区矫正地。

经过与公安、检察、司法等部门多方联合调研论证，2015 年 8 月 6 日，漳州市中级人民法院出台福建省首份《关于规范台籍被告人适用缓刑与社区矫正对接工作的意见》；2015 年 12 月 21 日，又制定实施《关于规范台籍罪犯适用假释与社区矫正对接工作的意见》，为台湾地区犯罪人适用缓刑、假释提供了操作规则。截至目前，已对台湾地区被告人适用缓刑 13 件 14 人，对台湾地区受刑人员适用假释 1 件 1 人。2016 年 7 月 26 日，最高人民法院、最高人民检察院、公安部、司法部联合出台的《关于对因犯罪在大陆受审的台湾居民依法适用缓刑实行社区矫正有关问题的意见》，吸收采纳了漳州市中级人民法院的相关经验做法。

2. 将近亲属会见从一条规定变成一套操作规则

2009 年 4 月 26 日海峡两岸关系协会与海峡交流基金会签订的《海峡两岸共同打击犯罪及司法互助协议》第十二条人道探视规定：“双方同意及时通报对方人员被限制人身自由、非病死或可疑为非病死等重要讯息，并依己方规定为家属探视提供便利。”经过深入调研，漳州市中级人民法院发现，当案件进入审判阶段，相关证据基本成型，会见的管理措施和监控办法具有可控性，以及通过近亲属的教育感化减少在押人员的抵触情绪，能够促使被告人真诚认罪、悔罪等，客观上也具备软硬件条件，制定实施会见制度具有一定的必要性和可行性。

2017 年 11 月 6 日，漳州市中级人民法院联合检察、公安机关出台实施《台湾

---

① 福建省漳州市中级人民法院（2015）漳刑执字第 79 号刑事案件。

被告人近亲属会见制度（试行）》，成为法院率先突破的首创实践。截至目前，已安排6名台湾被告人的近亲属分别与3名被告人顺利会见。该制度参照《刑事诉讼法》《看守所条例》等，规定了提起会见权的主体及告知权利、提起会见的时间和途径、场所和方式、保障机制、会见权的限制以及违反会见规定的处置等，并且将“近亲属”的范围从夫、妻、父、母、子、女、同胞兄弟姊妹，拓展至公公、婆婆、岳父、岳母。为规范文书格式，漳州市中级人民法院还设计制作了《台湾被告人近亲属会见审批表》模板，供办案机关参考使用。

3. 将律师辩护全覆盖从大陆被告人推广至台湾地区被告人

2018年6月11日，漳州市中级人民法院出台《关于开展涉台刑事案件律师辩护全覆盖工作的制度（试行）》，规定了包括建立刑事辩护律师库，开展政府购买法律援助服务或实行由受援人分担部分法律援助费用等16项具体措施，进一步保障涉台刑事案件被告人的权益。该项制度的特色在于，设立“双证”台籍律师名册，以及立案后三日内应告知台湾地区被告人有权委托辩护人及获得值班律师帮助，还规定了台湾地区被告人没有委托辩护人的，法院应当通知法律援助机构指派律师为其提供辩护等，对台湾地区被告人委托辩护的权利给予了特别的关注以及给予一定的帮助。

4. 将退赃工作延伸至台湾地区被害人

《海峡两岸共同打击犯罪及司法互助协议》第九条规定：“双方同意在不违反己方规定范围内，就犯罪所得移交或变价移交事宜给予协助。”原审被告人李斌、陈艺真、张倩琳、张惠玲犯诈骗罪一案①，漳州中院判决后，为避免被害人陷入维权难、挽回损失难的困境，于2014年通过最高人民法院与台湾地区法务主管部门联络，成功向1名台湾被害人李某祥返还财产人民币8264元（折合新台币40000元）。为避免增加被害人的经济负担，漳州市中级人民法院通过跨境转账的方式将上述款项汇入被害人李某祥在台湾地区开立的账户，并代垫了相关费用。

罪赃移交程序启动的前提是查明被害人及其财产损失情况，而这项工作有赖于两岸司法机构在调查取证方面的合作。被告人陈艺强、魏志远、陈伟洪犯诈骗罪一案②，公安机关通过司法互助方式，调取了王某涵、田某霞、萧某青等台湾地

---

① 福建省漳州市中级人民法院（2013）漳刑终字第218号刑事案件。

② 福建省漳州市中级人民法院（2016）闽0628刑初413号刑事案件。

区被害人的外汇汇款申请书、卖汇水单、汇率计算表以及被害人的陈述笔录，核实了每位被害人的被骗金额，并在判决主文予以确定，为今后向上述被害人退赃奠定了基础。

听取台湾地区被害人的意见，是《刑事诉讼法》规定的保障被害人权利的重要一环。漳州市中级人民法院在审理原审被告人吴文静犯诈骗罪案①时，主动联系台湾地区被害人蔡某环，当面核实案件的疑点及退赃情况，并积极动员被告人家属代为退赔等。被害人深受感动，多次来电感谢大陆司法机关很有人情味。

去年以来，漳州市中级人民法院还在两起较为复杂的毒品犯罪和走私普通货物案件中，由 3 名法官、4 名台胞陪审员组成大合议庭进行审理，为推进涉台司法的民主、公开、公正作了有益的探索。

三、完善路径：平等保护在涉台刑事司法领域的拓展延伸

2019 年 1 月 2 日，习近平总书记在《告台湾同胞书》发表 40 周年纪念会上发表重要讲话指出："我们对台湾同胞一视同仁，将继续率先同台湾同胞分享祖国大陆发展机遇，为台湾同胞台湾企业提供同等待遇，让大家有更多获得感。"中央"三十一条惠及台胞措施"、福建省"六十六条实施意见"及最高人民法院《关于为深化两岸融合发展提供司法服务的若干措施》（以下简称最高人民法院"三十六条措施"）和福建省高级人民法院《关于进一步发挥司法职能促进两岸经济文化交流合作的若干措施》（以下简称福建省高级人民法院"五十九条措施"）相继出台，为在新的历史起点上推动涉台司法工作指明了方向，提供了依据。多年来，漳州市中级人民法院在对台湾地区被告人、罪犯实行社区矫正、近亲属会见等方面的探索实践、创新做法，在最高人民法院"三十六条措施"和福建省高级人民法院"五十九条措施"得到了体现。这两份文件涵盖涉台司法工作的各领域各方面，提出了平等保护、全面保护、依法保护的总体设计方案。基于上述惠台措施，结合涉台刑事案件当事人权益平等保护的再思考，试提出几点建议。

（一）细化定罪量刑机制

《刑法》第四条规定："对任何人犯罪，在适用法律上一律平等。不允许任何人有超越法律的特权。福建省高级人民法院"五十九条措施"第十五条规定对

① 福建省漳州市中级人民法院（2018）闽 06 刑终 398 号刑事案件。

“平等”一词作了解读：依法保障台湾同胞在诉讼活动中与大陆同胞诉讼地位平等、法律适用平等、法律责任平等。法律适用的平等，主要体现为定罪量刑的平等；而定罪量刑的方法，即以事实为依据、以法律为准绳。

1. 跨境证据的搜集及审查

跨境犯罪的案件追捕难度大，在两岸被告人共同实施而台湾地区同伙未到案的案件中，诈骗案40件，占83.3%；毒品案3件，占33.3%；走私普通货物案件中5件，占45.5%。这些案件往往仅有部分被告人的供述，或仅有本地证据，难以认定形成完整的证据链，成为案件审理的难点之一。通过司法互助方式调查取证，则办理手续多、耗时长；有的案件在开庭后才补充侦查，影响审理进度；有的证据因时过境迁、毁损灭失而无法提取；有的被告人无法提供台湾地区证据而检方未提供等。

没有证据就没有诉讼，没有证据就没有公正。有鉴于此，应当进一步完善跨境证据调取和审查制度：（1）严格证据审查，要求侦查、公诉机关及时调取证据，尤其是及早请求协助调查取证，必要时与被请求方协调，派员到被请求方实地调查取证；（2）在风险可控范围内，由中央授权各地窗口直接与被请求方对接，统一联络机关和人员，减少中转环节，简化请求和办理手续；（3）设置远程视频平台，对来源于台湾地区的证据等进行调查核实，在征得被请求方同意的情况下，开展庭审质证和交叉讯问等活动。

2. 涉台刑事案件量刑的规范

如前面的统计分析，重罪重罚、轻罪轻罚的方向是没有偏差的，但在个案的把握上确实存在较大的争议。一种情况是法律规定的自由裁量权较大，比如走私国家禁止进口的非危险性固体废物犯罪，刑法规定两个量刑档次，最高档为数量达到25吨以上的，处五年以上有期徒刑，并处罚金。如果走私的数量是300吨甚至1000吨，如何在五年以上至十五年之前进行取舍？另一种情况是，在曾树荣、肖嘉吟等电信诈骗系列案中，成百上千的被告人五年来陆续到案，此间法律政策的变化某种程度上影响量刑的尺度。在实践中，被告人对一审判决不服提出上诉的往往就是量刑问题。

“量刑对于被告人来说是吸引他极大关注的具有重大意义的事情。因此，量刑的结果最好能够为当事者所预测。”[①] 本文认为，建立涉台量刑规范化体系，是确保罪责刑相适应，实现刑法教育引导功能的必然抉择：（1）建立系统化操作流程模式，包括量刑审前社会调查、公诉机关量刑建议、法庭调查辩论、合议庭评议监督程序；（2）建立量刑要素适用规范机制，包括如何正确认定自首、立功、酌定情节，如何适用财产刑、非监禁刑，以及规范自首、立功情节的查证等，并建立裁判文书说理制度；（3）建立量刑衡平指导机制，定期召开涉台刑事审判通气会，加强业务指导、培训，汇编涉台刑事指导案例及非常见犯罪的量刑指导参考，以及庭审文书交叉评查等，促进量刑高质量、规范化。

（二）优化诉讼程序配套机制

正当程序是适合公平游戏的又一个圣物。[②] 如果程序本身不完善，在其运作过程中，就会出现错误，因此由于程序设计方面存在的缺陷，也可能损害判决的公正性。[③] 简言之，程序法与实体法是一体化的关系，既互相独立、互不从属，又互相依存、相辅相成。因此，惠台措施概述了台胞在社区矫正、近亲属会见、旁听庭审等方面享有平等的诉讼权利，在程序设计上可进一步拓展完善，使之更具有操作性。

1. 涉台社区矫正制度

社区矫正制度是审判与执行的衔接安排，也是两岸被告人在法律适用上具有明显差异的领域。目前尚有一些可以改进之处。

（1）建立台湾地区居民居住证在社区矫正中的管理、使用制度。2018 年 9 月 1 日，国务院《港澳台居民居住证申领发放办法》正式实施，我国台湾地区居民居住证开始进入社会生活的各个领域。由于台胞在申办台湾居民居住证时，已经过公安机关的审核，因此，居住证上登记的地址可以认定为大陆居住地，持证的被告人可以直接作为社区矫正对象予以考察，持证的其他人可以作为被告人的保证人协助监管、办理取保候审手续等。

（2）建立涉台审前社会调查程序前移制度。基于对台湾地区被告人的调查评估耗时可能较长的考虑，如果非重大刑事犯罪的，即可在侦查阶段或审查起诉阶

---

① ［日］曾根威彦：《量刑基准》，载西原春夫主编：《日本刑事法的形成与特色》，中国法律出版社、日本国成文堂 1997 年联合出版，第 150 页。

② ［美］彼得·德恩里科、邓子滨：《法的门前》，北京大学出版社 2012 年版，第 173 页。

③ 齐树洁：《程序正义与司法改革》，厦门大学出版社 2004 年版，第 323 页。

段启动审前社会调查，并将相关报告作为刑事侦查证据的一部分附入卷宗以备裁判参考。如果经过调查评估，发现台湾犯罪嫌疑人、被告人符合法定条件的，也应一视同仁，对其采取取保候审的强制措施，减少不必要的羁押。

（3）对在大陆接受社区矫正的台湾地区居民请假问题作出专门安排。受《出境入境管理法》规定的被判处刑罚尚未执行完毕的外国人不准出境的限制，台湾地区受刑人员请假回台已成为无解的难题。本文认为，在各级各部门均在积极落实惠台政策的当下，可推动公检法联合调研，对在大陆服刑的台湾地区居民因患有重大疾病、家庭重大变故、重大节日期间探亲等原因确需请假回台湾地区的情形给予特别安排，规定严格的审批流程、责令提供保证人、保证金以及相关证明材料等，在防范脱逃脱管风险的同时，给予台湾同胞与大陆同胞同等的待遇。

2. 近亲属会见制度

“三十六条措施”和“五十九条措施”均规定了应当准许在押的台湾地区被告人与其监护人或近亲属的会见。漳州中院出台的会见制度虽然是针对台湾地区被告人，但是对大陆被告人也同样适用。近日，该院依法批准并安排了涉嫌犯走私武器、弹药罪的一名大陆被告人与其身患重病的近亲属通过视频方式进行会见。

会见制度的设计，既要保障被告人的权益和家属的探视权，也要防范串供和通风报信的风险。由于台湾地区被告人大部分都讲闽南语或客家话，因此，应当规定会见时，在场的两名以上法院工作人员至少应当有一人精通被告人的本地方言。

关于会见时间和次数，《看守所条例实施办法》第三十五条规定，会见人犯，每月不许超过一次，每次不得超过半小时，每次会见的近亲属不得超过三人。由于刑事案件审理期限较短，会见次数掌握在一次为宜，以免增加额外的工作负担。

3. 涉台刑事被害人权益保障制度

被害人的权益，往往在公诉案件中被边缘化，尤其在跨境犯罪中，从统计数据可以看出，跨境犯罪案件中查出被害人以及退赃退赔的例子极少，因而有必要给予特别关注。

（1）建立被害人协查通报网络。由案件侦破一方及时向对方发出被害人身份的协查请求，协查方应及时查找被害人，并将协查结果向案件侦破方反馈，最终，由案件侦破方的司法机关确认与案件有关的被害人，最大力度最大限度追赃挽损。

（2）开辟跨境退赃退赔便捷通道。在已通过司法互助方式查明台湾地区被害人的损失并且取得联系的情况下，直接将扣押的赃款赃物直接发还被害人，快速、节约成本，降低因时间长而被害人迁徙难寻的可能性，提高退赃退赔的成功率。

（3）加大被害人司法救助力度。十年来，并无台湾地区被害人向漳州中院申请司法救助。其一，可能法律政策宣传不够；其二，台湾地区被害人到大陆需要考虑成本问题；其三，符合申请条件的困难证明难以开具。今后，可尝试进行试点，放宽困难证明的出具条件，一般情况下，由被害人户籍地、经常居住地、台湾居民居住证登记的居住地或者工作、学习所在地单位出具；被害人既无固定住所也无单位的，可由法院所在地的台商协会、台办联合执行机关调查后，共同出具相关证明。

4. 一审重大涉台刑事案件大陪审制

根据《人民陪审员法》第十六条规定，对于社会影响重大的一审案件，由陪审员和法官组成七人合议庭进行。如前所述，犯罪数额巨大的诈骗、毒品案占涉台刑事案件的绝大多数，对于某些争议较大或者事实难以查明的一审涉台刑事案件，应赋予被告人、被害人申请适用大合议庭审理的权利，法官也应当负有告知义务。根据涉台刑事审判特点，应当构建的配套机制包括：（1）邀请台胞人民陪审员参审时，应组织庭前阅卷及法律知识培训，重申保密责任；（2）明确陪审责任，将调查的部分任务分配给陪审员，引导陪审员正确履职；（3）明确评议规则，如发生3名审判员与4名陪审员意见相左的，应按规定提交专业法官会议或者审委会研究；其他分歧情况，按照少数服从多数原则或由审判长决定是否提交研究。

结　语

公平正义感意味着对相同的事项应当作相同的对待，而不同的事项应当作不同的对待。[①] 平等保障涉台刑事案件当事人的权益，既是推动涉台刑事审判专业化的必然要求，更是贯彻落实“两岸一家人”理念的应有之义。我国立法、司法机关在数十年的实践中已付出了大量的努力，建构了两岸同胞同等待遇的框架。今后，两岸应当进一步携手合作，为当事人提供更公平的法治条件，让法治文明建设的成果惠及两岸同胞。

---

① 张明楷：《刑法格言的展开》，北京大学出版社2013年版，第91页。

两岸协作保障离婚家庭未成年子女权益研究
——以子女利益最大化原则下的抚养权为视角

胡志伟[*]　林守霖[**]　张　艺[***]

1987 年台湾地区宣布“开放台湾地区居民到祖国大陆探亲”后，两岸长达三十八年的隔绝状态被打破，民间交往的大门自此被打开。三十多年过去，在两岸同胞的通力合作下，两岸交流从无到有，从少到多，从单向到双向，构成了全方位、多层次的格局，两岸同胞沟通联络和经济文化交流均达到了恒古未有的高度。其中两岸有情人结成连理对推进两岸沟通发挥了不可忽视的作用，两岸婚姻甚至被誉为“两岸三通之外的第四通”。据统计，截止 2018 年底，两岸同胞通婚约有 38.9 万对，影响超过数百万两岸家庭，在这些两岸家庭中，有三分之二长期居住在台湾，三分之一长期居住在大陆。① 但囿于两岸历史事实及社会状况存在的差异，目前两岸婚姻当事人常面临诸多问题。尤其在离婚纠纷中，未成年子女的权益保护问题日渐突出，出于实现子女利益最大化之共同目标，更需要形成切合客观实际需要的保护机制。

---

* 福建省法官协会常务理事。

** 福建省法官协会会员。

*** 福建省法官协会会员。

① 《台生：两岸婚姻登记人数为何变少》，载中国台湾网 http：//taiwan. huanqiu. com/article/2018－12/13713440. html？agt＝15417，最后访问时间：2019 年 5 月 18 日。

一、两岸协作保障未成年子女权益的法律障碍与实践困境

1989 年《儿童权利公约》在第 44 届联合国大会上经投票一致通过后，世界各国掀起了保护儿童的新篇章。在一定意义上，《儿童权利公约》架构起了儿童权利保护的基本价值框架，其相对宽泛的限定则又进一步赋予了子女利益最大化原则以灵活性，不同国家和地区对该原则的理解运用都根据本国或本地区经济、文化、社会而存在一定差异。[①] 由于司法环境背景的不同，台湾地区和大陆在离婚案件中未成年子女抚养问题的规定及实践做法上亦存在区别，导致两岸协作保障未成年子女权益陷入泥淖。

（一）两岸协作保障未成年子女权益之法律障碍

1. 法律术语互不对应

（1）大陆相关法律术语之表达。现行法关于抚养权的规定主要散见于《宪法》、《民法总则》及《婚姻法》等相关法律中，其中，根据《宪法》第四十九条第三款、《民法总则》第二十六条、《婚姻法》第二十一条第一款及第三十六条第二款的规定，可以看出有关法律主要采用“抚养教育义务”的概念，且该概念倾向于阐释抚养权义务性的特质。同时，在《婚姻法》第三十六条第一款规定中，“直接抚养”的表述较为清晰，但不可否认的是在离婚纠纷的司法实务中，最常见的判决依然表现为“婚生子/女由 XX 抚养，不直接抚养子女的配偶方每月需支付抚养费 XX 元”。该判项的表述形式虽容易误导不直接抚养子女的配偶，但正鉴于此，不难看出大陆离婚所产生的效力仅体现为直接抚养关系的变更，其并不会否定不直接抚养子女之父母的抚养教育权利义务。通过对 1993 年最高人民法院颁布的《最高人民法院关于人民法院审理离婚案件处理子女抚养问题的若干具体意见》（以下简称《若干具体意见》）进行考察，可以发现该司法解释中，与“直接抚养”相对应的词项是“随某某生活”，但该司法解释也存有“抚养”与“随某某生活”相混淆的表述。因此，相关法律中依然存在较明显的“抚养”和“直接抚养”掺杂使用情形。

除了抚养，离婚纠纷中夫妻双方当事人所疑惑的还有抚养权与监护权之间的区别，虽然新施行的《民法总则》对监护制度的规定有明显完善之处，但厘清抚

---

① 何燕：《家事诉讼中未成年人利益最大化原则研究》，南京师范大学 2016 年版，第 56 页。

养权和监护权间的关联依然负重致远。大陆现行监护权制度，重点由《民法总则》第二十三条到第三十九条的规定，及《未成年人保护法》第十条至第十六条的规定组成。因此，综合考虑现行法律体系，可以看出大陆监护权和抚养权均具有权利义务双重属性，两者有相同之处，但不能完全等同。两者的区别主要体现在，监护权的权利内容和主体相对于抚养权较为广泛，而抚养权的转移则较监护权而言较为灵活。因此，虽然在司法实务中，监护权和抚养权常被当事人所混淆，但两者确是分离的，即父母可能会被剥夺监护权但其抚养教育的义务无论在何种情况下都不可能被免除。

简而言之，大陆婚姻制度并未引入“亲权”概念，也未建立有关亲权制度的逻辑体系。“抚养”的概念通常表述为“抚养教育义务”，其含括直接抚养和非直接抚养两种形式，离婚的法律效力仅约束直接抚养权利义务的转化，父母对未成年子女抚养、监护的权利义务不因婚姻关系变化而受影响。

（2）台湾地区相关法律术语之表达。台湾地区经1996年修法后，从其相关的法律体系可以看出，其严格区分了“父母子女”“监护”和“扶养”之间的概念。根据台湾地区“民法典”第1084条第2款之规定，其所规定的亲权，是指父母依其身份对于未成年子女之保护及教养之权利义务而言的。关于监护，经过修改删除了第1051条规定，并修正第1055条及增订第1055－1、1055－2条规定，从此离婚后子女之监护，依旧规定或依现行规定，其间有极大差异。1055条规定之修正将“监护”用词，以“权利义务之行使与负担”取代，并将“子女”修正为“未成年子女”，这充分体现了台湾地区对父母子女关系的全新认识。同时第1091条规定：“未成年人无父母，或父母均不能行使、负担对于其未成年子女之权利、义务时，应置监护人。”据此，台湾地区对父母及第三人对未成年子女所行使的权利义务也进行了划分，但也有观点主张监护权应有广义及狭义之分。狭义之监护权，是指亲权中之身心监护而言；广义之监护，则包括身心监护及财产监护在内，与亲权之概念一致。通说采后说，即亲权为权利之本体，监护权为由亲权所生之作用，以协议或判决决定监护权由何人任之后，不须再定亲权由何人任之。[①] 依据该观点，亲权和监护权的内容十分相似，导致我国台湾地区司法实践中，普遍存在亲权和监护权相混用的情形。关于监护是否包括扶养在内，根据其增订第1116－2

---

① 高凤仙：《亲属法理论与实务》，台湾地区五南图书出版公司2017年版，第221页。

条之规定："父母对未成年子女之扶养义务，不因结婚经撤销或离婚而受影响"。故依第 1055 条规定裁夺未成年子女之监护权时，仍可命无监护权一方承担子女扶养费，同时父母婚姻关系解除后扶养义务的履行与亲权的归属也并没有直接关联性。①

简而言之，台湾地区所谓"民法典"中关于对未成年子女之保护及教养之权利义务行使或负担（亲权）、扶养以及监护等概念均存在差别。在离婚案件中，亲权与扶养义务的承担无关，扶养义务之承担、减轻或者免除均应根据所谓"民法典"中关于扶养的制度进行判断；另外亲权与监护虽在实践中存在混用情形，但其之间依然存在明显区别。

（3）小结。综合上述分析可以看出，两岸相关法律术语的表达措辞并不相同，同时还存有互不对应现象，大陆所采用的"抚养"、"直接抚养"概念与台湾地区所采用的"亲权"概念无法严格对应。台湾地区的亲权可以由父母一方或者双方共同任之，而大陆的直接抚养则只能由父母中的一方行使。与台湾地区亲权相对应的应当是大陆的监护，但其两者之间亦无法完全对应，台湾地区的亲权虽可双方任之，但这并非其常态，而大陆的监护则不受婚姻状态的影响，以父母双方共同行使为常态。在离婚纠纷中，两岸相关法律术语之间的交叉不对应现象显然无益于有关判决的认可和执行，这也给两岸协作保障未成年子女权益造成了障碍。

2. 两岸具体规则区别明显

（1）大陆相关具体规则。关于未成年子女抚养权归属原则，在协议离婚中，对双方当事人协定的标准人民法院并不会过多干涉；而在诉讼离婚中，根据最直接的法律规定《婚姻法》第三十六条第三款及《若干具体意见》之规定，不难发现，"根据子女的利益"以及"从有利子女身心健康，保障子女的合法权益"的子女利益最大化原则是人民法院在确定未成年子女抚养权时考量的关键因素，但并非仅有该原则。在相关法律法规中，除子女利益最大原则外，还具体细化了子女两周岁以下、两周岁以上及十周岁以上不同年龄段抚养权的归属原则，同时还规定有考虑父母抚养能力和抚养条件原则、照顾无过错方原则、二孩各抚养一个原则、照顾女方原则、子女独自随祖父母或外祖父母共同生活优先考虑原则、协商有限原则和失当行为得以遏止原则等；并且从法律体系分析，上述原则与子女

① 陈棋炎、黄宗乐、郭振恭：《民法亲属新论》，台北三民书局股份有限公司 2014 年版，第 311 页。

利益最大化原则属于并列关系而非包含关系。对于抚养权的变更，按照《若干具体意见》第十五、十六条之规定，人民法院主要根据当事人的请求进行变更，而非依职权直接判决。

大陆未成年子女的抚养费除生活费外，还包含子女的教育费、医疗费等。人民法院在确定未成年子女抚养费的数额时，通常根据子女的实际需要、父母双方的负担能力以及当地的实际生活水平确定；《若干具体意见》针对具体数额的确定则又根据收入的分类，按有固定收入、无固定收入及特殊情况进行区分。且对于父母双方的分担我国大陆主要采取各分担一半原则。

（2）台湾地区相关具体规则。台湾地区增订第 1055 -1 条及第1055 -2条后，更全面的维护了未成年子女之最佳利益。该修订将两愿离婚后子女监护与判决离婚后子女监护做相同之规定，对于两愿离婚后子女监护问题不再采取放任形式，以增进子女之利益；废止了父权优先原则，改采男女平等原则及子女最佳利益原则，明定子女监护首先应依协议定之，无协议或协议不成者，由台湾地区审判主管机构依子女之最佳利益酌定之；明文承认共同监护，规定离婚后之子女监护，可采夫妻共同监护方式；扩张监护诉讼之请求权人之范围，由夫或妻改为夫妻之一方、主管机关、社会福利机构或其他利害关系人均得依法向法院申请酌定或改订监护人；为使权力踊跃介入子女监护事件，明确规定审判主管机构得依职权为子女之利益酌定或改订监护人，亦得依职权为子女之利益酌定权利义务行使负担之内容及方式，并得依职权为无监护权之一方酌定或变更探视方法及期间。在审判中增加社工人员之角色，明定审判主管机构为监护及探视之裁判时，应参考社工人员之访亲报告；增设变更监护人之规定，如有协议不利于子女、监护人未尽保护教养义务、监护人对子女有不利情事等情形，审判主管机构得依声请或依职权为子女之利益改订监护人。

台湾地区未成年子女的扶养费主要依据其“民法典”中第四编第五章有关扶养的规定进行确定，即子女扶养费可由父母双方协议定负担之方式，如无协议，则子女有财产时，财产之管理者应以该财产之收益支付扶养费，不足时应按父母之能力分担其费用。因此，该规定实质上更多的是从父母的角度进行考虑。①

（3）小结。综合上述分析可以看出，两岸均系以子女利益最大化为其基本原

① 林秀雄：《婚姻家庭法之研究》，中国政法大学出版社 2001 年版，第 96 页。

则，但在具体细化规定上两岸依然存在诸多区别。在抚养权的归属确定上，相比较于大陆，台湾地区的相关规定更显细致，与其他部门的配合更为全面，对子女利益最大化原则的落实也更为到位。而在抚（扶）养费方面，大陆的相关法律规定显得更为重视该问题，相关规定也比台湾地区的规定更有利于保障未成年子女的生活。

（二）两岸协作保障未成年子女权益之实践困境

跨地区未成年子女权益的保障不仅要克服相关法律规定上的障碍，同时还要突破实践中的重重困境。目前在协作解决离婚案件抚养权争议问题时，两岸还需共同面对诸多实践难题。

1. 调查取证困难，抚养费数额标准难确定

由于涉台离婚案件中，夫妻双方往往分别居住在两岸，而两岸之间的生活水准及经济收入水平往往又存在较大差异，其中父母双方的抚养能力及子女的生活需求也各不相同，再加上法律规定上的差异，导致在司法实务中人民法院在确定未成年子女抚养费数额时，并没有具体可参照的标准。此外，由于两岸财产调查受限，父母一方往往没有能力对另一方的财产提供充分证据，这在一定程度上也增加了两岸离婚案件中未成年子女所应获得权益的不确定性。

2. 审理过程曲折，相互协作执行仍存障碍

从两岸已签订的相关协议看，两岸裁判文书相互送达、认可及执行制度已日趋完善，但实践中关于未成年子女抚养裁判的认可执行比重依旧较低。于两岸离婚案件中，常存在一方当事人下落不明或者忽视另一方法院传票的情况，这不仅拉长案件的审理周期，而且导致两岸离婚判决缺席率居高不下。该现象一定程度上导致当事人不堪诉累，客观上也加剧了离婚双方当事人对子女抚养权问题的分歧。同时因为双方当事人所在地区不同，子女抚养费的给付彻底需依赖双方的自觉诚信保证，双方所在地区的法院往往难以采取强制措施。另一方面，由于两岸对未成年子女拐带问题的协作解决机制较为薄弱，导致当事人往往选择利用该空隙将未成年子女带离对方生活地区，从而进一步影响法院对未成年子女抚养权的裁判和执行。

二、两岸协作保障未成年子女权益的法律依据与规范意涵

无论是法律上的障碍还是实践中的困境，其均还困扰着两岸协作保障未成年

子女利益相关工作的开展。但纵观两岸民事司法互助历程，其具有里程碑意义的相关规定则为问题的解决提供了突破口。

（一）两岸协作保障未成年子女权益之法律依据

1. 大陆相关法律规定

《涉外民事关系法律适用法》系以“保护弱者利益”为原则，其第二十五条及第二十九条在涉外父母子女人身、财产关系及扶养关系问题的解决上发挥了积极的作用。最高人民法院关于适用《〈涉外民事关系法律适用法〉若干问题的解释（一）》的第十九条又规定，“涉及香港特别行政区、澳门特别行政区的民事关系的法律适用问题，参照适用本规定。”该解释虽未将涉台民事法律关系的法律适用问题包含入内，但根据起草该司法解释的最高人民法院民四庭的意见：涉及台湾地区的法律适用可以参照涉外民事法律关系处理。①

此外，《最高人民法院关于审理涉台民商事案件法律适用问题的规定》（以下简称《涉台民商事法律适用规定》）的出台则首创了台湾地区有关规定作为准据法的先导，解决了人民法院审理涉台案件的法律适用依据问题。自此，人民法院审理涉台民商事案件时，适用法律和司法解释的相关规定，并按照其中的冲突规范选择确定适用的实体法，而该实体法既包括两岸的相关规定，同时也包含其他国家或地区的法律。

同时，两岸共同签订《海峡两岸共同打击犯罪及司法互助协议》（以下简称《互助协议》）后，最高人民法院也先后颁布了与之相配套的司法解释《最高人民法院关于人民法院办理海峡两岸送达文书和调查取证司法互助案件的规定》（以下简称《互助规定》）及《最高人民法院关于认可和执行台湾地区法院民事判决的规定》（以下简称《认可执行规定》）。上述协议及规定虽为两岸文书送达、认可和执行提供了依据支撑，但其在家事诉讼领域应用仍较为罕见。且由于其规定的相关程序较为繁琐，一定程度上也会造成诉讼期限拖延。

2. 台湾地区相关规定

1992 年 7 月 31 日发布的“两岸人民关系条例”是台湾地区为规范与大陆人

---

① 张先明：《正确审理涉外民事案件，切实维护社会公共利益——最高人民法院民四庭负责人答记者问》，载中国法院网，http://www.chinacourt.org/article/detail/2013/01/id/810388.shtml，最后访问时间：2019 年 5 月 23 日。

民间经济贸易及文化交流及所衍生法律关系而订立的规定，在该条例多次修改后，台湾地区又先后颁布了“两岸人民关系条例实施细则”“大陆人民来台从事观光活动许可办法”等规定，但该条例至今仍是台湾地区对大陆的重要规定之一。在两岸民间交流持续推进，两岸关系和平发展的总体态势下，该条例第57条及第59条分别对父母子女关系及扶养义务的法律适用作出了规定，即根据设籍地确定适用的法律。

（二）两岸协作保障未成年子女权益之规范意涵

从司法实务角度考察，如今大陆客观存在多元化法治近况。介于各地区的不同特色，唯有积极开展区际间的司法互助，才能及时、有效地创造未成年子女权益保障基本条件，并进一步形成区际未成年子女抚养权司法协作保障之事实。近年来，大陆虽加强了涉台民事司法合作力度，但实际上由于两岸长久分治，抚养权司法协作保障基础仍较为薄弱，其更加迫切需要配套机制加以完善。目前，《涉台民商事法律适用规定》《涉外民事法律适用法》《互助协议》《互助规定》及《认可执行规定》等已经铺垫了两岸协作保障未成年子女权益的规范基础，奠定了两岸抚养权司法协作保障的基石。因此，应立足于上述规范文本，细化相关措施，尽快建立稳定、全面的两岸未成年子女合法权益协作保障机制。

三、推进两岸协作保障未成年子女权益的具体构想

（一）基本前提：建立和巩固两岸司法互信

基于两岸共同保障未成年子女合法权益的需要以及司法运作规律，两岸民事司法互助应当尽最大可能减弱政治因素的干预，对应目前的对台相关政策，在上述已有规定框架基础上，建立和巩固更高层面的司法互信。尤其在两岸交往更为密切的现状下，应致力于探索与台湾地区家事审判机构建立定期工作交流机制，定期组织司法互助工作组就司法互助的具体情况与台湾地区开展直接的沟通交流，积极走访审理办案的基层部门和一线单位，快速发现解决实务问题，努力达成审判理念及操作技术上的共识，明确各自应当完善的方向，进而巩固深化司法互助工作机制。同时，还可加强与台湾地区法务主管部门、司法主管机构等单位的沟通联系，争取组织大陆家事审判人员到台湾地区参加家事审判实务培训活动，通过实地调研、面对面交流等方式，全面了解两岸处理离婚案件中未成年子女合法

权益保障问题上的异同，为大陆家事审判改革及未成年子女合法权益保障提供有效的借鉴。

从台湾地区的实践来看，社工机构因具备特有的专业性和中立性，其在离婚纠纷中扮演着愈来愈重要的角色，台湾地区也越来越重视社工机构在保障未成年子女合法权益中的作用。但大陆并未建立完善的社工辅助调查制度，同时两岸的社工机构之间也缺乏沟通合作机制，导致当未成年子女生活在大陆时，台湾地区法院往往无法委托社工机构进行调查，此时法院只能参考其他事实进行裁判。且即使未成年子女生活在台湾地区，但当大陆配偶未在台湾地区生活时，台湾地区法院也无法对大陆配偶的情况进行摸底了解，而只能通过对台湾地区配偶和子女的调查情况酌定未成年子女的抚养权及抚养费数额，该调查情形下的抚养权归属裁判在一定程度上对于大陆配偶而言往往也是有失公平的。因此，为进一步全面保障离婚家庭中未成年子女合法权益，巩固两岸审判人员交流互动的良好基础，还应当加强与台湾地区社工服务机构等团体和部门的合作，拓宽交流互动的渠道。从“法官——社工机构”全方位构筑和深化两岸司法互助基础，尽可能减少实践中保障未成年子女合法权益可能面临的障碍和阻力。

（二）关键核心：共同坚持子女利益最大化原则

实际上，子女利益最大化原则的贯彻和践诺，对于父母和子女权利的实现而言是双重的，即它既是在保障子女的权利，同时也是在分配父母的权利。因此，父母和子女的利益在离婚纠纷中理当同构。这种同构性则再现为：其一，未成年子女最大利益的实现必须依托父母亲权的行使和义务的履行；其二，父母先前对未成年子女权利义务的负担必然是衡量未成年子女最大利益的参考；其三，在权衡未成年子女利益最大化标准时无法完全对父母的权益置之不管。[①] 因此，只有在全方位考虑各方利益的基础上，才能切实有效地保障未成年子女的合法权益。

一方面，台湾地区应废除针对大陆配偶的相关歧视性政策。2009 年以后，大陆配偶在台湾地区的待遇虽有所改善，到台依亲居留就可以找工作，但与其他外籍配偶相比，其仍存在被歧视倾向。[②] 据了解，大陆配偶在台湾地区身份证的获得

---

① 雷文玫：《以子女最佳利益之名：离婚后父母对未成年子女权利义务行使与负担之研究》，载《台大法学论丛》1999 年第 3 期。

② 孙立极：《歧视陆配　伤害台湾》，载《人民日报》2015 年 11 月 26 日第 20 版。

时间仍比其他外籍配偶多两年，且大陆配偶身份证开头字号也区别于正常身份证，更关键的是在一旦触及离婚，除非大陆配偶拥有孩子监护权，否则其将被强制要求返回大陆。[①] 鉴于此，我们不难发现按照台湾地区的现行政策，亲权的归属与居留许可密切相关。其实两岸婚姻家庭本是无辜的，其不应成为政治因素的消遣品，从未成年子女利益最大化原则及两岸同胞权益平等保护考虑，台湾地区理应废除针对大陆配偶的相关歧视性政策，使亲权归属与居留脱钩，在审理离婚案件过程中充分考量大陆父母被遣返对未成年子女造成的严重侵害后果，以更好地维护大陆配偶及在台未成年子女的合法权益。

另一方面，两岸均应正视父母抢夺子女的司法困境。在抢夺未成年子女监护权的离婚纠纷中，“先抢先赢”始终是一个棘手的问题，为制造子女已在自己身边习惯与自己生活的事实，父母一方往往选择在诉讼之前或诉讼中将子女带走，而在涉及两岸的离婚案件中，子女拐带问题则更显严重。台湾地区虽曾召开“父母拐带子女如何解”公开听证会，邀请了关心此问题的民间团体、律师、法务主管部门及儿童局等相关单位共同讨论，但其中司法主管机构所展现的态度依然消极。[②] 针对该问题，台湾地区法务主管部门 2013 年 9 月在参加海基会组织的涉台婚姻等业务大陆访问团时，曾与大陆专门就子女拐带现象进行商讨。最后两岸在将拐带问题调查取证纳入《互助协议》问题上达成了一致意见，但对于返还拐带子女方面两岸还未形成一致观点。[③] 因此，两岸在继续对该问题进行商榷解决的同时，还可借鉴美国的有关做法，未满 18 周岁的未成年人需有父母共同随同才可出入境，如仅有父母一方陪同，则需持有另一方的授权书；如与其他亲属朋友一起出行，则需要父母双方的授权书。[④] 借助出入境管理局等部门的配合，共同抵制两岸日益严重的子女拐带行为，进而切实保障未成年子女的最大利益。

---

① 《大陆配偶在台湾遭歧视是“报复”?》，载 http://wemedia.ifeng.com/72683213/wemedia.shtml，最后访问时间：2019 年 5 月 21 日。

② 郭怡青：《请正视不同国籍父母抢夺子女的司法困境》，载 http://www.oasislaw.com.tw/default.aspx，最后访问时间：2019 年 5 月 15 日。

③ 夏吟兰，陈汉，刘征峰：《涉台婚姻中离婚后子女抚养权、探视权保障研究》，载《海峡法学》2015 年第 2 期。

④ 《注意！美国海关：未成年人出入境一定要携带这张纸，否则可能拒绝放行》，载 https://mp.weixin.qq.com/s?__biz=MzIzNzA0ODQxOA%3D%3D&idx=2&mid=2650018908&sn=4c2a9a793998ccd4828dee22e1ac06c4，最后访问时间：2019 年 5 月 19 日。

（三）长远考量：实现立法对应与诉权保障

纵观两岸民事司法互助之发展历程，无论是大陆的相关法律法规还是台湾地区的相关条例，其文本规范均还有失精细化。为共同保障未成年子女利益之共同目的，有必要汲取司法实践探索中的有益经验，协作推进立法对应与诉权保障。

宏观设计上，针对上述两岸相关法律术语表达互不对应问题，两岸宜通过交流共同厘清当中的对应关系，这不仅有利于审判人员更全面保护未成年子女的最大利益，而且这也有利于指导两岸同胞更加理性、妥善处理双方之间的离婚纠纷，避免使未成年子女成为双方冲突的工具。微观操作上，两岸司法互助的核心在于互相认可和执行。如前所述，在上述司法互助规定指导下，两岸裁判文书互相认可问题已得到很大程度改善，实践中台湾地区居民持有符合大陆法律规定的认可台湾地区法院裁定效力条件的文书时，即可申请人民法院对其效力予以认可。[①] 但事实上由于当事人诉讼能力有限等现实困难，导致其对相关法律条款不甚了解，人民法院受理的抚养、监护民事裁定的认可申请仍极为少见。故应从具体规则到裁判认可，全面对司法协作的各个环节进行梳理，可通过法律援助机构的强力合作，推动规范明确化，为两岸配偶提供法律援助，保障并促进当事人积极行使权利，进而更大程度保障未成年子女的合法权益。

结　语

“正义和公平的合理解说就是不希望为了一部分人的利益而牺牲另一部分人的利益，所以人们总是孜孜以求，努力寻找各自利益间的契合点。”但该条法则在子女利益最大化原则中可能会遭遇诸多挑战。[②] 无论是在立法还是司法实践中，子女最佳利益难免总是会与父母利益，甚至与社会、国家利益等相冲突，而应如何权衡这些利益依然是当前立法和司法的难题。在反映两岸同胞由对立、隔阂逐步走向心灵交融的两岸婚姻关系中，有效化解该困难显得特别重要。两岸婚姻的变化是两岸关系变化的缩影，为让两岸民众真正从内心感受到“两岸命运共同体”的存在，协作保障离婚家庭未成年子女权益是应有之义。

---

① 详见福建省福州市中级人民法院（2011）榕民认字第76号民事裁定书。

② 王雪梅：《儿童权利保护的“最大利益原则”研究》（下），载《环球法律评论》2003年第1期。

台湾地区没收执行之实务解析
——兼论两岸跨境犯罪被害人权益之保障

林忠义*

一、前言

欧美国家对抗犯罪，近年来不单是致力于定罪，同样看重犯罪所得的追索、查扣、没收，以抑制犯罪人享受犯罪成果。台湾地区效法之，于2015年修正台湾地区“刑法”、2016年修正台湾地区“刑事诉讼法”，均于2016年7月1日施行。新修正的台湾地区“刑法”将没收抽离于刑罚之外，列为单独法律效果，并增加没收财产范围、扩及没收对象至第三人，同时，亦扩大单独宣告没收范围。另台湾地区“刑事诉讼法”则增订没收特别程序，亦修改保全扣押规定。

没收犯罪所得，本意是剥夺犯罪人的犯罪收益，让其无利可图，从根源断绝其犯罪动机，以及持续犯罪资本，但犯罪人若是由被害人处掠夺而获取利益，在此种案例类型内，所没收的犯罪收益最终必须返还被害人，以善尽职责。

当法警好不容易追索并扣押到犯罪财物，进而法院顺利宣告没收后，到底应该如何执行？这是剥夺犯罪人犯罪资产程序的最后一环，自然要予以落实，但倘使该没收物应予发还，甚至是错误扣押或法院未宣告没收，又该如何处置这些财

* 台湾文官学院讲座、警察专科学校讲座。

物？尤其是两岸跨境犯罪中，被害人因两岸法制差异、地理区隔或信息获取不足，常常不易取回受害资产，如何维护其权利同样有探讨的实益。

二、没收之执行

检察官执行没收裁判除依据台湾地区“刑事诉讼法”“洗钱防制法”“食品安全卫生管理法”“药事法”“烟酒管理法”等规定办理外，尚应注意台湾地区“检察机关办理扣押物没收物应行注意事项”“检察机关办理没收物及追征财产之发还或给付执行办法”“洗钱犯罪没收财产管理拨交及使用办法”等法规命令。[①]

没收物实际执行程序应由检察官签发“台湾某某地方检察署检察官扣押（没收）物品处分命令”，说明处分要旨，例如，没收拍卖或销毁，再送交赃物库处理。以下简单叙述各类没收物的处置：

（一）现金

本来就已经扣押入库账户者，发函进行转账，其实就是进行会计科目的变动。如果现金还在赃物库，就发处分命令请赃物库解缴入库。至于外币则送台湾银行或办理外汇业务的银行收兑，收兑后换汇金额缴库，倘若失去流通性或未挂牌无法汇兑，则先鉴价，再拍卖，价金缴库。另外，违反“台湾地区食品安全卫生管理法”没收之现金、没收物拍卖所得或追征价额，应缴纳至“食品安全保护基金专户”。

（二）拍卖

一般物品，包括手机、计算机、传真机、首饰、珠宝、钻石等等有价物，先制定“拍卖扣押没收物鉴价清册”，函请各商业公会派员鉴价，当场做成“鉴价纪录”，报台湾地区高等检察署核准后，定期拍卖。

拍卖前应先于地方检察署网站公告，而后张贴公告栏或适当处所，并发函商业公会转知会员参与竞标。

拍卖程序以出价最高且高于底价，经拍卖人喊价 3 次无人加价时，让应买人当场缴清价金时拍定，地检署对于拍卖物不负物之瑕疵担保责任。拍卖后填写“买受人名册”备查。所得价金入库取据，并检附清册、记录及收据复印件报台湾地区高等检察署备查。

---

① 另外，台湾地区高等检察署于 2018 年 4 月修订“刑罚执行手册”，及于 2010 年 1 月修订“扣押物没收物保管方法与处理程序手册”，可供检察官参考以遂行没收执行业务。

同时，目前，台湾地区各检察署执行科对没收物的拍卖类似路边摊，没有形成规模化、商业化的交易模式，反而是检察官在犯罪侦查中扣押物的变价拍卖中比较有创意及效率，其实转换观念很重要，现今整个没收法制依循传统将犯罪财物归入库，无法专款专用，不利于检警执法环境的建构，检警执法资源严重不足，倒不如采取类似美国的基金制，对于执法将有大帮助。[①]

（三）发还或给付给权利人

犯罪财物没收后，碰到有权利人主张其权利时，其发还或给付应依 2017 年 9 月30 日施行的台湾地区“检察机关办理没收物及追征财产之发还或给付执行办法”为之，该办法第 4 条规定：“检察机关于受理请求权人之申请后或认有必要时，应在各检察机关网页或以其他适当方式公告该刑事裁判业已确定，并载明裁判确定届满 1 年之截止日期，及得于该期间内申请发还或给付之意旨。但所有请求权人均已提出申请，或请求权人之申请系于公告后提出者，得不公告。”[②] 根据本条的规范意旨，同时考量台湾地区“刑事诉讼法”第 473 条第 1 项所规定 1 年时效期间实在太短，执行检察官面对没收犯罪所得源自于被害人的案件，有必要主动通知被害人，以发还没收物，保障其权益。[③]

在海峡两岸跨境犯罪中，对财产犯罪的被害人来说，最关切的还是取回被害财产。而大陆被害人因地理远隔及信息不足等原因，不容易实时向台湾地区司法机关请求发还扣押物，故法院会宣告没收，而台湾地区“刑事诉讼法”第 473 条第 1 项：没收物、追征财产，于裁判确定后 1 年内，由权利人申请发还者，或因犯罪而行使债权请求权之人已取得执行名义者申请给付，除应破毁或废弃者外，检察官应发还或给付之；其已变价者，应给与变价所得之价金。判决确定后请求

---

① 就没收财产的管理利用，可参考邱智宏：《扣押及没收财产之管理—政策上的评估》，载台湾地区《检察新论》2012 年第 12 期。

② 本条重要的规定理由为：“检察机关于受理期间内有请求权人提出申请，或虽尚无人申请，而检察官依个案情形认有必要时（例如吸金诈骗等社会瞩目之重大案件），应将相关信息刊登揭露于机关网站或以其他适当方式公告周知，俾使权利人得知悉进而有主张权利之机会，爰为本文规定。”

③ 《刑事诉讼法》第 459 条第 1 项规定被害人必须于法院没收命令确定告知后 6 个月内向执行机关（检察官）为没收物返还的申请，看似请求期间短于我国台湾地区，但德国系规定“告知”后 6 个月，亦即被害人收到通知，得知法院已为没收命令确定，还有 6 个月期间可以主张权利，此种立法方式值得参考。德国没收法制最近的修正为“刑法上财产剥夺修正之法律（Gesetz zur Reform der strafrechtlichen VermÖgensabschÖpfung vom 13. April 2017）”，此项修正以及搭配刑事诉讼法上没收物返还被害人的介绍，可参照佐藤拓磨：《ドイツにおける犯罪収益はく夺制度の改正》，载《法学政治学论究：法律・政治・社会》2018 年版，第 21 ~61 页。

发还时间仅有1年，甚为短暂，一旦超过时效后，被害人再提出返还没收物申请，依台湾地区“检察机关办理没收物及追征财产之发还或给付执行办法”第3条第4项规定，检察官应予驳回。台湾地区虑及外国被害人向台湾地区请求发还没收物需耗费较长时间，故于2018年5月2日公布施行台湾地区“国际刑事司法互助法”，其中第34条第2项规定，“外国人通过所属政府请求发还没收物，延长到判决确定后3年内为之。”第35条并规定：“台湾地区与大陆间之刑事司法互助请求，准用本法规定，并由台湾地区法务主管部门与大陆权责机关相互为之。”请求返还时效固然延长为3年，时间仍不够长，此由最近一次台湾地区于2017年9月26日第8次返还新台币657270元所兑换的人民币143588元予大陆刘姓被害人后，迄今皆无新相关案例出现。如此一来，大陆被害人请求发还没收物的时效很容易消灭。是以笔者认为应仿保证金发还的规定，将期间延长为10年，以保障犯罪被害人权利。前若真有大陆居民或其他人士迟误期间始申请发还，笔者认为仍应类推适用台湾地区“刑事诉讼法”第70条规定，由执行检察官准予回复原状①。

其实，台湾地区“刑事诉讼法”第142条第1项明文规定：“扣押物若无留存之必要者，不待案件终结，应以法院之裁定或检察官命令发还之；其系赃物而无第三人主张权利者，应发还被害人。”在财产犯罪案件中，若能确定被害人被害金额，因无继续留存扣押犯罪所得之必要，检察官应以扣押物品处分命令主动发还被害人，例如，笔者所辖同组检察官在指挥侦办1件诈骗集团案件中，司法员警当场扣押被告刚提领新台币2万元赃款，而调阅该提领金融账户的汇款纪录，发现是方姓被害人遭诈骗而汇出3万元，笔者即请该检察官主动发还，是以该案起诉前，所扣押赃款2万元便已返还方姓被害人，法院遂于判决中叙明：“又被告所领取方某某赃款2万元业为警方查获并发还予方某某，有台中地方法院检察署检察官扣押（没收）物品处分命令（稿）在‘2017年度侦字第12935号’卷第114页可凭，是尚难认为被告个人有何犯罪所得，爰不另为没收之宣告，附此叙明。”② 倘因侦办案件时效之故，必须尽早起诉案件，而无法于侦查阶段即返还犯罪所得，则公诉检察官应督促法院以裁定发还扣押犯罪所得，就可避免将来判决

---

① 台湾地区“刑事诉讼法”第70条：“迟误申请再议之期间者，得准用前三条之规定，由原检察官准予恢复原状。”

② 台中地方检察署“2017年度侦字第12935号”起诉书、台中地方法院“2017年度诉字第1586、1936号”判决。

没收犯罪所得所带给被害人的困扰。

又台湾地区高等法院台中分院“2013 年度上易字第 880 号”判决、“2014 年度上易字第 375 号”判决所指涉的犯罪行为人应可认定为同一诈欺集团。这 2 件案件都是由林某纬担任车手头目，负责带领底下数名车手，发放行动电话及大陆银行银联卡，各车手顺利提领诈欺赃款后，均交由林某纬汇整，再转交给上手，整个犯罪时间、查获时间都很接近。从而 2 件案件固然被告对象不完全一致，仍可归类为同一诈欺集团。何以必须对不同案件诈欺集团作归类？因涉及被害人参与分配的问题。这 2 件案件法院判决认定被害人不同，台湾地区高等法院台中分院“2013 年度上易字第 880 号”判决认定被害人为王某某遭诈骗人民币 6305000 元、吴某某遭诈骗人民币 61 万余元，而台湾地区高等法院台中分院“2014 年度上易字第 375 号”判决认定被害人为罗某某遭诈骗人民币 178400 元，重点是 2 件判决扣押犯罪所得金额不同，且小于被害金额，第 1 件扣得新台币 4985400 元，第 2 件扣得新台币 2155000 元，既然可归类为同一诈欺集团，为求个案间的分配正义，应就 3 位被害人各自受害金额，依比例获得扣押总犯罪所得的返还。

（四）销毁

依法律应销毁、性质上不适合继续在市面上流通或无经济价值者，原则上销毁之，例如违禁物品，像是毒品、枪炮、弹药，侵害著作权、商标权等的仿冒物品，或是妨害风化物品，但如果有留用需求，或可以除去侵害标签，亦有可能拍卖或作其他利用。

倘若判决没收扣押物，要考虑物品是否有经济价值，如果有的话，不要浪费，应拍卖缴库。书记官有时候会将除金钱、金饰等贵重物品以外扣押物，均认为无价值，所以，制作扣押（没收）物处分命令时，都注明要“没收销毁”，此时执行检察官应再检视，例如铁钳、电子磅秤、链锯、油压剪看似无价值，也都还值几百上千元，应叫书记官改成“没收拍卖所得缴库”。

（五）留作公用

如果各机关，包括地检署想要留用这些没收物，必须作价，依据鉴价价格，制定“留作公用扣押没收物清册”，函报台高检核准后，将价金缴库。而违禁物则无须作价，但如系枪弹等物，应向主管机关登记领证。

其实，诸如没收数量庞大违反“商标法”的仿冒品，轻易销毁着实可惜，浪费资源，假使将标签除去后，就不再能分辨为仿品，那执行检察官没有必要一定销毁。台湾地区台中地方检察署曾经有1次没收数千件仿品，经取得商标权人同意，除去标示后，项目报请台高检，欲捐赠给清寒家庭。后来该案经台高检转请台湾地区法务主管部门同意，并认为项目报准方式，经由地检署检察长于除去仿冒商标后，予以核准即可。①

（六）移由他机关处置

伪造旅游证件、观光许可证、在台居留证等证件送台湾地区内政主管部门移民署；考试及格证书送考试主管部门；毒品送法务主管部门调查局；武器、弹药送内政部门警政署机械修理场；危险放射性物质如“氪”送行政主管机构原子能委员会；劣药及不良医疗器材送卫福部门；电信管制器材送通讯传播主管机构；汽油等石油制品、加储油气设施送经济部门能源局转炼制业者价购；保育类野生动植物产制品送行政主管机构农委会，活体送屏东科技大学等收容中心；古物古董送公立历史博物馆；走私农渔畜产品送行政主管机构农委会；危险化学物品送县市政府环保局。

（七）特种物品没收之执行

1. 特殊物品部分

黄金：委托台湾地区银行公开标售，价金入库。汽车、摩托车：拍卖前应洽询监理所得否请领牌照，并于拍卖公告及拍卖时说明清楚，包括有无抵押权、欠税及罚款、能否过户领牌，以免影响拍定人权益。赌博电玩机台及IC版：应销毁之，但销毁前必须制定“销毁清册”，报请台高检核准后，定期会同有关机关派员到场监毁。一般动、植物及易腐败之物：于侦查中就应变价处理，因其不易保管，容易败坏，否则到了没收执行时，通常只有废弃、毁损一途。矿产、土方、砂石：公告拍卖，价金缴库。假药、禁药：销毁。伪造、变造之文书、证件：如仅部分伪、变造，而必须发还时，先将其伪造或变造之处盖上“没收之物”章后，始能发还。烟酒、原料、半成品、器具及酒类容器：请烟酒公司鉴价后，拍卖之；劣质或变质者，销毁之。

① 台湾地区法务主管部门2011年11月10日法检字第1000807657号函、台湾地区高等检察署2012年4月13日检文勤字第10110004640号函。

2. 地上物、工作物部分

根据台湾地区“刑事诉讼法”第472条的规定：“没收物，由检察官处分之”，那对于像是“违反山坡地保育利用条例”等案件，经法院判决确定宣告没收地上工作物，于执行没收时，应以何方式执行？其实，台湾地区高等检察署暨所属各级检察署1997年座谈会曾讨论此问题，报台湾地区法务主管部门核定后采下列见解：“甲说：由检察机关自行编列预算执行。台湾地区‘刑事诉讼法’规定，没收应依检察官之命令执行之。此项命令与民事执行名义有同一之效力，于必要时，得嘱托地方法院民事执行处为之。有关执行物之没收，可依前述规定嘱托法院代为执行者，应仅限于有台湾地区‘强制执行法’第123条第1项、第124条第1项及第126条规定之情形，亦即以应没收物，所有人拒不交出、交付，或现由第三人占有者为限。若应没收物已依法执行没收，则有关没收物应如何处分，有关规定系由检察官决定。但因此项处分系对所有权归库之物的自行处分，已非民事强制执行范畴，有关执行处分没收物，除了由检察机关自行担负外，似乎无他法。唯执行之没收物如系土地上之工作物（如依‘山坡地保育利用条例’第34条第3项规定之工作物没收），则因处分方法常须处以拆除，需庞大的执行费用，如无特别经费编列及充裕的人力，势必难以进行。而检察机关以有限预算规模，在现阶段欲独力执行此种工作物之处分，相当困难，应编列项目经费执行。”

台湾地区台中地方检察署曾执行以下这个案件，可供参考：台中市新社区某景观餐厅业者擅自占用土地兴建工作物违反“山坡地保育利用条例”一案，于2010年9月30日判决确定，其中砌石驳崁及沈沙地等物宣告没收[1]，但执行该案碰到重重阻碍，业者具有相当强的政商实力，一直主张这些沈沙池具有防洪、保持水土作用，还提出花莲某技术学院鉴定报告，证明这些工作物均属水土保持设施，结果一查，业者就是该技术学院的董事长。另外，业者还联合台中市新社区的里长联署给民意代表召开协调会，强调拆除这些工作物将会危害水土保持，让财产署中区分署、台中市政府水利局等单位同意维持现状，其实财产署中区分署先前在返还该2笔土地民事诉讼中，已与业者达成诉讼和解，已让步同意给业者一段长时间自行拆除所占用的工作物，然业者持续拖延几年，结果该分署还在协

① 台湾地区台中地方检察署“2003年度侦字第18011号”起诉、台湾地区台中地方法院“2004年度诉字第1067号”判决、台湾高等法院台中分院“2009年度重上更（二）字第85号”判决、台湾地区审判主管机构“2010年度台上字第6025号”判决。

调会上继续让步，而这些过程台中地方检察署都被蒙在鼓里。这件执行案拖了将近4年，历经4任检察官（3任执行主任），前几任也曾经有检察官请台中市政府水利局评估拆除风险，水利局委托水土保持权威中兴大学水土保持系段教授进行鉴定，结论是该工作物不具备水土保持功能，继续存在将有莫大风险，反而拆除才是正办，而拆除也无酿灾之虞，但功败垂成，该任检察官还是未能执行拆除。直到2013年9月调动，笔者回到台湾地区台中地方检察署担任执行主任检察官，才与新任承办检察官研究，由该检察官邀请段教授再度履勘占用工作物后，我们向检察长报告，建议应在2014年暑假台风季（汛期）来临前，就要拆除，以贯彻公权力。当然这中间要做很多准备，第一要务是找到可以帮忙拆除的行政机关，因为地检署没钱，这次拆除的费用至少新台币几十万元，还好我们要求台中市政府都市发展局派员与检察官共同履勘，确认该工作物是违章建筑，他们就函复愿意基于职责，配合地检署进行拆除作业。其次，由笔者与台中市政府警察局局长协调同意调派优势警力，包括拆除现场、各出入口数十位警力外，还有担心抗争扩大，机动待命合计超过百名警力为后盾。吃了定心丸后，我们决定自2014年4月28日起拆，为求面面俱到，并于2014年4月21日召开“台湾台中地方检察署‘2010年度执从字第3129号’案件联系会议”，由检察长亲自主持，襄阅主任检察官、‘国土组’主任检察官、笔者、承办检察官，以及邀请台中市政府警察局、东势分局、都市发展局、水利局、财产署台中分署、农业委员会水土保持局台中分局、东势地政事务所、台中市政府农业局等有关单位一起参会，会议中笔者请承办检察官及东势分局长分别报告案件内容及执行准备，并由与会人士共同讨论进行拆除作业。由于整体工作物横跨土地与业者私有土地，约各占一半面积，要合法顺利执行，并且避免业者反扑，每个步骤都应仔细规划。首先这1周的时间，要防止业者动员反弹，所以，责成东势分局侦查队及当地派出所，分头与业者及附近里长、社区发展协会理事长、干部们沟通，强调该工作物继续存在有巨大风险，从而地检署执法决心不容挑战，拆除后会立即由财产署中区分署会同“水利局”、“水保局”进行后续水土保持工作，不会影响周边居民安全，同时警方应注意搜集情资随时呈报地检署。其次，因业者几乎将所谓的“沈沙地”修建成“小水库”，以供园区灌溉及造景之用，所以要求东势分局在拆除前3日至现场履勘，确认业者未蓄水，若有蓄水，应立即通知承办检察官命业者将水排空，以免阻挠拆除。再者，东势地政事务所要于拆除当日现场鉴界，确定界址后，以喷漆及拉线方式画出拆除界线，在转折处则以钉界桩、喷漆协助拆除。又为减少抗争，都市发展局破碎机等重型机具应于业者开门营业前，由警护送，提前进驻。接着都市发展局只负责破坏，通常不清运，所以应由占用业者清理，若业者拖延不处理，财产署应负责清运，避免阻碍野溪水流，财产署再向业者索赔。整个拆除完毕，也就是致令不堪使用后，财产署中区分署必须马上会同水利局、水保局进行后续水土保持作业。其实，在发出联系会议通知后，我们就收到水利局正式来文，要求我们缓拆，强调拆除可能会危害下游居民生命财产的安全，要我们让水利局另外再找 10 大技师公会鉴定结构，若不符合水土保持技术规范，看要怎么再作补强。终归一句话，不让我们拆。而且在联系会议上，各机关代表表达配合拆除，同时检察长点出一定要拆，公权力不容挑战的决心后，水利局局长竟然还是老调重谈，要求缓拆，明明水利局已经找人鉴定过拆除没有酿灾问题，却还敢在会议上危言耸听，可想而知，他们承受业者多大压力。此外，会议后，由台湾地区法务主管部门先后转下 3 封来自于 3 位民意代表的陈情函，要我们将工作物现况清点提交，以补强改善取代拆除。问题是该工作物根本没有依据水土保持技术规范施做，让他将现况清点提交给财产署，他还不是继续利用，毕竟水库有一半在业者管领中，财产署过去抵不住压力，不敢通过民事强制执行，今后还能有多大期待？将来大台风来了，坝体溃堤，谁担得起这个责任！业者还说动民意代表质询，但该怎么做就怎么做，这时不就是展现检察官公益代表人身份的最佳时机？排除各方压力后，2014 年 4 月 28 日上午 10 点，我们还是准时进行拆除，由“国土组”主任检察官、笔者及承办检察官在现场坐镇，指挥司法警员全程录像监控，由都市发展局约 10 名员工进行拆除作业，过程中业者找来律师抗议，还摆放一部老旧挖土机在那边，承办检察官就命业者立刻离开，否则在拆除驳坎时一并破坏，业者最后也只能配合。花了两天时间，拆除致不堪使用后，随即点交给财产署中区分署以施做后续水土保持工程。

拆完后民意代表还是继续质询，笔者便在台湾地区台中地方检察署“2014 年度陈字第 42 号”案件中为如下表示，以函复 3 位民意代表：

“第二，经查，本件受刑人廖某某占用土地挖垦沈沙池及设置砌石驳坎等工作物之犯罪事实，业据本署检察官侦查终结，认定犯罪事证明确，以本署‘2003 年度侦字第 18011 号’提起公诉，并经台湾台中地方法院‘2004 年度诉字第 1067 号’、台湾高等法院台中分院‘2009 年度重上更（一）字第 85 号’判决有罪，并宣告没收前开工作物，再由台湾地区审判主管机构‘2010年度台上字第6025号’判决驳回上诉确定，有各该起诉书、判决书存卷可参。本件违反‘山坡地保育利用条例’，窃占土地滥垦案，历经三审，且曾发回更审2次，上述台湾高等法院台中分院更改二审判决对于如何认定廖某某有罪及何以系争工作物乃属违法应予没收之证据取舍实已明确叙明，且无瑕疵可指，是以廖某某上诉台湾地区审判主管机构后，其即以不合所谓法律程序为由，加以驳回。本署执行检察官详核原确定判决后，既查无任何再审或非常上诉理由，自当依法执行没收，不容廖某某等人借词规避。第三，又本署为维护安全，避免水土流失，同时防止受刑人因窃占土地设置不符水土保持技术规范之违章小型水库若崩塌将造成巨大损害，已于2014年4月28日上午10时许，由执行科林忠义主任检察官、黄永福检察官及陈忠荣主任检察官，会同台中市政府警察局东势分局、都市发展局、财产署中区分署及东势地政事务所等机关人员，至台中市新社区大南段大南小段1164、1164之1地号土地，进行砌石驳坎及沈沙池之没收拆除作业，该沈沙池经履勘，实为小型水库，系争工作物全部拆除完毕后，本署当场点交予财产署中区分署，为后续处理。而本署选择拆除工作物作为没收处分之方式，其理由如下：（1）山坡地或森林区内开发建筑用地，或设置公园、坟墓、游憩用地、运动场地或军事训练场、堆积土石、处理废弃物或其他开挖整地，应经调查规划，依水土保持技术规范实施水土保持之处理与维护。水土保持义务人于山坡地或森林区内从事上列行为，应先拟定水土保持计划，送请主管机关核定。台湾地区‘水土保持法’第8条第1项、第12条第1项分别定有明文。本件受刑人在上开土地挖垦沈沙池及设置砌石驳坎前，并未依上揭规定办理，也经前公开判决认定在案。是其所挖垦之沈沙池及所设置之砌石驳坎显然不符水土保持法所定之水土保持技术规范，难认定具有水土保持功能。（2）以拆除方式没收系争地上物，并无发生水土流失等灾害之虞。本署执行检察官曾分别于2011年3月及2014年2月，会同水土保持领域权威台湾地区中兴大学水土保持系段某某教授，前往现场勘验沈沙池、砌石驳坎，并经鉴定，认没收拆除上开沈沙池、砌石驳坎，对该地区并无酿灾之虞，此有本署执行检察官勘验笔录在卷可稽。（3）受刑人所设置之工作物反而有造成周遭及下游民众危害之可能性。本案受刑人系在天然野溪之行水区域内，强行设置所谓沈沙池，然而却变相建盖为小型水库，除供应园区灌溉之用，四周亦有造景。惟其原施工属未符水土保持技术规范之违章建筑，复因其上游有涵管及整流工程等人工设施，加以该水库采砌石护坡设计，构造物含大量石材，其涵养水分之能力远不及原有之草皮植栽，其理至明。偏偏全球极端气候增加，台湾地区复为台风肆虐之区，一遇大雨或极端雨量，依鉴定结果，将造成两侧边坡冲蚀损害、土石下移亦将造成坝体崩坏，况且当初业者并未进行土石流、漂流木及浪涌冲击，可能溃坝之浅势评估，是以该‘沈沙池’不仅未具水土保持功能，反具有造成重大危害之可能。为维护邻近区域之水土安全，实有尽速没收并拆除之必要。（4）没收拆除后，该土地上之水土保持设施应由权责机关依相关规定设置。按公、私有土地之经营使用，依本法应实施水土保持处理与维护者，该土地之经营人、使用人或所有人，为本法所称之水土保持义务人，台湾地区‘水土保持法’第4条定有明文。本件应没收物坐落土地，依前述规定，财产署为上述地号土地之水土保持义务人。是本案执行没收后，如有实施水土保持处理与维护之需，应由财产署依台湾地区‘水土保持法’第12条规定设置相关设施。本署于拆除完毕后，当场点交遭占用之土地予财产署中区分署，并促请相关机关视拆除后之现况，尽速采取必要之水土保持措施，以维护当地居民之安全。”①

三、没收无法执行或执行无实益

（一）追征

过往没收物如果灭失、无法寻得，算是无法执行，案件就可以签结，但2016年台湾地区“刑法”修正生效后，依第38条第4项、第38条第1款第3项规定，应追征价额。要追征则要先鉴定、估算没收物的价额若干，再查清受刑人资产状况，此追征无优先权，受刑人其他债权人得参与分配。如要扣取在监收容人保管金或劳作金，依台湾地区高等检察署函示必须酌留新台币3000元生活必需费用，亦即超出3000元始能扣取②。

---

① 台湾民意代表关说或施压案件的事件频传，有必要尽早将妨害司法公正（Obstruction of Justice；Perverting the Course of Justice）行为入罪化。有关妨害司法公正罪的探讨，可参考林忠义：《从妨害司法公正罪架构之建立谈司法效能之提升》，载《刑事法实务热点问题剖析》，台湾地区元照出版社2019年版；See also Leigh Ainsworth etc，Obstruction of Justice，53 Am. Crim. L. Rev. 1573－1577，Fall，2016；邱忠义：《妨害司法公正罪之再建构》，台湾地区交通大学科技法律研究所2015年博士论文；王凯玲：《妨害司法罪问题研究》，台湾地区东吴大学2011年硕士论文；郭铭礼：《美国妨害司法正当执行罪之介绍》，载《检察新论》2009年第6期。

② “台湾高等检察署2018年6月6日检执甲字第10700072730号”函。

（二）无法执行

如果没收物无财产价值且无法执行，例如伪、变造的文书、证件已经灭失，属无法执行，可以签结。另法院宣告应没收的扣押物，因负责保管警员机关的疏失，误发还他人，经多次转售，由第三人善意取得，既已无法执行，可签结，但应向该他人请求返回不当得利①。而有财产价值的没收物，无法执行没收时，就要追征，纵然查不到受刑人的资产，执没案件目前实务上均未依台湾地区“刑事诉讼法”第 471 条第 2 项嘱托地方法院民事执行处执行，未取得债权凭证，也就无法签结，要等到罹于台湾地区“刑法”第 40 条第 2 款第 4 项的 10 年时效（2016 年修法前为 7 年时效），或受刑人死亡而查无遗产，始能结案。

唯依据台湾地区司法主管机构“（1998）秘台厅民二字第 02838 号”函：“至军事检察官如认有必要时，亦得依‘军事审判法’第 251 条准用‘刑事诉讼法’第 471 条第 2 项之规定嘱托地方法院民事执行处为之。执行法院实施强制执行后，如有台湾地区‘强制执行法’第 27 条所定情形（债务人无财产可供强制执行，或虽有财产经强制执行后所得之数额不足清偿债务，复经二个月续行调查确无财产），应无待申请即依法发给凭证”，亦即地检署执行科检察官嘱托无结果后，民事执行处可以发给债权凭证，而台湾地区“刑法”第 40 条第 2 款第 4 项所定 10 年时效，是指“逾 10 年未开始或继续执行者”，依立法理由，应包括“未开始”执行及开始执行后“未继续”执行两种情形。既然不断换发债权凭证，便不属于未继续执行，从而只要每 5 年再向民事执行处申请换证，就不会罹于时效，同时应可以之为理由签请暂结，故目前执行实务有调整的必要。

又目前地方检察署执行科为执行“执没”“执没他人（第三人）”增加很多工作负担，以台湾地区台中地方检察署为例，2018 年度执没案新收 6120 件，未结就有 3352 件；应没收及追征金额高达新台币 2027876084 元，实际仅追得新台币 139203591 元②。由此我们可以明白没收执行的困难度，故我们应着重在侦查阶段即顺利扣押犯罪所得及犯罪工具，或让被告及第三人主动交付犯罪所得，这才是

---

① “台湾地区法务主管部门 2015 年 6 月 29 日法检字第 10404523870 号”函。

② 台湾地区法务主管部门 2018 年 7 月 24 日所出版最新一年的 2017 年统计年报内无执没案件统计，此外，虽有“地方检察署执行经法院判决确定应没收犯罪所得统计”，但无各地方检察署实际已执行没收犯罪所得数额统计，最后访问时间：2019 年 6 月 3 日。笔者遂向台湾地区台中地方检察署统计室调阅该署“执行案件及执行其他案件收结情形表”，以了解该署 2018 年执没案件数；另向台湾地区台中地方检察署执行科调阅“执没列帐管理表”，以清楚 2018 年该署应没收及实际已执行没收犯罪所得数额信息。

有实效的作法。而在未扣得犯罪所得情况下，执行科必须执行没收，执行无着则追征其价额，是以侦查阶段，警方于制作警讯笔录时，或侦查检察官开庭进行案件讯问时，应尽可能讯问被害人有关被侵害财物的价额，可免执行科鉴定之花费及繁琐。

（三）执行无实益

依台湾地区“刑法”第 38 条第 2 款第 2 项：“宣告前二条之没收或追征，有过苛之虞、欠缺刑法上之重要性、犯罪所得价值低微，或为维持受宣告人生活条件之必要者，得不宣告或酌减之。”所以，法院判决常会以无刑法重要性等理由，对于国民身份证、全民健康保险卡、行车执照、驾驶执照、信用卡、提款卡等物，不宣告没收。那法院判决确定宣告应没收物品若价值低微或无刑法重要性，例如皮包（非高价）、SIM 卡、证件、存折、印章、钥匙、水果刀、票据、退票理由单、下市股票等，一旦检察官认无执行实益时，亦应目的性扩张（Teleologische Extension）台湾地区“刑法”第 38 条之 2 第 2 项，报请台高检准予备查后签结而不执行。[①]

四、扣押但未宣告没收其物之处置

（一）发还或公告发还

1. 应注意有无单独申请宣告没收规定之适用。违禁物或专科没收之物，或为职权不起诉处分、缓起诉处分时，对于犯罪所得、犯罪工具等，均得单独申请宣告没收。所以，虽无没收判决或裁定，无庸急着发还扣押物，必须再行检视，一旦将违禁物例如枪炮、专科没收之物例如仿冒品滥行发还，又回到市场上，不巧有人持之犯案，那就罪过了。又像是“赌博、烟酒管理法”等职权不起诉、缓起诉处分案件，扣押物都不适宜发还，例如私酒、赌具等，执行科检察官宜单独申请宣告没收。例如笔者在台湾地区新竹地方检察署担任执行检察官时，碰到 1 件“烟酒管理法”缓起诉处分确定[②]，案件内米酒 686 公升、米酒头 25 公升、酒母 6 公升、蒸锅制酒机 1 座、制酒机 1 组、塑胶桶 42 个为供犯罪所用之物，扣押在新竹县政府，县政府来函说已经缓起诉处分，要将这些东西发还，笔者十分震惊，

① 台湾地区法务主管部门于 2017 年 8 月 29 日举行“没收新制实施后遭遇之困难及回应会议”，其决议亦采取不执行的结论。

② 台湾地区新竹地方检察署“2002 年度侦字第 6818 号”缓起诉处分书。

赶紧函复扣押物要申请没收，不准发还，并向法院申请单独宣告没收。倘若把这些东西发还，是要引诱他继续酿造私酒、卖私酒？

2. 仔细检视扣押物是否真无价值。嫌发还赃证物麻烦，有时书记官会在扣押物处分命令注明“扣押物无价值废弃”，像是注射针筒、安非他命吸食器这些废弃没关系，但像电子磅秤之类有相当财产价值的，既然未宣告没收，除非征得受刑人同意，否则就应该发还，不可随意废弃。

3. 贵重物品发还应特别注意。碰到赃证物要发还的，我们应该多看两眼，尤其是票据、巨额现金、贵重物品等。像是诈赌、恐吓取财等强迫被害人签发支票、本票，应发还被害人，而不是说只要从被告处扣押物品，法院未宣告没收，就应发还被告。不过如果是重利罪，被害人签发支票、本票的话，不能算是赃物，除超出法定利率的利息被害人可以不付外，本金及正常利息还是要付，所以应发还给被告，然而为保护交易安全，执行检察官可在本票背面注记“此本票系台湾地区某地方检察署‘2019 年度执字第某号’重利案证物，判刑确定执行完毕，依法发还”。

有一件被告被判缓刑，具状申请发还新台币 800 多万元扣押款，因为法院未宣告没收，书记官就草拟扣押物处分命令稿要发还被告，还好笔者有再看一下判决内容，该笔款项根本不是被告所有，如果发还，肯定赔不完。又有 1 件 IC 芯片盗窃案，被告有 10 个人，有行窃的，也有收赃的，检察官开庭时，每个人都将出售 IC 芯片的款项交付扣押，有新台币 700 多万元，被害人申请全部发还，笔者只有批准新台币 600 多万元部分，因为其中 3 个被告购买 IC 芯片时不知情故买赃物获判无罪，依善意受让规定，适法取得 IC 芯片所有权，故此剩下新台币 100 余万元扣押款应返还该 3 名被告。

另外，像台湾地区台中地方检察署有 1 件毒品案缉获执行，这件案件为帮助制造第二级毒品，提供制毒原料麻黄素，确定判决处有期徒刑 8 年 2 个月，所得财物新台币 1632000 元没收，如不能没收以其财产抵偿。① 就执从案部分，侦查检察官于 2005 年扣押了大批各类沉香（数十箱、包）、沉香木、水沉香、奇楠、印度檀香、珠宝、蜜蜡、骨董花瓶、铜器、陶器、古玉、玉如意、石器、车辆、黄尾袋鼠葡萄酒 500 余瓶、茶具、茶叶 5 箱、茶砖 6 块、普洱茶 1 箱、鹿鞭 1 箱、刺五加 1

① 台湾地区台中地方检察署“2005 年度侦字第 10553 等号”起诉、台湾地区台中地方法院“2005 年度重诉字 3450 号”判决、台湾地区高等法院台中分院“2010 年上重更（二）字 20 号”判决、台湾地区审判主管机构“2012 年台上字 892 号”判决、“2012 年台非字 371 号”判决。

箱等动产，并禁止不动产之处分，价值惊人，单单沉香粗估市价恐怕超过新台币数亿元，问题是无法证明与犯罪有关，法院不宣告没收，所以必须发还，然而发还给谁？可以说是“扣押容易，发还难”！一开始搜索扣押地点包括受刑人及其前妻的住居所及营业所，很难厘清扣押物何部分属于受刑人所有，何部分属于其前妻所有，况2人曾分别向台湾高等法院台中分院申请发还系争扣押物，其中受刑人申请发还全部扣押物，然未证明所有权归属；而其前妻则仅称发还于其住所扣押而得扣押物，既未指定何部份扣押物为其所有，亦无法提出所有权证明文件。换言之，本件扣押物之所有权归属何人尚有争议，且在本件申请发还扣押物过程中，有非律师的台湾地区台中地方检察署退休书记官扮演司法黄牛角色，欲从中牟取高达扣押物价值10%的利益，该人已于2014年遭判刑6月确定。[①] 本件台湾地区台中地方检察署以此为理由一直拖延而未发还，但如果无所有权人出面争执，原则上在哪里扣押，就发还给该处持有人，这通常无疑义，所以于2016年开始，终究陆续发还这些扣押物给受刑人，受刑人果然反应激烈，毕竟有些扣押葡萄酒、茶叶、茶砖、普洱茶等物保存不当而毁败，受刑人拒绝受领，有些扣押物清单有，但无法寻获，受刑人于2017年假释，2018年就向台湾地区台中地方法院起诉，请求台湾地区台中地方检察署赔偿新台币1000万元。[②] 从而侦查检察官应谨慎扣押，必须与案件有紧密关联之物始能扣押，扣押资产亦应符合比例原则，否则像本案受刑人10余年来到处陈情，甚至陈情内容装订成书，造成检察署及承办检察官很大困扰。

4. 扣押物发还大陆被害人。

于2016年7月1日施行的新修正台湾地区“刑事诉讼法”第475条第1项：“扣押物之应受发还人所在不明，或因其他事故不能发还者，检察官应公告之；自公告之日起满2年，无人申请发还者，以其物归库。”此项规定将申请发还扣押物期间由6个月延长为2年，方向正确，然期间仍嫌不足，盖若涉及大陆被害人，待其等发现台湾地区某地检署执行科公告发还扣押犯罪所得，而欲申请发还时，恐怕已罹于时效，是以笔者认为应仿保证金发还的规定，修法将期间延长为10年，以保障犯罪被害人权利。

大陆被害人相较台湾地区被害人，因不熟悉诉讼程序，加上地理距离及讯息

① 台湾地区台中地方检察署“2013年度侦字第4232号”起诉、台湾地区台中地方法院“2013年度易字第3233号”判决、台湾地区高等法院台中分院“2014年度上易字第186号”判决。

② 台湾地区台中地方法院“2018年度补字第15号”。

传递因素，在台湾刑事司法中更是处于弱势，现阶段若有大陆居民迟误公告期间，可否直接以公告已满2年而无被害人申请发还，依规定这些扣押犯罪所得已归库，即不再理会被害人？执行检察官依台湾地区“刑事诉讼法”第475条第1项的“公告”究竟具有何种法律性质？此部分学术界未见讨论[①]，笔者认为应该是广义司法行政处分的一种，盖案件已到执行阶段，无侦查或审判问题，只有检察官指挥裁判的执行，而检察官执行作为则是一种带有司法性质的处分作为，行政审判主管机构也采取这种看法。[②] 公告既然是检察官执行扣押物处分的一环，当然也属于司法行政处分，且具有形成效力，可以产生权利得丧失变更的效果，亦即2年后，若被害人未主张返还，自动产生私权消灭而归库的结果。假使该公告处分有瑕疵或有情势变更之时，究应如何处理，刑事诉讼未有规定，就此项缺漏，有漏洞补充的必要，既然该项司法处分与一般行政处分均对外发生法律效力，影响居民权益，具有一定的相似性，在不恶化权利人法律地位以及维护公益的情况下，应可以类推适用[③]违法行政处分撤销或合法行政处分废止的规定，亦即台湾地区“行政程序法”第117条规定：“违法行政处分于法定救济期间经过后，原处分机关得依职权为全部或一部之撤销；其上级机关，亦得为之。但有下列各款情形之一者，不得撤销：（1）撤销对公益有重大危害者。（2）受益人无第119条所列信赖不值得保护之情形，而信赖授予利益之行政处分，其信赖利益显然大于撤销所欲维护之公益者。”第122条规定：“非授予利益之合法行政处分，得由原处分机关依职权为全部或一部之废止。”故笔者认为大陆被害人即便迟误公告期间，仍应从宽解释来撤销、废止该发还公告[④]，再透过司法互助程序，将扣押犯罪所得返

---

① 参林钰雄：《刑事诉讼法》下册，中国人民大学出版社2000年版，第892页。林山田：《刑事程序法》，台湾地区五南出版公司1998年版，第582页。这2本教科书均未论及公告这项议题。

② 台湾地区行政审判主管机构2004年2月份庭长法官联席会议（三）：“假释之撤销属刑事裁判执行之一环，为广义之司法行政处分，如有不服，其救济程序，应依台湾地区‘刑事诉讼法’第484条之规定，即俟检察官指挥执行该假释撤销后之残余徒刑时，再由受刑人或其法定代理人或配偶向当初谕知该刑事裁判之法院声明异议，不得提起行政争讼。”

③ 就法律漏洞及其补充的方法，可参考黄茂荣：《法学方法与现代民法》，法律出版社2009年版，第551～576页。

④ 2016年台湾地区“刑事诉讼法”第475条第1项修正前，笔者担任台湾地区台中地方检察署执行主任检察官期间，曾征得检察长许可，针对像是“2010年度执字第14584号”执行案已经公告满6个月后扣押物归库的案件，另以公告撤销之，待恢复为仍由被害人拥有所有权状态后，即通过司法互助，发还该扣押的犯罪被害财产，台湾地区台中地方检察署于2014年4月24日，将新台币322898元兑换人民币，汇入大陆1位梁姓被害人账户，便是该执行案件撤销公告后的结果。

还。另一途径则是类推适用台湾地区“刑事诉讼法”第70条规定，由执行检察官准予恢复原状，以资救济。

5. 无法发还时，应改公告发还。移送机关未查明扣押物所有人者，先命其查明，确定所有人后，通知其具领后，倘无回应，如果非高价物而且适宜邮寄时，可径以挂号邮寄发还。若应受发还人所在不明，或因其他事故不能发还，除非系无价值之物，否则不能直接废弃，而应改公告发还之。

6. 扣押物应发还何人有争议。依台湾地区“刑事诉讼法”第142条第1项后段，赃物原则上应发还被害人，但一旦有他人出来主张权利，无法确定所有权人时，应请双方透过民事诉讼程序解决。另外，身份证、旅行证件等证件专属于本人所有，应发还本人，而非持有人或保管人。

（二）拍卖

假使被告或所有人在侦查中已表达抛弃扣押物所有权而记明笔录，或通知发还，被告不愿领取，反出具抛弃权利书时，有价值之物可交付拍卖，价款入库。

（三）移由他机关依法处理

依其他所谓法律，诸如台湾地区“毒品危害防制条例”“水利法”，扣押物有没入规定时不得发还，像是“恺他命”“甲基甲基卡西酮”等第三级、第四级毒品应送各县市警察局没收销毁；盗采砂石设备、机具送县市政府没收。

（四）废弃

扣押物毫无经济价值，并对所有人不具重要性，例如尿液、使用过的吸食器、注射针筒、随地捡拾的木棒等，可直接废弃。

五、结论与展望

检察机关检察官们常认为到执行科是一项压力比较小的工作，因为不分案件，且以书记官为办理执行主力，检察官似乎只要负责核章，所以即便到现在，不少地检署还是有将很资深要退休或好像不适合办侦案的检察官安排到执行科，而更多的地检署因为执行轻松，要让大家利益均沾，所以建立短期轮替制，这都容易让大家轻忽了执行的重要性。

其实执行是整个刑事诉讼程序最后阶段，这关做得不好，偌大的执行费用就前功尽弃，但因为检察官待在执行时间都算短暂，在经验累积及传承上恐怕不很令人满意，结果常常真的沦为盖章的工具，执行权旁落由书记官承担。且台湾地区高等检察署虽编有刑罚执行手册可参考，然而内容颇有不足，书记官遵照为制式的操作或许可行，唯检察官为刑事执行制度规定上的主体，碰到刑事执行常有很多不预期的疑难杂症，书中又找不到解答，又该如何？加上检察人力短绌，检察长都应付不了侦查或公诉的期盼，哪里会想到执行科有增补检察官的需求！这样的执行环境，导致很多检察官即使有心，也是力有不逮，诸多执行错误潜藏其中，就更不用谈开创新格局了。

过往这样的现象，台湾居民要求掌权的政府必须做得更多、更好，那检察体系恐怕也要重新思考自己存在价值，体认检察官地位岌岌可危。在执行部分，应落实检察官原本应尽的基本义务，仔细办案，瞎盖章的状况不应该继续存在，而且还要有新思维、新作法，以维护受刑人人权、被害人人权以及整体公益，更是希望能通过一部完整刑事执行规定，让执行全面步入正常轨道。

再者，大陆被害人，因不熟悉台湾地区诉讼制度，加上距离及讯息传递因素，在台湾地区刑事司法运作中处于相对弱势地位，但我们应坚持两岸被害人都能获得同等权益保障的理念，从宽解释扣押物、没收物的发还规定。且两岸制度并非一致，在台湾地区刑事执行系由检察官负责，而大陆则是由法院负责[①]，根植于司法独立性的观点，司法机关比起公安部门，总是较受人民信赖。目前，法务主管部门就两岸犯罪被害财产移交，仅与大陆公安部有联系机制，成立“两岸罪赃协处专责小组”，从事协处罪赃返还，问题是罪赃返还既是执行的一环，在祖国大陆系法院承担执行业务，而最高人民法院即曾通过台湾地区法务主管部门协助返还犯罪被害财产予台湾被害人，足见台湾法务主管部门应积极与最高人民法院建立罪赃协处专责小组，以顺畅两岸犯罪被害财产的移交。

---

① 《刑事诉讼法》第四编执行从第248条到第265条规定法院乃系执行指挥机关，可参考台湾地区法务主管部门两岸法律司编：《2012年新修〈刑事诉讼法〉之研究》，第6~8页。

论涉台案件中台胞陪审员参与事实审的制度

——以厦门市海沧区人民法院台胞陪审员参审制度为例

何立琴[*]　卓宇薇[**]

人民陪审员角色历来被定义为“参加合议庭审判案件，对事实认定、法律适用独立行使表决权”。2004 年《全国人大常委会关于完善人民陪审员制度的决定》规定了人民陪审员既参与事实认定，也参与法律适用，但由于法律知识和司法审判经验不足，人民陪审员无法理解庞杂的法律知识，更多是以“旁观者”的姿态参与庭审。名义上的“全面参审”，实质上却是“名不副实”，陪审职权难以落实。① 2013 年，党的十八届三中全会提出，要拓宽人民群众参与司法的渠道，更加广泛地实行人民陪审员制度。之后，《试点方案》和《试点办法》将人民陪审员的职权明确为就案件事实认定问题独立发表意见并进行表决，而不再对案件的法律适用问题参与表决。在 50 家法院开展为期 3 年的改革试点工作，探索了人民陪审员只参与事实审机制。《人民陪审员法》第二条规定了人民陪审员享有与法官同等的权利。该法第二十一条②规定了法官担任审判长的三人合议庭中，人民陪审

* 福建省法官协会会员。

** 福建省法官协会会员。

① 杨馨馨:《陪审员参审职权调整的实践困惑与路径突破——从“同职同权”到“分工合作”》，载《法学论坛》2016 年第 6 期。

② 《人民陪审员法》第二十一条:“人民陪审员参加三人合议庭审判案件，对事实认定、法律适用，独立发表意见，行使表决权。

员同时肩负事实认定与法律适用的双重功能。《人民陪审员法》第十五条[①]、第十六条[②]规定，人民陪审员只参与事实审不仅适用范围较窄，而且必须适用7人大合议庭。区别于英美陪审团法官仅负责法律适用的模式，即便在适用人民陪审员只参与事实审机制审理的案件中，法官既要审理事实认定问题，也要审理法律适用问题。基于维护台湾同胞合法权益和顺利处理涉台案件的现实需求，近年来福建法院创设了聘请台胞担任涉台案件陪审员的作法。台胞陪审员表现出较高的法律信仰、权利意识、责任感和综合素养，且法院对台胞陪审员的参与有着较强的需求，因而台胞陪审员有助于实现事实审。

一、涉台案件中台胞陪审员参与事实审的立法背景

2009年5月国务院发布的《关于支持福建省加快建设海峡西岸经济区的若干意见》明确赋予福建省对台"先行先试"的战略地位，此后颁布的《福建省贯彻落实〈关于支持福建省加快建设海峡西岸经济区的若干意见〉实施意见》及《最高人民法院关于支持福建省加快建设海峡西岸经济区重大战略部署的意见》，均支持福建法院在对台司法交流合作方面先行先试。以此为契机，福建省各级法院在涉台审判和两岸司法互助方面开展了一系列探索和创新，其中就包括聘请台胞担任涉台案件陪审员。2009年8月，漳州市中级人民法院以芗城、龙海、漳浦三个市（区）、县法院为试点，首批选任了8名台胞陪审员，2011年8月又增选32名。经过漳州两年试点，福建省高级人民法院于2011年11月决定在全省范围内全面试行选任台胞担任人民陪审员工作。[③]

台胞担任涉台案件的陪审员得益于福建法院"先行先试"的政策支持。这一制度不仅具有人民陪审员制度的普通司法价值，融入了普通人的智慧和良知，而

---

① 《人民陪审员法》第十五条："人民法院审判第一审刑事、民事、行政案件，有下列情形之一的，由人民陪审员和法官组成合议庭进行：（1）涉及群体利益、公共利益的；（2）人民群众广泛关注或者其他社会影响较大的；（3）案情复杂或者有其他情形，需要由人民陪审员参加审判的。人民法院审判前款规定的案件，法律规定由法官独任审理或者由法官组成合议庭审理的，从其规定。"

② 《人民陪审员法》第十六条："人民法院审判下列第一审案件，由人民陪审员和法官组成7人合议庭进行：（1）可能判处十年以上有期徒刑、无期徒刑、死刑，社会影响重大的刑事案件；（2）根据民事诉讼法、行政诉讼法提起的公益诉讼案件；（3）涉及征地拆迁、生态环境保护、食品药品安全，社会影响重大的案件；（4）其他社会影响重大的案件。"

③ 罗钦文：《福建法院拟全面试行选任台胞陪审员》，载中国新闻网 http：//www.chinanews.com/tw/2011/11-11/3453554.shtml，最后访问时间：2016年1月15日。

且台胞陪审员同根同源，有助于保障台湾地区当事人享有“由同类审判”的权利。法院对涉台陪审员也有强烈的需求。首先，由于沟通了解不足，台湾同胞对我国大陆的法律制度、司法体系和审判人员缺乏信任感，直接导致了涉台审判领域中台湾地区当事人对大陆审判人员存在心里预设，疑虑重重。台胞陪审员在涉台案件中融入自身的生活阅历与智慧经验，易与台湾地区当事人“感同身受”，可以增加信任感，促使台湾地区当事人息诉服判。此外在涉台案件中，台胞陪审员在两岸政策法规和风俗民情与社会民商事活动的模式、惯例等方面可以给大陆陪审员提供“接地气”的视角和经验，从而更好地将专业知识与实践经验完美结合，达成优势互补的双赢局面。其次，案多人少的现象普遍存在于法院，台胞陪审员客观上可以起到缓解审判压力的作用。

台胞陪审员通常能够主动地行使陪审员权利，积极地参与案件审理工作，受到法官重视与尊重。

二、涉台案件中台胞陪审员参与事实审的制度设计——以厦门市海沧区人民法院台胞陪审员参审制度为例

由于厦门得天独厚的地理位置，国家赋予厦门在两岸交流合作中大胆创新、先行先试、充当“试验田”的重任。厦门市海沧区人民法院从2012年2月获得集中管辖全市涉台案件之权限，这是在司法领域响应综合改革的配套措施之一。厦门市海沧区人民法院设立了专门的涉台法庭，聘用台胞陪审员参与涉台案件的经验值得借鉴。

（一）任免条件

厦门市海沧区人民法院颁布《厦门市海沧区人民法院台胞陪审员工作规范》，从文化程度、年龄、健康状况、品格、社会背景、社会影响、犯罪记录等方面对台胞陪审员的选任条件作了详细的规定。[①]《人民陪审员法》第五条规定了人民陪审员的选任条件。[②] 与旧法相比，《人民陪审员法》对年龄和文化程度作了相应修

① 《厦门市海沧区人民法院台胞陪审员工作规范》规定了台胞陪审员选任条件：（1）具有大学专科以上文化程度；（2）年龄23周岁以上60周岁以下；（3）身体健康，公道正派，热心参加工作；（4）在厦门投资三年或在厦门台资企业工作五年；（5）在当地具有一定社会影响；（6）没有犯罪前科。

② 《人民陪审员法》第五条规定：“公民担任人民陪审员，应当具备下列条件：（一）拥护中华人民共和国宪法；（二）年满二十八周岁；（三）遵纪守法、品行良好、公道正派；（四）具有正常履行职责的身体条件。担任人民陪审员，一般应当具有高中以上文化程度。”

改。台胞陪审员参与审理涉台案件的审理，有助于将台胞的智慧和职业技巧与厦门职业法官的专业法学技能相融合，互相取长补短。台胞陪审员和普通人民陪审员一样分享法官权力、参与审判全过程，兼顾了法律法规的硬性规定，又能在公序良俗的范围内适当考虑，人民陪审员能够预防法官囿于法律之成见，也可减少法官偏私无端的裁决。[①]《最高人民法院关于适用〈中华人民共和国人民陪审员法〉若干问题的解释》（以下简称《解释》）第十七条[②]、《厦门市海沧区人民法院台胞陪审员工作规范》第十条[③]分别对案件数量的上限及下限作了规定，《厦门市海沧区人民法院台胞陪审员工作规范》第十四条[④]避免了参审流于形式，有助于保证台胞陪审员的参审质量，值得借鉴。

（二）参审范围

根据《厦门市海沧区人民法院台胞陪审员工作规范》第二条[⑤]规定，厦门市海沧区人民法院成立了专门的涉台法庭，厦门市中级人民法院也成立了涉台案件审判庭，从社会影响、双方当事人身份、当事人申请三个方面对参审范围进行了严格的规定。成立专门的涉台法庭不符合福建省南平市延平区人民法院实际情况，审理的涉台案件主要是民商事案件，特别涉及婚姻家庭继承方面，台胞陪审员在审判或者调解方面具有优势，可以放宽对双方当事人身份的要求，只需要一方是台胞或者台资企业的民商事案件都可以酌情由 1～2 位台胞陪审员参与审理。

---

① 刘树德：《司法改革的科学观：与德赛勒先生的法政漫谈》，法律出版社 2010 年版，第 137 页。

② 《解释》第十七条：“中级、基层人民法院应当保障人民陪审员均衡参审，结合本院实际情况，一般在不超过 30 件的范围内合理确定每名人民陪审员年度参加审判案件的数量上限，报高级人民法院备案，并向社会公告。”

③ 《厦门市海沧区人民法院台胞陪审员工作规范》第十条规定：“台胞陪审员每年应至少参与 5 个涉台案件的审理，包括参加合议庭、接受本院指派调解或协调涉台案件。”

④ 《厦门市海沧区人民法院台胞陪审员工作规范》第十四条规定：“无正当理由，多次拒绝参加审判活动，影响审判工作正常进行的应当免除其台胞陪审员职务。”

⑤ 《厦门市海沧区人民法院台胞陪审员工作规范》第二条规定：“本院涉台法庭以及厦门市中级人民法院涉台案件审判庭的下列第一审案件，由台胞陪审员和法官组成合议庭进行审理，适用简易程序审理的案件和法律另有规定的案件除外：（1）社会影响较大的刑事、民商事、行政案件；（2）双方当事人都是台胞或者台资企业的民商事案件；（3）刑事案件被告人、民事案件原告或者被告、行政案件原告申请由台胞陪审员参加合议庭审判的案件。”

（三）履职保障

《人民陪审员法》第二十九条[①]、第三十条[②]、第三十一条[③]对人民陪审员及《工作规范》第十五条[④]规定对台胞陪审员提供了充足的物质保障。台胞陪审员在厦门市海沧区人民法院设立一个基金将补助捐出资助家庭破裂中的妇女儿童，具有深远的社会意义。

《最高人民法院关于适用〈中华人民共和国人民陪审员法〉若干问题的解释》（以下简称为《解释》）第八条[⑤]、第九条[⑥]、第十条[⑦]、第十一条[⑧]、第十二条[⑨]、

---

① 《人民陪审员法》第二十九条规定："人民陪审员参加审判活动期间，所在单位不得克扣或者变相克扣其工资、奖金及其他福利待遇。人民陪审员所在单位违反前款规定的，基层人民法院应当及时向人民陪审员所在单位或者所在单位的主管部门、上级部门提出纠正意见。"

② 《人民陪审员法》第三十条规定："人民陪审员参加审判活动期间，由人民法院依照有关规定按实际工作日给予补助。人民陪审员因参加审判活动而支出的交通、就餐等费用，由人民法院依照有关规定给予补助。"

③ 《人民陪审员法》第三十一条规定："人民陪审员因参加审判活动应当享受的补助，人民法院和司法行政机关为实施人民陪审员制度所必需的开支，列入人民法院和司法行政机关业务经费，由相应政府财政予以保障。具体办法由最高人民法院、国务院司法行政部门会同国务院财政部门制定。"

④ 《工作规范》第十五条规定："台胞陪审员因参加审判活动而支出的交通、就餐等费用，由本院给予补助，按季度支付。台胞陪审员参加审判活动期间，所在单位不得克扣或者变相克扣其工资、奖金及其他福利待遇。"

⑤ 《解释》第八条规定："人民法院应当在开庭前，将相关权利和义务告知人民陪审员，并为其阅卷提供便利条件。"

⑥ 《解释》第九条规定："七人合议庭开庭前，应当制作事实认定问题清单，根据案件具体情况，区分事实认定问题与法律适用问题，对争议事实问题逐项列举，供人民陪审员在庭审时参考。事实认定问题和法律适用问题难以区分的，视为事实认定问题。"

⑦ 《解释》第十条规定："案件审判过程中，人民陪审员依法有权参加案件调查和调解工作。"

⑧ 《解释》第十一条规定："庭审过程中，人民陪审员依法有权向诉讼参加人发问，审判长应当提示人民陪审员围绕案件争议焦点进行发问。"

⑨ 《解释》第十二条规定："合议庭评议案件时，先由承办法官介绍案件涉及的相关法律、证据规则，然后由人民陪审员和法官依次发表意见，审判长最后发表意见并总结合议庭意见。"

第十三条[①]、第十四条[②]、第十五条[③]及《人民陪审员法》第二十条[④]、第二十一条[⑤]、第二十二条[⑥]、第二十三条[⑦]保障了人民陪审员的实际参审权。《工作规范》第十一条规定在庭前、庭中、庭审结果不同阶段台胞陪审员充分发挥自己的功能，保障司法平等。如此，通过普通民众的自然理性与法官技艺理性的融合，弥补职业法官的偏颇，并为疑难案件的裁判引入民智，实现裁判的可接受性，使法律的滞后性与形式性弊端得以克服。[⑧]

《人民陪审员法》第二十五条[⑨]规定了人民陪审员应当参加培训。厦门市海沧区人民法院还定期组织台胞陪审员参与本院或者上级法院举办的业务培训。

（四）业务会议制度

厦门市海沧区人民法院涉台法庭经常组织台胞陪审员对典型或具有普遍影响力的涉台案例集思广益，并且不定期组织召开业务会议。对于双方当事人都是台胞或台资企业的，厦门市海沧区人民法院还向台胞陪审员了解关于台湾地区处理类似案件的作法。龙海市人民法院设立台胞陪审员微信工作群，包括台胞陪审员和涉台庭法官，定期发布涉台审判工作动态、开庭通知、最新司法资讯、台胞陪审员相关政策及管理制度，举行台胞陪审员工作专场新闻通报会，推荐选派台胞

① 《解释》第十三条规定："七人合议庭评议时，审判长应当归纳和介绍需要通过评议讨论决定的案件事实认定问题，并列出案件事实问题清单。人民陪审员全程参加合议庭评议，对于事实认定问题，由人民陪审员和法官在共同评议的基础上进行表决。对于法律适用问题，人民陪审员不参加表决，但可以发表意见，并记录在卷。"

② 《解释》第十四条规定："人民陪审员应当认真阅读评议笔录，确认无误后签名。"

③ 《解释》第十五条规定："人民陪审员列席审判委员会讨论其参加审理的案件时，可以发表意见。"

④ 《人民陪审员法》第二十条规定："审判长应当履行与案件审判相关的指引、提示义务，但不得妨碍人民陪审员对案件的独立判断。合议庭评议案件，审判长应当对本案中涉及的事实认定、证据规则、法律规定等事项及应当注意的问题，向人民陪审员进行必要的解释和说明。"

⑤ 《人民陪审员法》第二十一条规定："人民陪审员参加三人合议庭审判案件，对事实认定、法律适用，独立发表意见，行使表决权。"

⑥ 《人民陪审员法》第二十二条规定："人民陪审员参加七人合议庭审判案件，对事实认定，独立发表意见，并与法官共同表决；对法律适用，可以发表意见，但不参加表决。"

⑦ 《人民陪审员法》第二十三条规定："合议庭评议案件，实行少数服从多数的原则。人民陪审员同合议庭其他组成人员意见分歧的，应当将其意见写入笔录。合议庭组成人员意见有重大分歧的，人民陪审员或者法官可以要求合议庭将案件提请院长决定是否提交审判委员会讨论决定。"

⑧ 喻贵英：《走进美国的陪审制度》，载《法学评论》2004 年第 2 期。

⑨ 《人民陪审员法》第二十五条规定："人民陪审员的培训、考核和奖惩等日常管理工作，由基层人民法院会同司法行政机关负责。对人民陪审员应当有计划地进行培训。人民陪审员应当按照要求参加培训。"

陪审员参加上级法院举办的涉台审判实务培训班等工作。①

（五）多元调解机制

厦门市海沧区人民法院还聘请了7位台商调解员，加上10位当然具有调解权力的台胞陪审员，以及台办、司法局、台商协会的调解组织，共同构建起涉台纠纷调解网络，形成多方参与的涉台矛盾纠纷解决机制。对涉案当事人均为台胞或台资企业的案件，适时委托台商协会等调解机构进行调解，对调解不成的，及时依法裁判，实现涉台案件的诉调无缝对接。对于简易程序案件，可视具体情况，个案委托台胞陪审员进行调解。

三、完善我院涉台案件中台胞陪审员参与事实审的制度

《人民陪审员法》对于区分事实审与法律审并无可操作性的规定。《改革试点办法》第二十三条提出了一种审判长归纳、提供待议事实问题列表等方式，探索事实问题和法律问题的界限，并不能完全解决二者的区分问题。普通的人民陪审员尚且对法律法规等问题一知半解，要求台胞陪审员参与涉台案件中的法律审过于强人所难，因此，台胞陪审员在涉台案件中只能参与事实审，不仅能发挥其独有的陪审员优势和保障台胞当事人的合法权利，而且符合人民陪审员的改革和发展趋势。结合厦门市海沧区人民法院台胞陪审员参审制度的实践经验，完善南平市延平区人民法院的涉台案件中台胞陪审员参与事实审的制度。

（一）建立区分事实问题和法律问题的规则和程序

1. 区分事实认定问题和法律适用问题的原则

事实问题和法律问题的一般原则。应遵循的五个原则：（1）在证据采信环节，原则上将证据真实性、关联性的认定纳入事实问题范围，合法性纳入法律问题范围。（2）在法律事实构成要件认定环节，原则上将回答“是”与“否”的问题归入事实问题，将回答“对”与“错”的问题归入法律问题。（3）在制作个案问题清单时，以是否涉及法律专业判断为区分原则，将不涉及法律专业判断的问题归入事实问题。（4）在撰写裁判文书时，法院“经审理查明”部分大体上属于事实问题，“本院认为”部分基本属于法律问题。（5）案件事实问题和法律问题区分

① 陈志龙：《激活民间智慧　推进司法民主——龙海市人民法院人民陪审员制度改革试点工作纪实》，载《海峡通讯》2016年第3期。

困难的，按事实问题进行处理。

2. 建立事实问题清单制度

案件事实问题清单是法官针对每个具体案件所列举出来的事实清单，能够帮助台胞陪审员在庭审前较快地了解到案件的争议焦点，以及台胞陪审员在庭审中需要重点关注双方当事人阐述的内容，是陪审员进行事实认定的制度保障。制定主体上应由法院统一清单样式，再由法官对个案核心要素逐一细化并列明；问题形式上应摈除文字表述或逻辑推演而采取填制是或否的简洁形式；内容设定上应在事实认定之后增加法律适用意见或建议；清单类别上应区分案件类型制定常规清单并针对同类案件制定类案清单。

3. 建立区分事实问题和法律问题产生争议时的解决程序

"法律向下滋生进事实的根部，而事实持续不断地向上延伸进法律"，当事实因素与法律因素不断趋近并逐渐交织融合，就产生了区别或定性的难题。[①] 在对区分事实问题和法律问题产生争议时，可以采用"事实认定问题扩大解释，法律适用问题限缩解释"的原则。这一原则在一定程度上可能造成事实问题的认定范围扩大，但是由合议庭的审判长或者授权给主审法官掌握裁量权，也是一种相对合理的解决方式。

（二）严格限制台胞陪审员只参与事实审机制适用案件范围

从发挥台胞陪审员的参审优势与实现良好的社会效果出发，《人民陪审员法》第十六条[②]对事实审的参审范围有明确的规定。该条第（四）项对"其他社会影响重大的案件"有较大解读空间。在"案多人少"压力和政治效果激励的双重需求下，陪审制度被过度启用，从而滋生出外界对此项制度本身的质疑和误读。[③] 应当以该规定第（1）（2）（3）项列举的案件类型为适用范围，不能随意扩大。

（三）建立和完善法官对台胞陪审员的指引制度

法官的指引在台胞陪审员对于事实认定及厘清思路方面具有重要作用，避免

---

① 陈杭平：《论"事实问题"与"法律问题"的区分》，载《中外法学》2011 年第 23 期。

② 《人民陪审员法》第十六条："人民法院审判下列第一审案件，由人民陪审员和法官组成七人合议庭进行：（1）可能判处十年以上有期徒刑、无期徒刑、死刑，社会影响重大的刑事案件；（2）根据民事诉讼法、行政诉讼法提起的公益诉讼案件；（3）涉及征地拆迁、生态环境保护、食品药品安全，社会影响重大的案件；（4）其他社会影响重大的案件。"

③ 刘铮、刘知行：《论人民陪审员制度中的参审案件范围》，载《法律适用》2018 年第 9 期。

了“陪而不审”“无头苍蝇”的困境，从而真正实现事实审的价值。

1. 建立庭审前、庭审中、庭审后的法官指引制度

庭前准备阶段，审判长应制作庭前会议报告或阅卷笔录，明确诉辩意见及案件初步的争议焦点，并交陪审员查阅，以便其明确事实认定的范围，有针对性地阅卷、准备庭审提问等。庭审阶段，可将法庭调查与法庭辩论合并进行，按照争议焦点逐项组织双方举证、质证。可结合初步问题清单，对人民陪审员进行证据规则指引，使其在庭审时更好地判断证据与事实的关联性。庭审评议阶段，根据《人民陪审员法》第二十条第二款规定①，先由审判长进行必要的解释和说明，然后由法官引导台胞陪审员积极表达观点，避免盲从法官的观点。对事实问题的表决可由台胞陪审员独立针对事实问题清单所列问题逐项回答。

2. 加强法官指引台胞陪审员的培训

从朴素的价值观出发，台胞陪审员参与涉台案件的审判更容易使台胞当事人息讼服判，实现良好的社会效果。加强法官对《人民陪审员法》内容的培训，从内心深处认同人民陪审员的价值，自觉依法实施人民陪审员制度，在涉台案件中指引台胞陪审员参与事实审。

3. 建立与完善法官指引台胞陪审员的责任与考评机制

为了实现台胞陪审员实质参审，建立和完善与之配套的责任与考评机制十分必要。制定详细且具有可操作性的规章制度，追究法官的错案责任，促使法官自觉依法指引台胞陪审员，从而真正发挥台胞陪审员在涉台案件中的功能。

---

① 《人民陪审员法》第二十条第二款规定：“合议庭评议案件，审判长应当对本案中涉及的事实认定、证据规则、法律规定等事项及应当注意的问题，向人民陪审员进行必要的解释和说明。”

论 “台湾少年事件处理法” 与案例研究

许福生*

第一节　本法立法目的与沿革

一、本法之规范目的

由于少年非行之本质、成因与特性，均与一般成人犯有所不同，导致少年事件与一般成人犯之刑事案件在性质上亦有所差异。因而现今各先进国家和地区对于少年事件之处理，均与成人犯之刑事案件采取不同之立法政策，并制定专门之法律规范，甚至成立专责之机构，由在少年非行方面具有专门研究之人员，运用其专业知识，对少年实施特别之处遇，以辅导及教育之方式，为少年创造正常之成长环境，而非一味地对少年加以处罚，以达到促成少年之健全成长，避免再犯。①

在台湾地区法制体系上，专门处理少年事件之法律规范称为“少年事件处理法”（以下称“少事法”或本法），一般法制上又称为“少年法制”。因而学者对于“少事法”之说明为：“台湾地区‘少年事件处理法’是台湾地区‘刑法’及

* 台湾警察大学法律学系教授兼系主任。

① 林俊宽：《少年事件处理法》，台湾地区五南图书出版公司2009年版，第3页。

‘刑事诉讼法’的特别法，适用于一般少年之犯罪案件及虞犯事件之处理法，是实体法，也是程序法……简言之，乃指国家以明文规定，对于触犯刑罚法律及有虞犯行为之少年，应如何践行调查及审理程序，并个别予以适当执行之处遇；暨如何执行保护处分及刑事处分，俾能矫正少年之不良品行，防止其再犯罪之特别法典。”① 目前，台湾地区现行“少事法”分为5章，兼含实体法（第1章总则）、组织法（第2章少年法院之组织）、程序法（第3章少年保护事件、第4章少年刑事案件）及与少年事件相关事项之附带规定（第5章附则）等四个面向。

至于台湾地区“少事法”立法目的，乃为保障少年健全之自我成长，调整其成长环境，并矫治其性格，并采全件送致主义而禁止检察官之先议权。即着眼于少年有在未来可超越现在成人成就的可能性（将来性）而设定，对于缺乏保护而误入歧途的少年，基于“国亲思想”（Paternalism）② 以及“侵害原理”③，而进行司法或行政干预，借以调整其成长环境，并矫治其性格，以达到保护少年健全之自我成长。④

---

① 刘作揖：《少年事件处理法》，台湾地区三民书局出版社2012年版，第3页。

② “国亲思想”乃基于衡平法上，国家对于欠缺亲人适当保护之儿童，或福祉受损之少年，由国家代替亲人，负起监护教养之责任。换言之，即国家代替亲人行使亲权之意。依此思想，对于犯罪少年审判上不需采取严格的诉讼程序，即可决定处遇内容。至于实施保护处分之根据，则是对于其他须保护之少年，扩充衡平法上监护人之作用所得。而这种“国亲思想”即包含着典型的保护原理，保护处分毕竟是为了少年的利益而为，并不是对少年过去实施行为的非难，在此意义上保护处分并不是制裁，可说与刑罚是性质完全不同的处分，而是与儿童福利法一样，都是为了保护儿童福利的法律。参照森下忠：《刑事政策大纲（新版）》日本成文堂出版社1993年版，第348页。

③ 侵害原理强调国家的介入，是因少年实施了非行而侵害他人的利益，对少年进行教育改善，以及由此防止少年再次实施非行，均属刑罚目的中的特别预防，因而少年法的目的是透过预防少年再犯，而保护社会大众的安全。根据这种观点，少年法是刑事司法制度的一部分，保护处分是对少年进行制裁，这种制裁的前提是对少年过去实施的非行进行非难，亦即保护处分与刑罚的性质是相同的，只是少年的责任能力程度相对于成年人来说相对低一些，少年的可塑性大一些，因此保护处分可以说是一种特别的刑罚。参照川出敏裕：《对非行少年的法律对策系统的现状和课题》，载 http：//www. zgfzxxh. com/xhlw/201007/t20100729_392832. shtml，最后访问时间：2019年3月1日。

④ 台湾地区少年法制之建立深受日本之影响，而日本现行少年法的制定，确实受到当时美国“国亲思想”理念的影响，然而日本现行少年法保护对象毕竟限定于犯罪少年、触法少年和虞犯少年，而不是像美国当时的少年法院那样，把所有需要保护的少年都作为少年法院的审判对象；况且少年法中还规定了逆送后的刑事程序和有关刑罚的内容，这一点与建立在纯粹意义上的国亲思想的少年法制度是有差异的。由此可以看出，日本少年法不是纯粹意义上的福利法，它既然是与犯罪有关系的刑事政策立法，不能否认侵害原理也是少年法的根据。因而，可以说日本现行少年法中侵害原理和保护原理都是国家介入少年案件的理论根据，两者不是互相排斥的，两者均是透过对少年的教育改善来预防再犯的正当化措施（参照川出敏裕：《对非行少年的法律对策系统的现状和课题》，载中国犯罪学学会网 http：//www. zgfzxxh. com/xhlw/201007/t20100729_392832. shtml，最后访问时间：2019年3月1日）。日本现行少年法中侵害原理和保护原理都是国家介入少年案件的理论根据之说明，同样亦适用在台湾地区“少年事件处理法”。

二、本法之立法沿革

台湾地区少年法制立法始于1955年，由前司法行政部门委托相关法学者组成“少年法项目小组”研拟少年法初稿，体例上仿照日本“少年法”，采“宜教不宜罚”之立法原则，充满有别于成人刑事司法“少年保护主义”色彩。惟该草案送交立法主管机构审议过程中遭批评有“鼓励犯罪”“妨害社会秩序”之嫌，因而未获共识。后基于现实考量，大幅修改原有条文及原草案精神，上述草案经于1962年1月19日由立法主管机构三读通过，并于同年1月31日公布，惟施行日期则授权行政主管机构以命令定之。

至于台湾地区立法主管机构所通过之“少年事件处理法”与“少年法”草案之间最主要差异如下：(1) 改“少年法”之名称为“少年事件处理法”；(2) 将原草案少年法立法目的规定删除；(3) 将原草案保护处分一词均改为管训处分；(4) 将原草案适用之低度年龄，由7岁提高至12岁；(5) 将原草案单独设置之少年法院，改为附设于普通法院之少年法庭；(6) 限制保护管束与感化教育之执行期间；(7) 授权执行机关可免除保护管束之全权，不需经过法院裁定；(8) 增设第78条（参加妨害公共秩序之不良组织，而触犯刑罚法令者，不适用本法减刑之规定。其领导分子，加重其刑）之规定。[①]

1962年公布的台湾地区“少年事件处理法”是“以教代刑”，后因相关因素导致迟迟未公布施行日期。1967年8月1日先行修正第42条及第64条条文，复于1971年5月14日修正公布全文共计87条条文，始于同年7月1日正式施行。1971年公布实施的台湾地区“少年事件处理法”是“教刑并重”，实乃“以刑罚为主”“以教育为辅”，可称为“迷你刑法”，但也正式掀开少年法制的新页（1973年公布实施台湾地区“儿童福利法”，1989年公布实施台湾地区“少年福利法”）。

之后，台湾地区“少年事件处理法”虽曾于1976年5月14日[②]、1980年7

---

① 谢启大：《台湾少年法之立法沿革及展望（上、下）》，载《司法周刊》第989期、第990期；林纪东：《少年法概论》，台湾地区正中书局出版社1982年版，第109~110页；刘作揖，前揭书，第11~13页。

② 1976年主要修正要旨为：(1) 扩大少年虞犯事件之范围；(2) 增订协寻少年之法律规定；(3) 赋与少年法庭以实际上之先议权；(4) 增列训诫处分并得予以假日生活辅导之规定；(5) 修正保护管束及感化教育声请免除执行之期限为执行逾6个月后；(6) 增订管训处分得重新审理之规定；(7) 重新规定少年犯窃盗罪及赃物罪者，不适用台湾地区“戡乱时期窃盗犯赃物犯保安处分条例”第3条之规定；(8) 增订少年受管训处分或刑之宣告，于执行完毕或赦免后，5年内未受管训处分或刑之宣告者，视为未曾受各该宣告之规定；(9) 增订未满12岁之人触犯刑罚法令行为之规定等。参照刘作揖，前揭书，第14~16页。

月4日修正部分条文[①]，但1997年10月29日修正之条文，大幅变动以往条文，确立了“保护优先主义”，增订少事法立法意旨、将有预备犯罪或犯罪未遂而为法所不罚之行为列为少年虞犯事件、将少年管训事件修正为少年保护事件、并于直辖市设立了少年法院、加重少年法定代理人及监护人之教养责任、将观护人细分为“少年调查官”及“少年保护官”、保护处分更为多元化、任何人不得公开揭示少年保护或少年刑事案件记录或照片及少年前科记录之涂消规定，显示出修正之台湾地区“少事法”已从传统之“迷你刑法”转型为具备浓厚之社会福利色彩之保护制度。

1997年台湾地区“少年事件处理法”公布施行后，亦分别于2000年2月2日、2002年6月5日及2005年5月18日作过修正[②]，惟其修正之幅度不太，其中较为重要者，为有关少年法院管辖刑事案件范围之调整。[③] 另为呼应台湾地区司法主管机构“释字第664号”解释及儿童权利公约等保护少儿规定意旨，立法主管机构于2019年5月31日三读通过，于同年6月19日公布之增订、删除并修正台湾“少年事件处理法”条文，以促进少儿在教育、社区及福利行政中能受到公平对待，尊重少年主体权及程序基本权为主要方向，主要重点包括：（1）废除触法儿童准用少事法规定回归教育及学生辅导机制处理。（2）曝险少年去标签，缩减司法介入事由。（3）建置曝险少年以“行政辅导先行，以司法为后盾”的原则。（4）尊重少年主体权及保障程序权包含：①少年的表意权。②少年对于司法程序的知情权。③应讯不孤单。④沟通无障碍。⑤候审期间与成年人隔离。⑥夜间原则上不讯问。⑦可随时申请责付、停止或撤销收容。⑧受驱逐出境处分之外国少年有陈述意见机会及救济权等规定。（5）增订多元处遇措施，推动资源整合平台。（6）引进少年修复式机制。（7）恢复少年观护所之收容鉴别功能。（8）其他修正重点增订

---

① 1980年主要修正要旨为：（1）训诫处分之执行，应参酌“儿童福利法”之规定，由行政主管机构会同司法主管机构制定办法行之；（2）本法施行细则，由司法主管机构会同行政主管机构制定之；（3）台湾地区“训诫处分事件审理细则”，由司法主管机构定之；（4）台湾地区“少年训诫处分执行办法”，由行政主管机构会同司法主管机构定之等。参照刘作揖，前揭书，第16~17页。

② 2000年主要修正要旨为：（1）少年触犯刑罚法律，于事件系属后已满20岁者，应以裁定移送于有管辖权之法院检察署检察官；（2）删除感化教育之执行，至多执行至满21岁为止；（3）特定刑事案件，应由少年法院管辖之修正；（4）增订对于少年不得强制工作之规定。2002年主要修正要旨为加强亲职教育理念，课其教养责任。2005年主要修正要旨为：（1）增订证据保全之规定；（2）将慰抚金修正为损害赔偿；（3）增订“少年法院为保护处分之裁定准用”第29条第3项、第4项之规定，命少年为特定之行为；（4）增列得提起抗告之裁定；（5）删除少年法院管辖之特定刑事案件。参照刘作揖，前揭书，第20~23页。

③ 林俊宽：《少年事件处理法》，台湾地区五南图书出版公司2009年版，第13页。

少年调查官实质到庭原则，落实协商式审理，少年隐私保障再提升及救济权利更周延等。

第二节　本法之管辖范围

本法管辖范围主要包含少年触法行为、曝险少年的偏差行为[①]等（如图1－1）。至于少年事件主要分为“少年保护事件”与“少年刑事案件”二大种类。“少年保护事件”，乃指少年触法行为未经移送检察官者、曝险少年的偏差行为经行政先行评估后请求少年法院处理者，依“少年事件处理法”之规定，施以保护处分之事件。“少年刑事案件”，则指14岁以上之少年触法行为，因有“少年事件处理法”第27条之情形，由少年法院移送于有管辖权之法院检察署检察官，依刑事诉讼程序追诉、科处刑罚之案件。

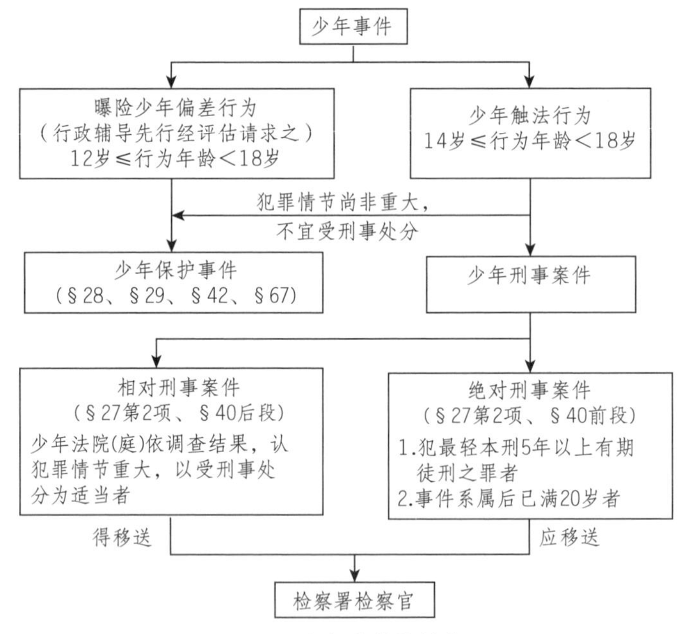

图1－1　少年事件管辖范围

① 台湾地区原“少事法”第85条之1规定对于7岁以上未满12岁儿童触法行为，亦由少年法院适用少年保护事件之规定处理之，而属绝对保护事件，惟新修正之“少事法”，因应台湾地区“儿童权利公约首次报告结论性意见”第96点第1项，触法儿童应排除本法之适用，故删除本条规定。但鉴于删除有关触犯刑罚法律儿童准用本法之规定，为制度上重大变革，须予行政机关须相当时间周备，故规定本条自公布1年后施行，以为因应。

一、少年触法行为

少年触法行为，是指少年有触犯刑罚法律之行为者，由少年法院处理。至于本法所称少年者，为 12 岁以上 18 岁未满之人。少年之年龄，是以行为时为准，故只要行为人之行为时未满 18 岁，均应移送少年法院处理。例如 17 岁的少年杀人，于 19 岁被警察机关查获，此时警察机关应将该案件移送少年法院处理。

二、曝险少年之偏差行为

目前台湾地区对于曝险少年的偏差行为是采行政先行，惟经辅导评估后请求少年法院处理者，才由少年法院处理。少年有下列情形之一，而认为有保障其健全自我成长之必要者：（1）无正当理由经常携带危险器械。（2）有施用毒品或迷幻物品之行为而尚未触犯刑罚法律。（3）有预备犯罪或犯罪未遂而为法所不罚之行为。前者所指之保障必要，应依少年之性格及成长环境、经常往来对象、参与团体、出入场所、生活作息、家庭功能、就学或就业等一切情状而为判断。

早期台湾地区"少事法"将"虞犯"导入少年的非行之中，是体现早期发现、早期预防的理念，目的在于当犯罪尚未发生之时便能有效地加以制止。另早期台湾地区"少事法"判断虞犯行为是否成立，需一并考量两方面要件：一为虞犯事由，另一则为虞犯性（或可称为虞犯之要保护性），两者缺一不可。所谓"虞犯事由"属于形式要件，只需符合以往规定七种情形之一即可；至于"虞犯性"则为实质要件，必须从少年之立场为中心，依其性格与所处之环境加以判断是否已与犯罪有密切之关联性。① 惟现行台湾地区"少事法"为保障儿童权利公约揭示的少年健全成长发展权，首先去除其虞犯之身份标签，改以关注其是否处于犯罪边缘而暴露于危险之中，需要特别的照顾和保护，而有保障"曝险少年"健全自我成长的必要，并继而建置行政先行机制，于 2023 年 7 月 1 日前沿现制仍由少年法院处理，其后则先由少年辅导委员会结合福利、教育、心理、医疗等相关资源，对曝险少年施以适当期间之辅导，如评估确有必要，始请求少年法院处理。

---

① 参阅李茂生：《新少年事件处理法目的规定释疑》，载台湾地区《月旦法学杂志》1998 年第 40 期。

第三节　本法之主要处理规定

一、少年法院之组织

依台湾地区“少事法”之规定，有关少年触法事件、曝险少年的偏差行为事件，由少年法院依本法处理之，而排除其他普通法院审理之权限。另依本法第5条规定，直辖市设少年法院，其他县（市）得视其地理环境及案件多寡分别设少年法院。尚未设少年法院地区，于地方法院设少年法庭。台湾地区“高等法院”及其分院设少年法庭。故可知台湾地区目前专责处理少事法之法院（庭）系分为二级制，第一级为少年法院或各地方法院之少年法庭，第二级则为高等法院及其各分院之少年法庭。

另外有关少年法院之编制，分设刑事庭、保护庭、调查保护处、公设辅佐人室，并应配置心理测验员、心理辅导员及佐埋员。依此规定，少年法院基本上须设刑事庭、保护庭、调查保护处、公设辅佐人室，并应配置心理测验员、心理辅导员及佐理员等人员编制。

再者，少年法院设有调查保护处，置处长一人，综理及分配少年调查及保护事务，并分别设有少年调查官及少年保护官。依台湾地区“少年事件处理法”第9条之规定，少年调查官职务如下：（1）调查、搜集关于少年保护事件之资料；（2）对于少年观护所少年之调查事项；（3）法律所定之其它事务。少年保护官职务则包括：（1）掌理由少年保护官执行之保护处分；（2）法律所定之其它事务。少年调查官及少年保护官执行职务，应服从法官之监督。

换言之，少年调查官与少年保护官主要执行少年观护处分之内容含：（1）审理前由少年调查官执行之审理前调查（本法第19条）；（2）审理中由少年调查官执行之事项包含：①急速辅导（本法第26条第1项第1款后段）；②试验观察（本法第44条）；（3）审理后由少年保护官执行之事项包含：①假日生活辅导（本法第42条第1项第1款）；②保护管束，并得命为劳动服务（本法第42条第1项第2款）等五种。由此可见，台湾地区少年观护制度，其少年调查官及少年保护官，自少年法院（庭）受案后审理前、审理中及审理后，均参与观护（保护）业务。

二、少年保护事件

少年事件的处理程序，包括保护程序与刑事程序。保护程序是指少年法院受理的少年案件，经过调查、审判，作出终局决定的程序；刑事程序是指少年法院把案件呈送给检察官后，检察官按照刑事诉讼法的规定进行提起公诉、开庭审理、作出有罪或无罪判决的程序。少年案件的保护程序分为：（1）由警察等发现受理少年案件的程序；（2）由少年法院调查、审判少年案件的程序；（3）辅育院等执行处分决定的程序。这三个程序总称为“保护程序”，其中（2）又称为“少年审判程序”。以下分别就受理、调查程序、审理程序、保护处分之执行、抗告及重新审理说明如下。

（一）受理

少年法院不主动处理少年事件，因此，少年事件须经下列等原因，少年法院始得据以受理：（1）报告：任何人知有少年触犯事件者，得向该管少年法院报告，由少年法院处理；（2）移送：检察官、司法警察官或法院于执行职务时，知有触法少年之事件者，应移送该管少年法院；（3）请求：少年住所、居所或所在地之少年辅导委员会知悉曝险少年的偏差行为而对少年施以适当期间之辅导，惟于前项辅导期间，少年辅导委员会如经评估认定由少年法院处理，始能保障少年健全之自我成长者，得叙明理由并检具辅导相关纪录及有关资料，请求少年法院处理之，并持续依前项规定办理；（4）抗告法院之发回。

（二）调查程序

1. 收案。警察机关如逮捕、拘提少年，应自逮捕、拘提时起24小时内，指派妥适人员，将少年连同卷证，送请少年法院（庭）处理。但法官命其实时解送者，应即解送。其余非现行犯部分则以函送之方式，送卷不送人。当然警察机关对逮捕或接受符合台湾地区“刑事诉讼法”第92条第2项但书所定之少年现行犯、准现行犯，得填载不解送报告书，以传真或其他适当方式，报请法官许可后，不予解送，径行释放。但法官未许可者，应即解送（参照“少年法院（庭）与司法警察机关处理少年事件联系办法”第5条）。

2. 责付、急速辅导或收容。少年法院于必要时，得裁定以责付为原则，责付于少年之法定代理人、家长、最近亲属、现在保护少年之人或其他适当之机关

(构)、团体或个人，并得在事件终结前，交付少年调查官为适当之辅导，此即实务上所称之“急速辅导”。另为厘清少年收容之目的，及强化少年观护所之功能，命收容于少年观护所进行身心评估及行为观察，并提供鉴别报告。但以不能责付或以责付为显不适当，而需收容者为限；少年、其法定代理人、现在保护少年之人或辅佐人，得随时向少年法院申请责付，以停止收容。

少年之收容与成年之羁押虽都是限制人身自由之强制处分，但目的不同，少年收容最重要是考虑少年之“应保护性”，通常少年法官会参考少年之非行情节、非行记录、家庭管教功能、就学就业等状况，而决定是否收容。惟释字第 664 号解释以明确宣示“少年事件处理法”第 26 条第 2 款及第 42 条第 1 项第 4 款规定，就限制经常逃学或逃家虞犯少年人身自由部分，不符台湾地区相关规定第 23 条之比例原则，亦与第 22 条保障少年人格权之意旨有违，应自本解释公布之日起，至迟于届满一个月时，失其效力。

少年观护所收容少年之期间，调查或审理中均不得逾二月。但有继续收容之必要者，得于期间未满前，由少年法院裁定延长之；延长收容期间不得逾一月，以一次为限。收容之原因消灭时，少年法院应依职权或依少年、其法定代理人、现在保护少年之人或辅佐人之申请，将命收容之裁定撤销之。被收容少年、法定代理人或辅佐人，对收容或延长收容之裁定，得为抗告。亦可随时以少年有就学、就业需要或计划，或是有特别之情形，申请停止收容，改为责付。另少年观护所之人员，应于职前及在职期间接受包括少年保护之相关专业训练；所长、副所长、执行鉴别及教导业务之主管人员，应遴选具有少年保护之学识、经验及热忱者充任。

3. 审前调查。少年法院接受移送、报告或请求之事件后，应先交由少年调查官进行调查程序，调查之内容为该少年与事件有关之行为、该少年之品格、经历、身心状况、家庭情形、社会环境、教育程度以及其他必要之事项，于指定之期限内提出报告，并附具建议。少年调查官到庭陈述调查及处理之意见时，除有正当理由外，应由进行第一项之调查者为之。即采少年调查官实质到庭原则，以落实协商式审理精神。

审前调查主要范围为：（1）非行事实之有无；（2）需保护性。至于调查方法，通常以访视为之，借由少年、少年法定代理人及关系人会谈，并搜集与少年相关资料，为必要之调查。少年调查官于调查完成后，应向法官提出报告并提出具体建议，此即所谓“少年调查官前置调查原则”。另少年调查官提出调查报告后，如少年法官认为仍有需补足的地方或需掌握少年最新状况，有时会要求少年调查官再作补充报告。又少年调查官调查之结果，不得采为认定事实之唯一证据。此乃在避免少年法院法官过度依赖少年调查官之调查资料，而忽略本身应尽之调查义务，同时亦使少年在对于少年调查官为陈述时，较能据实陈述事件之前因后果，不致因而有所保留。[①]

少年法院法官或少年调查官对于事件之调查，必要时得传唤少年、少年之法定代理人或现在保护少年之人到场。另少年法院法官得签发同行书、协寻或请求协助，必要时，对于少年得以裁定为责付、交付少年调查官为适当之辅导（急速辅导）或命收容于少年观护所。又台湾地区“刑事诉讼法”关于人证、鉴定、通译、勘验、证据保全、搜索及扣押之规定，于少年保护事件性质不相违反者准用之。

4. 调查后之处理

少年法院依调查之结果，依下列架构为如下之处理（如图 1 – 2）：

（1）认为无付保护处分之原因或以其他事由不应付审理者，应为不付审理之裁定（参照本法第 28 条第 1 项）。

（2）认为情节轻微，以不付审理为适当者，得为不付审理之裁定，并为转向处分（参照本法第 29 条第 1 项[②]）。

（3）认为应付审理者，应为开始审理之裁定（参照本法 30 条），并依少年保

① 林俊宽：《少年事件处理法》，台湾地区五南图书出版公司 2009 年版，第 52 页。

② 台湾地区“少年事件处理法”第 29 条规定，少年法院依少年调查官调查之结果，认为情节轻微，以不付审理为适当者，得为不付审理之裁定，并为下列处分：（1）告诫。（2）交付少年之法定代理人或现在保护少年之人严加管教。（3）转介福利、教养机构、医疗机构、执行过渡性教育措施或其他适当措施之处所为适当之辅导。前项处分，均交由少年调查官执行之。少年法院为第一项裁定前，得斟酌情形，经少年、少年之法定代理人及被害人之同意，转介适当机关、机构、团体或个人进行修复，或使少年为下列各款事项：（1）向被害人道歉。（2）立悔过书。（3）对被害人之损害负赔偿责任。前项第三款之事项，少年之法定代理人应负连带赔偿之责任，并得为民事强制执行之名义。

护事件程序审理。[①]

（4）就14岁以上少年之触法行为，判别所犯是否为最轻本刑为五年以上有期徒刑之罪，或少年是否已满20岁，或是否犯罪情节重大、依少年品行、性格、经历等情状，是否以受刑事处分为适当，以决定应适用少年保护事件程序抑或少年刑事案件程序处理（参照本法第27条[②]）。

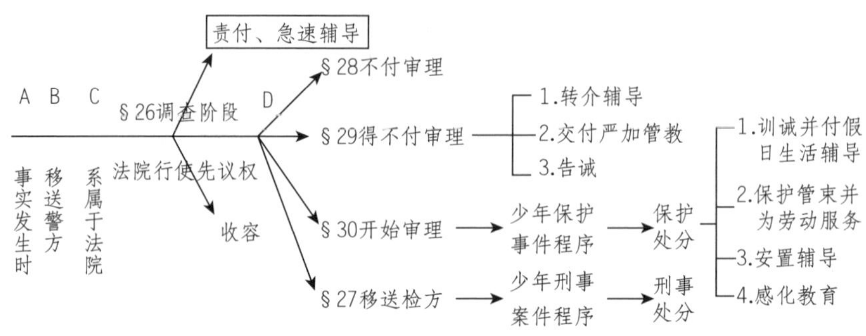

图1－2　少年法院调查后之处理

（三）审理程序

1. 开始审理。少年法院依调查之结果，认为应付审理者，应为开始审理之裁定。少年法院裁定少年事件交付审理后，应订审理期日，审理期日应传唤少年、少年之法定代理人或现在保护少年之人，并应通知少年之辅佐人。但经少年及其法定代理人或现在保护少年之人之同意，得及时开始审理。少年、少年之法定代理人或现在保护少年之人，得随时选任辅佐人，不限审判期间，调查期间亦得选

① 台湾地区“少年事件处理法”第42条规定，少年法院审理事件，除为前二条处置者外，应对少年以裁定谕知下列之保护处分：（1）训诫，并得予以假日生活辅导。（2）交付保护管束并得命为劳动服务。（3）交付安置于适当之福利、教养机构、医疗机构、执行过渡性教育措施或其他适当措施之处所辅导。（4）令入感化教育处所施以感化教育。少年有下列情形之一者，得于为前项保护处分之前或同时谕知下列处分：（1）少年施用毒品或迷幻物品成瘾，或有酗酒习惯者，令入相当处所实施禁戒。（2）少年身体或精神状态显有缺陷者，令入相当处所实施治疗。第一项处分之期间，毋庸谕知。第29条第3项、第4项之规定，于少年法院依第一项为保护处分之裁定情形准用之。少年法院为第一项裁定前，认有必要时，得征询适当之机关（构）、学校、团体或个人之意见，亦得召开协调、咨询或整合符合少年所需之福利服务、安置辅导、卫生医疗、就学、职业训练、就业服务、家庭处遇计划或其他资源与服务措施之相关会议。前项规定，于第26条、第28条、第29条第1项、第41条第1项、第44条第1项、第51条第3项、第55条第1项、第4项、第55条之2第2项至第5项、第55条之3、第56条第1项及第3项情形准用之。

② 台湾地区“少年事件处理法”第27条规定：少年法院依调查之结果，认少年触犯刑罚法律，且有左列情形之一者，应以裁定移送于有管辖权之法院检察署检察官：（1）犯最轻本刑为五年以上有期徒刑之罪者。（2）事件系属后已满二十岁者。除前项情形外，少年法院依调查之结果，认犯罪情节重大，参酌其品行、性格、经历等情状，以受刑事处分为适当者，得以裁定移送于有管辖权之法院检察署检察官。前二项情形，于少年犯罪时未满十四岁者，不适用之。

任。惟选任之辅佐人非为律师者，须得少年法院之同意。犯最轻本刑为三年以上有期徒刑之罪，未经选任辅佐人者，少年法院应指定适当之人辅佐少年。其他案件认为有必要者亦同。辅佐人除保障少年于程序上之权利外，应协助少年法院促成少年之健康成长。

2. 审理之进行。调查及审理过程不公开，此为少年司法程序之重要原则，但得许少年之亲属、学校教师、从事少年保护事业之人或其他认为相当之人在场旁听。审理时应以和蔼恳切之态度为之。法官参酌事件之性质与少年之身心、环境状态，得不于法庭内进行审理。且审理期日，应调查必要之证据。又少年应受保护处分之原因、事实，应依证据认定之。于询问少年时，并应予少年、少年之法定代理人或现在保护少年之人及辅佐人陈述意见之机会。少年调查官，亦应于审理期日出庭陈述其调查及处理之意见。少年法院不采少年调查官陈述之意见者，应于裁定中记载不采之理由。为陈述时少年法院认有必要，得为下列处置：（1）少年为陈述时，不令少年以外之人在场；（2）少年以外之人为陈述时，不令少年在场。前项少年为陈述时，少年法院应依其年龄及成熟程度权衡其意见。

3. 交付观察或试验观察。在审理期间，少年法院为决定是否予以保护处分，或考虑应为何种保护处分较宜，认有必要时得以裁定将少年交付少年调查官观察，期限为六个月之内，此制度即称为“试验观察”。试验观察除交付少年调查官为观察外，少年法院亦得征询少年调查官之意见，将少年交付适当之机关、学校、团体或个人为之，并受少年调查官之指导。少年调查官应将观察结果，附具建议提出报告，少年法院得依职权或依少年调查官之请求，变更观察期间或停止观察。

4. 协商式审理。协商式审理是少年保护事件之审理方式，由法官高高在上、一问一答之传统权威方式，改为圆桌式之讨论、协商方式，其目的在于使法庭审理之气氛较为和缓，希望在此气氛下，由法官、少年调查官先就少年非行之成因作必要之调查及了解后，由法官、少年调查官、少年、少年法定代理人、现有保护少年之人及少年辅佐人共同参与，以少年调查官审查调查报告之处遇意见为蓝本，并经由少年、少年法定代理人、现有保护少年之人及少年辅佐人之同意下，为少年寻求最有利及最有效之辅导方式。换言之，少年事件主要是一个通过调查及审理的过程来了解少年行为的问题，进而借由必要的保护处分来设法调整其成长环境，以利其健全之成长发展。目前台湾地区所谓的“少年事件处理法”本身并未就协商式审理有所规定，实务上的作法系依据台湾地区所谓的“少年保护事件审理细则”第19条[①]及第40条而来，且仅适用于本法第29条第一项有关不付审理之裁定，以及第42条第1项有关保护处分之裁定，如属于第27条或第40条之情形，即不得采用协商式审理[②]。

5. 审理后结果。少年法院法官审理结果的裁定，可分为：（1）移送于有管辖权之地方法院检察署的检察官；（2）谕知不付保护处分；（3）谕知保护处分。

其中谕知不付保护处分尚可区分为“不应付保护处分”或“不宜付保护处分”二者。于不宜付保护处分时准用台湾地区“少年事件处理法”第29条第3、4项之规定，亦即少年法院需斟酌情形，经少年、少年之法定代理人及被害人之同意，转由适当机关、机构、团体或个人进行修复；或使少年为（1）向被害人道歉；（2）立悔过书；（3）对被害人之损害负赔偿责任。损害负赔偿责任少年之法定代理人应负连带赔偿之责任，并得为民事强制执行之名义。

谕知保护处分者，应以裁定谕知下列保护处分：（1）训诫，并得予以假日生活辅导。（2）交付保护管束并得命为劳动服务。（3）交付安置于适当之福利、教养机构、医疗机构、执行过渡性教育措施或其他适当措施之处所辅导。（4）令入感化教育处所施以感化教育。少年有下列情形之一者，得于为前项保护处分之前或同时谕知下列处分：（1）少年施用毒品或迷幻物品成瘾，或有酗酒习惯者，令入相当处所实施禁戒。（2）少年身体或精神状态显有缺陷者，令入相当处所实施治疗。第1项处分之期间，毋庸谕知。第29条第3项、第4项之规定，于少年法院依第1项为保护处分之裁定情形准用之，借以强化对被害人之保障。少年法院为第1项裁定前，认为有必要时，得征询适当之机关（构）、学校、团体或个人之意见，亦得召开协调、咨询或整合符合少年所需之福利服务、安置辅导、卫生医疗、就学、职业训练、就业服务、家庭处遇计划或其他资源与服务措施之相关会议。

再者，台湾地区“刑法”及其他有关没收之规定，于本规定第28条、第29条、第41条及第42条之裁定准用之。又少年法院认供规定第3条第1项第2款各

---

① 台湾地区“少年保护事件审理细则”第19条规定：少年法院对于少年调查官提出之处遇意见之建议，经征询少年、少年之法定代理人或现在保护少年之人及辅佐人之同意，依本法第29条第1项为不付审理之裁定并当场宣示者，得仅由书记官将主文记载于笔录，不另作裁定书。但认定之事实与报告、移送或请求之内容不同者，应于宣示时一并告知事实及理由要旨，并记载于笔录。前项笔录正本或节本之送达，准用本法第48条之规定，并与裁定正本之送达，有同一之效力。

② 林俊宽：《少年事件处理法》，台湾地区五南图书出版公司2009年版，第75页。

目行为所用或所得之物不宜发还者，得没收之。

（四）保护处分之执行

1. 训诫并付假日生活辅导。对于少年之训诫，由少年法院法官向少年指明其不良之行为外，晓谕以将来应遵守之事项，并得命其立悔过书。行训诫时，应通知少年之法定代理人或现在保护少年之人及辅佐人到场。少年之假日生活辅导为3次至10次，由少年法院交付少年保护官于假日为之，对少年施以个别或群体之品德教育，辅导其学业或其他作业，并得命为劳动服务，使其养成勤勉习惯及守法精神；其次数由少年保护官视其辅导成效而定。假日生活辅导，少年法院得依少年保护官之意见，将少年交付适当之机关、团体或个人为之，受少年保护官之指导。

少年无正当理由拒绝接受训诫或假日生活辅导，得申请将之留置于少年观护所予以五日之观察（此称为留置观察）。训诫、假日生活辅导与上述之留置观察，自裁定之日起二年内未执行者，免予执行。

2. 保护管束并命为劳动服务。对于少年之保护管束，由少年保护官掌理之，少年法院亦得依少年保护官之意见，将少年交付适当之福利或教养机构、慈善团体、少年之最近亲属或其他适当之人，由其执行少年之保护管束，惟受少年保护官之指导。保护管束处分之执行期间，自受保护管束之少年报到之日起算，至期间届满或免除撤销执行之日终止，其期间不得逾三年，至多执行至满21岁为止。少年保护官应告少年以应遵守之事项，与之常保接触，注意其行动，随时加以指示；并就少年之教养、医治疾病、谋求职业及改善环境，予以相当辅导。少年保护官因执行此项职务，应与少年之法定代理人或现在保护少年之人为必要之商洽。

少年法院将少年交付保护管束时，得命为劳动服务，劳动服务时间为3小时以上50小时以下，由少年保护官执行之，期间视辅导成效而定。保护管束执行已逾六个月，卓有成效，认无继续执行之必要者，或因事实上之原因以不继续执行为宜者，少年保护官得检具事证，申请少年法院免除其执行。少年、少年之法定代理人或现在保护少年之人，于上述之情形亦得请求少年保护官为前项之申请，除显无理由外，少年保护官不得拒绝。

少年在保护管束期间，违反应遵守之事项，不服从劝导达2次以上，而有观察之必要者，少年保护官得申请少年法院裁定留置少年于少年观护所中，期间以5日为限。此留置观察之裁定自为裁定之日起二年未执行者，免予执行。若少年违反规定之情节重大，或曾受上述之留置观察处分，再违反应遵守之事项，足认保护观察难收效果者，少年保护官得申请少年法院裁定撤销保护管束，将所余之执行期间令入感化处所，施以感化教育，其所余之期间不满六月者，应执行至六月。保护管束处分自裁定执行之日起，经过三年未执行者，非经少年法院裁定应执行时，不得执行之。

3. 安置辅导。为少年之安置辅导时，少年法院须依其行为性质、身心状况、学业程度及其他必要事项，分类交付适当之福利、教养机构、医疗机构、执行过渡性教育措施、其他适当措施之处所，且上述机构须受少年法院之指导。安置辅导期间为二个月以上二年以下，但至多执行至满 21 岁为止。安置辅导处分之执行期间，由少年报到之日起算，至期间届满或免除，撤销执行之日终止。

安置辅导执行已逾二个月，卓有成效，认无继续执行之必要或有事实上原因以不继续执行为宜者，少年保护官、负责安置辅导之福利、教养机构、医疗机构、执行过渡性教育措施或其他适当措施之处所、少年、少年之法定代理人或现在保护少年之人得检具事证，申请少年法院免除其执行；同上期间，如认有变更、教养机构、医疗机构、执行过渡性教育措施或其他适当措施之处所之必要时，上述之人等亦得检具事证，申请少年法院裁定变更。安置辅导期满，少年保护官、负责安置辅导之福利、教养机构、医疗机构、执行过渡性教育措施或其他适当措施之处所、少年、少年之法定代理人或现在保护少年之人认有继续安置辅导之必要者，得申请少年法院裁定延长，延长执行之次数以一次为限，其期间不得逾二年。

少年无正当理由拒绝接受安置辅导时，得申请将之留置于少年观护所予以 5 日之观察，此留置观察之裁定自为裁定之日起二年未执行者，免予执行。于安置辅导期间内违反应遵守事项，情节重大；或受上述留置观察后，再违反应遵守事项，足认安置辅导难收成效者，少年保护官、负责安置辅导之福利、教养机构、医疗机构、执行过渡性教育措施或其他适当措施之处所、少年之法定代理人或现在保护少年之人得检具事证，申请少年法院裁定撤销安置辅导，将所余之执行期间令入感化处所施以感化教育，其所余之期间不满六月者，应执行至六月。安置辅导处分自裁定执行之日起，经过三年未执行者，非经少年法院裁定应执行时，不得执行之。

4. 感化教育。感化教育为唯一属监禁性质之收容性处分，其执行由少年法院依其行为性质、身心状况、学业程度及其他必要事项，分类交付适当之福利、教养机构或感化教育机构，且上述机构须受少年法院之指导，感化教育机构之组织及教育之实施，以法律订之。感化教育之实施期间不得逾三年，其执行期间自交付裁定之日起算至期间届满或免除、停止执行之日终止，于处分确定前曾经裁定命收容或羁押于少年观护所之期间，得折抵感化教育处分执行之期间。

旧有之感化教育机构是指“少年辅育院”，而为贯彻教育刑理念，自台湾地区所谓的“少年事件处理法”修正后，“少年辅育院”及“少年监狱”皆改为“少年矫正学校”，现已改制有“诚正中学”与“明阳中学”。“诚正中学”以收容受感化教育处分之少年为主，“明阳中学”则专收容少年受刑人。

感化教育之执行应以学校教育方式行之（“少年矫正学校设置及教育实施通则”第3条），且法务主管部门应分别就执行刑罚者及感化教育处分者设置矫正学校（“少年矫正学校设置及教育实施通则”第10条），以中学方式设置，必要时得附设职业类科、小学部，校名称为某某中学（“少年矫正学校设置及教育实施通则”第11条），学校内部分为“一般教学部”与“特别教学部”，“特别教学部”依“少年矫正学校设置及教育实施通则”规定，“一般教学部”应依有关教育法令，办理中、小学教育，并受省（市）主管教育行政机关之监督（“少年矫正学校设置及教育实施通则”第6条）。

感化教育执行已逾六个月，认无继续执行之必要者，得由少年保护官或执行机关检具事证，申请少年法院裁定免除或停止其执行。少年或少年之法定代理人于前项之情形，亦得请求少年保护官为前项之申请，除显无理由外，少年保护官不得拒绝，因停止执行所余之期间应由少年法院裁定交付保护管束。

感化教育处分自裁定执行之日起，经过三年未执行者，非经少年法院裁定应执行时，不得执行之。保护处分若之前或同时谕知禁戒处分时，其执行期间以戒绝治愈或至满20岁为止。但认为无继续执行之必要者，少年法院得免除之。若与保护管束一并谕知之情形，同时执行禁戒处分；与安置辅导、感化教育一并谕知者，限于其执行无碍于安置辅导、感化教育之执行者得同时执行，否则须先执行之。若依禁戒处分执行，少年法院认为无执行保护管束处分之必要者，得免除保护处分之执行。禁戒处分自裁定之日起，经过三年未执行者，非经少年法院裁定应执行时，不得执行之。

（五）抗告及重新审理

所谓抗告乃有抗告权之特定人，对于少年法院之裁定或处分认为有违法或不当之处，而以书状向上级管辖法院不当请求撤销或变更原裁定或处分，另为适当裁定或处分之行为。有关少年保护事件之裁定或处分得提起抗告之情形有二类，一为少年之抗告（参照本法第 61 条），另一为被害人之抗告（参照本法第 62 条）[①]。

另外台湾地区所谓的“少事法”所规定之重新审理，其制度之设计类似台湾地区“刑事诉讼法”之再审，是对于少年法院所作之规定裁定，在一定之条件下，得以再开审理之程序。台湾地区所谓的“少事法”所规定之重新审理可分为二种：一为对于确定之保护处分裁定所为之重新审理（参照本法第 64 条之 1），另一为对于确定之不付保护处分裁定所为之重新审理（参照本法第 64 条之 2）[②]。

三、少年刑事案件

（一）案件之开启

14 岁以上之少年触法行为，因有台湾地区“少年事件处理法”第 27 条之情形，由少年法院移送于有管辖权之法院检察署检察官，并由检察官依台湾地区“刑事诉讼法”之规定加以侦查、追诉，如经检察官提起公诉并由法院进行审判，此时即称为少年刑事案件。故少年刑事案件之成案，以由少年法院法官经调查之结果，而依台湾地区“少年事件处理法”第 27 条之规定裁定移送检察官者为限。

再者，台湾地区“刑事诉讼法”关于自诉之规定，于少年刑事案件不适用之，以免破坏少年法院行使先议权之审酌。此外，检察官受理少年法院移送之少年刑事案件，应即开始侦查。

（二）侦查之结果

1. 检察官得为不起诉处分之特别规定

检察官依侦查之结果，对于少年犯最重本刑五年以下有期徒刑之罪，参酌台湾地区“刑法”第 57 条有关规定，认为以不起诉处分而受保护处分为适当者，得为不起诉处分，移送少年法院依少年保护事件审理（参照本法第 67 条）。

此条规定有学者称之为“回流”之机制，并认为是台湾地区“台湾少年事件处理法”之一大特色。惟实务上此种回流情形并不多见，因少年所犯最重五年以

---

① 林俊宽：《少年事件处理法》，台湾地区五南图书出版公司 2009 年版，第 100 页。

② 林俊宽：《少年事件处理法》，台湾地区五南图书出版公司 2009 年版，第 103 页。

下有期徒刑之罪，原则上即非严重之犯罪，除少年是因事件系属后已满20岁之规定而经裁定移送检察官者外，通常裁定移送检察官之情形即非常见，故再由检察官行使裁量权移送回少年法院审理之情形自然少见。①

2. 向少年法院起诉

依台湾地区“少年事件处理法”第67条第1项后段之规定，检察官经侦查之结果，认为应起诉者，应向少年法院提起公诉。

此外，经检察官为不起诉处分而移送少年法院依少年保护事件审理之案件，如再经少年法院裁定移送，检察官不得依前项规定，再为不起诉处分而移送少年法院依少年保护事件审理，避免案件在二者之间互相移送，致无法早日裁判确定。

（三）刑事诉追之原则

至于少年刑事案件之追诉、审理，除有特别规定之外，几乎与一般刑事案件之程序相同。

1. 非不得已不得羁押

少年被告非有不得已情形，不得羁押之。少年被告应羁押于少年观护所。于年满20岁时，应移押于看守所。少年刑事案件，前于法院调查及审理中之收容，视为未判决前之羁押，准用台湾地区“刑法”第37条之2折抵刑期之规定。

2. 隔离讯问

询问、讯问、护送少年或使其等候时，应与一般刑事案件之嫌疑人或被告隔离。但侦查、审判中认为有对质、诘问之必要者，不在此限。此一规定旨在为避免少年受不当影响，以免影响少年日后之身心发展。

3. 一事不再理

依台湾“少年事件处理法”第69条之规定，对于少年犯罪已依第42条为保护处分者，不得就同一事件再为刑事追诉或处罚。但其保护处分经依第45条或第47条之规定撤销者，不在此限。此条之规定系基于一事不再理法则，若少年之触法行为业经保护处分之裁定后，自应再对少年进行刑事追诉或处罚。

4. 准用调查、审理、抗告及重新审理之规定

少年刑事案件之侦查及审判，准用本法调查、审理、抗告及重新审理之规定。惟准用以性质相同者为限，若少年被告之刑事案件性质与少年保护事件不同者，

① 林俊宽：《少年事件处理法》，台湾地区五南图书出版公司2009年版，第111页。

则无准用之余地，如少年刑事被告经合法传唤无正当理由不到庭者，应拘提，其逃亡或藏匿者，应予通缉。①

5. 审判得不公开

审判得不公开之。第 34 条但书之规定，于审判不公开时准用之。少年、少年之法定代理人或现在保护少年之人请求公开审判者，除有法定不得公开之原因外，法院不得拒绝。

（四）判决及执行

1. 免除其刑

法院审理第 27 条之少年刑事案件，对于少年犯最重本刑十年以下有期徒刑之罪，如显可悯恕，认为依台湾地区“刑法”第 59 条规定减轻其刑仍嫌过重，且以受保护处分为适当者，得免除其刑，谕知第 42 条第 1 项第 2 款至第 4 款之保护处分，并得同时谕知同条第 2 项各款之处分。前项处分之执行，适用第 3 章第 2 节有关之规定（参照本法第 74 条）。

此条是另一“回流”机制之规定，赋予少年法院法官颇大之权力，适不适用本条规定予以少年免除其刑，纯属少年法院依职权斟酌裁量之范围。②

2. 科刑限制

除应依台湾地区“刑法”第 18 条规定减刑之外，对少年不得科处死刑或无期徒刑（台湾地区“刑法”第 63 条）。另外，对于少年不得宣告褫夺公权及强制工作。少年受刑之宣告，经执行完毕或赦免者，适用关于公权资格之法令时，视为未曾犯罪。

3. 缓刑

台湾地区“刑法”第 74 条缓刑之规定，于少年犯罪受三年以下有期徒刑、拘役或罚金之宣告者适用之。少年在缓刑期中应付保护管束。保护管束于受保护管束人满 23 岁前，由检察官嘱托少年法院少年保护官执行之。

4. 假释

少年受徒刑之执行而有悛悔实据者，无期徒刑逾七年后，有期徒刑逾执行期三分之一后，得予假释。少年在假释期中应付保护管束，于受保护管束人满 23 岁

① 林俊宽：《少年事件处理法》，台湾地区五南图书出版公司 2009 年版，第 111 页。

② 林俊宽：《少年事件处理法》，台湾地区五南图书出版公司 2009 年版，第 117 页。

前，由检察官嘱托少年法院少年保护官执行之。

5. 徒刑之执行

少年受刑人徒刑之执行，应注意监狱行台湾地区“刑法”第 3 条（有关收容于少年矫正机构）、第 8 条（有关少年受刑人行刑上参考事项通知）及第 39 条第 2 项（有关少年受刑人实施教化应注意事项）之规定。

四、少年事件之特殊规定

（一）少年之特别保护规定

1. 资料不公开

为免少年因一时之犯罪，而被贴上标签，或造成他人之不当模仿，故台湾地区“少年事件处理法”特别设有少年事件应加以保密之规定。故任何人不得于媒体、信息或以其他公示方式揭示有关少年保护事件或少年刑事案件之记事或照片，使阅者由该项资料足以知悉其人为该保护事件受调查、审理之少年或该刑事案件之被告。违反前项规定者，由主管机关依法予以处分。

2. 视为未宣告

少年受第 29 条第 1 项之处分执行完毕二年后，或受保护处分或刑之执行完毕或赦免三年后，或受不付审理或不付保护处分之裁定确定后，视为未曾受各该宣告。以避免少年过早被社会贴上标签，影响少年将来之发展。

3. 资料涂销

为具体落实上述规定之意旨，少年有前项或下列情形之一者，少年法院应通知保存少年前案记录及有关资料之机关、机构及团体，将少年之前案记录及有关资料予以涂销：（1）受缓刑之宣告期满未经撤销，或受无罪、免诉、不受理判决确定；（2）经检察机关将缓起诉处分期满，未经撤销之事由通知少年法院；（3）经检察机关将不起诉处分确定，毋庸移送少年法院依少年保护事件审理之事由通知少年法院。前项记录及资料，除下列情形或本法另有规定外，少年法院及其他任何机关、机构、团体或个人不得提供：（1）为少年本人之利益；（2）经少年本人同意，并应依其年龄及身心发展程度衡酌其意见；必要时得听取其法定代理人或现在保护少年之人之意见。少年之前案记录及有关资料之涂销、利用、保存、提供、统计及研究等相关事项之办法，由司法主管部门定之。至于违反这条规定未将少年之前科记录及有关资料涂销或无故提供者，处六月以下有期徒刑、拘役或新台币3万元以下罚金（如图1－3）。

4. 驱逐出境

外国少年受转介处分、保护处分、缓刑或假释期内交付保护管束者，少年法院得裁定以驱逐出境代之。前项裁定，得由少年调查官或少年保护官申请；裁定前，应予少年、其法定代理人或现在保护少年之人陈述意见之机会。但经合法通知，无正当理由不到场者，不在此限。对于第1项裁定，得提起抗告，并准用第61条、第63条及第64条之规定。驱逐出境由司法警察机关执行之。

5. 加重处罚

成年人教唆、帮助或利用未满18岁之人犯罪或与之共同实施犯罪者，依其所犯之罪，加重其刑至二分之一。少年法院得裁定命前项之成年人负担第60条第1项教养费用全部或一部，并得公告其姓名。

（二）法定代理人之特定义务

1. 出庭

少年、少年之法定代理人或现在保护少年之人，经合法传唤，无正当理由不到场者，少年法院法官得依职权或依少年调查官之请求发同行书，强制其到场。但少年有台湾地区“刑事诉讼法”第76条所列各款情形之一，少年法院法官并认为必要时，得不经传唤，径发同行书，强制其到场。

2. 负担费用

少年法院告知保护处分之裁定确定后，其执行保护处分所需教养费用，得斟酌少年本人或对少年负扶养义务人之资力，以裁定命其负担全部或一部分；其特殊清寒无力负担者，豁免之。前项裁定，得为民事强制执行名义，由少年法院嘱托各该法院民事执行处强制执行，免征执行费。

3. 亲职教育

少年之法定代理人，因忽视教养，致少年有触犯刑罚法律之行为，或有曝险行为而认有保障其健全自我成长之必要者，而受保护处分或刑之宣告，或致保护处分之执行难收效果者，少年法院得裁定命其接受8小时以上50小时以下之亲职教育辅导，以强化其亲职功能。少年法院为前项亲职教育辅导裁定前，认为必要时，得先命少年调查官就忽视教养之事实，提出调查报告并附具建议。亲职教育辅导之执行，由少年法院交付少年保护官为之，并得依少年保护官之意见，交付适当之机关、团体或个人为之，受少年保护官之指导。亲职教育辅导应于裁定之日起三年内执行之；逾期免予执行，或至多执行至少年满20岁为止。但因事实上原因以不继续执行为宜者，少年保护官得检具事证，申请少年法院免除其执行。拒不接受亲职教育辅导或时数不足者，少年法院得裁定处新台币6000元以上3万元以下罚款；经再通知仍不接受者，得按次连续处罚，至其接受为止。其经连续处罚三次以上者，并得裁定公告法定代理人之姓名。前项罚款之裁定，得为民事强制执行名义，由少年法院嘱托各该地方法院民事执行处强制执行之，免征执行费。少年之法定代理人或监护人有第一项情形，情况严重者，少年法院并得裁定公告其姓名。第1项、第5项及前项之裁定，受处分人得提起抗告，并准用第63条、第64条之规定。

（三）补助法规制定及施行日

1. 补助法规之制定

台湾地区"少事法"第86条规定本法施行细则，由台湾地区司法主管机构会同行政主管机构定之。少年保护事件审理细则，由台湾地区司法主管机构定之。少年法院与相关行政机关处理少年事件联系办法，由台湾地区司法主管机构会同行政主管机构定之。少年偏差行为之辅导及预防办法，由台湾地区行政主管机构同司法主管机构定之。

2. 施行日

台湾地区"少事法"第87条规定本法自1971年7月1日施行。本法修正条文，除2019年5月31日修正公布之第18条第2项至第7项自2012年7月1日施行；第42条第1项第3款关于交付安置于适当之医疗机构、执行过渡性教育措施或其他适当措施之处所辅导部分及删除第85条之一自公布一年后施行外，自公布日施行。

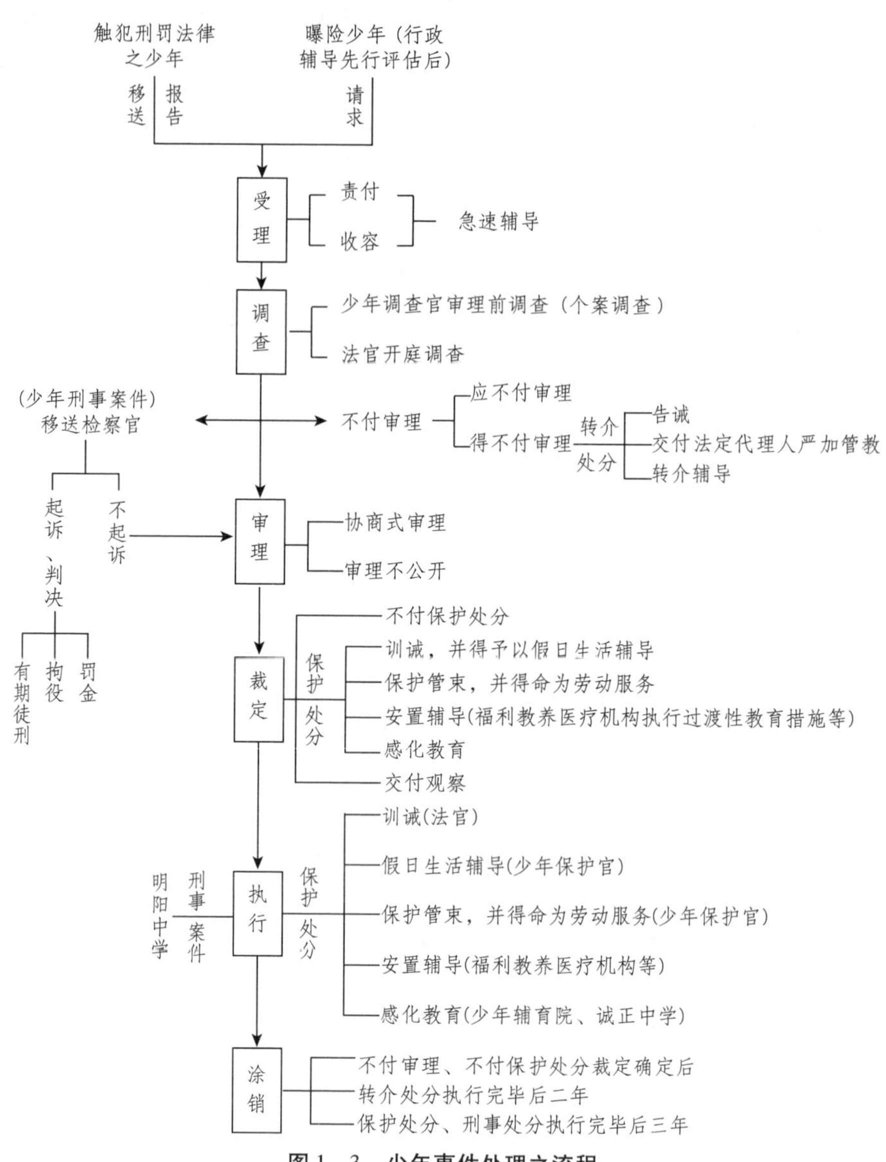

图 1－3　少年事件处理之流程

第五节　曝险少年处理之争议

一、曝险少年处理之思维与释字第 664 号解释

少年，毫无疑问，和成年一样具有实施犯罪的能力。但是，由于少年年龄较轻，身心尚未成熟，社会经验不足，人格尚在形成，须接受家庭和社会的保护。换言之，少年的人格具有可塑性，即使现在有犯罪的少年，将来也有可能健全成长为有用之市民，因而对待少年犯罪的问题，重要的不是依据非行事实大小进行报复，而是给予消除少年陷入犯罪原因和健全成长所需的协助。[①] 因此，对少年犯，不宜采取和成年犯一样的刑事政策；亦即对少年事件的刑事政策，则具有下列三种独特的性质：(1) 保护主义优先；(2) 需保护性考量；(3) 行为科学配合。[②]

有鉴于此，台湾地区特别制定了"少年事件处理法"，以处理少年触法或曝险事件。该法第 1 条明定：为保障少年健全之自我成长，调整其成长环境，并矫治其性格，特制定本法。特别是 2019 年 6 月 19 日公布之增订、删除并修正台湾地区"少年事件处理法"条文，删除触犯刑罚法律儿童由少年法院处理之规定，并订于修正公布 1 年后施行，以落实《儿童权利公约》(CRC)。另为保障儿童权利公约揭示的少年健全成长发展权，明定对于"无正当理由经常携带危险器械""有施用毒品或迷幻物品之行为而尚未触犯刑罚法律""有预备犯罪或犯罪未遂而为法所不罚之行为"之少年，首先去除其虞犯之身份标签，改以关注其是否处于犯罪边缘而暴露于危险之中，需要特别的照顾和保护，而有保障"曝险少年"健全自我成长的必要；继决定建置行政先行机制，于 2023 年 7 月 1 日前沿现制仍由少年法院处理，其后，则先由少年辅导委员会结合福利、教育、心理、医疗等相关资源，对曝险少年施以适当期间之辅导，如评估确有必要，始请求少年法院处理；故未来将实现行政辅导先行，再以司法为后盾的同心圆理论，协助曝险少年不离常轨，不受环境危害（参照司法主管机构于 2019 年 5 月 20 日及 5 月 31 日所发布之新闻稿）。

此外，"台湾地区司法主管机构大法官会议"于 2009 年 7 月 31 日作成释字第

① 石原明、墨谷葵、藤冈一郎、荒川雅行：《刑事政策》，日本青林书院出版社 1993 年版，第 322 页。

② 大谷实：《刑事政策讲义》，日本弘文堂出版社 2009 年版，第 350 页；许福生：《犯罪学与犯罪预防》，台湾地区元照出版社 2018 年版，第 387 ~ 388 页。

664号解释，明确宣示台湾地区“少年事件处理法”第3条第2款第3目规定，经常逃学或逃家之少年，依其性格及环境，而有触犯刑罚法律之虞者，由少年法院依该法处理之，系为维护虞犯少年健全自我成长所设之保护制度，尚难径认其为违宪；惟该规定仍有涵盖过广与不明确之嫌，应尽速检讨改进。又台湾地区“少年事件处理法”第26条第2款及第42条第1项第4款规定，就限制经常逃学或逃家虞犯少年人身自由部分，不符台湾地区宪制性规定第23条之比例原则，亦与第22条保障少年人格权之意旨有违，应自本解释公布之日起，至迟于届满一个月时，失其效力。

换言之，为保护儿童及少年之身心健康及人格健全成长，国家负有特别保护之义务，应基于儿童及少年之最佳利益，依家庭对子女保护教养之情况，社会及经济之进展，采取必要之措施，始符宪制性规定保障儿童及少年人格权之要求。台湾地区“少年事件处理法”系立法者为保障12岁以上18岁未满之少年“健全之自我成长，调整其成长环境，并矫治其性格”所制定之法律。该法第3条第2款第3目规定，少年经常逃学或逃家，依其性格及环境，而有触犯刑罚法律之虞者，由少年法院依该法处理之。上述规定将经常逃学、逃家但未犯罪之虞犯少年，与触犯刑罚法律行为之少年同受少年保护事件之司法审理，系立法者综合相关因素，为维护虞犯少年健全自我成长所设之保护制度，尚难径认其即属违宪制性规定。

惟如其中涉及限制少年所保障权利之规定者，仍应分别情形审查其合法性。因此，依台湾地区“少年事件处理法”第26条第2款及第42条第1项第4款规定，使经常逃学或逃家而未触犯刑罚法律之虞犯少年，收容于司法执行机构或受司法矫治之感化教育，与保护少年最佳利益之意旨已有未符，亦即不符台湾地区宪制性规定第23条之比例原则，亦与第22条保障少年人格权，应以其最佳利益采取必要保护措施，使其身心健全发展之意旨有违，应自本解释公布之日起，至迟于届满一个月时，失其效力。至于本解释公布前，已依以上规定对经常逃学或逃家之虞犯少年以裁定命收容于少年观护所或令入感化教育者，该少年法院法官应参酌本解释意旨，自本解释公布之日起一个月内尽速处理；其中关于感化教育部分，准用台湾地区“少年事件处理法”第42条第1项第1款至第3款之规定，另为适当之处分。

又台湾地区“少年事件处理法”第3条第2款第3目关于“经常逃学或逃家”之规定，易致认定范围过广之虞，且逃学或逃家之原因非尽可归责于少年，或虽有该等行为但未具社会危险性，均须依该目规定由少年法院处理；至“依其性格及环境，而有触犯刑罚法律之虞”，所指涉之具体行为、性格或环境条件为何，亦有未尽明确之处；规定尚非允当，宜尽速检讨修正之。

确实，面对每年约2000多人的少年虞犯，我们的社会似乎过度夸大“虞犯”所形成之道德恐慌，导致各界太过迷信依赖司法的强制措施，以至于轻易地让个案改由少年司法来接手，导致虞犯少年遭裁处拘禁与半拘禁处遇之比率明显失衡。[①] 诚如提出释字664号解释的何明晃法官所言：期待通过相关规定，重新导正此现象。亦即，虞犯少年之处遇绝非少年司法所能够一肩挑起之重任，而是必须整合教育、社政、福利、警政、法务、司法等众多部门，结合家庭、学校、机构、社区、民间、志愿工作者力量通力合作，方能竟其功。反之，假如各界仍抱持既有观念，划地自限，未能重新利用此一契机建构起完善之前置配套措施或横向连结机制，那么，当初反对释字第664号解释者所指控：“大法官毅然地剥夺了他们最后的翻身机会，令其游荡于社会边缘，最终只能走向犯罪一途”之预言便会应验，届时，提出解释者与作出本号解释之大法官们将成为少年司法史上之代罪羔羊！[②]

当然，我们不愿意看到此事发生，更不愿看到今后会如李茂生教授所言：“虞犯被排除在司法领域外，并被安置于社会福利领域后，其所遭遇的待遇，其是比以前更差（社会内歧视的文化并没有改变所致）”。[③] 甚至更不愿意再看到“如果有太多‘如果’未曾出现，‘这个释字664号解释内容应不是如此，甚至连释宪声请都不会存在’”。[④] 确实，也在本号解释公布后的十年立法者通过修法，展现落

---

① 周愫娴、陈吴南：《“虞犯”：真的道德恐慌，假的风险治理》，载台湾地区《社区发展》2009年第12期。

② 何明晃：《“台湾地区司法主管机构大法官会议释字第664号解释”论析》，载台湾地区《刑事法》2009年第12期。

③ 李茂生：《释字第664号解释评释——宪制性的颟顸与天真》，载台湾地区《台湾法学》2009年第10期。

④ 李茂生教授所提出之如果包括：“少年法官严守虞犯之认定标准”，社会福利主管机关在2002年依台湾“少年事件处理法”第54条第2项制定台湾“少年安置辅导之福利及教养机构设置管理办法”时，不是规定以契约方式向法院收取费用，而是自行担负起收容、辅导的责务，“10年前法务主管部门有凭着善念，依据新的台湾‘少年事件处理法’的精神而修订少年观护所设置及实施通则、台湾法务主管部门没有因为少年收容人数锐减，而实质上裁撤少年观护所”“台湾法务主管部门肯实现少年矫正学校设置以及教育实施通则，将所有辅育院改制成矫正学校”“台湾法务主管部门肯砸下经费改善矫正学校之软硬件设施以及充足其人员”“台湾教育主管部门肯依法就矫正学校里面之教育事项予以适度之关切与指导”“成人刑事制度没有采取挂羊头卖狗肉之宽严并济政策，将大量受刑人送进矫治体系，造成空前过剩拘禁现象，进而导致使用到少年被拘禁人身上人力物力极度地缩减。”

实CRC保护儿少权益的决心，以打破长期以来教育福利体系不参与少年司法及该体系缺乏横向联络现象，并期盼经由跨院际的协力以及未来相关部门的积极联系与合作，打造出公平对待每一位少年儿童的社会安全网，协助少年健全自我成长，守护社会的未来，而非消极不处理所产生的断崖，坐等曝险少年触法后再直接以司法处理的恶梦出现。

二、缩减司法介入事由之争议

为呼应台湾地区司法主管机构“构释字第664号解释”及儿童权利公约保护儿童及少年之意旨，最新修正台湾地区“少事法”条文，不只删除触犯刑罚法律儿童由少年法院处理之规定，并缩减原有曝险事由范围且去除其虞犯之身份标签，改以关注其是否处于犯罪边缘而暴露于危险之中而以“曝险少年”称之，并继而建置行政先行机制，对曝险少年施以适当期间之辅导，如评估确有必要，始请求少年法院处理。

现行修正通过条文审酌现行社会环境及行政机关承接能力，现阶段仍有由少年法院介入处理以保障曝险少年健全自我成长之必要，将曝险少年之行为样态缩减为下列三种而认为有保障其健全自我成长之必要者：（1）无正当理由经常携带危险器械；（2）有施用毒品或迷幻物品之行为而尚未触犯刑罚法律；（3）有预备犯罪或犯罪未遂而为法所不罚之行为。修正通过条文将旧法七种虞犯之行为态样，缩减为此三种，其理由系虞犯制度，难免给人有将身陷可能诱发犯罪环境危机中之少年视为另一种身份犯，而如系成年人有此情形，并不会被视为虞犯；为保障少年与成人享有平等待遇，不宜以虞犯视之。待儿童权利公约相关立法出台后，参酌该公约及第10号一般性意见之精神，如何深化少年福利与权益暨合理必要之平等保护，益发引起社会各界关注，及进行相关检讨，而现行条文第2款第5目至第7目所定情形，其程度或已极接近触犯刑罚法律，或严重戕害少年身心健康，系处于触犯刑罚法律边缘而暴露于危险之中，对于此等曝险少年需要特别的关照与保护，参照《儿童权利公约》第6条及第33条等规定意旨，应依“最佳利益原则”，采取积极措施，整合一切相关资源，尽力辅导，以避免其遭受毒品危害或其他犯罪风险，保障少年之成长与发展。①

① 参照台湾地区“少年事件处理法”第3条规定说明。

第一种曝险事由“无正当理由经常携带危险器械”，其为原条文第5目所移列，并将原定“刀械”修正为“危险器械”，以涵盖枪炮弹药刀械管制条例所定以外之枪炮、弹药、刀械等危险器械。第二种曝险事由“有施用毒品或迷幻物品之行为而尚未触犯刑罚法律”，为现行法原条文第6目所移列，仅修正部分用语如“施用毒品”。第三种曝险事由“有预备犯罪或犯罪未遂而为法所不罚之行为”，为现行法原条文第7目所移列，内容并未修正。另增订曝险性审酌事项之规定，将现行条文第2款中“依其性格及环境”，移列于新增之第2项修正为“所指之保障必要，应依少年之性格及成长环境、经常往来对象、参与团体、出入场所、生活作息、家庭功能、就学或就业等一切情状而为判断。”其立法理由为使曝险事由类型明确化，避免因行为态样涵盖过广或要件不明确，易致认定范围过广，参照台湾地区司法主管机构“释字第664号解释”意旨，将现行条文第2款第1目至第4目之态样，依其情状移列于新增之第二项，资为判断有第一项第二款情形少年之保障健全自我成长必要之应审酌事项，以利实务运作。①

此次我国台湾地区“少年事件处理法”有关少年虞犯部分之修正，除为因应我国台湾地区司法主管机构“释字第664号解释”，另也参照儿童权利公约第6条及第33条等规定意旨，应由依“最佳利益原则”，采取积极措施，整合一切相关资源，尽力辅导，以避免其遭受毒品危害或其他犯罪风险，保障少年之成长与发展。纵使采取曝险少年去标签化、行政先行，但在曝险少年施以适当期间之辅导如评估确有必要仍可请求少年法院处理，最终还是以司法为后盾；如此与《儿童权利公约》第2条之不歧视原则、第40条少年司法基本原则及其第10号一般性意见书第8点之精神，虞犯系属身份罪，相同行为如系成人所为并不视为犯罪，为保障少年与成人享有平等待遇，适用司法处遇者以触法少年为限，对曝险少年行为全采行政辅导，并应提供相关服务与协助，避免少年进一步触法，仍有所落差。然而，理想与现实确实有所落差，或许现今采取先政先行也可说是少年实务与理论之间落差的平衡，纵使如此，未来政府在辅导可能走向迷途的少年，是否做好足够的因应，以避免福利及司法体系之下双方撒手不管所产生的断崖现象，

① 参照台湾地区“少年事件处理法”第3条立法说明。

深值注意。①

此外，此次少年曝险事由范围之缩减，依立法理由之说明，系为使曝险事由类型明确化，惟却将现行法原有用语及内涵不明确之 4 类独立虞犯事由改为判断少年之保障健全自我成长必要之应审酌事项，如此是否又更增加法官适用上之困难，因为所审酌者不仅一项，而系数项，最后法官极可能放弃各项情状内容之解释，而仅是形式引用该等情状之用语罢了。②

况且原有 4 类虞犯行为之少年，即“经常与有犯罪习性之人交往”“经常出入少年不当进入之场所”“经常逃学或逃家”“参加不良组织者”，并未因此凭空消失，则此 4 类虞犯少年在新法施行后法院已不再处理，转由现行其他相关机制处理之。现行相关处理机制或可依台湾地区“儿童及少年福利与权益保障法”第 52 条至第 54 条规定，依个案类型（保护性案件或脆弱家庭案件），分流至家防中心或社福中心提供个案及其家庭相关服务；或由学校依据学生辅导法三级三师辅导体制（发展性辅导、介入性辅导、处遇性辅导）提供辅导；或依少辅会设置及实施要点，由少辅会统合并连结相关网络机关资源提供转介及辅导等服务。只是目前的相关机制真能无缝接轨衔接起此 4 类虞犯少年的辅导工作？深值观察。

另外，更重要是涉及曝险少年之强制处分部分，即对曝险少年仍保有收容及感化教育，特别是实务上认为释字 664 号解释只针对经常逃学或逃家虞犯少年为收容及施以感化教育不符宪制性规定比例原则，且与保障少年人格权之意旨有违，但是对于其余类型之少年虞犯，并无排除之必要，惟本次修法并未就此部分加以考虑，殊为可惜。故按照释字 664 号解释对经常逃学或逃家虞犯少年之解释意旨，

---

① 本法修正时民意代表李丽芬等 24 位代表，参酌儿童权利公约及其第 10 号一般性意见书第 8 点之精神，认虞犯系属身份罪，相同行为如系成人所为并不视为犯罪，爰为保障少年与成人享有平等待遇，修正本法第 3 条第 1 项文字，适用司法处遇者以触法少年为限，原虞犯少年移列第 2 项，其行为辅导改采行政辅导，并应提供相关服务与协助，避免少年进一步触法。其第 3 条修正条文为：“少年有触犯刑罚法律之行为者，由少年法院依本法处理之。少年有下列不良行为之一者，应由各直辖市、县（市）政府提供辅导：一、无正当理由经常携带危险器械。二、有施用毒品或迷幻物品之行为而尚未触犯刑罚法律。三、有预备犯罪或犯罪未遂而为法所不罚之行为。各直辖市、县（市）政府应于辖下警察局设置少年辅导中心提供前项之辅导、服务与协助。前项少年辅导中心之人员应具备社会工作、心理、犯罪预防相关专业，其设置办法与辅导方式及服务事项，由台湾地区内政主管部门会同卫生福利主管部门及教育主管部门订定之。”（参照“台湾地区立法主管机构议案关系文书院总第 483 号”，提案第 22877 号，2019 年 2 月 27 日印发，委 161 – 4）可谓是排除原虞犯少年适用司法处遇，而将其行为辅导改采行政辅导并限缩不良行为态样之修正草案，但最终三读通过后的条文仍采曝险少年去标签化、行政先行及司法仍作后盾支应。

② 黄义成：《少年事件处理法有关少年虞犯修正草案之评析》，载台湾地区《刑事法》2018 年第 12 期。

对虞犯少年施以收容或感化教育不符比例原则及保障少年人格权，这两种强制处分应从曝险少年的处遇中删除。同样地，纵使释字 664 号解释未对留置观察表示意见，但留置观察亦和收容一样系留置于少观所中（参照台湾地区“少事法”第 55 条第 3 项及第 55 条之 3），同样具有于一定期间拘束人身自由性质，也应从曝险少年的处遇中删除。

三、行政辅导先行有效性之问题

台湾地区对于少年虞犯之处理究竟属司法范畴，或属福利、教育范畴，正反两说争论不下，反对说认为少年虞犯并非犯罪，不宜由司法介入，应由福利或教育体系处理，以根治少年之不良行为，少年如陷于犯罪，始通过司法处理。而赞成属司法范畴者认为，纵使虞犯治本应从教育着手，但基于社会防卫思想，有必要依少年事件处理法加以处理，以解决当前社会问题。历次修法，亦因少年犯罪问题严重，均将虞犯归少年事件处理法处理，且遂步扩大虞犯之范围。[①] 然而，本次修正为保障儿童权利公约揭示的少年健全成长发展权，首先去除其虞犯之身份标签，改以关注其是否处于犯罪边缘而曝露于危险之中，需要特别的照顾和保护，而有保障“曝险少年”健全自我成长的必要，继而建置行政先行机制，司法只作后盾支应，可谓是少年司法的大变革。

确实，少年犯行为，是传递出少年的教养不足或者需保护性，实行虞犯行为的少年，须从少年刑事程序脱勾，最多只具有行政不法的特性。[②] 况且依儿童权利公约首次报告国际审查结论性建议第 96 点略以：有关司法少儿之权利，依少儿权法而非少事法处理 14 岁以下触犯刑罚法律的少年儿童，并通过必要的立法程序使其生效；废除虞犯，透过儿少权法提供有偏差行为之少年儿童必要支持与保护。如此依少年儿童公约的精神，有关少年虞犯、14 岁以下触法少年不宜再移送法院，应由教育、社政单位或接手辅导、服务。唯在此过渡期，法院无法完全脱离少年虞犯处理时，可将虞犯之处遇，优先考量“先行政、后司法”转向处分之行政先行，当少年虞犯辅导无效再移送司法单位求助，如此作法确实也有调和“社

---

① 许福生：《少年虞犯转向行政先行处遇之探讨》，载台湾地区《警学丛刊》第 47 卷第 4 期。

② 吴俊毅：《少年虞犯的处理原则》，载台湾地区《刑事法》第 62 卷第 6 期。

会福利处遇说”与“司法处遇说”之优点。①

有鉴于此，此次修法，参考《儿童权利公约》第40条、《儿童权利公约》第10号一般性意见及《联合国预防少年犯罪准则》（利雅得准则）第4点至第6点及第10点等规定，国家对于需要特别关照与保护之曝险少年，应积极制定优先以行政辅导方式为之，不轻易诉诸司法程序之措施，并整合一切相关资源，尽力辅导，以保障其健全之成长与发展。又台湾地区目前各直辖市、县（市）政府设有少年辅导委员会，具辅导少年多年实务经验，对有本法第3条第1项第2款偏差行为之少年，本属其辅导对象，由少年辅导委员会先行整合曝险少年所需之福利、教育、心理等相关资源，提供适当期间之辅导，可避免未触法之曝险少年过早进入司法程序，达成保障少年最佳利益之目的，故增订让司法警察官、检察官或处理各类型事件之法院于执行职务时知悉少年有第3条第1项第2款情形者，得通知少年辅导委员会处理之。②

修正通过的台湾地区“少事法”第18条便规定，司法警察官、检察官或法院于执行职务时，知有第3条第1项第1款之事件者，应移送该管少年法院。司法警察官、检察官或法院于执行职务时，知有第3条第1项第2款之情形者，得通知少年住所、居所或所在地之少年辅导委员会处理之。对于少年有监督权人、少年之肄业学校、从事少年保护事业之机关或机构，发现少年有第3条第1项第2款之情形者，得通知少年住所、居所或所在地之少年辅导委员会处理之。有第3条第1项第2款情形之少年，得请求住所、居所或所在地之少年辅导委员会协助之。少年住所、居所或所在地之少年辅导委员会知悉少年有第3条第1项第2款

① 目前实务上关于学校尿筛或知悉疑似施用毒品之在学青少年，不论毒品之级数，先由学校春晖小组迳行辅导，再由辅导成效来决定是否交由警察机关移送法院，然而经警察之查缉对象，无论就学或未就学一律移送少年法院，不同机关单位对于单纯施用毒品之青少年处遇却不同，未符合公平原则。司法处遇发动原则应以施用毒品者是否另涉其他犯罪行为论断，为避免单纯施用毒品之青少年过早进入司法体系，应以行政先行优先为之。故民意代表罗致政等20人，为落实司法谦抑原则、考量少年之最佳利益与减少标签效应，并落实以教育代替刑罚之保护优先精神，提出修正台湾地区“少年事件处理法”第18条之一草案条文为：“第3条第2款第6目之事件，应先行通报直辖市、县（市）主管机关，以结合福利、教育、警政、医学、心理、卫生或其他资源，对少年施以适当期间之辅导。前项主管机关认无法先行辅导或经辅导无效果时，应叙明其理由，并检具通报事由及辅导纪录，由该管警察机关移送法院。第1项之辅导办法，由台湾地区行政主管机构会同台湾地区司法主管机构定之。”（参照“台湾地区立法主管机构议案关系文书院总第483号”，提案第22908号，2019年3月16日印发，委245－8）可谓是针对施用一、二级毒品以外之施用毒品少年采取行政先行之修正草案。

② 参照本法第18条规定说明。

情形之一者，应结合福利、教育、心理、医疗、卫生、户政、警政、财政、金融管理、劳政、移民及其他相关资源，对少年施以适当期间之辅导。前项辅导期间，少年辅导委员会如经评估认由少年法院处理，始能保障少年健全之自我成长者，得叙明理由并检具辅导相关纪录及有关资料，请求少年法院处理之，并持续依前项规定办理。直辖市、县（市）政府少年辅导委员会应由具备社会工作、心理、教育、家庭教育或其他相关专业之人员，办理第 2 项至第 6 项之事务；少年辅导委员会之设置、辅导方式、办理事务、评估及请求少年法院处理等事项之办法，由我国台湾地区行政主管机构会同司法主管机构定之。于 2023 年 7 月 1 日前，司法警察官、检察官、法院、对于少年有监督权人、少年之肄业学校、从事少年保护事业之机关或机构，发现少年有第 3 条第 1 项第 2 款之情形者，得移送或请求少年法院处理之。换言之，此次的修正建置曝险少年行政辅导先行机制，唯于 2023 年 7 月 1 日前沿现制仍由少年法院处理，其后则先由少年辅导委员会结合福利、教育、心理、医疗等相关资源，对曝险少年施以适当期间之辅导，如评估确有必要，始请求少年法院处理。

端视各地原属委员会咨询协调会议性质的少年辅导委员会，这样的“行政辅导先行制度”之有效性，真能发挥其跨网络之督导协调及资源整合的功能，而能结合各局处承担起行政辅导先行的责任与布建完整的处遇资源网络？特别是各地少辅会现为任务编组，其幕僚单位大多为各直辖市、县（市）政府警察局少年队，所需经费由警察局编列预算支应，运作方式不一，普遍面临如下瓶颈：（1）任务编组，整合发挥辅导成效不彰。（2）经费编列困难，持续推展辅导不易。（3）人力不足。（4）专业人才缺乏，易阻碍辅导成效。[①] 就以目前资源最丰富的台北市少年辅导委员会为例，台北市于 1985 年 7 月起全面设立少年辅导组，聘用社工、心理等大学毕业专业辅导人员 48 人，以加强推展少年犯罪防治及辅导工作至今，于基层辅导服务社区少年，防范少年犯罪行为于未然，并也发挥一定成效。然而少辅组组织性质仍属任务编组，以至于造成人力流动，影响工作士气，多年来多次提案讨论于警察局增设“台北市少年辅导中心”法制化，但最后仍以“未有合宜方式之前，暂维持现状”，目前仍是以任务编组方式运作。

纵使如此，如何强化少辅会“组织协调整合功能”“提升会议运作强度”“提

① 许福生：《风险社会与犯罪治理》，台湾地区元照出版社 2010 年版，第 132 页。

高志工素质与运用”“落实督导考核”“法案配合研修”等仍是政府施政重点。特别是有研究建议指出，强化少辅会功能，可从决策者与相关机构应予重视、运用情资融合模式产制情报产品、促进跨机关信息共享、提升少辅会人员素质、建立完善人事制度及引进社会资源等方面着手。① 有鉴于此，政府先于2013年12月9日修正“少年不良行为及虞犯预防办法”部分条文，而于该办法第11条规定修正为：“各直辖市、县（市）政府应设置少年辅导委员会，综理规划并协调推动预防少年犯罪之相关事宜。少年辅导委员会应依受辅导少年之需要，协同或会同各目的事业主管机关及少年辅导机构，加强少年之辅导；并视其情形办理各种技艺训练、辅导就业与举办有关少年福利服务及其他辅导活动。少年辅导委员会得遴聘当地热心公益人士、具备辅导专业学识或经验人士或大专院校相关科系学生，协助少年不良行为及虞犯之预防工作。少年辅导委员会设置及实施要点，由我国台湾地区内政主管部门会同法务主管部门、教育主管部门及卫生福利主管部门定之。”即特别增订“少年辅导委员会设置及实施要点，由我国台湾地区内政主管部门会同法务主管部门、教育主管部门及卫生福利主管部门定之。”2014年5月16日台湾地区内政主管部门、法务主管部门、教育主管部门及卫生福利主管部门也已正式公布修正“少年辅导委员会设置要点”为“少年辅导委员会设置及实施要点”，借以强化组织及功能。如此现象，确实也看到政府对“强化少年辅导委员会功能或法制化”的重视，只是各地落实的状况仍有很大差异。②

因此，本条修正施行后，关于曝险少年之辅导先行措施，应有专门负责单位负责办理，该单位并应有充足之相关专业人力及物力资源始敷所需，故各地除于修正施行前之准备期间盘整检讨少辅会的功能与角色地位，以及建构各项辅导工作评估指标与处理标准作业程序发挥个案管理功能，并尽速建立少辅会运作架构模式，依此模式充足人力与经费，使其能顺利承接处理曝险少年外，亦可思考将少辅会的运作转由社政单位主责，发挥少年辅导功能；倘若社政体系不愿意承接，

① 李传文：《少年辅导委员会功能强化之研究——美国情资融合网络模式应用》，台湾警察大学公共安全研究所2014年硕士论文。

② 现阶段22县市有17个县市（77%）仅有0～3名辅导人力，澎湖县及连江县甚至无设置少辅会，我国台湾地区约3/4县市少辅会人力严重不足，且现行少辅会仍为任务编组，少辅会干事及辅导员为一年一聘制度，组织定位不明，难以留住优秀人才。唯高风险家庭（参照少儿福权法及少儿高风险家庭关怀辅导处遇实施计划）及高关怀学生（建构高关怀学生个案辅导资料转衔机制及通报系统评估计划）已有相关辅导专业机制运作，如此确也可解决一部分曝险少年的辅导工作。

仍需由警察局编列预算支应，可在少辅会的相关人员中增列主任督导，统筹少辅会工作事宜，并直接对少辅会主任委员直辖市长、县（市）长负责；或是可借鉴日本的作法，于警察局下成立“少年辅导中心”与其他相关机关、团体紧密的合作下，推动计划性的辅导等，以落实曝险少年辅导工作，尤其是为了能早期发现会成为重大不当行为之前兆问题行动，在强化辅导活动的同时，还对家庭等实施适当的指导等必要的援助。[①] 如此思维，也可作为本法授权我国台湾地区行政主管机构会同司法主管机构订定少年辅导委员会之设置、辅导方式、办理事务、评估及请求处理等事项之办法之参考，以利运作。

四、曝险少年处理程序之问题

少年曝险行为似认为少年是社会法益之破坏者，但也因此破坏行为，正足以显露其自损行为而需要教育性，故此时法律规范究应考量，是基于破坏社会法益而加以惩罚？或施以教育使其悔改向善？而此种轻微社会法益之损害，有无必要由少年法院介入处理？或交由教育福利机构处理以协助少年悔改向善？由于曝险少年并非犯罪少年，某些情形下仅破坏轻微社会法益，但此正足以显露少年之需教育性，故法律之设计应是透过教育福利机构处理。但此次修法因考量现行教育福利体系等机关尚未有处理少年非行的专业，故采行政先行，少年法院仍作为后盾支应。由于曝险少年规范目的确实与犯罪少年不同，故规范曝险少年之处理程序自应与犯罪少年分离，但台湾地区现行少事法若最后由少年法院作为后盾支应在处理曝险少年之程序，并未单独规定，其适用之司法程序与触法少年之处理程序并无不同，如此次修法中曝险少年在程序上与触法少年相同，增订成人陪同在场、儿童少年心理卫生或其他专业人士、通译协助等表意权保障规定（修正条文第 3 条之 1）；扩增询（讯）问时应告知事项之内容，强化程序权之保障（修正条文第 3 条之 2）；为避免少年受不当影响，询（讯）问、护送及使其等候过程，应使少年与一般刑事案件嫌疑人或被告隔离（修正条文第 3 条之 3、删除第 72 条）；

---

① 日本警察于 1998 年为了强化防止地区性少年不当行为之活动，开始设置以少年辅导员及少年咨询员为中心之“少年支援中心”的专门组织，以处理相关少年问题，2000 年台湾地区各地都道府县警察局均设置“少年支援中心”，从事有组织、有计划的展开地区性之街头辅导及咨询工作等防止少年不当行为之活动外，同时发动少年警察志工等民间团体参与，支援实施少年辅导与保护工作。参照许福生：《风险社会与犯罪治理》，台湾地区元照出版社 2010 年版，第 141 页。

为维护少年身心健全发展，询问或讯问少年一段时间后，宜有适当之休息时间，较为妥适（修正条文第3条之4）。然而，考量曝险少年与犯罪少年之不同，基于保护曝险少年之角度观之，其处理程序上应与少年犯罪之程序分离。况且曝险少年之问题大多来自家庭问题，可由家事法院审理，应较为适当，至于程序法理之选择，由于涉及裁量少年最佳利益之判断，且台湾少年审理程序并无对立之双方，故程序上应可思考选择民事非讼事件之程序，在法理上较符合曝险少年弹性保护之需求。①

再者，依我国台湾地区“少年事件处理法”第3条规定，曝险少年的偏差行为与触法行为均由法院依少年事件处理法处理之，由于目前对于曝险少年之调查审理程序，与少年触法行为调查审理之程序并无不同，依照本法第1条之1规定，我国台湾地区“少年事件处理法”未规定者，适用其他法律，故对曝险少年的偏差行为可依本法第21条规定传唤、第22条规定发同行书、第23之1条规定协寻及第24条规定台湾“刑事诉讼法”关于人证、鉴定、通译、勘验、证据保全、搜索及扣押之规定，于少年保护事件性质不相违反者准用之。②

除此之外，现行法对于曝险少年究竟可否进行逮捕？并未规定，呈现正反不同意见。赞成者认为本法对于曝险少年与触法少年处理并无不同，触法少年既得进行逮捕，曝险少年自得进行逮捕，且曝险少年依本法第23条之1既得协寻，警察人员对于寻协少年之护送行为，实质上即为逮捕行为，故曝险少年仍得加以逮捕。唯反对者说则认为曝险少年并非侵犯刑法法益之行为，不构成我国台湾地区“刑事诉讼法”第88条现行“犯”之要件，从限制人身自由应从严解释之角度，应不包含对于虞犯少年之逮捕。至于对于移送少年法院前之曝险少年，检察官是否可加以拘提？“法”无明文规定。然依我国台湾地区实务见解认为有关少年事件于移送少年法院后，少年法院固得对少年签发同行书，唯于移送少年法院前，检察官对于14岁以上之少年仍得予以签发拘票，但对于未满14岁之少年，则不得签发拘票，故司法警察机关如依台湾地区“刑事诉讼法”第88条之1径行拘提少

① 黄义成：《少年事件处理法有关少年虞犯修正草案之评析》，载台湾地区《刑事法》第62卷第6期。

② 目前实务上就有关何项规定在性质上与少年保护事件之调查程序不相违背，而可适用刑事诉讼相关规定，仍须依具体个案予以认定及处理，并无一定之见解可资依循，因此，实务上亦常发生适用上之争议。如少年保护事件可否准用新修正台湾“刑事诉讼法”开于证人交互诘问规定即有疑问，目前实务上倾向采否定说。林俊宽：《少年事件处理法》，台湾地区五南图书出版公司2009年版，第64页。

年后，仍应依该条第 2 项之规定报请检察官签发拘票，而非向少年法院法官报请签发拘票。故参酌此见解，似应不得加以逮捕及拘提。由于对曝险少年于移送少年法院前之逮捕及拘提，法律并未有明文规定，然此阶段若需通过强制力保护其生命、身体安全时，因欠缺相关规定，即无法达到实时保护曝险少年之目的，故将来立法上明确规范其要件，确实有必要。①

第五节　实务案例研究

一、15 岁少年护母伤害案

（一）事实摘要

15 岁郭姓少年命途多舛，家中的支柱父亲因车祸死亡，留下孤儿寡母靠着资源回收为生。郭姓少年利用假日不用上课时帮母亲赚钱，但看到某人仗势欺人辱骂他母亲，甚至拳脚相向，他冲上前去保护母亲，还手时使对方受到伤害，事后对方竟告他伤害。

（二）相关法条

就上面所发的事实来判断，郭姓少年当时为了保护母亲免于被人欺侮，少年气盛，愤而出手还击使对方受伤，似属实情，且互殴又不构成正当防卫，他的行为应已触犯我国台湾地区“刑法”第 277 条第 1 项普通伤害罪，可处五年以下有期徒刑、拘役或五十万以下罚金。

（三）少年触法事件之处理方式

凡是少年所涉的刑事案件，不论任何人知道，或者检察官、司法警察官，法院在经办案件中发觉少年有触犯刑事法律的情事，依我国台湾地区“少年事件处理法”第 17 条与第 18 条的规定，都要向少年法院报告或移送少年法院处理。现郭姓少年只有 15 岁，因而依照台湾地区“少年事件处理法”第 2 条的规定，凡是 12 岁以上 18 岁以下的人，都是该法所称的“少年”。少年有触犯刑罚法律的行为，依本法第 3 条第 1 项第 1 款的规定，不问案件的大小，都归由少年法院或者

① 黄义成：《少年事件处理法有关少年虞犯修正草案之评析》，载台湾地区《刑事法》第 62 卷第 6 期。

少年法庭依台湾地区“少年事件处理法”来处理。

按少年法院或少年法庭处理少年刑事案件有四种方式：(1) 第一种是该法第27条规定的先议权，少年法院经过调查的结果，认少年触犯刑罚法律，且有下列情形之一者，应以裁定移送于有管辖权之法院检察署检察官：第一，犯最轻本刑为五年以上有期徒刑之罪者。第二，事件系属后已满20岁者。除这两种情形以外，少年法院依调查之结果，认犯罪情节重大，参酌其品行、性格、经历等情状，以受刑事处分为适当者，也得依该条第二项的规定，以裁定移送于有管辖权的法院检察署检察官。少年犯罪时如果未满14岁者，就不适用这种移送检察官的规定。(2) 第二种处理方式是该法第28条所规定的应不付审理的裁定：“少年法院依调查之结果，认为无付保护处分之原因或以其他事由不应付审理者，应为不付审理之裁定。”这是条文的内容，其中的“应”字，含义便是少年法院必需要这样做，其间毫无协妥余地。(3) 第三种方式是该法第29条第1项所定的得不付审理的裁定：“少年法院依少年调查官调查之结果，认为情节轻微，以不付审理为适当者，得为不付审理之裁定，并为下列处分：第一，告诫。第二，交付少年之法定代理人或现在保护少年之人严加管教。第三，转介福利、教养机构、医疗机构、执行过渡性教育措施或其他适当措施之处所为适当之辅导。”条文中所用的这个“得”字，是法律赋予法官有自由审酌的职权，也就是审理案件的法官有权决定将这案件开始审理，也可以不开始审理。不过，在作出决定以前要审酌情节是不是轻微。(4) 第四种方式便是开始审理的裁定，认为应付审理者，应为开始审理之裁定，并依少年保护事件程序审理，审理结果可分为移送检察官、不付保护处分、告知保护处分。

(四) 少年法院之处理

按郭姓少年所涉的伤害罪，属于我国台湾地区“刑法”规定的五年以下有期徒刑、拘役或五十万以下罚金的犯罪；且调查事实真相后，发现郭姓少年是为了护母被打、而成为被告，纵使当时有还手使对方受到伤害，也是护母心切所致，犯罪情节轻微。因而法官可依本规定第29条之规定，作出“得不付审理”的裁定，并裁定为下列处分：(1) 告诫；(2) 交付少年之法定代理人或现在保护少年之人严加管教；(3) 转介福利、教养机构、医疗机构、执行过渡性教育措施或其他适当措施之处所为适当之辅导。且为第一项裁定前，得斟酌情形，经少年、少年之法定代理人及被害人之同意，转介适当机关、机构、团体或个人进行修复，或使少年为下列各款事项：（1）向被害人道歉；（2）立悔过书；（3）对被害人之损害负赔偿责任。倘若对方不服，可向上级法院提起抗告救济之。

二、15 岁与 13 岁少年共犯加重强盗案

（一）事实摘要

15 岁郭姓少年与 13 岁李姓少年，基于意图为自己不法所有之犯意联络，在台北市文山区某处，分持西瓜刀、铁棒等至 7－11 超市内，以刀架住店员脖子之方式，致使店员无法抗拒，而强取收款机内之现金新台币一万余元。[①]

（二）所犯法条

就上面所发的事实来判断，15 岁郭姓少年与 13 岁李姓少年，基于意图为自己不法所有之犯意联络，持西瓜刀抢劫超市，他们二人的行为已共同触犯台湾地区“刑法”第 330 条第 1 项之加重强盗罪，处七年以上有期徒刑，属于少年触法事件。

（三）少年触法事件之处理方式

少年触法行为，原则系由少年法官，依少年保护事件程序处理，但基于治安要求或少年个人特别因素，例外，依少年刑事案件来处理。少年触法行为，应依保护事件或刑事案件处理，为少年法官之权限，学说上称为“先议权”，如 14 岁以上未满 18 岁之少年，有（1）犯重罪即所犯系最轻本刑为五年以上有期徒刑之罪，或（2）事件系属后已满 20 岁，少年法院应以裁定移送于检察官，依少年刑事案件处理，称为绝对刑事案件（参照本法第 27 条第 1 项）；另如少年虽无前述情形，但法院考虑其犯罪情节、少年个人因素，认为以受刑事处分为适当者，亦得以裁定移送于检察官，称为相对刑事案件（参照本法第 27 条第 2 项）。

（四）少年法院之处理

按本案如实质调查结果，认定郭姓少年已 15 岁，且触犯刑罚法律属最轻本刑为 5 年以上有期徒刑之罪（加重强盗罪之法定刑为 7 年以上有期徒刑），因而，依我国台湾地区“少年事件处理法”第 27 条之规定，应由少年法院（庭）移送于有管辖权之法院检察署检察官，并由检察官依刑事诉讼法之规定加以侦查、追诉，

---

① 蔡坤湖：《少年刑事案件与少年保护事件》，载台湾地区《月旦法学教室》第 123 期。

经检察官提起公诉并由台湾地区台北地方法院少年及家事法庭进行审判，此案即称为典型的绝对少年刑事案件。少年刑事案件之法律效果，仍应依我国台湾地区“刑法”有关主刑、从刑之规定，但应注意少年不得处死刑或无期徒刑（我国台湾地区“刑法”第63条）、不得宣告褫夺公权或强制工作（台湾地区“刑法”第78条）、得减轻其刑（台湾地区“刑法”第18条第2项）。此外，少年刑事案件之调查、审理基本精神，仍应适用台湾地区“少事法”第1条之规定，以保障少年健全之自我成长，调整其成长环境，并矫治其性格为目的。又少年如经法院判处有期徒刑确定后，将来之执行机构，则在矫正学校，而非一般监狱。目前少年有期徒刑之执行机构，在高雄明阳中学，执行期间可至少年满23岁为止，如少年满23岁，而其刑期尚未执行完毕者，所余刑期，移由监狱执行。另外，为避免少年受长期监禁，因机构化结果，而影响其适应通常社会环境之能力，少年之假释条件，亦有特别规定（我国台湾地区“少事法”第81条第1项）。换言之，本案郭姓少年将由少年法官移送检察官，再由检察官起诉后由少年法官依刑事案件程序，判处有期徒刑之刑，并于少年矫正学校高雄明阳中学执行。①

13岁李姓少年因未满14岁，未达刑事责任年龄（参照台湾地区“刑法”18条第1项），应由少年法官依少年保护事件程序处理（参照台湾地区第27条第3项）。少年保护事件并无检察官之参与，系由少年调查官调查少年个人、家庭、学校、社区及交友等状况，并提出调查报告及处遇之建议。少年法官则依协商式之审理精神，以少年为中心考虑，选择如训诫并付假日生活辅导、保护管束并命为劳动服务、安置辅导、感化教育等之保护处分。少年保护处分之目的，亦在保障少年健全之自我成长。少年法官应依其专业，并结合教育、社会福利、人文伦理等专业人员，经由与少年、少年父母、少年调查官及其他专业人员的讨论、协商，找出最能达到保护少年之处遇方法。其中，假日生活辅导、保护管束等为社区式处遇，影响少年之“家庭权”较小，通常为少年法官优先选择，但如果少年之家庭环境在短期内无法修复，则会考虑安置辅导或感化教育之机构式处遇。至于在选择少年保护处分时，应考量下列几个原则：（1）干预最少原则；（2）家庭社区处遇优先原则；（3）闭锁式机构最后手段原则等。② 换言之，本案李姓少年将由

---

① 蔡坤湖：《少年刑事案件与少年保护事件》，载台湾地区《月旦法学教室》第125期。

② 蔡坤湖：《少年刑事案件与少年保护事件》，载台湾地区《月旦法学教室》第136期。

少年法官依保护事件案件程序处理，选择交付保护管束、安置辅导或感化教育等最适当之保护处分。

三、17 岁少年 24 刀杀死祖父案

（一）事实摘要

祖父才念他两句“不工作，只会看电视”，17 岁李姓少年竟趁 81 岁祖父熟睡时，拿菜刀、水果刀，猛砍、狂刺其头、胸 24 刀，还从房间一路追杀到客厅，年迈祖父无力自保，以致当场惨死。

（二）所犯法条

就上面所发生的事实来判断，李姓少年只因祖父才念他两句即拿刀狂刺，他的行为应已触犯台湾地区“刑法”第 272 条的杀害直系血亲尊亲属于犯罪，可处死刑、无期徒刑或十年以上有期徒刑，并加重其刑至二分之一。但依台湾地区“刑法”第 63 条对老幼处刑之限制，未满 18 岁人或满 80 岁人犯罪者，不得处死刑或无期徒刑，本刑为死刑或无期徒刑者，减轻其刑。

（三）少年触法事件之处理方式

本案李姓少年已 17 岁，且触犯刑罚法律属最轻本刑为五年以上有期徒刑之罪，因而依台湾地区“少年事件处理法”第 27 条之规定，应由少年法院（庭）移送于有管辖权之法院检察署检察官，并由检察官依台湾地区“刑事诉讼法”之规定加以侦查、追诉，经检察官提起公诉并由法院进行审判，此案即称为典型的绝对少年刑事案件。

（四）少年法院之处理

按少年刑事案件之追诉、审理，除有特别规定之外，几乎与一般刑事案件之程序相同。惟本案纵使李姓少年手段凶残且杀害直系血亲尊亲属罪，可处死刑、无期徒刑或十年以上有期徒刑，并加重其刑至二分之一，但依我国台湾地区“刑法”第 63 条对老幼处刑之限制，未满 18 岁人或满 80 岁人犯罪者，不得处死刑或无期徒刑，本刑为死刑或无期徒刑者，减轻其刑。而死刑减轻者，为无期徒刑；无期徒刑减轻者，为二十年以下十五年以上有期徒刑。

对未满 18 岁少年不得判处死刑或无期徒刑，是为了符合国际公约，即公民与政治权利国际公约及儿童权利公约揭示对未满 18 岁人的犯罪行为，不得判处死刑

或无释放可能的无期徒刑，已成为国际间共识，纵使未满18岁人犯杀害直系血亲尊亲属罪亦同。本案李姓少年将由少年法官移送检察官，再由检察官起诉后由少年法官依刑事案件程序，判处有期徒刑之刑而不会被判处死刑或无期徒刑，并于少年矫正学校高雄明阳中学执行。

四、13岁少年吸毒成瘾案

（一）事实摘要

13岁蔡姓少年吸毒成瘾，某日在公园内施用“K他命”为警查获。

（二）所犯法条

就上面所发的事实来判断，13岁蔡姓少年吸毒成瘾，由于“K他命”属于第三级毒品，依台湾地区“毒品危害防制条例”第11条之1规定，少年施用第三级者，应依台湾地区“少年事件处理法”处理。又依台湾地区“少年事件处理法”第3条第1项第2款之规定，少年有施用毒品或迷幻物品之行为而尚未触犯刑罚法律，而认为有保障其健全自我成长之必要者属曝险少年，采行政辅导先行，司法为后盾支应。

（三）曝险少年行为之处理方式

经查，13岁蔡姓少年，吸毒成瘾，且依其性格及成长环境、经常往来对象、参与团体、出入场所、生活作息、家庭功能、就学或就业等一切情状而为判断认为有保障其健全自我成长之必要者属曝险少年，而曝险少年，则适用行政辅导先行，司法为后盾支应，若司法介入系属绝对保护事件处理。惟于2023年7月1日前，得沿旧制仍由少年法院处理之。

（四）少年法院之处理

司法警察官、检察官或法院于执行职务时，知少年有吸毒成瘾之情形者，得通知少年住所、居所或所在地之少年辅导委员会处理之，前项辅导期间，少年辅导委员会如经评估认为由少年法院处理，始能保障少年健全之自我成长者，得叙明理由并检具辅导相关记录及有关资料，请求少年法院处理之，并持续依前项规定办理。而少年法院在由少辅会请求后，可为应不付审理的裁定或得不付审理的裁定或开始审理的裁定；认为应付审理者，应为开始审理之裁定，并依少年保护事件程序审理，审理结果可分为不付保护处分、谕知保护处分。故本案蔡姓少年应采行政辅导先行，司法为后盾支应，若最后少年法官介入后，将由少年法官依保护事件程序处理，选择如训诫并付假日生活辅导、保护管束并命为劳动服务、安置辅导等最适当之保护处分，惟于2023年7月1日前，得沿旧制仍由少年法院处理之。

五、11岁儿童偷自行车案

（一）事实摘要

11岁王姓儿童因家穷无人教导，但又羡慕他人拥有自行车，于是趁人不注意时，窃取他人停放于公园入口之自行车，之后王姓儿童骑乘该自行车在路上，为警查获。

（二）相关法条

就上面发生的事实来判断，11岁王姓儿童因家穷无人教导，而窃取他人停放于公园入口之自行车，他的行为应有触犯刑罚法律之行为，即犯我国台湾地区“刑法”第320条普通窃盗罪，处5年以下有期徒刑、拘役或50万元以下罚金。

（三）儿童触法事件之处理

因王姓儿童只11岁，依照我国台湾地区“刑法”第18条第1项规定，未满14岁者所为刑事违反行为不罚，因而不能施于刑罚加以处罚，惟台湾地区原“少事法”第85条之1规定对于7岁以上未满12岁儿童触法行为，亦由少年法院适用少年保护事件之规定处理之，而属绝对保护事件，惟新修正之少事法，因应儿童权利公约首次“报告结论性意见”第96点第1项，触法儿童应排除本法之适用，故删除本条规定。但鉴于删除有关触犯刑罚法律儿童准用本法之规定，为制度上重大变革，须予行政机关须相当时间准备，故规定本条自公布一年后施行，以为因应。

（四）少年法院之处理

由于王姓儿童只有11岁，所为刑事违反行为不罚，其触法行为不能移送检察官；况且依台湾地区“少年事件处理法”所称少年系指12岁以上未满18岁者，故11岁之儿童原则上非我国台湾地区“少事法”之适用对象，况且新修正之台湾地区“少事法”，已删除原“少事法”第85条之1规定，但为给行政机关相当时间准备，故规定本条自公布一年后施行，以为因应。故王姓儿童在本法公布一年后，若实施同样行为，便不是台湾地区“少事法”所处理的范围，回归12年基本教育及学生辅导机制处理，不再移送少年法庭处理之。

海峡两岸家事纠纷解决机制的检视和完善

——以156件一审涉台家事案件为切入点

陈纬纬[*]　付　臻[**]

家庭是社会的细胞，家庭和谐稳定是国家发展、社会进步、民族繁荣的基石。两岸婚姻家庭作为连接两岸人民感情的重要纽带，大大增进了两岸同胞的理解与融合，对实现两岸关系和平发展具有重要意义。当前，随着经济社会发展和两岸交流日趋密切，两岸婚姻家庭关系发生了深刻变化，涉台离婚、抚养、继承等家事案件①持续增长。司法实践中，人民法院在审理涉台家事案件中面临许多难点。因此，在涉台家事案件审理过程中充分运用最新家事审判改革经验和成果，坚持问题导向，积极探索办法，不断提高妥善化解纠纷的能力和水平十分必要。

* 福建省法官协会会员。

** 福建省法官协会会员。

① 根据《最高人民法院关于开展家事审判方式和工作机制改革试点工作的意见》，家事案件主要案件类型有：(1) 婚姻案件及其附带案件，包括离婚、婚姻无效、婚姻撤销等，附带案件包括监护权、子女抚养费、离婚后财产分割等；(2) 抚养、扶养及赡养纠纷案件；(3) 亲子关系案件，包括确认亲子关系、否认亲子关系；(4) 收养关系纠纷案件；(5) 同居关系纠纷案件，包括同居期间的财产分割、非婚生子女抚养等；(6) 继承和分家析产纠纷案件等。

一、现状描摹：近年来H法院审理涉台家事案件概况

（一）受理情况

2012年6月1日~2018年12月30日，H法院共受理一审涉台家事案件156件，其中婚姻家庭纠纷案件135件、继承纠纷案件21件。随着两岸经济社会融合发展，涉台家事案件类型更加多样化，除传统的离婚、继承纠纷案件外，涉婚姻无效、婚约财产、生父确认、同居析产等纠纷案件也越来越多。审结案件152件，与同期其他家事案件相比，涉台家事案件呈判决率高、撤诉率高、调解率低的特点。

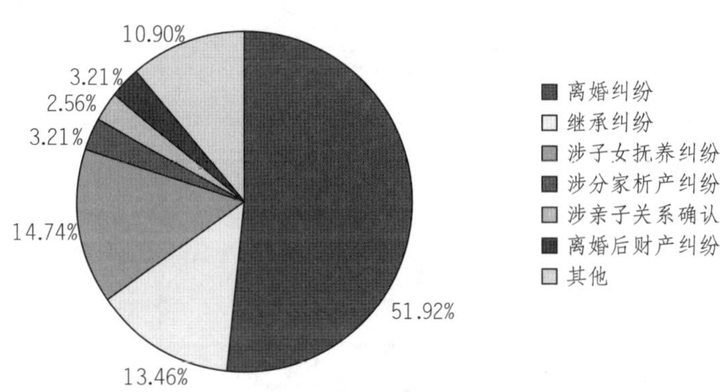

图1 H法院受理涉台家事案件类型分布图

表1 H法院年收涉台婚姻家庭、继承案件情况表

年份	受理涉台家事案件数（单位：件）	涉及案由数（单位：类）
2012.6~2012.12	10	3
2013	26	3
2014	23	3
2015	25	8
2016	25	8
2017	26	9
2018	21	8

表 2　涉台家事案件结案方式情况表

指标分类	同期其他家事案件	涉台家事案件
判决率	35. 89%	48. 68%
调解率	38. 48%	13. 82%
撤诉率	18. 54%	32. 24%

（二）主要特点

1. 大陆女性起诉离婚比例高且诉求多样化。据统计，受理的 81 件涉台离婚案件中，大陆女性起诉台湾男性占比 82. 82%，且诉求愈加多样化，除了要求解除婚姻关系外，还积极主张子女抚养权、分割夫妻共同财产以及精神损害赔偿等内容。审结案件中，有 56. 79% 案件裁判解除婚姻关系。

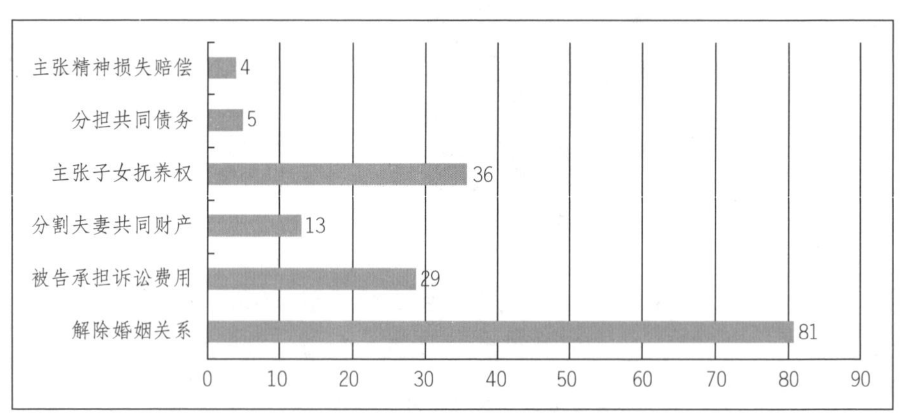

图 2　涉台离婚案件原告诉讼请求分布图

2. 夫妻长期分居成为影响两岸婚姻的首要因素。受理的涉台离婚纠纷案件中，六成以上案件的原告离婚首要理由为“夫妻长期分居”。法院审理过程中，经向厦门市出入境管理部门调查双方的出入境记录后，确认双方存在长时期分居情况而判决准予离婚的有 30 件，占比 37. 04%。

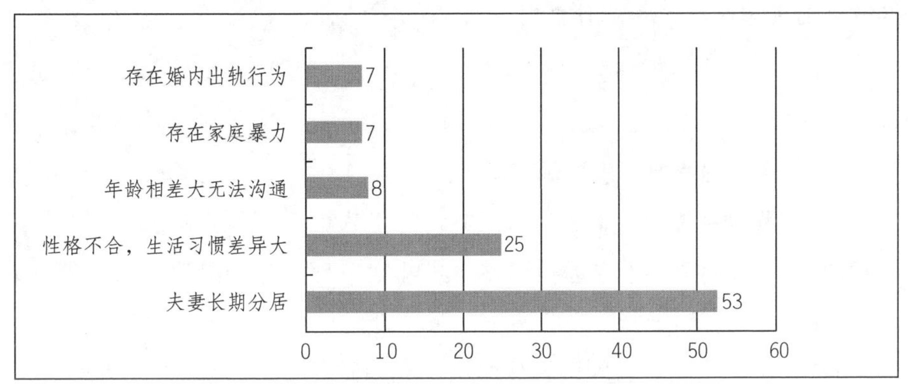

图3　涉台离婚案件原告起诉离婚理由分布情况

3. 台湾被告缺席审理比例高。以判决方式结案的74件涉台家事案件中，有35件为被告缺席判决，占比达47.3%。其中，涉台离婚纠纷台湾被告缺席审理现象更为突出，缺席判决比例高达76.19%。

4. 涉非婚生子女权益纠纷多发。受理涉非婚生子女权益纠纷案件35件，占全部涉台家事案件的22.44%，纠纷类型包括抚养费、继承、确认亲子关系等。其中，在审理请求确认亲子关系案件中发现，大部分被告均到庭参加诉讼且认同原告的诉讼请求，到法院诉讼主要是为了以大陆法院生效判决书到台湾地区办理非婚生子女的认领登记。

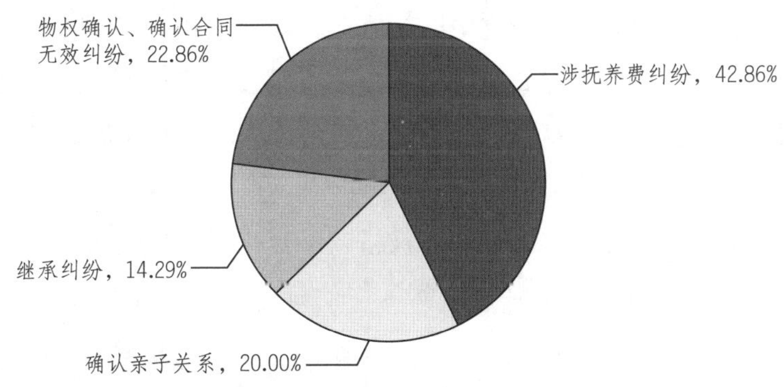

图4　涉非婚生子女权益案件类型分布图

5. 继承案件审理周期长。受理涉台继承案件21件，审结17件，平均审理天数350天。一方面，该类案件继承人人数众多且散居不同地区和国家，当事人主体资格查明难度大，且多存在转继承、代位继承等多种情形；另一方面，该类案件多涉及侨房的继承，房屋一般历史悠久、权属复杂，当事人取证存在一定困难。

（三）特色审判方式和工作机制

1. 规范送达程序。严格公告送达案件审核，未经采取直接送达、两岸司法互助送达方式的，不适用公告送达。其中，由专人负责两岸司法互助案件，并依托信息化平台实现全程留痕，确保规范高效。

2. 探索远程视频庭审。对涉台家事案件当事人因客观原因不能到庭参加庭审的，经双方当事人同意，采取远程视频方式开庭审理，充分保障了双方当事人的各项诉讼权利，并有利于开展当庭调解，促进纠纷实质性解决。

3. 发挥台胞陪审员、台胞调解员作用。先后聘任41名台胞为台胞陪审员、7名台胞为特邀调解员，在适用普通程序的家事案件中，多采取“法官+大陆陪审员+台胞陪审员”的合议庭模式进行审理，其不仅提高了司法透明度和公信力，也能借台胞同乡优势开展调解工作。

4. 推行繁案精审机制。选任2名具有丰富家事审判经验的资深法官进入繁案组，主要承办重大疑难复杂的家事案件，其中即包括涉台家事案件，必要时将涉台家事案件的法律适用问题提交专业法官会议研究讨论，讨论意见供承办法官参考，着力提高涉台家事审判质量。

5. 委托第三方法律查明机构查明台湾地区有关规定。依法确定适用台湾地区民商事有关规定的家事案件，委托厦门市中级人民法院、厦门大学台湾研究院共同成立的“台湾地区法律查明研究中心”查明台湾地区相关规定。与司法互助途径相比，委托“台湾地区法律查明研究中心”查明或核实台湾地区有关规定并就其适用出具专业意见效率较高，且相关规定适用分析对审判人员如何具体适用极具参考价值。

6. 加强两岸家事司法实务交流。积极搭建平台，促进海峡两岸家事法领域的专业交流与合作，共同研讨家事司法实务中的疑难问题，如与高校共同主办的“海峡两岸家事司法实务研讨会”，邀请来自海峡两岸的56位专家学者、司法实务界人士参加了研讨会，为涉台家事案件审判提供了思路和启发。

二、问题分析：涉台家事案件审理难点及症结探析

（一）送达周期较长且成功率较低

该院受理的涉台家事案件被告住所地多在台湾地区。司法实践中，法院向住

所地在台湾地区的当事人送达民事诉讼司法文书的，一般依法①采用的送达方式主要如下：

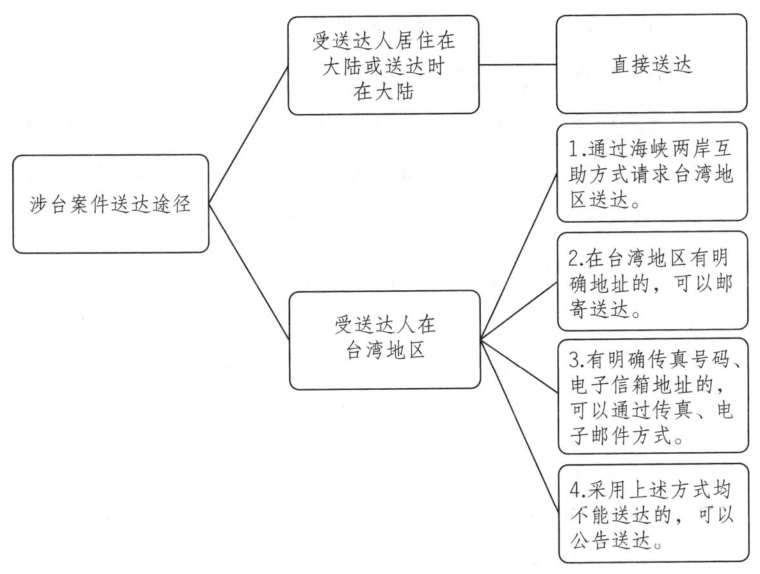

图5　向台湾当事人送达司法文书途径

与2008年《最高人民法院关于涉台民事诉讼文书送达的若干规定》相比，2011年《最高人民法院关于人民法院办理海峡两岸送达文书和调查取证司法互助案件的规定》将司法互助送达放在了邮寄送达和传真电邮送达之前，鼓励并要求法院尽可能使用司法互助途径。然而，司法实践中司法互助送达存在耗时长、成功率低等现象，且大部分送达成功的案件是以"寄存于派出所"的方式完成送达，让"受送达人实际知悉送达内容"的效果大打折扣。为提高涉台送达效率和效果，一些法院对涉台送达方式进行了变通，如在采用司法互助方式送达之前采用邮寄送达方式，在采用司法互助方式送达的同时采用公告送达等，但对于这些变通措施是否符合法律程序要求，目前尚未明确。

此外，随着《最高人民法院关于为深化两岸融合发展提供司法服务的若干措施》的出台，"未采取过直接送达、两岸司法互助送达方式的，不适用公告送达"原则得到进一步强化，然而实践中却遇到因受送达人地址和联系方式不明，委托送达的相关材料经高级人民法院审查后被退回补充，但审理案件的法院并不能补

① 《最高人民法院关于人民法院办理海峡两岸送达文书和调查取证司法互助案件的规定》第七条规定。

充相关材料的情况，此时案件因还未进入司法互助送达阶段，按规定不能适用公告送达，此时案件审理可能因此停滞了。

（二）台湾地区当事人缺席审理现象突出

因家事纠纷案件当事人之间有着特殊的身份关系，其更多地涉及感情、道德等，这就决定了家事案件的当事人本人到庭更有利于法官准确裁判，也有利于当事人之间消除误会、恢复感情、促成调解等，从而实现纠纷实质性化解，故家事案件当事人一般必须出庭。[①] 但在实践中，涉台家事案件被告缺席审理的现象却十分突出，在其不到庭参加诉讼也不提交答辩意见、证据材料的情况下，法官仅单凭原告一方的单方陈述，很难充分地掌握在案证据或判断证据的真实性和证明力，法院依职权调取证据也存在困难，且因当事人一方缺席，法院也无法组织开展调停、辅导、修复等工作，影响了家事案件处理效果。

与一般类型家事案件相比，涉台家事案件台湾地区被告缺席审理原因更加复杂，一是多数涉台离婚案件夫妻长期两地分居，感情淡薄又无共同财产需要处理，即使有未成年子女也多从小随原告在大陆生活，故被告主观上不愿再花费时间和经济成本来处理离婚事宜；二是人民法院采取公告送达仍以在传统纸质报纸上刊登公告内容为主，对于涉台案件的公告送达也是在人民法院报等大陆报纸上刊登，在台居住的受送达人能够了解到公告内容的概率极低，此时公告送达流于形式，无法达到送达目的。

（三）两岸夫妻财产制冲突带来法律适用难题

两岸现行夫妻财产制均是法定财产制与约定财产制相结合，但在具体内容上差异很大，特别是在法定财产制方面的冲突：大陆法定财产制是婚后所得共有制，即夫妻双方在婚姻关系存续期间所得的财产原则上归夫妻共同所有[②]，故婚后一方购买的财产，即使登记在一方名下一般也属于夫妻共同财产；而台湾地区法定财产制以夫妻财产分别所有为基础[③]，登记在一方名下的财产属一方单独所有，即便

---

① 《民事诉讼法》第六十二条规定："离婚案件有诉讼代理人的，本人除不能表达意志的以外，仍应出庭；确因特殊情况无法出庭的，必须向人民法院提交书面意见。"

② 《婚姻法》第十七条规定："夫妻在婚姻关系存续期间所得的下列财产，归夫妻共同所有：（一）工资、奖金；（二）生产、经营的收益；（三）知识产权的收益；（四）继承或赠与所得的财产，但本法第十八条第三项规定的除外；（五）其他应当归共同所有的财产。夫妻对共同所有的财产，有平等的处理权。"

③ 根据台湾地区所谓的"民法"第 1017 条规定，夫或妻之财产分为婚前财产与婚后财产，由夫妻各自所有。

是该财产系婚后购买。因此，对于涉及夫妻财产的家事案件，是适用大陆法律还是适用台湾地区有关规定将导致当事人可分财产份额的不同，对当事人权益影响重大。

（四）实现未成年子女利益最大化困难重重

在审理涉未成年子女的涉台家事案件中发现，“父亲缺位”现象极为突出，有的案件甚至存在未成年子女未曾见过父亲的情况。导致这种现象多发的原因，一种情况是父亲在台湾地区已有家庭而不能充分尽到父亲责任；一种情况是父母长期分居两岸，父亲返台后就少有联系。受理案件中，有九成以上案件未成年子女均由在大陆的母亲抚养，父亲角色的长期缺位，对子女的心理健康和成长造成了很大的不良影响。这种“父亲缺位”还很大程度带来案件审理阶段“父亲”的缺席，致使法院无法充分开展法庭调查、调解及进行父母教育等。且即使原告胜诉，该类案件进入执行阶段后执行到位率也很低，未成年子女合法权益不能得到有效保护。

（五）家事审判“社会功能”作用难以发挥

随着家事审判方式和工作机制改革的不断深入，家事审判承载着诊断、修复、治疗家庭关系的“社会功能”作用，如引入专业心理咨询师对当事人的心理进行测试和干预，协调民政、妇联、社区等社会各方面力量参与纠纷化解，委托社工开展案后回访等。然而，在涉台家事案件中，这些工作机制却难以得到充分运用，致使很多案件只是在法律层面得到了处理，双方矛盾纠纷仍然存在。究其原因，一是台湾地区当事人的缺席审理使得当事人之间的对抗性较低，也使得法院难以开展调解工作等；二是两岸地域限制及沟通衔接机制的欠缺，导致两岸社会力量不能及时有效地参与纠纷化解。

三、思考与对策：完善涉台家事案件化解机制

（一）完善涉台送达制度

1. 符合法律规定的情况下，同时选择多种送达方式。台湾地区当事人“人难找”是涉台家事案件必须破解的首要难题，只有“找到人”，才有可能促使家事纠纷得到实质性解决。故对于涉台家事案件的送达，应注重送达实效多于经济成本，在此情况下，可探索同时选择多种送达方式来提高送达成功率，让受送达人

实际知晓受送达司法文书的内容。具体操作模式如下：（1）同时采取邮寄送达与传真电邮送达。对于受送达人台湾地区地址明确的，可在采取两岸司法互助送达方式之前采取邮寄送达，同时以手机短信、传真电邮送达方式相配合。（2）同时采取两岸司法互助送达与公告送达。对于邮寄送达不成功的，应采取两岸司法互助送达，有些案件经原告主动申请，可同时采取公告送达，但应注意送达司法文书中若有指定开庭日期等类似期限的，两种送达方式确定的日期应相一致；若两岸司法互助送达成功，则仅以两岸司法互助送达为准。

2. 缩短委托台湾地区送达要求预留的时限。根据两岸送达文书司法互助的相关规定，需要台湾地区协助送达的司法文书中有指定开庭日期等类似期限的，一般应当为协助送达程序预留不少于六个月的时间①，实践中，委托台湾地区送达司法文书一般在两三个月内返回，但因之前已根据预留六个月的要求排庭，故不得不再花上两三个月时间等待开庭，影响审判效率。为此，建议相应地缩短两岸互助送达的预留时限要求，既有利于提升涉台案件的解决效率，也有利于司法的统一。

3. 拓宽公告送达载体。公告送达是一种法律拟制送达方式，其目的是通过程序的法定性、公正性来平等保障各方当事人的权利。虽其更多的是诉讼程序需要，但仍应尽可能起到让受送达人获知公告内容的作用。为此，应进一步拓展公告送达载体成应然之义，对于涉台家事案件中的送达更是如此。拓宽公告送达载体主要渠道有：（1）公告内容不仅应在大陆公开发行报刊上刊登，还应在台湾地区公开发行报刊上刊登。考虑到人民法院报的专业性局限受众面，可选择受送达人住所地受众面广的纸质媒体刊登公告。（2）充分利用互联网同步公告，在法院官网、微信公众号及报刊网站同步发布公告。（3）充分发挥台胞较为关注的两岸服务机构平台作用，如各地台湾事务办公室、台商协会等，通过其官方网站、微信公众号等发布公告，扩大传播范围。

（二）创新涉台家事审判机制

1. 推广科技法庭远程庭审。随着科技化、信息化、网络化时代的到来，各地

① 《最高人民法院关于人民法院办理海峡两岸送达文书和调查取证司法互助案件的规定》第十条第二款规定，需要台湾地区协助送达的司法文书中有指定开庭日期等类似期限的，一般应当为协助送达程序预留不少于六个月的时间。

法院紧抓信息化发展历史机遇，深度推进现代科技与司法审判深度融合，其中远程视频庭审[①]也逐被运用起来。在涉台家事案件中，台湾地区当事人因时间、路途、经济等原因不能直接参与法庭审理的情况比普通案件更为突出，为确保案件审理效果，远程庭审可视为一种灵活变通的庭审方式。实践中采取的远程视频庭审为互联网平台模式，如使用腾讯 QQ、Skype 等，但其在确保审判信息的安全性和稳定性方面存在一定隐患。未来在进一步发展两岸司法互助的趋势下，可考虑建立两岸法院专网平台，台湾地区当事人前往法院，通过“点对点”法院专网平台参与远程视频庭审。

2. 聘请台胞担任家事调查员。扩大台胞参与家事审判工作，一是可以提高司法透明度，增强司法公信力；二是可以利用台胞之间同乡情谊和信任，消除台湾地区当事人疑虑，有利于调解工作的深入开展。目前，H 法院在家事审判中积极邀请台胞陪审员、台胞特邀调解员参与庭审与调解，但在家事调查方面鲜有涉及。鉴于台湾地区在委托家事调查员进行调查方面具有较为成熟的有益做法，且涉台家事案件调查往往涉及台湾地区当事人在当地的居住环境、家庭关系及经济情况等，故聘请台胞担任涉台案件家事调查员具有较大优势。目前，台湾地区家事调查制度采取委托社工进行家事调查的模式。随着两岸社工交流合作的深入发展，可进一步探索建立两岸社工在家事调查方面的合作，或利用已在大陆成立的台胞社工团队如 H 法院的涉台法庭义工队伍等，开展涉台家事调查工作。

3. 实行离婚财产申报制度。由于司法实践中对台湾地区当事人财产调查客观上存在难度，故在涉财产分割的涉台离婚纠纷案件中，对台湾地区被告应诉的案件实行离婚财产申报制，实为法院多提供了一个掌握当事人财产状况的渠道。离婚财产申报制度，即当事人应当在举证期限届满前，各自申报夫妻财产状况，申报不实构成隐匿财产的，依法对其少分或不分；构成妨碍民事诉讼的，采取罚款、拘留等强制措施。[②] 实践中，法院应注意明确告知当事人不如实申报财产应承担的法律后果。

4. 探索两岸“合作父母”机制。儿童最大利益原则是当今世界保护儿童利益

① 远程视频庭审通常是指通过计算机网络技术、多媒体存储与显示技术、音频处理技术等现代化科技手段，使审判人员与当事人、其他诉讼参与人能够分别在不同地点同时参加网上庭审活动的审判方式。

② 根据《最高人民法院关于进一步深化家事审判方式和工作机制改革的意见（试行）》第四十四条规定。

的重要指导性准则。在审理涉未成年子女的涉台家事案件中发现，“父亲缺位”现象极为突出，严重影响未成年子女的健康成长。从保护儿童最佳利益出发，建立婚姻家庭案件中的“合作父母”机制成为重要突破口。一是引入强制亲职教育制度，如对离婚纠纷的当事人强制要求上“离婚教育课”，通过视频播放、定期定点辅导等方式，就离婚时如何友好沟通、离婚后如何合作抚养孩子等方面加强教育指导。二是邀请儿童心理专家参与案件审理，随时关注和疏导儿童心理，让父母了解未成年子女心理状况并引起重视。三是准确适用轮流抚养机制，在充分开展家事调查的基础上作出综合判断，对父母双方均有能力给未成年子女提供稳定学习与生活环境的，可以适用父母轮流抚养机制。针对上述措施可能因台湾当事人缺席而无法运用的问题，需要从宏观层面寻求相关机构组织的合作对接。

（三）拓宽两岸协调解决家事纠纷渠道

1. 致力两岸相互协商解决规定冲突问题。大陆与台湾地区相关规定冲突的性质是“特殊的区际法律冲突”。[①] 对于相关规定冲突的解决模式，台湾地区则制定“两岸人民关系条例”。解决法律冲突，最高的理想状态是制定统一实体法，“统一实体法是解决法律冲突最为彻底的方式”[②]，其次为制定两岸统一的规定。然而目前两种解决方式的条件还未成熟。为此，有学者提出“大陆沿海省份与台湾地区制定局部协议模式”及“选择适用两岸准据法模式”[③]，为探索大陆与台湾地区法律冲突解决提供了新思路。而当前阶段，对于司法实践中如何解决法律冲突问题，建议可依照受理案件法院所在地法的原则，即在大陆起诉由人民法院受理的，适用大陆的法律；在台湾地区起诉由台湾地区司法主管部门受理的，适用台湾地区的有关规定。

2. 充分发挥两岸有关组织、民间团体的平台作用。2014 年，台湾民主自治同盟中央向全国政协十二届二次会议提交的党派提案中包括了“关于加快商签两岸婚姻家庭保障框架协议，推动两岸民间关系融合发展”的提案[④]，若此框架协议能成功签订，将对两岸婚姻问题的解决产生有利影响。当前，专门因两岸婚姻家庭而设立的组织主要有海峡两岸婚姻家庭服务中心、海峡两岸婚姻家庭协会、台

---

① 陈洪娇：《海峡两岸婚姻法律冲突问题文献综述》，载《法制与社会》2015 年第 1 期。

② 韩德培：《国际司法问题转轮》，武汉大学出版社 2004 年版，第 205 页。

③④ 《海峡两岸婚姻法律冲突问题文献综述》，载《法制与社会》2015 年第 1 期。

湾两岸婚姻协调促进会等，法院可充分发挥这些平台的作用，探索建立两岸家事纠纷协同化解机制，并通过共同开展有关理论研究、调研评估等活动，促进涉台家事审判水平不断提高。

3. 借助两岸媒体做好正面宣传引导工作。健康、稳定、和谐的婚姻家庭离不开家庭成员之间的充分了解和信任。两岸婚姻家庭之所以产生矛盾纠纷很大部分源于“不了解”，包括对个人的不了解，对彼此家庭的不了解，还包括对两岸婚姻政策法律、生活习俗的不了解。所以，从预防两岸婚姻家庭纠纷的角度出发，应进一步拓宽两岸人民互相了解的渠道。在新媒体时代，通过两岸媒体紧密合作，加强对两岸婚姻家庭政策、法律的宣传，可以有效帮助两岸恋人、配偶理性婚恋。为此，人民法院可以充分借助新媒体平台，积极发布两岸婚姻家庭纠纷诉讼指导及典型案例等，加大以案释法力度，努力营造两岸婚姻家庭健康发展的良好氛围。

结　语

两岸同胞血脉相连，两岸婚姻家庭是两岸经济社会融合发展的缩影。结合人民法院工作实际和实践经验，在家事审判领域积极开展探索实践，希望以优质司法服务和保障，确保办案政治效果、社会效果与法律效果相统一，为两岸融合发展保驾护航。

善意父母原则下探视权强制执行路径之嬗变
——以台湾地区“家事事件法”为借鉴

黄冬阳[*]　方　珺[**]

We build a life together and we love each other. If you destroy that it may be irreparable.（我们一起重建了生活，彼此相爱。如果你毁了这段关系，可能无法弥补。）

——电影《Kramer vs. Kramer》（《克莱默夫妇》）[①]

家事案件具有区别于普通民事案件的公益性、社会性、前瞻性和责任连带性等特点，法院执行家事案件的重点已不仅仅在于化解当前矛盾，或评判案件当事人的是非对错，而是重在调整离婚后的财产分配和亲属关系。尤其在涉及未成年人权益的探视权案件中，法院强制执行的目的重在督促离异夫妻继续维持与子女的联系，在合作的基础上履行子女的抚养计划。然而现实中，夫妻在离婚过程中产生的对抗行为大多波及未成年人，因家庭破裂造就的对抗夫妻角色对未成年人

* 福建省法官协会会员。

** 福建省法官协会会员。

① 电影《克莱默夫妇》是哥伦比亚影片公司于1979年出品的家庭伦理片，该片于1979年12月17日在美国首映。并于1980年获得第52届奥斯卡金像奖最佳影片奖。故事讲述克莱默夫妇在离婚后，克莱默太太留下儿子比利离家出走后回归，并与克莱默先生就比利的抚养权纠纷起诉至法庭。法庭因比利年龄较小需母亲照顾以及克莱默先生事业滑坡等诸多客观原因，判决比利由母亲克莱默太太抚养。在经过出走、争执与法庭对抗后，克莱默夫妇最终回归理性与善意，从离婚的对抗情绪中转向关注比利的生活现状。克莱默太太最终放弃要回比利的抚养权，而让比利继续与父亲克莱默先生共同生活。这句台词是抚养权纠纷开庭时，克莱默先生对法官的陈述。

的成长造成极其不利的影响。对抗夫妻惯于采用阻断子女与另一方联系的方式相互报复，造成未成年子女成长过程中父亲或母亲角色的缺失。虽相关法律规定，家事纠纷的审理和执行应以儿童利益最大化原则为指引，但因立法具有抽象性和滞后性，如何在探视权执行中运用儿童利益最大化原则的问题并未解决。如何规制对抗夫妻，让未成年人维持与父母双方的亲子关系，是探视权强制执行中挡在法官面前的一道门槛。

一、困境：对抗夫妻的离间与执行理念的误解

（一）对抗夫妻造成执行程序延滞

探视权案件中，离异夫妻常常以未成年儿童为载体，以各种方法阻拦探视，要挟对方实现己方要求或进行报复。这些对抗行为已经使父母责任被严重扭曲，对未成年人成长造成不利影响。最典型的就是以下几种情形。

1. 离间。抚养人或同住人将离婚结果归责于对方，并在与子女生活过程中明示或暗示对方的负面评价，指责对方不是，合理化自身行为，引导未成年子女否定对方亲情，进而阻断子女不与之来往，甚至鼓动子女憎恨对方。

2. 裹挟。对子女施加压力，让子女无法陈述真实意思，通过子女之口说出“不愿意与抚养人生活或接受探视”。将拒不履行的行为归责于子女的意思自治，以一切尊重子女意愿为名，阻拦法官执行交付抚养或探视。

3. 报复。关注如何以子女之名义从对方处获得金钱或其他利益，将破裂婚姻中的报复情绪从婚内一直延续到离异后。针锋相对、不计代价地想让对方承受无法探视子女或无法抚养子女的后果。并将这种报复行为合理化，要求法院实现对其的公平正义。

在三种复杂情绪及意图的包装下，对抗夫妻协同各自家庭成员粉墨登场，将法院变成最好的复仇舞台，损害子女利益，造成亲子关系毁灭性破坏，未成年子女在执行过程中均呈现或轻或重的情绪崩溃状态。

（二）角色错位造成执行强制力弱化

探视权执行是被执行人即父（母）一方所负担的行为之债，未成年子女虽不是当事人双方，却是探视所指向的对象。这一复杂的关系让法官在选择执行方式时瞻前顾后，举棋不定。

1. 父母主体认知错位。父母将抚养和探视子女视为自己的权益，进而忽略被抚养和被探视实际上是子女最重要之权益。父母本位的思维方式，必然造成对子女权益的隐形剥夺。父母得以依据自己申请执行人或被执行人的法律地位，理直气壮地要求法院实现自己抚养和探视子女的权益，罔顾子女真正利益。

2. 探视权案件执行理念误区。自《联合国儿童权利公约》通过以来，世界各国、地区对于亲子关系的立法理念已从父母本位逐渐进化为子女本位。父母子女的核心关系从原来的控制、管理转变为父母照顾、抚养、保护未成年人的权利和义务。子女与双方父母保持密切联系是子女最重要的权益。执行实践中，却依然存在父母本位的思维方式，认为一方探视子女是父母的权利，当抚养子女一方主张对方未支付抚养费、未支付离婚后补偿款而不让对方探视子女等理由要求不予执行探视时，执行法官的立场容易因对价思维而被动摇。

3. 探视权案件执行规范空白。父母作为被执行人和协助义务人的双重身份导致法官在决定采取间接执行措施①的程度上把握不定，又不敢轻易采取对子女进行强制探视的措施。因此，常规做法是对被执行人采取柔性劝说或谨慎的间接执行措施，如限制消费、失信惩戒、限制出境等。如遇到与子女同住人对子女进行反复恶意离间而导致执行程序延滞时，法院难以采取失信惩戒措施，又对拘留、罚款或追究刑事责任等措施持谨慎态度，使执行程序陷入僵局。

二、归位：从对抗夫妻到合作父母的执行理念

（一）合作父母概念的提出与对抗夫妻的判定

所谓善意父母原则，就是合作父母。在离婚事件中，从调解到审理，乃至离婚后父母对子女的探视，若能充分运用善意父母原则，能将离婚对未成年子女带来的冲击降到最低。夫妻离婚后，不仅仅是一方对子女的探视，子女的安置与未来计划的安排都极度需要对抗夫妻转变为合作父母。而实践中，在探视权案件执行过程中，未成年人受到父母亲离间的情形却屡见不鲜。只要同住人通过离间行

① 间接执行措施，指在民事案件执行过程中，被执行人有能力但拒不履行生效法律文书之义务，为规制被执行人逃避债务行为，而由法院对被执行人处计算迟延履行期间的债务利息或迟延履行金、限制消费、限制出境、失信惩戒、拘留以及罚款等，通过这些执行措施而形成对被执行人的心理强制，迫使其主动履行法律义务。实践操作中，随着社会征信体系的不断完善、执行信息化的不断进步，间接执行措施被法院广泛采用。

为获取子女对执行法官表达“不愿意探视”的所谓意愿时，因无法分辨其真实意图，法官极易被裹挟而延滞启动强制执行措施。因此，探视权执行案件，应当重点关注子女被同住人离间的现象。

1. 离间行为的发现。离间通常来说是心理学范畴的概念，当这一行为发生在离异夫妻身上时，它通常指父母亲离婚或分手前后，对他方或相互间仍有仇恨及负面的感觉或感情，进而以直接或间接方式影响或引导未成年子女，以拒绝与他方父母会面甚至任何形式的接触等方式，阻隔亲子关系，使离婚后父母亲对子女的探视和抚养权行使等发生困难。早在 1949 年心理学家赖希就曾提出这一概念，同时期美国加州法院的在审理家事案件中亦指出离间行为的存在。1980 年代，美国心理学家 Richard Gardner 正式使用离婚后子女离间症候群（PAS）为离间行为命名。心理学家及法律工作者开始重视和严肃面对离间与子女最佳利益的关系，以及离间所造成的子女心理成长发展的障碍问题。目前我国家事司法领域并未对儿童遭受父母离间的现象有所发现或总结，然而离间现象却存在于多数离异夫妻的对抗行为中。

2. 离间行为类型。有国外学者在其研究中将离婚后子女受离间的类型区分为亲近、结盟、实际与病态等四种程度的离间。笔者认为，子女对父母的亲近与结盟行为实际上是子女自愿选择的一种相处方式，因此，可称之为主动离间；而实际离间和病态离间则可归类于子女在父母的持续洗脑而被动接受的结果，故可称之为被动离间。因此，离间行为可以概括分为主动离间与被动离间：（1）主动离间，未成年人为取得同住人的保护而自发疏离另一方，与同住人结盟，借此减轻自己在父母争夺抚养权过程中所发生的重大压力。主动离间情形较为多见，对子女的损害程度较低。主动离间情形下，子女内心依旧需求与非同住人构建亲子关系，也较容易修复。（2）被动离间，与子女同住人有意或无意的对子女进行持续性洗脑而造成同住人对另一方的评价深入子女内心。被动离间对子女损害较为严重，且在对抗夫妻角色下极易从普通的被动离间转化为病态离间，即指父母一方以明示或默示的沟通、观察或行动等方式，利用不实或不公平证据，侵蚀子女对另一方父母的爱和信任。[①] 典型情形如前文案例所述乙男对小丙的引导和暗示，病态离间对未成年子女造成极大的心灵创伤。

---

① 洪远亮：《简析会面交往的离间现象及司法因应之道》，载台湾地区《法学新论》2009 年第 21 期。

3. 识别病态离间。被离间的子女应当从外部行为及亲子关系等加以观察：如果同住人对未成年人的影响已造成未成年子女在面对外界力量（如执行法官、心理咨询师）时呈现拒绝、恐惧、孤立等不合理的负面状态，无合理事由抗拒接受一方父母探视，或毫无根据诋毁、辱骂一方父母，那么应当初步考虑同住人已对未成年子女实施病态离间行为。实践中，法院可通过谈话笔录、录音录像等方式对父母、子女进行观察和记录，也可借助第三方机构，如陪同探视的社工、程序监理人、心理咨询师等进行共同评估。并经过听证程序，开示心理评估报告或社工、程序监理人的观察意见书等进行综合评定。如经判定未成年子女已被病态离间行为影响，则法院不应采纳未成年子女意思而停止执行交付、探视行为。

（二）具化合作父母的行为标准

1. 合作父母即是善意之父母。台湾地区学者邓学仁总结非善意父母通常有如下行为表现方式：父或母有隐匿子女、将子女拐带出境、不告知未成年子女所在等行为；或父母之一方虚伪陈述自己为主要照顾者等，以不正当之方法影响法官之判断；或有离间行为而灌输子女不当观念，恶意诋毁他方以左右子女之意愿；或以不当方法妨碍社工之访视、妨碍家事调查官之调查；或虚伪承诺作会面交往之最大让步，使自己成为徒具虚表之善意父母，然实际上却妨碍他方对未成年子女权利义务行使负担之机会等。[①] 那么与之有相对表现的即可评价为持善意之父母。

2. 建立合作父母评价清单机制。善意父母应当关注子女最佳利益，愿意就子女未来之发展谋求合作方案，搁置争议，以成全子女对父母亲情之依赖。至少应同时具备以下三种条件：愿意释放更多对话及探视机会给非抚养人；如实向法官陈述子女生活、就学现状，并与非同住人共享子女信息；愿意接受和配合法官、调解员、社工、心理咨询师就家事问题进行调查。此外，可通过调研心理咨询师、家事律师、诉讼法官、执行法官对具体内容进行细化。当前司法实践中，应当细化非善意父母与合作父母标准，暨建立合作父母评价清单机制。该评价清单可自诉讼阶段启用，通过诉讼阶段的亲职教育人、中立家事律师、家事法官、心理咨询师等评价记录，沿用至执行阶段。便于执行法官辨明非合作父母，进而作为采取强制措施的参考。同时，可使法官得以对非善意父母进行引导教育，对多次以

---

① 邓学仁：《善意父母原则之内涵与落实》，载台湾地区《台湾法学杂志》2013 年第 238 期。

各种形式损害子女利益、抗拒执行损耗司法资源之非善意父母实施惩戒。

（三）明确探视权案件的执行标的

1. 子女人身不是执行标的。执行标的指执行机关采取强制执行行为所针对的对象，包括财产和行为，通常称为金钱债务和行为债务。执行标的不应该是子女的人身，而应当是负有交付或协助探视义务的父或母一方。多数意见认为，协助探视义务属于不可替代履行行为，该行为只能由义务人为之，他人或法院无法代替义务人为探视之行为。笔者认为，无须将探视行为机械化归类于不可替代履行行为范围内，如子女处于他人托管状态时，则法院或他人就得以代替义务人为协助探视之行为。

2. 拒不履行的代价。明确协助探视为债务人之义务后，则容易判断应当承担的法律后果。如义务人拒不履行协助探视义务，则无论其提出的理由为何，均应当认定债务人有能力履行但拒不履行生效法律文书确定的义务，法院得以对其采取罚款、拘留乃至追究其拒不履行的刑事法律责任。当然，如探视方和抚养人存在吸毒等不利子女成长的客观条件的，应重新评估探视可行性及确定抚养人。

三、重构：从柔性圆融走向强制靠拢的渐进式执行路径

探视行为并非一次性行为，为确保离婚后的探视行为走入正规，应当推动对抗夫妻转向合作父母。具体应从两个方面入手：一是采用柔性劝说和间接强制措施抑制仇恨并释放善意，引导对抗夫妻将关注焦点转向实现子女利益，保障未成年子女对双方父母的亲情依赖，共同对子女未来生活作出明智安排；二是运用执行威慑力对非善意父母进行惩戒与警示，强制推动对抗夫妻被迫靠拢，以协助对方进行有效的探视为起点履行合作父母具体事宜。

（一）履行劝告

1. 台湾地区有关规定参考。为避免家事案件因强制执行引发当事人二次对抗，台湾地区在 2012 年修订的“家事事件法”中确立了履行劝告制度。即通过法院的协助与劝导，使债务人理解自动履行的益处和对未成年子女的正面影响，进而心甘情愿地依执行名义履行债务。[①] 台湾地区“家事事件审理细则”第 166 条

---

① 齐树洁主编：《台湾地区民事诉讼制度》，厦门大学出版社 2016 年版，第 317 页。

还规定了履行劝告的方法：法院认为家事执行案件中，有必要进行劝告者，视实际需要，可以嘱托其他法院、机关机构、团体以及家事调查官对债务人自动履行的可能性、未成年子女的意见、心理及情感状态、双方当事人会谈可能性等进行调查，并对当事人以及其他人晓谕利害关系，请其协助和督促债务人履行义务。履行劝告制度的落实依托于较为完善的家事服务体系——配有专业的家事调查官、家事程序监理人、心理咨询师、社工等职责分明的家事服务角色。

2. 借鉴与转化。笔者认为，探视权的强制执行可借鉴台湾地区的履行劝告制度。在案件进入强制执行程序后，执行法官不应直接采取强制执行措施，而应当先搜集审判期间的相应信息以了解案件整体情况。通知各方当事人到案做履行与否、时间及计划、子女状况、会面可能性等信息调查。以期实现如下目的：（1）对离婚纠纷做整体了解，便于执行过程中制定计划及应急方案；（2）对涉案父母是否为对抗夫妻，是否存在非善意行为进行初步判断，填录合作父母评价清单；（3）对与子女同住人是否存在离间行为，是否构成病态离间进行初步诊断，便于把握真实的子女意思；（4）给予对抗夫妻缓冲时间，引导其认识合作之益与对抗之损。但是，如当事人一方存在家庭暴力行为时，应慎重斟酌是否对进行履行劝告。

（二）前置和解

1. 前置必要性。保障子女最佳利益的执行方案即父母和解，家事诉讼程序也将调解嵌入审理全过程，确保不错过任何对破裂家庭的修复机会。但与家事审判程序不同，执行程序目的在于实现已取得执行依据所确定之各方权利、义务，是否应当在强制执行前进行和解，做法不一。从强制执行的性质来看，执行和解并非必经程序，但对于家事案件来说，执行和解前置则非常必要。因其有利于促使各方当事人认清当前形势，明了拒不执行之法律后果。通过促成两相对抗之夫妻会面商谈，法院可观察和判断谁相较之为非善意父母，谁更有履行和确保子女利益之意愿。反之，如一方当事人拒绝会面和解，则可将此行为作为负面表征记录进“合作父母”评价清单。

2. 执行和解目的。首先，通过执行和解引导父母聚焦子女权益，就抚养费支付、子女抚养及探视等具体内容拟定执行计划，或形成短期试行方案。其次，搭建长期合作桥梁。如结清迟延给付的抚养费、共享子女就学生活信息，进而逐步引导双方建立共识，修复子女关系。再次，观察“对抗夫妻”和解磨合过程的外部表现，评估进入强制执行阶段的风险：一方是否存在病态离间行为？是否有隐匿、拐带子女离开长期生活处所意图？是否存在可应变更抚养人的情形等。

3. 程序效率。考虑到执行程序的效率性，履行劝告与和解前置程序不应过长。《民事诉讼法》及配套司法解释规定，执行案件期限为6个月①，那么前述两个程序则应以2个月为限较妥。但如抚养费案件中，被执行人拒不支付将造成子女生活陷入困境；前文案例所涉轮流抚养案件中，不立即执行交付子女将致子女错过接受申请人抚养时间；探视权案件中，被执行人存在拐带子女出境或预备长期定居他处等风险。如遇以上或类似紧急情况，申请执行人可在履行劝告及调查程序中向法院申请加速执行。

（三）强制合作

1. 间接执行措施。历经前述两段程序无果的探视权案件，法院应当果断决定对被执行人采取间接执行措施。目前我国间接执行措施分散规定于《民事诉讼法》及执行相关配套规定，依照实践中适用频率和强制程度的高低强弱，依次排列为：（1）迟延履行期间的债务利息；（2）限制消费；（3）纳入失信被执行人名单；（4）限制出境；（5）司法拘留；（6）罚款；（7）迟延履行金。其中，（5）~（7）类是家事案件执行中使用最少的措施。较少适用（5）（6）类的原因一是执行法官就家事案件的权益主体分辨不明，二是顾虑与子女同住的父或母被采取拘留、罚款措施期间恐无人对子女进行生活照护，三是可能导致被惩戒人之复仇焦点转向同住子女。而第（7）类未适用的原因则是，迟延履行金②没有确定的计算方式和标准，不具可操作性。故而（5）~（7）类措施虽系威慑力较高，但在家事案件中却难见其踪迹。

2. 强制接受亲职教育。亲职教育应当是所有家事案件在进入司法审判前必须为之的课程，大陆已有多家法院开展离婚案件的亲职教育。但审判阶段的亲职教

① 执行期限6个月并非指在案件进入执行程序的6个月内就会得到终结，而是指执行周期为6个月。在6个月内，案件应当完成法定程序规定动作，财产执行案件应当完成查人找物工作，行为执行案件应当采取间接执行措施迫使被执行人履行完毕。如6个月执行周期内，财产执行案件查无财产可供执行，或行为执行案件因不具备执行条件，则法院通常采取“终结本次执行程序”暂时结案。以终结本次执行程序结案的案件并不代表已退出法院执行程序，对于财产执行案件，如法院或申请执行人发现可供执行财产线索，均可以恢复强制执行。行为执行案件，如具备执行条件，亦可重新恢复强制执行。

② 迟延履行金惩戒与迟延履行期间的债务利息性质相同，均系为对怠于履行裁判文书确定法律义务的债务人进行金钱上的惩戒。但迟延履行期间的债务利息针对金钱债务，有其确定的计算基数和计算标准。而迟延履行金则针对行为债务，没有确定的计算方式和标准。

育并非强制，多是建议离婚夫妻接受亲职教育以促成双方理性思考离婚事宜，重在修复。且如一方拒不接受，甚少对其强制。而执行程序的亲职教育则应当侧重父母职责，尤其是离婚后的父母责任，更多的是强制告知性质。在内容上，强制亲职教育应当向进入执行程序当事人开示父母责任正负清单，以让各方明晓拒不承担父母责任将被给予负面评分的后果，并将可能受到惩戒措施乃至面临变更抚养权或中止探视权之风险。在程序上，强制亲职教育可由执行法官发送传票告知各方到法院参加。如其未到，则可由执行法官作出强制亲职教育执行裁定书，裁定其当事人应当接受亲职教育，如当事人未到则可拘传到法院，并给予其父母责任评价清单相应项目的负面评价。

3. 惩戒不负父母责任行为。家事执行程序对拘留措施避之莫急的原因在于：儿童最大利益原则下，社会评价体系对法院拘留与子女同住人的措施持否定态度，导致法院采取拘留措施时不得不同时考虑如何应对被拘留人暂离子女生活环境而可能引发的后果及舆论。然而笔者认为，应明确拘留措施在家事案件执行中的可适用性。法院经综合评估后，可选择将子女委托其他可靠亲属（或作为执行当事人父或母另一方）、就读学校及儿童福利机构等进行临时观照。拘留期间，子女的托管费用应由被拘留人承担并可由法院强制扣划。

（四）警示催告

1. 将子女直接取交被执行人。台湾地区在“强制执行法”中确立了“取交”的直接执行方法，[①] 台湾地区“家事事件法”第195条规定，在“取交”子女时，应当拟定执行计划，且必要时，可以不先通知债务人执行的时间。同时可请求警察、医疗、学校、社工等相关部门予以协助，在执行过程中安抚子女情绪，并注意其人身安全。笔者认为，台湾地区的做法值得参考，“取交”子女的措施虽然用于需要将子女交付一方抚养的执行案件中，但交付抚养案件与探视权均涉及子女人身权益，两类案件的执行方式有很大的共性。适用强制取交的措施的前提是完善社会化的家事服务功能，并就被取交儿童的年龄和心理状况进行分类和预估。通过家事服务机构，可对执行交付后子女的心理健康进行调查及跟踪服务，或者选任保障子女权益为主旨的程序监理人代表未成年人利益证据收集、与父母交涉、

---

① 台湾地区“强制执行法”第128条第3款规定，执行名义命债权人交出子女或被诱人者，除可管收债务人或科处怠金外，还可以用直接强制方法，将该子女或被诱人取交债权人。

执行过程中在场保障以及执行后作未成年权益回访报告，并在发现儿童权益受到侵害时向法院报告启动儿童保护程序。

2. 设立探视权执行预警催告制度。执行法院向多次阻碍探视或以探视子女为要挟的一方父母发布执行预警催告令，将拒不履行探视可能面临的罚款、拘留以及追究刑事责任等法律后果告知行为人；明确行为人在执行程序中做出的阻拦、离间、裹挟、暴力抗拒及其他各种不利子女利益的行为，将被执行法院评价为非善意父母，按照父母责任评价清单进行数次行为评价后，执行法官将向家事审判庭提交非善意父母行为报告，作为将来变更抚养权的备案登记。

3. 拒不执行判决、裁定条款的适用。根据《民事诉讼法》第一百一十一条第二款第六项的规定，拒不履行人民法院已经发生法律效力的判决、裁定的，人民法院可以根据情节轻重予以罚款、拘留；构成犯罪的，依法追究刑事责任。通过规制与惩戒，对双方当事人形成警示，逐渐减少探视权案件拒不执行犯罪的途径。尤其应当对多次拒不履行探视义务，且经罚款、拘留后仍不改正的行为人认定为拒不执行行为，应追究其刑事责任。

结　语

家事案件的强制执行是社会学科与法学学科共同作出的综合性试卷，它既考察法官对法律的运用水平、平息纠纷的能力以及面对社会评价、媒体舆论的承压力。尤其在矛盾突出的探视权纠纷中，法官应运用好原则，适用好规范，遵循“子女利益最大化”原则，探索推动“对抗夫妻”转变为“合作父母”的执行路径。将探视权执行理念从柔性转为坚韧，将面对探视权案件的态度从畏难转为挑战。

浅析台胞调解员在多元化解机制建设中的作用

——以漳州法院涉台调解实践为基础

何仁湘*

引　言

漳州与台湾一水相隔，既是台胞的主要祖籍地，也是台商投资创业的第一家园。目前，祖籍漳州的台湾地区居民约占台湾人口的45%，台商在漳州投资总额居全国第三。

根据学者的总结，漳台之间至少存在“七缘”：“地缘”，古陆桥连两地；“语缘”，言同声、书同文的“闽南话”；“血缘”，代代相传的中华血脉；“神缘”，拜神、烧香亦同宗；“心缘”，祖庙、族谱携手修；“俗缘”，吃饭、做菜口味同；“文缘”，唱戏、猜谜，路路通。[①] 这也正是台胞在漳州感到与在台湾没有什么两样的重要原因。

此外，还有法缘相循。两岸有着共同的法律理念，中国古代崇尚自然和谐、追求无讼安定的思想，从《道德经》中的“人法地，地法天，天法道，道法自然”到《论语》中的“听讼，吾犹人也，必也使无讼乎”“礼之用，和为贵”，无

---

* 福建省法官协会会员。

① 陈易洲、邹聪顺：《漳台“七缘”》，载《两岸关系》2003年第7期。

讼理念源远流长，构成了两岸民事法律制度的灵魂。基于两岸之间的种种联系，以谋求两岸民众利益平等保护为使命，为充分发挥漳台密切联系的优势，立足两岸民众“和为贵”的共同文化基础，漳州法院在涉台民商事案件审理中，率先聘请台胞参与纠纷调解，台胞调解员应运而生。

一、台胞参与多元化解机制的实践状况

据了解，十年来，漳州法院通过引入台办、台商投诉中心、台商协会、台胞等第三方力量参与调解，形成了涉台审判法官、相关部门人员及台胞调解员共同参加的多元调解主体，扩大了涉台纠纷调解队伍。2009 年 5 月至今，全市法院涉台案件调解员达 120 名，全方位、多元化的涉台纠纷化解机制已形成。台胞调解员参与诉前化解涉台纠纷 3600 余件，实现涉台民商事案件调解撤诉率持续达 70%，自动履行率达 90% 以上。

一是建立涉台案件调解特别告知机制。针对大部分台商对大陆调解工作不了解的情况，增加了调解特别告知程序，向台胞当事人介绍、解释、分析诉讼调解的法定性质和构建和谐社会关系对台胞投资兴业的积极意义，告知其可以在诉讼中选择和解及调解方式，打消其疑惑与误解，树立台胞对调解的信心，并积极配合调解工作。

二是建立涉台案件全程调解机制。将调解工作贯穿于一审、二审、再审和执行的全过程，贯穿于立案、庭前、庭审、判前、判后等各个不同的诉讼阶段和案件审理环节，尽最大可能地促使当事人自愿协商，达成调解协议。

三是建立涉台案件诉调对接机制。针对台商、台胞遇到讼争往往同时向地方政府领导、台办和台商协会反映情况的特点，在涉台纠纷调解中，注重构建涉台诉讼调解与诉讼外调解衔接机制，使其组成一个协调统一的解决纠纷体制系统，防止涉诉台商当事人多头求解、多次调解，实现涉台纠纷的快速、便捷和彻底解决。

二、台胞参与多元化解机制的优势

笔者认为，台胞参与多元调解，具有以下几个方面的优势：

（一）发挥同乡之谊

台胞作为调解员参与纠纷化解，能够与台胞、台企当事人以彼此懂得的方言

互相沟通，配以风俗、常理和人情，加上“老乡”的身份和感同身受的解说，晓之以情、动之以理，减少双方当事人的对立情绪，使得案件调解结果更能得到双方当事人的认同，提高案件调解成功率。台胞还能将自己对法律和诉讼程序的感受传递给当事人，增强更多台胞对祖国大陆司法体制的信任、理解与支持，以及投资信心、守法意识，提升涉台调解的司法公信力。

（二）发挥同业之情

台胞调解员往往也是台资企业的骨干，在启发案件突破口方面有着从业的经验，跟涉诉的台胞、台商也比较有共同的话题，比如劝告两造之间注重感情、强调团结、寻求友谊、讲求信义、遵守规范，不因为“两造对抗”的诉讼而切断彼此继续商业合作的机会等等，为涉台纠纷各方选择诉前调解、自行和解、诉讼调解、委托调解、第三方协助调解等柔性机制提供可能，通过逐步引导纠纷渐次消弥，从而实现在解决纠纷的前提下仍使两造之间继续保持较为和缓的关系与后续合作的基础。

（三）发挥专业优势

台胞调解员大部分在台湾地区接受过良好的教育，知识能力和社会经验也比较丰富，在处理纠纷时，有时有管用的“土办法”。而在涉及货物买卖合同、股权转让等与公司企业经营管理有关的纠纷时，也能够运用所学所知，向法官请教学习等，更好地为当事人解决难题。

（四）发挥沟通便利

有的案件当事人在台湾地区，很少到祖国大陆来，台胞调解员可以借返乡之机，使用台湾地区的联络方式等，与台胞当事人联系，提高调解成功的几率。同时，纠纷双方当事人在纷争利益之外会自觉不自觉地加上了对居中调解人本身附着的社会资源的考量，就能为两岸利用地缘人脉资源来化解司法隔阂提供很好的路径。

三、台胞参与多元化解机制的发展空间

许多发达国家为应对“诉讼大爆炸”危机，将目光投向了东方，将“东方经验”引入他们的司法制度，形成非诉讼争端解决机制（Alternative Dispute Resolution，简称ADR）。西方的ADR制度将中国调解机制发扬光大，延伸形成了现在广

义上的包含协商、调解、仲裁等法院之外的非诉讼纠纷解决方式。相对于诉讼而言，ADR 不仅成本较低、对抗性较弱，而且有利于修复受损的社会关系，减少当事人诉累。

狭义的 ADR 或司法 ADR 制度，即诉调对接，以法院为主导，在诉讼前、诉讼中通过与人民调解、行政调解有机衔接，充分发挥诉讼调解与大调解机制各自的优势，使司法审判与社会力量优势互补，促使矛盾纠纷以更加便捷、高效的途径得到解决。广义的 ADR 即多元化解纠纷机制，就是从调解演变升华的，是指在一个社会中，多种多样的纠纷解决方式以其特定的功能和运作方式相互协调地共同存在、所结成的一种互补的、满足社会主体的多样需求的程序体系和动态的调整系统。①

2016 年，最高人民法院出台《关于人民法院进一步深化多元化纠纷解决机制改革的意见》，提出了目标理念、原则、平台搭建、制度构想、组织保障等制度设计，体系完备。《福建省多元化解纠纷条例》也在 2018 年 1 月 1 日正式实施。我国大陆多元化纠纷解决机制改革的法律成果开始遍地开花。

（一）需要改进的工作

当前，涉台调解在现代司法制度下虽然得到充足的运用和发展，然而，新情况新问题还在不断涌现，涉台司法实务中的一些具体困难和问题亟待通过规范化建设得到进一步解决。主要有以下两个方面：

1. 制度设计尚待完善。从实际运转的维度进行考察，多元化纠纷解决制度设计未得到充分落实，有的地方搭建的对接平台较少，有的地方虽然搭建了对接平台，但参与部门往往从自身工作的便利出发，存在“对而不接、联而不动、程序空转”等情况。

2. 人员管理配备不够到位。由于多元化纠纷解决机制下的矛盾调处绝大部分是无偿的，不少参与纠纷调处的有关部门和行业组织人员属于兼职，因此，在人员选任上来源受限。一些台胞调解员在法律知识方面有短板，大部分是非法学专业，需要加强法学知识的学习；调解工作能力有待增强，来漳投资的台二代、台三代，社会经验较为不足，需要培养做调解工作的能力；工作时间上有冲突，调

---

① 范愉：《挑战与机遇：当代中国多元化纠纷解决机制的建构》，载齐树洁主编：《东南司法评论》（2008 年卷），厦门大学出版社 2009 年版。

解员日常工作较为繁忙，精力有限，需要预先安排日程。此外，经费保障和激励机制的缺位，对参与纠纷调处人员的管理和考评也往往流于形式，其工作成效未能有效量化，亦难以奖优罚劣。以上因素也直接或者间接地影响了台胞调解员的积极性。

（二）对台湾地区调解制度的审视与借鉴

两岸调解各自有不同的特点，但同属合意解决纠纷的方式，有着相同的立法本意和文化渊源，可以对台湾地区具有特色的调解做法进行分析研究，汲取其中一些有益的经验和做法。

在台湾地区，调解、和解有着严格的区分。调解程序属于非讼案件，适用于诉前或者诉后，有强制调解和自愿调解之分，如果是强制调解而当事人无正当理由不到场的，法院得以裁定罚款；而和解属于裁判外结束诉讼的一种方式，不拘泥于诉讼阶段和审级，而且适用于所有的案件，不到场的未设置制裁方法。

台湾地区“民事诉讼法”确立了由具有专业知识或生活经验之社会公正人士参与调解的制度。为便利法官选任调解委员，台湾地区“民事诉讼法”规定地方法院应每年将其辖区内具有法律知识、信望素孚且适于调解的社会公正人士，依区、乡、镇、市不同级别及其专长和经历登记入册，供法官选任调解员时参考。在法官认为必要时，也可在该名册外选任调解员。当事人对于法官选任的调解员人选有异议或两造当事人合意选任其他适当人员者，法官得另行选任或依其合意选任。但未成年人、禁治产人、受破产宣告而尚未复权之人、无正当职业以及其他明显不适合者，不得被推选为调解员。当事人一方有多人者，可共同推举调解人，如未经全体共同推举，其由一人或数人推举到场之调解人员，法院亦得准其协同调解，但以三人为限。台湾地区新“民事诉讼法”第122条规定：“当事人起诉到人民法院的民事纠纷，适宜调解的，先行调解，但当事人拒绝调解的除外。”这一新增条文，使先行调解制度被正式确立为民事程序机制。

（三）构建涉台多元化解机制的路径选择

基于上述分析，借鉴台湾地区的实践做法，激活台胞调解员参与涉台多元化纠纷解决机制的关键在于有制度，有机构，有人员。

1. 完善涉台纠纷多元化解立法

若只依靠地方的实践、创新和司法机关推动，缺乏制度供给和财政保障，将导致相关解纷机制的稳定性差、可持续发展率低。应当及时总结各地多元化纠纷解决机制改革的成功经验，推动涉台多元化纠纷解决机制的立法工程，完善顶层设计，通过立法明确具体牵头负责机构，进一步厘清有关概念，明确诉调对接程序，尤其要将该项工作纳入政府社会公共服务范围，由政府全额财政保障，相关行政管理事务和保障由乡镇政府负责，业务指导监督由司法行政机关和人民法院负责。

2. 设立“涉台纠纷多元调处中心”

参照行政服务中心由多部门联合办公提供“一站式”服务的模式，在当地的行政服务中心，或者参照选择交通方便地点、同等建筑规模面积，挂牌设立“涉台纠纷多元调处中心”。可设立统一服务热线，纠纷解决的相关费用可以参照各部门的实际情况酌情减免收取。对于不收取费用的民间调解组织、热心人士、志愿者，可按照值班时间、调解成效等情况，酌情发放相应的伙食补助、差旅补贴；对于表现优异的，应当定期予以公布表彰。

3. 健全诉讼前置强制调解制度

目前，大陆暂无诉前强制调解规定，虽然《民事诉讼法》修订草案中曾出现强制调解的讨论，但在最终版本中并未采纳，而仅作倡导性规范。除了起诉人同意法院委派调解、或者经法院工作人员释明引导同意的情形之外，法院并不能拒绝立案。虽然涉台多元化纠纷解决机制可以在诉讼中继续发挥功效，但是无法起到疏减诉源的关键作用。反观台湾地区规定的特定案件诉前强制调解制度，对于不动产的相邻、共有、租赁争议，交通事故争议，医疗纠纷，雇佣契约争议，婚姻财产争议，财产争议金额在10万新台币以下的案件，即使当事人不申请调解，法院也不会受理起诉，而是视为调解申请，可直接移交乡镇市调解委员会调解。虽然有批评者认为强制调解剥夺了当事人的诉权，无差别的强制调解，推延了纠纷进入诉讼的进程，但是诉前强制调解不仅可以大大减少诉讼案件的直接受案数量，而且让人民调解等非诉讼纠纷解决机制能在第一时间接触、参与化解矛盾，将纠纷化解在基层。

4. 建立调解专家库及涉台调解员子库

建议参考台湾地区法院的做法，在法院内部建立由特邀退休法官、人民调解员、仲裁员及热心调解工作的具有专业知识背景的工会、妇联、商会等有关部门和组织的人员共同组成的调解专家库，在调解专家库中可以根据案件的特殊类型进行适当分类。针对涉台案件，就可以专门设立涉台案件调解人员子库，这些调解员要遵守专门的调解员章程并在具体案件中由当事人自主挑选，从而有效提升法院调解的社会化程度。

5. 加大台胞调解员技能的培训力度

调解能力是在一定的时间、空间条件下从事调解工作的知识、才能、品德和作风的一种总和，是调解员在先天基础上通过后天学习、实践所获得的工作能力。目前，应注重培育台胞调解员衡平利益能力、释明法律能力和语言表达能力。应加强培训和交流，邀请资深法官和专家学者进行有关纠纷解决技能的培训，促进调解员纠纷解决能力的提高。

权益平等保障视角下台湾地区犯罪人缓刑适用问题研究

——以257件涉台刑事案件为研究样本

孙玉纯*

法律不能使人人平等，但是在法律面前人人是平等的。

——［英］波洛克

缓刑为轻微刑事案件犯罪人因案制宜提供社会化行刑方式，符合刑法轻缓化的趋势，其适用不应因适用对象身份、地域、社会地位的差异而有所不同。但由于审前社会调查难、具体执行机构确定难、边控审批手续繁琐等原因，台湾犯罪人在缓刑的具体适用上存在现实不平等。随着受审台湾犯罪人数量的增加，如何实现两岸同胞权益的平等保障，如何针对台湾犯罪人平等地适用缓刑成为理论界和实务界值得探讨的问题。

一、现状考察：台湾地区犯罪人缓刑适用实然境况

近年来，两岸经济文化交流不断扩大和深化，除了短期旅游外，台胞在大陆经商、从业、就学等长期活动逐渐增多，相应的，涉台刑事案件①的数量呈上升趋势。笔者通过中国裁判文书网搜索“住台湾省”“住台湾地区”“户籍地台湾省”

* 福建省法官协会会员。

① 本文所称涉台刑事案件，指的是至少有一个被告人户籍地在台湾地区的刑事一审案件。

"户籍地台湾地区"等关键词，共查找到2014年至2018年审结的涉台刑事一审判决书257份。

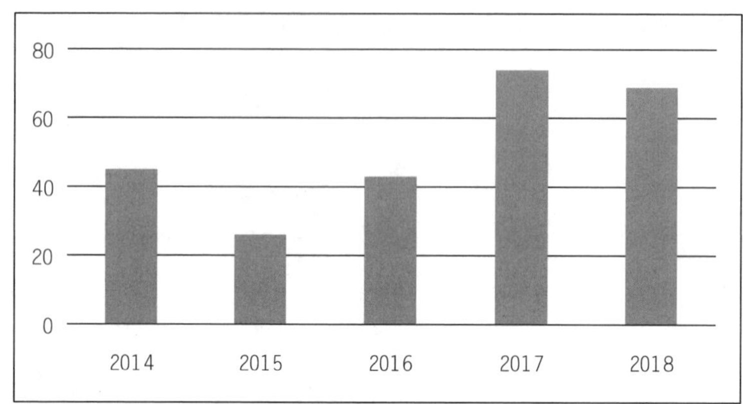

数据来源：《中国裁判文书网》

图1：2014～2018年涉台刑事案件的时间分布①

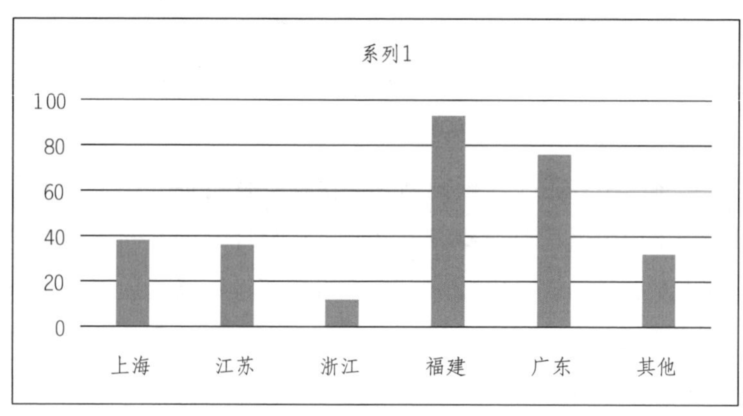

数据来源：《中国裁判文书网》

图2：2014～2018年涉台刑事案件的地区分布②

从案件的时间分布来看，涉台刑事案件的数量总体上呈上升趋势，2017、2018年大陆涉台刑事案件的数量均高于60件，相较于前两年增幅明显，这与在大陆活动台胞人数增加的趋势相吻合（见图1）。从案件的地区分布来看，由于地缘

① 参见：中国裁判文书网，http：//wenshin. court. gov. cn/.

② 参见：中国裁判文书网，http：//wenshin. court. gov. cn/.

因素，台湾人在福建、广东等地更为活跃，涉台刑事案件主要集中在福建、广东两地，此外，上海、江苏等经济比较发达的沿海地区也存在一定数量的涉台刑事案件（见图2）。

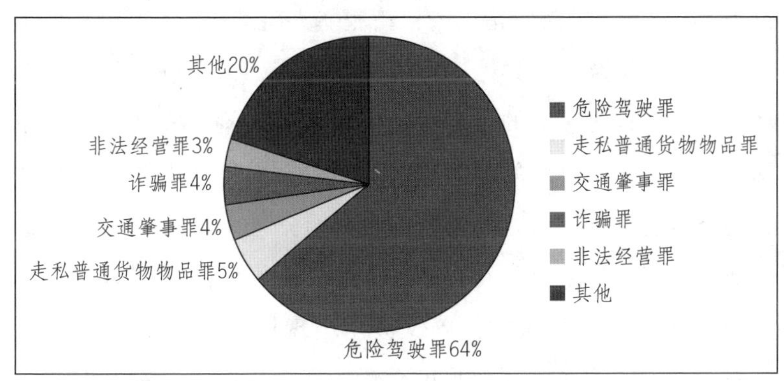

图3：2014～2018年涉台刑事案件适用缓刑的罪名

2014～2018年257件涉台刑事一审案件中有68件对台湾犯罪人适用了缓刑，缓刑适用比例为26.46%，其中2017、2018年缓刑适用比例分别为18.42%、27.5%，与前两年相比台湾犯罪人缓刑适用比例不增反降。适用缓刑的罪名主要是危险驾驶罪，该罪名社会危害性小，收矫时间短，所占比例高达64%（见图3）。其他罪名如走私普通货物物品罪、诈骗罪、交通肇事罪、非法经营罪、盗窃罪等，也存在分散适用的情况，但适用的数量很少。

二、症结剖析：台湾地区犯罪人缓刑适用的实务困境

（一）适用比例：低于全国水平

表：2014～2017年祖国大陆法院刑事案件被告人缓刑适用情况①

年份	2014	2015	2016	2017
判决人数	1184562	1232695	1220645	1270141
缓刑人数	368129	363517	366321	347989
缓刑适用比例	31.08%	29.49%	30.01%	27.40%

① 《中华人民共和国最高人民法院公报》，载最高人民法院网 http：//gongbao.court.gov.cn/ArticleList.html?serial_ no = sftj，最后访问时间2019年5月27日。由于2018年人民法院司法统计公报尚未发布，故选择2014～2017年的数据进行对比，2014～2017年每年范围缓刑适用比例变动不大，在30%上下浮动。

统计数据显示，2014～2017年大陆法院刑事案件生效判决中被告人适用缓刑的比例为29.46%，相较而言，台湾地区犯罪人缓刑适用比例较低，以2017年为例，刑事案件生效判决中被告人缓刑适用比例为27.40%，台湾地区犯罪人的缓刑适用比例仅为18.42%，学者所指出的台湾犯罪人缓刑适用难某种程度上是客观存在的。由于审前社会调查难、具体执行机构确定难、边控审批流程繁琐等现实障碍，导致部分本可以宣告缓刑的台湾犯罪人被判处实刑，究其根本性原因，主要包括以下两点：一是适用缓刑的证明材料不充分；二是规避缓刑执行可能发生的脱管、漏管甚至潜逃出境等风险。由于找不到合适的保证人、无法确定嫌疑人在大陆的居住地等原因，台湾犯罪人的审前羁押率居高不下，“导致对事实上不需要采取审前羁押的嫌疑人采取羁押措施，甚至出现以羁押时间确定判决刑期的情况。”[①] 样本研究发现，目前适用缓刑的台湾犯罪人审前一般都办理了取保候审手续，而一开始就采取羁押强制措施的，判决结果往往也为实刑。

（二）适用范围：过度集中

刑法对缓刑的适用没有限定具体的罪名，被判处拘役、三年以下有期徒刑的，如果其犯罪情节较轻、有悔罪表现、没有再犯罪的危险且宣告缓刑对所居住社区没有重大不良影响的，人民法院可以宣告缓刑。司法实务中，台湾地区犯罪人适用缓刑的案件类型大部分是危险驾驶罪，其他罪名的案件适用比例很低。实际上，可以适用缓刑的轻微刑事犯罪还有很多，针对这部分案件适用缓刑符合刑法轻缓化、行刑社会化的趋势，适用案件类型局限说明了法院针对台湾犯罪人的缓刑适用还是比较保守，基本上形成“危险驾驶罪考虑适用缓刑，其他罪名一般不适用”的不成文司法规律，导致缓刑适用罪名过于集中，制约缓刑制度功能的彰显。

（三）适用标准：同案不同判

“同案同判只是一个虚构的法治神话”，个案的差异性决定了差异化判决存在的合理性。“法律问题不是真理问题，它不一定要追求数学上精确的答案，它需要的是相对合理性，是规则与自由裁量权之间的一个平衡点，且存在游移空间。”[②] 但是，承认差异化判决并不等于在缓刑适用标准上认同对不同户籍地的被告人采

① 余振华、何群、姚毅奇：《台籍犯罪人在大陆适用非监禁刑研究：以22件案例为研究样本》，载《广西大学学报》2017年第2期。

② 周少华：《同案同判：一个虚构的法治神话》，载《法学》2015年第11期。

取差别化待遇，以及默许由此导致的缓刑适用不公现象。

1. 适用对象方面：样本内容显示，在同一类型的案件中，被告人犯罪情节大体相同，量刑相当，其人身危险性无太大差别，但大陆犯罪人被判缓刑，而台湾地区犯罪人被判实刑；甚至出现在同一个案件中，没有主从犯之分，大陆犯罪人被判缓刑，而台湾犯罪人被判实刑的情况。此外，台湾地区犯罪人之间同样存在缓刑适用标准不一的情况，同一个案件中，同为台湾犯罪人，有的适用缓刑，有的判实刑，相较而言前者的经济能力较强，文化水平较高，有“花钱买刑”之虞。

2. 适用地区方面：不同地区对台湾地区犯罪人缓刑的适用与执行存在较大差异，形成了宽严不均的不同法域，致使不同地区的台湾地区犯罪人遭受不同的处遇。以福建和江苏为例，前者台湾地区犯罪人缓刑适用比例为30.1%，后者仅有5%。法官自由裁量权的地域化在某种程度上导致了台湾地区犯罪人缓刑适用在地域层面上的不公，这也说明了对台湾地区犯罪人缓刑适用的研究不能仅仅停留在解决涉台刑事案件多的地区的缓刑适用障碍，还要实现缓刑适用在地域上的统一性、平等性。

三、理论证成：缓刑适用的刑法逻辑

（一）缓刑适用的正当性基础

1. 刑事处遇个别化

刑事处遇个别化是指根据犯罪人的个案情况，因案制宜地适用相对应的刑罚，以有效地教育和改造罪犯，防止犯罪再次发生。[①] 就缓刑的适用而言，当法官面对特定案件时，如果不考虑犯罪的社会危害性和犯罪人的人身危险性等因素，一律判处监禁刑，可能会导致“刑罚过剩”问题，即刑罚的功能不能得到有效的发挥，甚至有相反的结果，具体而言，由于监狱环境中的犯罪教唆作用、不良适应心理损害作用等原因，自由刑非但没有起到教育改造犯罪人的作用，反而使犯罪人变得更坏。[②] 而缓刑通过量体裁衣地为犯罪人设定缓刑负担和缓刑指示，既能实现对犯罪人的教育改造，又可起到个别威慑（Individual Deterrence）的作用，实现特殊预防。被判处缓刑的犯罪人虽然不在封闭的监狱中执行刑罚，但其在活动方式、

---

① 曲新久：《刑法的精神与范畴》，中国政法大学出版社2000年版，第474页。

② 吴宗宪：《试论非监禁刑及其执行体制的改革》，载《中国法学》2002年第6期。

活动范围上均受到缓刑的限制，而且已经对其作出的量刑就像是一把“达摩克里斯之剑”，如果犯罪人不能遵照规定行事，或者再次犯罪，就要撤销缓刑执行原判刑罚。[①]

2. 刑事处遇社会化

鉴于与社会相隔离的封闭式监禁刑可能存在交叉感染、监狱亚文化输出、监狱人格形成等弊端，刑事处遇社会化的主张应运而出。刑事处遇社会化的主要作用是“尽量不去割裂犯罪人与外部社会的联系，使罪犯对回归社会有充分的心理准备与适应能力。”[②] 缓刑符合了行刑社会化的趋势，避免了短期自由刑的弊端，其社会化的执行方式，在保证改造效果的前提下，可以减少监禁刑对犯罪人造成的伤害，避免“社会化迟滞”。[③] 对一些社会危害性低、人身危险性小的轻微犯罪，通过社区矫正等方式来执行刑罚，可以使犯罪人在开放的社会环境中实现教育与改造，最终实现犯罪人的再社会化。

3. 刑事处遇谦抑化

刑事处遇谦抑与刑法滥用相对，是指刑事处遇的经济、节俭，即“立法者应当力求以最小的支出——少用甚至不用刑罚，获取最大的社会效益——有效地预防和控制犯罪。”[④] 根据经济学中的“帕累托最优”（Pareto Optimality），如果以最小的付出或代价能够获得最大的收益时，就是最优的资源配置。具体到刑法领域，如何使用最少的刑罚来取得最大的收益？“国家的犯罪控制资源是有限的，应将资源用于社会效益产出最大的地方，以获得最大的犯罪减量。”[⑤] 对于轻微刑事犯罪不加区分地采用自由刑，实质上就是一种资源浪费。正如波斯纳所言，自由刑本身代表着高额的社会成本，包括建筑、维修、管理监狱的成本，犯罪人在监狱期间合法生产的损失，监狱期间对犯罪人产生的负效应以及犯罪人获释后合法活动生产率的减弱。[⑥] 对于轻微刑事案件的犯罪人针对性地适用缓刑，可以将社会化行

---

① 冯全：《中国缓刑制度研究》，中国政法大学出版社 2009 年版，第 56 页。

② 王平：《中国监狱改革及其现代化》，中国方正出版社 1999 年版，第 119 页。

③ “社会化迟滞”是指由于罪犯入狱后被实行封闭化管理，其适应社会的能力或社会化速度落后于正常社会成员。杨开江、杨会友、王立国：《恢复性司法与行刑社会化研究》，载《安徽警官职业学院学报》2006 年第 1 期。

④ 陈兴良：《刑法谦抑的价值蕴含》，载《现代法学》1996 年第 3 期。

⑤ 刘泉：《刑罚轻缓化的经济学分析——兼论罚金刑和自由刑的适用》，载《重庆广播电视大学学报》2012 年第 1 期。

⑥ ［美］波斯纳：《法律的经济分析》，中国大百科全书出版社 1997 年版，第 299 页。

刑方式节约下来的资源，用于提高破案率或加大对长期自由刑的改造力量，以优化司法资源的配置。

（二）缓刑适用的平等性要求

1. 平等适用刑法原则

《刑法》第四条规定："对任何人犯罪，在适用法律上一律平等。"这一规定是《宪法》第三十二条第二款所确立的公民在法律面前一律平等的法治原则在刑法领域的体现。刑法平等是指权利意义上的平等，要求坚持每个人在法律地位上的平等，"如果某些地位不对所有人公平开放，被排除在外的人就会觉得自己受到了不公正待遇，即使他们从被允许占据这些职位的人所作的努力中获利。"① 虽然我们强调平等适用刑法，但它只是一种机会上的平等，而不是结果的绝对平等，它要求对所有人不带歧视性地平等对待，而不是要消除人与人之间的差异性。从贝勒斯关于在刑法领域确保"平等"与"公平"价值的阐述来看，刑法平等适用原则的价值在于防止不公平地分配负担。② 通过对所有人一视同仁地适用法律，并结合罪刑相适应、刑罚个别化等原则，所得出的结果即使有差别也是正义的，因为它的结果建立在无差别、无歧视、无排斥地平等适用的基础上。以缓刑适用为例，排除被告人户籍地、身份、社会地位、经济能力等非法律适用的考虑因素，平等、客观、公正地判断其是否可以适用缓刑，才能真正回应平等适用刑法的要求。

2. 两岸同胞权益平等保障原则

两岸同胞权益平等保障是实现大陆与台湾地区经济、社会、文化深度融合发展的基础性、长期性、系统性工程。2019 年 3 月，最高人民法院发布《关于为深化两岸融合发展提供司法服务的若干措施》（下称《若干措施》），要求依法全面平等保护台湾同胞合法权益，是立足于新时期两岸经济社会文化交流不断扩大和深化的现实境况而作出的积极回应。《若干措施》第 7 条规定，对因犯罪受审或者执行刑罚的台湾居民，应当依法平等适用缓刑，实行社区矫正。其实早在 2016 年 7 月，最高人民法院、最高人民检察院、公安部、司法部就联合发布了《关于对因犯罪在大陆受审的台湾居民依法适用缓刑实行社区矫正有关问题的意见》（下称

---

① ［美］罗尔斯：《正义论》，中国社会科学出版社 1988 年版，第 82 页。

② ［美］贝勒斯：《法律的原则》，中国大百科全书出版社 1996 年版，第 424 页。

《意见》)，对台湾地区犯罪人缓刑的依法、平等适用作出了相关规定，旨在解决台湾地区犯罪人缓刑适用难的实务困境。《意见》理论上可以缓解台湾地区犯罪人缓刑的适用障碍，具体体现在审前社会调查渠道拓宽、执行机构确定等，但实践中近两年台湾地区犯罪人缓刑适用比例还是偏低，缓刑适用难问题依然存在。

从实然层面分析，执行依据、执行机构、执行程序等方面的制约因素，不可避免地会对台湾地区犯罪人的缓刑适用造成影响，但从应然层面分析，是否适用缓刑应从刑罚的目的出发，以实质条件为判断依据，即是否具备“没有再犯罪的危险”以及“宣告缓刑对其所居住社区没有重大不良影响”等条件，现实障碍的存在不能成为台湾地区犯罪人缓刑不平等适用的正当理由。正确的逻辑是从制度、机构、技术等方面完善台湾犯罪人缓刑适用制度，使其能无限接近设定的制度目标，即在平等适用的基础上实现轻微刑事案件台湾地区犯罪人的教育改造和再社会化，彰显刑法的人道主义。

四、路径探寻：对台缓刑同等适用的现实进路

（一）顶层设计：法律制度层面实现正当化

2016 年 12 月，国务院法制办发布了《中华人民共和国社区矫正法（征求意见稿)》，社区矫正立法在社会各界的推动下，正在紧锣密鼓地进行，其正式出台指日可待。然而，目前社区矫正的征求意见稿没有将台湾地区犯罪人的缓刑适用考虑在内，仅仅依据《意见》和《若干措施》等政策性文件对台湾地区犯罪人的缓刑作出的一般的、简要的规定，实际上还是存在立法依据不足、实操性不强的问题。

科学的刑事立法应能良好地体现刑法精神。平等适用刑法原则是社区矫正立法的根基，脱离平等这一基础性要求，制度建设犹如沙上建塔，顷刻倒坏。目前的征求意见稿在发挥其平等保障两岸同胞权益适用缓刑实行社区矫正方面的作用不明显，对台湾地区犯罪人这一特殊群体的法律适用只字未提。立法依据的缺失，顶层制度设计的缺位，导致实践中台湾地区犯罪人适用缓刑的比例偏低、适用罪名范围狭窄、适用标准不一等现实问题。通过制度层面的顶层科学设计，实现台湾地区犯罪人缓刑平等适用、社区矫正平等实行的法律化、制度化、规范化，是推进解决相关现实问题的基础性工作。

（二）矫正质效：具体执行层面实现科学化

司法实践对台湾地区犯罪人的缓刑适用一直在不断进行摸索，出现了不少创新做法和有益经验，比如厦门、漳州等地涉台矫正基地的成立，对台湾同胞，特别是在大陆没有居住地的台湾地区犯罪人适用缓刑提供了现实基础和执行可能。目前，已设立的涉台矫正基地一般设在台胞投资企业内，并吸纳台胞作为社区矫正监督员，协助开展审前社会调查，为服刑人提供工作岗位、临时居所、社区服务场所，并协助开展矫正工作，做好监管、帮教等教育管理工作。涉台社区矫正基地有效缓解了在大陆无居住地台胞的适法障碍，是刑事处遇个别化在缓刑具体执行领域更深层次的体现，即针对台胞科学地设置个别化社区矫正服务场所，以提高缓刑的适用率和优化台湾犯罪人教育改造的质效。

涉台社区矫正基地对台湾犯罪人缓刑适用起到“托底”的功能，在考虑是否适用缓刑时，在大陆是否具有居住地将不再是一大限制性因素，但是目前大陆涉台矫正基地的数量很少，主要集中在福建地区，相对于涉台刑事案件地区分布的扩散趋势而言，呈有效供给不足的状态。随着两岸交流的不断扩大与深化，台湾人民在祖国大陆的活动范围将不断向中部、北部沿海地区以及内陆地区延伸，实现不同区域台湾地区犯罪人缓刑的平等适用是两岸同胞权益平等保障原则的应有之义。根据目前涉台刑事案件的地区分布情况，先确定几大试点城市，再推广设立涉台矫正基地是台胞在缓刑适用、社区矫正实行方面实现真正意义上平等的未来走向。

（三）智慧司法：技术保障层面实现信息化

社区矫正信息化，是指通过电子信息设备对社区矫正人员进行位置监控、信息互动、危情研判以及提醒警告等，以实时掌握社区矫正人员动态信息、降低司法管理成本的新型刑罚执行管理模式。[①] 社区矫正信息化，实现了由早期的“人防”教育管理方式向“技防与人防相结合”管理模式的新跨越，在根源上防止社区矫正人员脱管、漏管和重新违法犯罪，是实现资源优化配置和提高工作质效的必然要求。

“司法信息化可以优化社区矫正的实行，进而促进‘同等待遇’在台湾犯罪

---

① 孙振磊、王宏君：《论社区矫正信息化的建设与完善》，载《广西警官高等专科学校学报》2016 年第 6 期。

人缓刑领域的落实。”[①] 具体而言，在统一规划、统一标准、统一设计、统一实施的基础上，开发社区矫正工作移动信息管理系统平台，落实边控审批电子化，强化电子定位技术对社区服刑人员的动态管理，采用大数据对社区矫正信息进行归纳、整理、加工、解析，加强系统间、部门间信息的共建共享，可以弱化甚至消解台湾地区犯罪人与大陆犯罪人在户籍地上面的差异性，增强对所有社区服刑人员的统一监控管理，提高工作效率，缓解现今人口流动性大而监管人员资源不足、监管力度不够的问题，有效降低脱管、漏管的风险，解决审判人员在依法判决适用缓刑时的后顾之忧。

结　语

从两岸同胞权益平等保障的视角出发，在大陆触犯刑法而受审的台湾地区犯罪人依法享有平等适用缓刑的权利，不应因现实障碍的客观存在而磨灭“同等待遇”的正当性。本文从刑事处遇个别化、社会化、谦抑化与缓刑适用的平等性要求出发探究缓刑适用的刑法逻辑，并从制度、机构、技术三个层面提出对台缓刑同等适用的现实进路，以期对司法实践中缓解台湾地区犯罪人缓刑适用难问题提供一点帮助。

---

① 刘文戈、蒋晓焜：《在大陆犯罪的台湾居民适用缓刑的调查报告——以厦门市为样本》，载《东南司法评论》2018 年。

选任跨境遗产管理人之管辖法院

赖淳良[*]

一、前言

台湾地区居民甲经营事业有成，在英属维京群岛，依照该地区之法律设立一家公司，甲持有该公司之股权。甲亡故之后，除了遗留有公司股权之遗产外，还在台湾地区、祖国大陆等留有房产、现金等遗产。

以上案例，随着台湾地区与大陆经济的快速发展，居民为了事业经营上之必要，在大陆、台湾地区拥有各式各样财产之情形也越来越多。当第一代经营者亡故之后，散落在各地之遗产，如何移转到第二代，也因为继承、遗产管理法制之不同，而成为一项棘手的问题。

本文首先探讨选任跨境遗产管理人之管辖法院，并从遗产管理制度之比较法观察着手，再从选任遗产管理人之管辖因素，提出问题之可能解答。

二、遗产管理制度之比较法观察

（一）遗产继承制度

在英美法律体系中，遗产权利无法直接由被继承人取得，必须经过遗产管理

---

* 台湾华严律师事务所律师，台湾东华大学财经法律研究所兼任教授。

人之清理程序，才能取得遗产。在英国，唯一的例外是被继承人的终身保险之保险金给付请求权。也因此，坐落在英美法系国家境内的遗产，就不可能在被继承人死亡时，直接移转为继承人所有。纵然遗产是动产，也必须经过遗产管理人之清理程序才可以分配，由被继承人取得动产之权利。① 甚至可以说，在英美法系国家，没有经过法院监理的遗产清理程序，任何人都无法取得遗产的任何权利。②

大陆法系则采取遗产法定当然继承制度，在大陆法系中，死亡者留下的遗产，在被继承人死亡时，当然移转成为继承人所有，而且不单单是财产成为继承人所有，包含所有债务也都是由继承人承受，继承人必须清偿死亡者所有债务。换言之，在大陆法系，是由被继承人承担起遗产清理管理之责任③。

祖国大陆于 1985 年公布《继承法》，目前也正在研议修正中。根据 1985 年《继承法》第二十五条第一款规定“继承开始后，继承人放弃继承的，应当在遗产处理前，作出放弃继承的表示。没有表示的，视为接受继承。”也是采取当然继承的立法例。不过，值得注意的是，在《继承法》中单独列出一章遗产处理的章节，针对各种遗产债权债务之处理，作出规定。同年 9 月 11 日《最高人民法院关于贯彻执行〈中华人民共和国继承法〉若干问题的意见》，于第四十四条以下分别针对遗产分割、遗赠、集体组织对“五保户”之扶养、扶养人或集体组织与公民之遗赠扶养协议、遗产已被分割而未清偿债务等遗产所生债权债务之处理，做出详细的意见说明，供各级人民法院在审理继承案件时试行。

台湾地区基于避免使遗产成为无主物、维持社会秩序之理由，采取大陆法系遗产当然继承制度。遗产于被继承人死亡时，当然移转为被继承人所有（台湾地区“民法”第 1148 条）。④

采取当然继承制度的国家，由于遗产在死者死亡时就成为继承人的财产，并无另外进行遗产管理程序之必要。然而在英美法系国家，进行遗产管理程序却是不可或缺的。

（二）遗产管理制度

由于各国遗产继承有上述基本制度上的差异，也使各国的遗产管理制度，各

① Paul Torremans ed.，Cheshire，North & Fawcett Private International Law，2017，p. 1326.

② Lawrence Collins，Dicey and Morris on the Conflict of Laws，1987，p. 981.

③ Gareth Miller，International Aspects of Succession，Routledge，2018，Kindle loc. p. 1153.

④ 林秀雄：《继承法讲义》，台湾地区元照出版社 2009 年版，第 3 页。

自有不同的风貌。

英美法系国家，由于遗产并不是当然由继承人取得，而是必须经过遗产管理程序，因此，遗产管理程序是遗产继承中必备的程序。英美法系之遗产管理必须由法院选定之遗产管理人（Administrator）管理遗产，如果被继承人有遗嘱指定遗嘱执行人（Executor）时，法院即指定由该遗嘱执行人管理遗产，如果遗嘱执行人死亡、不愿意就任或有其他因素，无法担任遗嘱执行人，即可由法院选定遗产管理人。[①] 遗产管理人也必须在法院的监督下，清理死者所遗留的债务、税捐，然后将剩余的遗产分配给继承人，此种在法院监督下进行的程序，被称为“监护程序”（Probate Process）。监护程序通常尊重死者留下的遗愿，也就是遗嘱的内容。

大陆法系由于采取当然继承制度，基本上由继承人负起管理遗产、清偿债务、分配遗产的责任，死者于死亡时留下的遗产，直接由继承人继承，包含财产以及所积欠之债务。继承人必须自己负起所有的责任，是一种自己责任，而不是死者的代表（Personal Representative）。[②] 如果必须选定遗产管理人，也多半是扮演监督者的角色，而不是实际分配遗产、清偿债务的执行者。[③]

《继承法》虽然于第四章规定遗产处理的专章，但是并没有明确的遗产管理人选任之规定，仅于第二十四条规定“存有遗产的人，应当妥善保管遗产，任何人不得侵吞或者争抢”，容系因遗产继承也是采取当然继承制度。至于遗产管理人如何选任，学者提出可能的途径包含继承人推选、遗嘱指定、法院指定等。[④] 值得注意的是，1985 年 9 月 11 日《最高人民法院关于贯彻执行〈中华人民共和国继承法〉若干问题的意见》，于第四十四条以下有关遗产处理的法律适用上，提出许多法院适用《继承法》处理遗产，包含遗产分割、抛弃继承反悔、酌情减少遗产、决定由继承人清偿债务等等应注意之事项，可见在司法实务上，法院在遗产管理过程中，可能扮演一定的监督角色。

台湾地区由于采取当然继承制度，遗产的取得、清理，都是由继承人自己负起责任（台湾地区“民法”第 1156 条至第 1163 条），继承人必须在继承开始起，开具遗产清册陈报法院、催告债权、交付遗赠、偿还债务等等。所以，没有必要

---

① Paul Torremans ed. , Cheshire, North & Fawcett Private International Law, 15th ed. 2017, p. 1325.

② Gareth Miller, International Aspects of Succession, Routledge, N. Y. 2018, Kindle loc. 1158.

③ Paul Torremans ed. , Cheshire, North & Fawcett Private International Law, 15th ed. 2017, p. 1325.

④ 杨立新：《家事法》，法律出版社 2013 年版，第 539 ~ 540 页。

另外设立遗产管理人。不过，于继承人有无不明时，为了避免遗产的毁损灭失，于台湾地区“民法”第1177条以下规定了遗产管理人制度，由亲属会议或法院选任遗产管理人。①

（三）2012年欧盟遗产管理规约

由于欧洲国家在遗产继承制度上的重大差异，导致跨国跨境的遗产管理处理上的困扰，为了有效调和两大法系之差异，海牙国际私法会议于1973年通过《国际遗产管理公约》（Convention concerning International Admininstration of the Estate of Deceased Person 1973）。公约建立了“国际认可证”（International Certificate）制度，由有“管辖权之机构”（Competent Authority）核发国际认可证，选定一名遗产管理人，其他缔约国家都一体承认之。所谓管辖权之机构，系指被继承人惯居地所在之机构。在英美法系国家中，是指法院而言；在欧陆法系国家，则是指公证人。至于有管辖权之机构如何指定遗产管理人，则系依照该管辖权机构自己的法律。②

《海牙国际遗产管理公约》所建立之制度，看似简明，实际上却很复杂，因为缔约国仍然可以依照公约第13条片面声明保留，将自己国民遗产的继承，排除在适用公约之外，转而依然适用该国法律。而且由于有管辖权之机构，不太容易熟悉散落各国遗产国家的法律，也造成处理上的实际困难。而且，由于取得国际认可证的遗产管理人，其处理遗产的权限来源是有管辖权机构核发的国际认可证，但是各地法院还是可以根据自己的法律，决定如何监督管理该遗产管理程序，形成多头马车。再者，国际认可证应该获得所有缔约国的承认，不过公约却允许很多拒绝承认的理由，包含依照公约第13条所定之国民排除原则、核发之机构无管辖权、国际认可证缺乏有效的形式要件、被继承人之惯居地有争议、国际认可证违反其他本案裁判、有两个相互矛盾的国际认可证、国际认可证违反承认国之公共政策等等。而且，《海牙国际遗产管理公约》，也缺乏有效规范以禁止不同的国家同时发出国际认可证。由于公约有诸多上述缺失，签署的国家只有意大利、卢森堡、荷兰、葡萄牙、土耳其以及英国。批准的国家只有捷克、葡萄牙以及斯洛伐克。英国虽然签署了公约，但是也认为过于复杂而不实际，因此一直无意批准

---

① 林秀雄：《继承法讲义》，台湾地区元照出版2009年版，第201页。

② Cheshire，North & Fawcett Private International Law，Paul Torremans2017，p. 1326.

执行该公约。[①]

欧盟成立之后，于2012通过一项简称为遗产继承规约（Succession Regulation）之《欧洲继承认可证暨有权机关决定之接受及执行的管辖、准据法、承认与执行规约》（on Jurisdiction，Applicable Law，Recognition，and Enforcement of Decisions and Acceptance and Enforcement of Authentic Instrument in Matters of Succession on the Creation of a European Certificate of Succession），规定从2015年8月17日以后发生在欧盟各国之遗产继承事件，除了丹麦、英国以及爱尔兰之外，均一体适用该规约。规约基本上延续海牙国际遗产管理公约之设计，鉴于特定国家所选定之遗产管理人，往往无法在其他国家执行职务，造成遗产管理上之困扰，因此，设计"欧洲继承认可证"（European Certificate of Succesion）制度，允许经选定之遗产管理人，可以在欧盟其他国家执行职务，而不需要再经过任何选定或其他特定程序。欧洲继承认可证可以规范遗产执行人或遗产管理人的地位以及权利，也可以规范管理遗产的权力范围。继承认可证虽然不可以作为执行名义，但却在法律上有效。申请欧盟继承认可证不是强制性的，当事人仍然可以单独在各国申请继承认可证，甚至也允许在不同的国家申请继承认可证。至于各种继承许可证相互竞合冲突时，规约目前没有提出明确的处理规范。[②]

《欧盟遗产继承规约》也处理继承以及遗产管理选法规则的问题，虽然英美法系中继承以及遗产管理是完全不同的两种法律制度，但是《欧盟遗产继承规约》仍然决定采取总括性的选法规则模式，不再区分继承以及遗产管理，避免了定性的问题。原则上，继承以及遗产管理都适用被继承人死亡时之惯居地法，同时也由该地管辖继承事件。不过，第21条也采取了明显更密切之辅助性选法规则，允许当有其他明显更密切的连系因素时，可以改用该明显更密切之法律。虽然如此，由于惯居地之不确定性，仍然会形成若干无法解决之问题，例如被继承人在原惯居地居住很长的期间，留下大笔的遗产，之后移居到新惯居地，不久就死亡等等情形。[③]

---

① Paul Torremans ed.，Cheshire，North & Fawcett Private International Law，15th ed. 2017，p. 1327.

② Paul Torremans ed.，Cheshire，North & Fawcett Private International Law，15th ed. 2017，Kindle loc. 67540.

③ Paul Torremans ed.，Cheshire，North & Fawcett Private International Law，15th ed. 2017，Kindle loc. 67547.

《欧盟遗产继承规约》也采取一部分的当事人意思自主原则，允许死者选择适用本国法，也允许特定范围内之当事人可以合意由特定国家之法院管辖遗产以及继承事件。如果死者已经选择适用本国法，其他国家之法院可以拒绝管理该继承事件，以便由死者之本国法院管辖。不过，此项规定同样会有许多问题，包含死者虽然选定准据法，但是许多遗产坐落在其他国家，有许多遗产处理之程序必须依照所在地国办理。更且，选定本国法，也有时间因素，究竟是指死亡时或选定时之本国，而如果本国是欧盟以外的国家，更有许多无法解决的问题。[①]

《欧盟遗产继承规约》虽然具有欧盟法律的效力，不过该规约仍然采取尊重欧盟各国原有内国法律系统的立场，以求尽量符合英国法院遗产管理人之程序要求。因此，根据第 29 条规定，如果缔约国法律规定选定遗产管理人之程序是强制规定，而该国就遗产管理有管辖权时，该国法院仍然可以选定遗产管理人，进行遗产管理程序。而该选定之遗产管理人，如果必须依照外国法管理遗产，也应该适用该外国法管理遗产，但是管辖法院可以限制某些遗产管理人之权限。如果遗产管理所应适用之法律，不足以有效保存遗产，或者无法保护债权人之权利时，管辖法院可以允许遗产管理人，依照该国之法律管理遗产。甚至，有管辖权之法院，还可以限制其他国家法院选定之遗产管理人之权限。《欧盟遗产继承规约》如此规定之理由，都是为了配合英国遗产管理法律之特殊性。不过，这些规定依然无法有效解决各种可能的冲突，包含各国对于选任遗产管理人资格不同之规定。而且依照英国法，遗产管理人并没有义务管理境外遗产，反之，《欧盟遗产继承规约》却希望遗产管理人管理所有的财产。[②] 再者，英国法律也规定遗产管理人在分配遗产的时候，可以在《伦敦宪报》（London Gazette）刊登声明，借以免除个人因为遗产分配而被起诉。不过，对于资产在英国境外的利害关系人而言，并不会去浏览或咨询伦敦宪报，以确认遗产管理人之声明。由于《欧盟遗产继承规约》许多规定仍然无法契合英国法律，英国最后选择退出《欧盟遗产继承规约》，回到英国传统的国际私法，处理跨国遗产之管理。[③]

---

① Paul Torremans ed., Cheshire, North & Fawcett Private International Law, 15th ed. 2017, Kindle loc. 67561.

② Paul Torremans ed., Cheshire, North & Fawcett Private International Law, 15th ed. 2017, Kindle loc. 67582.

③ Paul Torremans ed., Cheshire, North & Fawcett Private International Law, 15th ed. 2017, Kindle loc. 67589.

三、选任遗产管理人之管辖法院

由于上述法制的差异，如果死者之遗产分别散落在英美法系国家以及采取当然继承制度的国家、地区中，势必将形成遗产是否当然移转？是否应该进行遗产管理？是否应选任遗产管理人？这些问题，也都涉及应由哪一个国家、地区法院管辖，不同阶段，在不同的事项上，有不同的选法规则以及管辖法院。以下介绍遗产管理的三个阶段的事项内容，进而介绍选任遗产管理人之管辖法院。

（一）遗产管理之阶段

遗产管理分为三个阶段，第一阶段是选任遗产管理人，第二阶段是遗产管理人整理处分遗产，第三阶段是遗产管理人分配遗产。每一阶段各自有不同的管辖法院以及选法规则，因此应该加以区分。[①]

在遗产管理的第一个阶段，也就是选任遗产管理人。选任的方式，在英国法中，死者如立有遗嘱时，即由遗嘱所指定之遗嘱执行人（Executor）担任遗产管理人，以执行遗嘱的内容，并依照遗嘱分配财产。如果死者没有订立遗嘱，或者遗嘱所指定之遗嘱执行人无法上任时，死者的亲属，例如子女或配偶即必须申请法院核发“遗产管理证书”（Letter of Administration），并由法院选定一位遗产管理人（Administrator）。[②] 英美法系之遗产管理人负起两项主要义务，一是收集遗产、清理债务，包含清偿丧葬费用以及其他拖欠之债务；二是分配遗产，分别依照遗嘱指定之方法，或者无遗嘱时之法律规定，分配遗产。两项义务之履行，分别于下列第二、第三阶段完成。[③]

遗产管理的第二阶段，即由遗产管理人整理处分遗产，包含收集取得死者所有的财产、必要时变卖财产、缴纳税捐以及清偿债务。由于处分整理遗产，必须遗产管理人有处分整理遗产的权限。该权限之有无、范围，必须依照选派遗产管理人法院所在地之法律，换言之，必须适用法院地法。[④]

第三阶段是分配遗产，亦即当死者遗产清偿积欠的债务以及税捐后，仍有剩余，遗产管理人必须将遗产交给继承人或依照遗嘱指定之方式处理。此时就依照

① Gareth Miller，International Aspects of Succession，Routledge，N. Y. 2018，Kindle loc. 2464.

② Lawrence Collins，Dicey and Morris on the Conflict of Laws，11th. ed. 1987，p. 982.

③ Paul Torremans ed.，Cheshire，North & Fawcett Private International Law，15th ed. 2017，p. 1325.

④ Gareth Miller，International Aspects of Succession，Routledge，N. Y. 2018，Kindle loc. 2476.

继承或遗嘱之选法规则选定准据法，再依照准据法决定继承人或剩余遗产的分配方式。继承之选法规则有统一主义与不统一主义之不同[①]，统一主义以死者遗产，无论是动产或不动产，都统一适用死者本国法或住所地法；不统一主义，则区分动产以及不动产，分别适用不同的选法规则，选定不同的准据法，如果是动产，即适用被继承人住地法；如果是不动产，就适用不动产所在地法。[②]

（二）选任遗产管理人之管辖因素

选任遗产管理人是进行遗产管理程序的第一个步骤，当遗产散落在必须进行遗产管理程序的国家中时，选任遗产管理人就成为继承人取得遗产必要且不可或缺的步骤。而应由哪一个国家之法院选任遗产管理人，也就成为首先必须探讨的问题。在各国立法例，分别有死者住所地法院以及财产所在地法院的管辖因素。

1. 遗产所在地

由于遗产管理涉及遗产的处分收集，由遗产所在地管辖遗产管理人选任事件，似乎是最合理最有效率的安排。在英美法传统法则上，也都是以遗产所在地为管辖法院。一直到1932年，此项原则造成实务上的诸多困难，特别是住所在英国境内，而财产坐落在英国境外时，财产所在地的外国机构，往往要求取得住所地法院也就是英国法院选派遗产管理人之裁定后，才可以开始遗产管理程序。为了避免困扰，英国于1932年《司法法》中（The Administration of Justice Act）制定了新规定，允许英国法院可以就住所设在英国境内的公民，核发选任遗产管理人的裁定。而在1987年的“监护规则”（Probate Rules）中，更广泛地授权给法院裁量权，决定是否选任遗产管理人[③]，也就是法院可以自行决定是否有选任遗产管理人的管辖权。然而，此项规定，并没有排斥遗产所在地的管辖权。因此，只要是境内留有遗产的法院，即有选派遗产管理人的管辖权，无论住所地是否在该法院所在的境内。只不过，如果死者住所地是在外国，那么法院选派遗产管理人时，可能会考虑住所地之人选。[④]

---

① 马汉宝：《国际私法——总论各论》，中国政法大学出版社2014年版，第353~356页；刘铁铮、陈荣传：《国际私法》，台湾地区三民书局出版社2018年版，第488~491页；韩德培、肖永平：《国际私法》，北京大学出版社2014年版，第242~244页；杜涛：《国际私法原理》，复旦大学出版社2018年版，第171~172页。

② Gareth Miller, International Aspects of Succession, Routledge, N. Y. 2018, Kindle loc. 2480.

③ J. H. C. Morris & David McClean & Kisch Beevers, Conflict of Laws, Thompson Reuters Limited, 7 th. Ed. 2009, p. 472.

④ Gareth Miller, International Aspects of Succession, Routledge, N. Y. 2018, Kindle loc. 2475.

而在美国，遗产管理除了可以由死者住所地法院管辖之外，遗产所在地也有管辖权。前者被称之为“住民之遗产管理”（Domiciliary Administration），后者被称为“辅助性遗产管理”（Anciliary Administration）。两者虽然名称不同，效力却是同等级的，并没有强弱高下之分。无论是住民之遗产管理或者是辅助性遗产管理，其程序都是各自独立且有完整权限（Separate and Complete Proceeding），都被视为独立的法律主体（Separate Legal Entity）。也因此，个别遗产管理程序也都没有拘束其他遗产管理程序的效力。美国许多州都还保留遗产管理人资格限于当地住民的传统法律规定，遗产管理人在遗产所在地处理的所有遗产管理程序，包含法院诉讼程序，都没有拘束其他州遗产管理人之效力。以判决为例，A 州遗产管理人所取得之法院判决，无论是有利或不利，都没有拘束 B 州遗产管理人的效力。①

2. 死者死亡时住所地或惯居地

在英美法传统上，都是由死者住所地之法院选任遗产管理人，并由此开启遗产管理程序。② 因为遗产管理也是属于国际私法上属人法事项的一环，由死者死亡时住所地法院管辖，既符合属人法则，也可以符合死者生活重心的实际状况。

由于欧洲各国属人法事项之连系因素，已经从原本的住所地/国籍，逐步由惯居地取代，因此 2012 年《欧盟遗产继承规约》第 4 条改以惯居地为管辖因素。虽然许多学者，甚至欧盟国际私法智库的欧洲国际私法委员会，一再提出以惯居地为各种诉讼以及非讼事件管辖因素的建议草案，但是始终没有成为管辖因素。所以，《欧盟遗产继承规约》采取惯居地为管辖因素，可以说是一项里程碑。因为在制定《欧盟遗产继承规约》时，许多国家在刚通过新的法律中，依然采取住所地为管辖因素。例如，德国于 1999 年才制定的《德国家事事件与非讼程序法》③，其中第 343 条还是以住所（Wohnsitz）、居所（Aufenthalt）为管辖因素，而根据德国在国际民事诉讼中向来采取的双重机能理论，该管辖法则也适用于国际管辖法则。其他如意大利 1995 年《国际私法》第 50 条还是采取住所地在意大利境内者，

① McDougal Ⅲ，Luther L. & Robert L. Felix & Ralph U. Whitten. American Conflicts of Law，1998，3rd ed. p. 406.

② McDougal Ⅲ，Luther L. & Robert L. Felix & Ralph U. Whitten. American Conflicts of Law，1998，3rd ed. p. 406. Paul Torremans ed.，Cheshire，North & Fawcett Private International Law，15th ed. 2017，p. 1330.

③ 王葆莳、张桃荣、王婉婷译：《德国家事事件和非讼事件程序法》，武汉大学出版社 2017 年版，第 160 页。

由意大利法院管辖之管辖法则。然而，这些国家也都同意改采惯居地，变更自己国内的法律。[①] 由此显现，欧盟2012年《遗产继承规约》对于欧洲各国法制的变革影响力。

以上两种管辖因素中，其中之住所地或惯居地，虽然因为具有统一解决遗产管理事项的优点为多数国家所采取，但是英美两个在二十世纪扮演重要国际经济活动角色的国家，依然不愿意放弃遗产所在地的管辖因素，导致两种管辖因素，在国际现势上，仍然是分庭抗礼，冲突无法获得有效缓解。

（三）台湾地区之“家事事件法”

台湾地区2012年“家事事件法”第127条就继承事件之管辖，分别于第1项规定专属于被继承人住所地法院，于第2项规定保存遗产事件可以由遗产所在地法院管辖。[②] 因此，选任遗产管理人事件，原则应由被继承人住所地法院为管辖，但是如果是保存遗产的行为，也可以由遗产所在地法院为管辖。鉴于遗产管理事件，无论是第一阶段或是第二阶段，都具有保存遗产的性质，而不单纯是分配遗产的行为，因此由遗产所在地法院管辖，应符合“家事事件法”第127条第2项之意旨。据此，死者住所虽然设在外国，但如果在台湾地区留有遗产，台湾地区的法院就该遗产管理事件有管辖权。反面而言，住所设在台湾地区的死者，就留在外国的遗产，该遗产所在地之法院也有选任遗产管理人之管辖权。

至于台湾地区“民法”所规定之遗产管理人，只限于继承人有无不明方可选任，如果死者住所设在台湾，部分遗产留在外国，特别是该外国是英美法系国家时，其在台湾之继承人可否申请台湾的法院选任遗产管理人？此种情形，由于并无继承人有无不明的状态，按照台湾地区“民法”的规定，并无选任遗产管理人之法律上依据。然而，若台湾地区的法院不进行遗产管理人选任程序，有可能形成对于遗产管理人无从置喙的情形。此应该可以视为民事程序法上之一个漏洞，需要类推适用相似的遗产管理人选任制度加以填补。因此，应类推适用继承人有无不明之选任遗产管理人程序，并参考前述英国1932年之立法，由住所地之台湾地区法院选任遗产管理人。至于境外遗产的管理，是否受台湾法院裁定之拘束，

---

① Alfonso Luis Calvo Caravaca & Angelo Davi & Heinz Peter Mansel, ed. The EU Succession Regulation, Cambridge University Press, 2016, p. 128.

② 刘铁铮、陈荣传：《国际私法》，台湾地区三民书局2018年版，第634～635页；柯泽东、吴光平：《国际私法》，台湾地区元照出版2016年版，第306页。

当属该被选任之遗产管理人处理遗产权限有无之问题。

四、结语

由于遗产继承法律制度之差异，各国对于遗产管理制度的设计，也有基本上的差异。在首揭案例中，就死者留下英属维京群岛公司的股权，依照台湾地区“涉外民法”第13～14条之规定，属于法人内部事项，应适用设立台湾地区规定，因此英属维京群岛有选任遗产管理人之管辖权。至于遗产管理人，清理遗产，分配遗产时，自应依照继承之选法规则，选定准据法，决定继承人后，再分配遗产。

台湾地区司法实务上，有判决未能体察遗产管理制度在英美法系国家以及当然继承法系国家之法制差异，将英美法系国家进行的遗产管理程序，一律视为继承事项，直接适用继承之选法规则，选定准据法，却忽略了遗产管理程序是英美法系国家遗产转移的前置程序，并非继承事项。类似的案例，如台湾地区审判主管机构“2013年台上字第392号”判决，审理一件住所设在美国，部分遗产在台湾，死者依照美国法院立下遗嘱，指定遗嘱执行人执行遗嘱的讼争事件。台湾地区审判主管机构否认遗嘱执行人为遗产管理人，似乎也是没有清楚认识英美法系遗产继承制度与当然继承制度在法律制度上之差异。[①]

本文认为就遗产管理之管辖，尚无法达成一律由死者住所地法院管辖的共识的情况下，由死者住所地或遗产所在地为管辖因素，选任遗产管理人，仍属必要，也符合台湾地区“家事事件法”第127条之规定。

① 参见蔡华凯：《国际私法实例研习》，台湾地区三民书局2018年版，第284～295页。

涉台纠纷诉讼费用救助制度的一些思考

陈 梁*

民事诉讼费用救助制度作为民事诉讼制度权利保障体系中的重要部分，关系到当事人的权利行使、维护以及社会公平正义的实现，其最大价值是可以保障经济困难的弱势群体不因诉讼费用的限制丧失通过诉讼维护自身权利的机会。近年来，随着两岸经贸交流、人员往来的迅猛发展，闽台交流的进一步深入，不可避免地出现了大量涉台婚姻、继承、民间借贷、经贸投资等民事方面的纠纷。司法实践中当事人申请民事诉讼费用救助的情形也不在少数，尤其针对涉台纠纷，在强调平等保护台湾地区当事人权益的同时，也应注意两岸当事人诉讼能力上存在的差异。为更好保障台湾同胞的诉讼权利，提供优质司法服务，可以在现有法律规定的基础上，探索有限度放宽涉台一方当事人申请司法救助的条件及具体司法救助内容的方向和措施，并在此基础上，试图对大陆现行司法救助制度提出部分建议。

一、民事诉讼费用救助制度的概念和意义

（一）民事诉讼费用救助制度的概念

对于民事诉讼费用一词的含义，在学术界一直存在有广义说、狭义说、折中

* 福建省法官协会会员。

说三种学说，具体来说：广义说认为诉讼费用是指当事人因进行民事诉讼而支出的一切费用，也可称当事人的私人诉讼成本，其包括有当事人向法院交纳的费用和当事人因为诉讼事务向其他主体支付的费用，还有当事人因诉讼而自身支出的费用。狭义说认为诉讼费用是指当事人因进行民事诉讼而向法院交纳和支付的费用。折中说认为诉讼费用是指当事人进行民事诉讼应当依法交纳和支付的费用，包括当事人向法院交纳和支付的费用，以及当事人因为诉讼事务支付的其他费用。根据国务院《诉讼费用交纳办法》（简称《交纳办法》）第六条规定，为“民事诉讼当事人向法院交纳的为进行诉讼所必需的法定费用，具体包括以下几项：第一，案件受理费。第二，申请费。第三，证人、鉴定人、翻译人员、理算人员在人民法院指定日期出庭发生的交通费、住宿费、生活费和误工补贴。”这正是从狭义角度定义诉讼费用，本文亦以此作为讨论基础。民事诉讼费用救助制度主要是指当事人在提起诉讼时若无力支付诉讼费用，或支付诉讼费用后将造成显著的生活困难，则国家可通过一定的程序允许当事人缓、减、免交该费用的司法救济制度，即《最高人民法院关于对经济确有困难的当事人提供司法救助的规定》中所称的“司法救助”。

（二）民事诉讼费用救助制度的意义

民事诉讼费用救助制度的构建和完善，有利于让广大人民群众平等地享有诉权，是保障人权原则的具体体现，同时在有效解决社会冲突，维护社会稳定，推进依法治国，构建和谐社会上都能够发挥至关重要的作用。

1. 保障公民诉讼权利。诉讼权利作为程序性权利的一种，是每个社会成员所不可或缺的，其核心价值是对公民利益的承认与救济。随着依法治国进程的不断推进，平等主体间矛盾纠纷的解决已经渐渐转入到司法领域。对于民事诉讼而言，符合《民事诉讼法》第一百一十九条规定的起诉条件方能提起诉讼仅仅是在基础的诉权方面作出基本的规定，而进入具体操作层面，则不仅要求主体适格、被告确定，针对明确的诉讼请求还需要按期足额交纳诉讼费用方能真正启动纠纷解决程序。而每个民事主体的经济能力、经济程度都不一样，甚至对于生活无着或者针对基本生存权利的诉讼主体而言，无力负担的诉讼费用将成为“最后一根稻草”。民事诉讼费用救助制度的建立就可以让广大人民群众无论经济条件的好坏，社会地位的高低，都能够平等地进入诉讼程序，获得法律的同等保护。

2. 体现司法为民的理念。我们的司法工作都强调要为人民服务，要利民、便民。司法救助制度设置的出发点是保障弱者权益，实现司法便民的法律理念。当前，社会经济发展的不均衡，导致贫富差距明显增大，弱势群体在短期内仍将大量存在并且往往处于社会的底层，因为经济困难，法律知识匮乏等因素，弱势群体想要通过诉讼的方式维权更是困难重重。通过司法救助，通过诉讼费用的减缓免，让他们打得起官司，甚至打得赢官司，实现他们的权益，充分的体现了人民法院司法为民的理念。

3. 有效解决矛盾冲突，维护社会稳定。合理的诉讼费用制度往往引导公民理性诉讼、文明诉讼，反之则可能阻碍诉讼功能的发挥甚至对诉讼的核必价值造成消极影响。[①] 民事诉讼费用救助制度的实施，使弱势群体可以选择司法手段解决纠纷、化解矛盾，从而避免了一部分人"上访""信访"等行为，更合理地进行维权，实现社会的和谐和安定。

二、民事诉讼费用救助制度的概况

（一）祖国大陆民事诉讼费用救助制度

现行规定主要有国务院《交纳办法》和《最高人民法院关于对经济确有困难的当事人提供司法救助的规定》，前者作为开展诉讼费用缓、减、免司法救助工作的依据，以第六章单独一章的形式确立了司法救助制度，第 45～47 条规定了免交诉讼费用、减交诉讼费用和缓交诉讼费用的情形，对免交诉讼费的主体限定为自然人，减交诉讼费的比例确定为不得低于 30%，缓交诉讼费的当事人在诉讼结束之后仍需向法院补交所应缴纳和支付的费用。并目规定，申请司法救助的当事人胜诉的，诉讼费用由对方当事人承担；申请司法救助的当事人败诉的，免交、减交的诉讼费用由国家承担。《最高人民法院关于对经济确有困难的当事人提供司法救助的规定》则以列举的方式规定了 14 种可以申请司法救助的情形，详细规定了当事人申请司法救助即减、免、缓交诉讼费用的审批程序和审批权人，并针对性地规定"当事人骗取司法救助的，人民法院应当责令其补交诉讼费用；拒不补交的，以妨害诉讼行为论处"，即对当事人骗取司法救助后果的规定。

（二）台湾地区民事诉讼费用救助制度

根据台湾地区民事诉讼有关规定，主要有以下几部分内容：（1）当事人无资

---

① 胡大任：《民事诉讼费用研究》，载内蒙古大学 2016 年硕士论文。

力支付诉讼费用。指若支出诉讼费用，则当事人自己及其家属之生活费将陷于困难。(2) 须当事人提出申请。民事诉讼系为保护私权，而与公益关系不大，故公权不宜依职权介入，应俟当事人申请后，法院始得为诉讼救助之裁定。(3) 须非显无胜诉之望。如明显地可预测到申请人将受败诉判决，而仍予以诉讼救助，则不仅浪费经费，且可能造成强迫其他当事人花费无益的时间与金钱，来应付诉讼。获准予诉讼救助者，得暂免裁判费用之支付、免供诉讼费用之担保、暂行免付执行员应收之费用及垫款，且可暂行免支付法院为其选任代理诉讼之律师的酬金。

（三）有关国家民事诉讼费用救助制度

日本诉讼费用救助的有关规定表现在《日本新民事诉讼法》第 82 条至第 86 条中，其规定的适用对象有两类：(1) 对于没有财力支付准备及进行诉讼所必要费用的人、或者因支付费用而造成生活显著困难的人；(2) 因诉讼费用的支付将给事业的继续发展造成显著障碍的法人。救助的内容包括延缓交纳裁判费用、执行官的手续费及执行官执行职务所需要的费用、法院以命令为其委派的律师报酬及费用、免除诉讼费用的担保等。①

德国诉讼费用救助制度中，对于申请民事诉讼费用救助的当事人，不仅要求经济上确有困难而且对诉讼还要有胜诉希望，在救助的对象方面，除了自然人以外，对于职务当事人（破产管理人）、法人和有当事人能力的社团（如无限公司）都可以是诉讼费用救助的适用对象，还规定外国人与本国人一样可得到诉讼费用救助。若法庭拒绝当事人申请司法救助的，当事人可以针对裁定提起抗告。②

英国和美国的法律援助制度主要是针对律师费用的救助，而没有专门针对诉讼费用进行减、免，主要是英美国家都认为既然当事人参与诉讼，为取得利于本方的胜诉结果，就应当为此付出一定的代价。③

三、完善涉台纠纷民事诉讼费用救助制度的几点想法

党的十八大以来，习近平总书记提出了一系列对台工作新主张和新论述，而如何贯彻好以“人民为中心”的发展思想，在司法领域为台湾同胞办实事、做好

① 陶建国：《日本民事诉讼费用救助制度之研究》，载《河北法学》2012 年第 3 期。

② 邹国勇、甘雯：《德国民事诉讼费用救助制度及其新发展》，载《重庆工学院学报》2009 年第 9 期。

③ 陈桂明、吴如巧：《美国联邦诉讼程序的新发展及其启示》，载《甘肃政法学院院报》2011 年第 1 期。

事、解难事，像为祖国大陆百姓服务那样造福台湾同胞，将是当前和今后一段时期人民法院工作的重点。

（一）大陆现行民事诉讼费用救助制度存在的不足

大陆司法救助的制度虽初步建立，但因历史尚短，没有形成良性的司法惯例，“这一制度发展缓慢，且简单粗趟、名实不符，已日益不适应司法公正与社会公平正义的要求。”[①] 在实际运行过程中还存在一些不足和缺陷。

1. 在救助适用主体方面排除部分法人、组织的救助权利。民事诉讼费用救助制度经历了一个发展的阶段，其救助适用对象在不同时期有不同的变动，1989 年的《收费办法》中未明确规定适用对象。1999 年《补充规定》和 2005 年最高人民法院《救助规定》中规定了民事诉讼费用救助的缓交、减交或免交的适用对象包括了社会公共福利事业单位，如福利院、孤儿院、敬老院、荣军休养单位、精神病院、SOS 儿童村等、当事人是没有固定生活来源的残疾人以及其他没有正当收入来源造成收入困难等情形的自然人。至 2007 年实施的《交纳办法》又将社会福利机构和救助管理站排除在免交的适用对象外。因此，现行的司法救助制度实际上仅以自然人和社会公共福利事业单位作为适用对象，排除了机关法人、企业法人和其他组织等主体。事实上此种规定忽略了民事主体可以分为自然人和法人以及其他组织的规定，而且对保护法人和其他组织利益不利。

2. 救助对象规定过于原则。《交纳办法》和《最高人民法院关于对经济确有困难的当事人提供司法救助的规定》中虽然以列举的方式规定了 13 种可以申请司法救助的情形和一个兜底条款，但具体内容抽象简略，无法囊括司法救助实践中所遇到的需要救助的范围。尤其是针对兜底条款“其他情形确实需要司法救助的”，没有具体的衡量标准，虽然在一定程度上赋予法院对此类情况上的自由裁量权，但同时此规定也增加了法官在审查决定是否给予当事人司法救助的任意性和当事人的期待感，不在法律规定的司法救助具体情形范围内的当事人，其是否能够获得司法救助就要完全依靠法官的自由裁量。[②]

3. 救助标准规定不够科学。“经济确有困难”或“交纳诉讼费确有困难”是当事人救助适用的唯一限定条件，但没有具体标准可比对，导致司法救助适用条

---

① 吴迪莱：《我国的司法救助制度：现状、缺陷与改革》，载《法学杂志》2012 年第 9 期。
② 胡荣华：《论我国民事诉讼费用交纳制度及救助》，载《法制博览》2013 年第 3 期。

件过于宽泛，虽然在某种程度上确实可以增加经济上处于弱势的群体参与诉讼提供救助的可能性，但限定条件的单一性和宽泛性也导致了实际操作过程中存在较大的任意性，导致司法实践中法院对司法救助的条件很难认定。

4. 缺少独立的救济机制。《最高人民法院关于对经济确有困难的当事人提供司法救助的规定》中规定了当事人骗取司法救助的法律后果，但对救助的处理结果不服的后果没有规定，即申请人对法院作出的不予缓、减、免交诉讼费用，或者缓交期限、减交比例等的处理后果没有进一步救济的途径，只能被动接受。基于诉讼费用救助制度的目的是为了使当事人更好地行使诉讼权利，保障司法公平，救济机制是申请人表达意见的重要方式，有必要对其进行规定。

（二）在涉台纠纷中民事诉讼费用制度一些改进的建议

最高人民法院在2019年3月25日下发的《最高人民法院关于为深化两岸融合发展提供司法服务的若干措施》（法发〔2019〕9号）中对涉台案件中台湾当事人的民事诉讼费用救助方面作出规定，如确认台湾当事人享有缓交、减交、免交诉讼费用的权利及对符合条件的台湾当事人进行司法援助及司法救助等具体实施细则，但在救助的主体、对象以及标准等方面并没有作出进一步细化的规定。

1. 适当扩大诉讼费用司法救助的对象。在涉台纠纷中涉及到的救助对象中增加除社会公共福利单位外的其他法人和组织。从传统观念而言，总认为法人、团体较之于自然人，无论是在人力上还是在财力上都具备较大优势，而且法人、组织是经济活动的主要参与者，该主体涉及的案件一般都是经济类纠纷，不涉及到民生以及自然人的生存权利，因此没有考虑法人和其他组织作为救助主体。但涉台企业法人作为经济活动的主体，在经济交往过程中纠纷本身难以避免，而且法人参与案件的一般标的额都比较高，诉讼费用负担较大，法人无法负担诉讼费用的情形也屡见不鲜，此时法人应当有权利获得司法救助，不仅有利于纠纷的及时解决，保障社会稳定，同时也符合司法平等的要求。尤其在涉台纠纷案件中，将涉台企业法人纳入司法救助的对象范围，将能够使一些企业法人及时通过诉讼解决纠纷，保障企业合法权利，恢复企业正常运行机制，同时对大陆的法律环境、营商环境有更强大的信心。

2. 适当扩大诉讼费用司法救助适用的案件范围。近几年来随着两岸政策的不断往前发展，越来越多的台湾地区居民到大陆定居、生活，期间所产生纠纷的类型也从原来比较单纯的经济往来纠纷逐渐发展向民生等领域纠纷，比如婚姻家庭、劳动合同、消费者权益保护以及各类侵权纠纷等。《交纳办法》和《最高人民法院关于对经济确有困难的当事人提供司法救助的规定》中已经对诉讼费用司法救助适用的案件范围进行了列举，种类多达 13 种，但多数是以医疗、交通事故、工伤等导致的人身损害赔偿案件为主，尚不能够全面、有效地实现司法救助帮助弱势群体的目的。在司法救助适用的案件范围方面，应该不断地扩展司法救助适用的案件类型，比如说可将涉及财产类案件当事人，遭受精神损失案件当事人纳入司法救助适用的案件范围。在实践中，还有很多类型的案件的当事人需要救助，而司法解释很难穷尽这些案件类型，只能根据需要，在实践的基础上不断地完善相关规定。

3. 对涉台纠纷当事人适用诉讼费用司法救助标准予以适当放宽。其一是对涉台纠纷当事人司法救助资格可以适当放宽。涉台纠纷中涉台一方当事人多为台湾地区居民到大陆生活、就学、就业等情形，其工作生活的成本等可能相比当地居民有所增加，因此，对于此类当事人的收入、生活困难的标准可以适当放宽掌握，以年收入为衡量标准对司法救助的条件加以细化，不能仅以其是否有收入来源或符合当地低保标准等作为唯一评判标准。其二是申请司法救助的主体予以放宽。根据《交纳办法》的规定，只有主张权利的当事人可以申请司法救助，但我国大陆现在实行的是败诉方承担诉讼费用的收费模式，而若被告因经济困难无法支付诉讼费用却没有申请司法救助的权利，将造成原被告诉讼权利上的不平等，建议将司法救助适用的对象从原告方及上诉人扩展到被告、被上诉人、被申请人。其三是放宽司法救助申请适用的阶段。现行法律规定一审、二审中当事人可以申请司法救助，建议对于非诉案件以及再审阶段案件也可以由当事人申请司法救助。

4. 设立专门救助资金。法院经费通常来源于地方财政的拨款和诉讼费用的回拨，而诉讼费用司法救助中减交、免交诉讼费用，在一定程度上将使法院相关诉讼费收入减少，存在一定的矛盾，如救助量增大，法院经费减少，影响其他工作的正常展开；救助量大则经费减少，难以保质保量，影响司法救助价值的发挥。基于诉讼费用司法救助的性质实质上是国家救助、公力救助，也理应由国家承担起提供经费的责任，建议以政府拨款为主，设立专门的救助基金，当前若仅针对涉台纠纷案件进行诉讼费用司法救助，则相对而言量并不会过大，可以在某地以试点方式进行，将该部分司法救助资金全部纳入当地财政预算中，保障符合条件的涉台纠纷当事人都可以享受到最低标准的司法救助。

5. 完善诉讼费用司法救助救济机制。申请司法救助是当事人的一项重要权利，直接关系当事人能否顺利地实现诉权，维护自己的合法权益，因此，申请人对于申请司法救助的结果有异议的，应当赋予其提起异议之权利，在现行法律尚未对此作出规定的情况下，可以在涉台纠纷案件中试点推行，这也与台湾地区有关司法救助结果有异议的“得于五日内抗告”的规定相得益彰。

台湾地区建构性别工作平等法制之努力
——回顾与前瞻

焦兴铠*

一、序言

台湾在2002年3月8日实施“两性工作平等法”（现已更名为“性别工作平等法”），是为符合本土之实际需求。在制定之初，主要是希望能消弥当时普遍存在之就业上性别歧视现象，尤其是发生之台北纪念馆及高雄文化中心约聘雇人员（绝大部分是女性）“单身及禁孕条款”之争议，更让妇女团体意识到即使在公部门中，这种要求女性在结婚、怀孕或有家庭责任后，必须自动离开职场之陋规依然存在，乃在经过近15年之努力后，终于完成相关规定之工作，而让性别工作平等之理念得以充分奠基。同时，本规定在经过超过17年之实际运作后，不但得以让台湾女性在职场上更能有所发挥，并透过经济上之独立，取得与男性趋于平等之地位，更重要的是能促进在其他领域，诸如家庭、社会及政治地位之平等。此外，本规定之另一重要成果是，由于它扫除女性在就业上遭受歧视之各种现象，让她们劳动参与率得以逐年提升，足以减轻近年来男性劳动力因人口老化逐渐退出，而必须依赖外籍劳工、新住民及让中高龄劳动者继续留在劳动市场之压力。

* 台湾研究院欧美研究所研究员、台湾财团法人中华劳资关系研究所所长。

最后，依据本规定所建构各类平衡工作生活与家庭生活之机制，确实也能发挥所谓“社会改造”（Social Engineering）之功能，让性别平等之理念在各方面都有所发挥，而有助于社会之进一步和谐。

二、台湾女性积极参与劳动市场之现象及影响

台湾妇女在过去30多年来，除前述在劳动参与率上逐年上扬外，在绝对数量之增加及劳动质量之提升上，也有相当可观之表现。举例而言，在1991年，共有近320万之女性投入劳动市场，仅占整体劳动力之37%而已，但截至2017年，已有近480多万之女性在职场上工作，而所占整体劳动力之比率已高达47%。虽然台湾地区之女性劳动参与率目前尚无法与欧美先进国家相比，而且也略逊于日本、南韩及新加坡等，但自从“性别工作平等法”在2002年3月8日正式施行后，就业上性别歧视已得以依法取缔，雇主故意（或因刻板印象）而直接歧视之现象不容易存在，再加上经济因素之影响，因此，女性劳动参与率一反过去30多年在44%到46%间停滞不前之情形，而呈现逐年上扬之趋势，目前已有直追日韩之可能。[①]

如果从年龄层来加以观察，女性劳动者之表现也颇能符合逐渐成为台湾劳动市场主力之趋势。举例而言，在15岁~19岁，女性之劳动参与率在1996年是近35%，显示有相当比例之女性过早投入劳动市场，而所从事者亦以技术层面不过之制造业为多，但目前已降至不到10%，显示越来越多此一年龄层之女性得以留在学校中继续学业，而有助于未来劳动力素质之提升。至于在中高年龄（45岁~64岁）之女性劳动者方面，尤其是属45岁~59岁此一年龄层者，在家庭因素逐渐排除后，其继续留在劳动市场上之意愿也是日趋明显，而教育水平于台湾女性就业上所扮演之角色，在过去30年也有长足之进步。举例而言，仅初中、小学学历或不识字妇女之劳动参与率，自1996年起即逐年下降，至于具有高中、专科或大学以上妇女之劳动参与率，则呈不断上扬之趋势，也在显示台湾女性劳动力之质量，也已逐渐不断在提升中。[②]

如就产业类别来加以区分，台湾女性劳动者在过去30年来之表现也颇为可

① 关于此点，参见台湾地区劳动主管部门：《性别劳动统计》。

② 关于此点，参见张晋芬：《性别劳动平权的进步与检讨》，载陈瑶华主编：《台湾妇女处境文件：2014年》，第101~102页。

观。首先，她们在以体力为主之农林渔牧及矿业（第一级产业）中，所占之比例已由1991年之18%，逐年降低至目前之12%。其次，她们在技术层次较低之制造业（第二级产业）之比重，也由该年之高达44.85%，缓步降低至现在不到38%。最后，女性工作者在服务业（第三级产业）中已逐渐成为主力，而有近三分之二之妇女在此一领域工作，其中在批发、零售、餐饮、金融、保险、不动产、社会服务及个人服务中，更是居于主流之地位。然而，如就产业类别再作细分，则可发现女性劳动者即使在服务业中大有斩获，但仍偏向集中在职员、销售员及助理技师等低阶职位，虽然目前这种情形已略有改善，但职业上性别间隔及薪资报酬不对等之现象，仍在台湾之职场上普遍存在。①

在此值得一提者是，由于台湾目前仍是以男性为主导之社会，因此，婚姻状态及家庭责任两项因素，在女性就业上仍然扮演极为重要之角色。以前者为例，虽然在20岁至29岁年龄层中，台湾地区女性劳动参与率与其他先进国家相比并无逊色，但到30岁至44岁这一年龄层，即可看出婚育及家庭责任两项因素对女性就业所造成之负面影响。事实上，台湾地区整体女性劳动参与率在过去所以低于经济发展程度相近之其他国家、地区，最主要也是因为台湾妇女在结婚及承担家庭责任后，有相当比例（约三分之二）即永远退出劳动市场，就潜在人力资源之开发而言，如何让这些原在劳动市场但因婚育因素而退出之已婚妇女重新投入，实是值得正视之课题，因为根据劳动主管部门之相关调查资料显示，不但已婚、离婚及丧偶妇女之劳动参与率逐年上升，而且即使因婚育因素而退出劳动市场之妇女，也强烈表达，如果社会能主动提供托儿及托老措施，则她们重返劳动市场之意愿也会相应提高。一般而言，如何让男女两性劳动者得以调和工作生活与家庭生活，着实是台湾地区未来充分利用人力资源之重大挑战。②

最后，另一位与两性在职场上互动有密切关联者，是台湾就业市场上目前仍存在相当明显之性别歧视问题，造成女性进入及留在劳动市场之重要障碍，而有待亟早解决，以让女性（包括其他性别者）得以在职场上享受平等之待遇，进而与男性以工作能力从事公平之竞争。举例而言，就两性之平均薪资报酬而言，固

---

① 张晋芬：《性别劳动平权的进步与检讨》，载陈瑶华主编：《台湾妇女处境文件：2014年》，第181～182页。

② 张晋芬：《性别劳动平权的进步与检讨》，载陈瑶华主编：《台湾妇女处境文件：2014年》，第188页。

然男性因较早进入劳动市场而享有既存之利基，而台湾目前两性在职场上所存在之近20%差距，与其他相近国家、地区相较表现尚属正常，但不容讳言仍有相当之改善空间。至于职业上性别区隔之情形，近年来虽有一定程度之改善，但因教育资源分配不均及社会观念仍属保守，女性不论在横向（水平）及纵向（垂直）之隔离上，还是无法与男性相提并论。由于两性在绝对数量上大致相等，因此，要效法欧美国家推展所谓“积极行动方案”（Affirmative Action Programs），或突破所谓“玻璃天花板”（Glass Ceiling）之现象，借以让女性在初阶（Entry – Level）及晋身决策阶层（Decision – Making Level）上得到优惠待遇，极易引发男性所谓“反向歧视”（Reverse – Discrimination）之反弹，在实际推动时即不可不慎。①

至于工作场所内经常发生之性骚扰情形，在台湾也是相当普遍之现象，而以女性受雇者较易受害，过去都以职场上两性互动不良或个人行为偏差视之，但近年来因欧美国家女性主义者都将这种行为诠释为是一种就业上之性别歧视，而认为应透过规范公平就业之法律来加以处理，台湾近年来在妇女团体之强大游说压力下，也有采取此一立场之趋势。事实上，以目前台湾职场生态而言，此类行为绝大多数都发生在男性骚扰女性之情形，而且加害人也以高阶或资深之男性为主，正好也呈现目前整体社会仍以男性为主导之情形，再加上女性一直是危害程度较高之性暴力或性侵害之被害人，对这种受害程度较浅性骚扰行为疑虑害怕之感觉，显然是几乎不太可能被异性性暴力或性侵害之男性所能体会，因此，将这种行为视为是一种性别歧视亦属言之成理，从而，也应列为是排除在就业上性别歧视现象之重要目标之一。②

三、“性别工作平等法”早期之相关规定

早期“性别工作平等法”共有7章42条，其重要内容计有以下数端。

1. 第1章总则共有6条条文，除明定公务、教育及军职人员之申诉、救济及处理程序不适用“本法”外，其他实体事项均受本法之适用，但其规定如优于“本法”者，则从其规定。此外，本章亦责成各级主管机构应设“性别工作平等

① 张晋芬：《性别劳动平权的进步与检讨》，载陈瑶华主编：《台湾妇女处境文件：2014年》，第190～191页。

② 关于此点，参见焦兴铠：《工作场所性骚扰是就业上性别歧视吗？——美国之经验》，载台湾地区《法令月刊》2004年第4期。

委员会”（现已更名为“性别工作平等会”），以审议、咨询及促进性别工作平等事项，民意代表人数为5人至11人，任期两年，女性代表人数应占全体委员二分之一以上。再者，本章规定直辖市及县市政府应办理各类职业训练、就业服务及再就业训练，并在该期间设置托儿、托老及相关福利设施，以促进两性工作平等。最后，“本法”在2008年修正时，又增订第6－1条，规定将性别、性倾向歧视之禁止、性骚扰之防治及促进工作平等措施等列为劳动检查项目，以公权力直接介入雇用关系，以收切实执行之效。

2. 第2章性别歧视禁止之规定共有5条条文，除明定雇主在招募、甄试、进用、分发、配置、考绩、升迁、教育、训练、福利、退休、资遣、离职及解雇等方面，不得因性别或性倾向而有差别待遇，其保障范围及于就业前及就业后外，也规定性别同工同酬之原则，同时也将同值同酬之理念一并纳入。此外，为禁止单身条款及禁孕条款之实施，本章还规定雇主不得以结婚、怀孕、分娩或育婴为由，而以劳动契约、团体协约或工作规则约定或规定受僱者应行离职、留职停薪或解雇之理由，否则其约定、规定或终止行为均属无效。最后，本章也对上述之原则设定几项例外条款。举例而言，如工作性质仅适合特定性别，则在招募等就业决定上，雇主可以给予差别待遇，至于基于年资、奖惩、绩效及其他非性别因素之正当理由，雇主也不必受同工同酬或同值同酬原则之限制。

3. 第3章是性骚扰防治之规定，共有两条有关实体部分之条文，虽然它将有关程序部分之规定，另列在第5章中，但为便于一并讨论，以下将对相关条款做一整体性之说明。它首先将工作场所性骚扰界定为两大类型，并赋予定义。其次，它责成雇用员工30人以上雇主，应采取适当之预防、申诉及惩戒措施。再者，它还规定受雇者于劳务契约存续期间，遭受雇主或其他受僱者性骚扰时，由雇主及行为人连带负损害赔偿责任。但雇主如能证明已遵守本规定所定之各项防治性骚扰规定，且对该事情之发生已尽力防止仍不免发生者，则不在此限（通称为免责之抗辩）。同时，为避免受害人无法获得赔偿，另订有雇主应负衡平责任之规定，而在赔偿损害后，对实际行为人有求偿权，且为使双方权益关系及早确定，又订有2年及10年之时效期间限制。又者，受雇者或求职者因雇主违反有效纠正及补救措施而受有损害者，本规定也规定应由雇主负赔偿责任。最后，本规定还规定对被害人所受非财产上损害，得请求相当之损害赔偿金额，而因此名誉受损害者，亦得请求恢复名誉之适当处分。

4. 第4章是有关促进工作平等措施之规定，共有12条条文，主要规定生理假（每月一日）、产假（八周）、流产假（四周至五天）、陪产假（五日，工资照给）等有关女性生理特质及母性保护之规定，并有育婴休假、哺乳时间、育婴减少工时、弹性调整工时及家庭照护休假等亲职假之规定，借以让两性受雇者得以兼顾工作及家庭生活。此外，它还规定雇用员工达100人以上之雇主，应设置或提供适当之托儿设施或措施，并由主管机给予经费补助。最后，该章还责成主管机关采取就业服务、职业训练及其他必要措施，以协助因结婚、怀孕、分娩、育儿或照顾家庭而离职之受雇者获得再就业之机会，并规定雇用此类受雇者而成效卓著之雇主，得由主管机关给予适当之奖励。

5. 第5章是有关救济及申诉程序，共有12条条文，除规定受雇者或求职者因雇主违反工作平等权之规定而受有损害者，得向雇主请求财产上及非财产上之损害赔偿外，并对举证责任设有转换之规定，明定雇主应就差别待遇之非性别因素，或所从事工作之特定性别因素，负担举证责任。此外，为使本法相关争议能在事业单位内部及早解决，还特别规定雇主得建立申诉制度，而受雇者或求职者亦得向地方主管机关提出申诉，并尽量以协调方式处理此类争议，在当事人有异议时，亦得向主管机关申请审议或提起诉愿。再者，为提高“性别工作平等委员会”对事实认定之效力及权威，本章还特别规定法院及地方主管机关应审酌其所为之调查报告、评议或处分。最后，为使受雇者或求职者得到进一步之保障，本章还特设法律扶助及保全处分优惠之规定。

6. 第6章及第7章为罚则及附则之规定，共有3条条文，附则部分属一般规定并规定自2002年3月8日施行外，在罚则部分则是大幅修改原整合版之相关规定，而仅规定有科处新台币1万元以上10万元以下及新台币10万元以上50万元以下两种罚款之规定。

四、2014年最新修正之说明

由于“性别工作平等法”之某些相关规定，已逐渐不敷目前之实际需求，因此，台湾劳动事务主管部门在2014年5月，又对“该法”作相当幅度之最新修正，其“修法”重点约有以下数端：首先，是加强对技术生（包括准用劳动基准法技术生规定者）、实习生及派遣劳工之保护，以便让他（她）们在遭受职场性骚扰或其他不利对待时，能得到“本法”所能提供更多之保障。① 其次，是对申请育婴留职停薪受雇者之复职加以明确界定，而直接规定以恢复提出申请时之原职位为限，借以杜绝可能衍生之争议。②再者，是放宽女性受雇者申请生理假视为病假之规定，借以彰显男女两性受雇者在这方面之差异性。③又者，是对雇主拒绝让受雇者申请各类本法第 4 章促进工作平等措施中所规定之休假者，或对他（她）们给予不利对待，或对依该法第 5 章提出内部申诉之受雇者加以报复者，都提高罚则额度，并增订公布姓名及名称、限期改善及连续处罚之规定，借以收吓阻之效。④ 复次，是将 3 天之陪产假请假期间，由原先配偶分娩当天及其前后之 5 天，延长为 15 天，借以更具弹性，而且也废除原先遇例假或其他假日不另给薪之规定。⑤ 最后，台湾地区立法主管机构在 2014 年 10 月 30 日，对本规定又作最新之修正，特别将雇主违反性别（性倾向）歧视及性骚扰相关规定之罚则，由新台币 10 万元至 50 万元，提高至与就业服务法一致之新台币 30 万元至 150 万元。⑥ 此一修法之举，终于让十多年来此二法罚则不一之不正常现象告一段落，也等于宣示台湾地区此套“双轨式”之防制就业歧视法制即将走入历史。

五、实施成效之探讨

根据台湾地区行政管理机构有关部门本身之相关调查显示，不论公私部门之实施成果尚称令人满意，为本规定之落实奠定相当坚实之基础，现分述其情形如下。首先，根据台湾地区行政管理机构有关部门在 2004 年 8 月 21 日所公布之《各部会暨所属机关因应“两性工作平等法”施行配合措施截至 7 月初办理情形》之报告指出，台湾地区行政管理机构有关事务主管部门在依据本规定第 32 条建立内部员工申诉管道方面实施成效最为可观，虽然本规定并未强制建构此类制度，但已有近九成（89.13%）机关设置此制，另有 10% 正在办理中，仅有不到 7% 之机关未采取相关措施者。至于在订定性骚扰防治处理要点方面，台湾地区行政管理机构在 2003 年 9 月所函颁之相关申诉处理要点虽已停止适用，但有 87% 员工人

---

①②③ 关于对本法最新修正之说明，参见焦兴铠：《对“台湾性别工作平等法”最新修正之省思》，载台湾地区《中钢劳工》2015 年第 190 期。

④ 焦兴铠：《对“台湾性别工作平等法”最新修正之省思》，载台湾地区《中钢劳工》2015 年第 190 期。

⑤ 同前注。事实上，在本论文初稿完成后，台湾知名人士有将此 5 天之陪产假延长为 7 天之建议，关于此点，载台湾地区《联合晚报》2018 年 6 月 22 日。

⑥ 焦兴铠：《对“台湾性别工作平等法”最新修正之省思》，载台湾地区《中钢劳工》2015 年第 190 期。

数达 30 人以上之各部会暨所属各机关，已依本法第 13 条第 1 项规定订定防治此类事件之处理要点，仅有近 10% 之机关正在订定中，另有 3% 之机关因人数未达法定人数而未订定。然而，在设置托儿设施或提供适当托儿措施，以及设置员工哺乳室等两方面，各机关之实施情形即不够踊跃，其中在托儿部分，仅有 33% 之机关已设置或提供，或正在办理中，至于依法无须设置者则高达 64%，且未见有采取积极主动措施者。在设置员工哺乳室方面，已依本规定第 18 条第 1 项规定配合设置者将近一半，另有 14% 之机关正在规划设置，其他未设置者高达 36% 以上。事实上，台湾地区行政管理机构有关事务主管部门之报告仅列出本法之 4 项要求，其他有关生理假、育婴留职停薪、弹性调整工作时间及家庭照顾休假等事项均未作调查，显示此一调查之深度及广度仍有待加强。

其次，根据台湾地区劳动事务主管部门在 2019 年 3 月所作最新之“雇用管理性别平等状况调查”，其结果显示台湾私营事业部门在落实本规定方面要较公家机关逊色甚多，在未来尚有甚大努力空间。本调查对事业单位之调查发现：员工规模达 30 人以上之事业单位，仅有近 86.0% 依本规定第 13 条第 1 项订定性骚扰防治措施、申诉及惩戒办法，未订定者仍高达 14.0%。至于依本规定第 16 条第 1 项规定同意给予受僱者育婴留职停薪者，约占 81.1%，不同意者占 18.9% 以上。依本规定第 20 条第 1 项规定同意员工申请家庭照顾休假者，占 78.1%，平均休假日数为 6.9 日，不同意者占 21.9%。在设置托儿设施或提供托儿措施方面，共有 65.6% 之事业单位能符合本规定之相关规定，其中以“与幼儿园或托儿所签约”方式者为数最多。至于在设置哺乳室方面，因本规定最新修正将员工人数降为 100 人，故有 79.4% 之事业单位设置，要较 2018 年之 83.9% 略减，仍有成长之空间。①

最后，台湾地区劳动事务主管部门在前述之相关调查中，也曾对女性受雇者认知本规定之情况加以研究，根据其结果显示，女性受雇者在职场上所遭遇之性别歧视情形，以升迁、工作配置及调薪等方面较为严重。至于在进修及训练方面则较公平。工作场所性骚扰之发生比率并不严重，仅及一成左右，而认为未曾发生者高达六成以上。在因结婚、怀孕、分娩及育儿而遭解雇或被要求自动辞职之比率甚低，显示因婚育而遭不利待遇之情形已逐渐有所改善。在育婴留职停薪方

① 参见台湾地区劳动事务主管部门“2018 年雇用管理性别平等状况调查”。

面，仅有不到一成之女性受雇者会提出此类申请，而不会申请之主因是基于经济因素之考量。①

六、进一步改革之需求

虽然在不到15年期间，台湾地区在面临前述两公约与消弥一切形式对妇女歧视公约之合法化、性别主流化运动之倡议、尊严劳动概念之推动，以及核心国际劳动基准之建构等国际潮流之冲击，再加上劳动市场女性化及相关性别工作平等法制之实施等内在因素之影响下，即已对性别工作平权理念之落实方面，确已有相当傲人之成果呈现，但不容讳言仍有甚多力有未逮或引起争议之处。举例而言，同工同酬及同值同酬之实施固然略有成效，但因职业上性别区隔之现象依然根深蒂固，致两性在工作薪资报酬上在短期内仍无法达到均等。② 同时，虽某些兼顾受雇者工作与家庭生活并重之措施，诸如育婴留职停薪、家庭照顾休假及托儿设施之设置等，已陆续加以推动，但囿于社会角色分工之传统观念，负担绝大部分家务操持之女性在职场上仍然面临结构性不平等之困境，如果再加上日益严重之少子化及人口老龄化问题，情形可能对她们更为不利。此外，在各类性骚扰防治法制之建构方面，固已产生某些移风易俗之正面效果，但也造成实施之困难，且将重点错置在此类事件究竟有无发生之争论上，而忽略希望排纷解争及教育感化之立法原义。③ 至于女性无法晋身决策层级而产生所谓“玻璃天花板”现象，④ 在进用上采取积极行动方案来优惠女性，会不会对男性造成所谓“反向歧视”之情形，⑤以及雇主采用所谓“胎儿保护措施”（Fetal Protection Policy）所产生之怀孕歧视争议等，⑥ 都是台湾地区前述“性别工作平等法”目前所无法逐一加以规范，而有待日后更进一步来加以改革者。

事实上，根据其他国家、地区近年来推展性别工作平权理念之经验，下列几

---

① 参见台湾地区劳动事务主管部门“2018年雇用管理性别平等状况调查”。

② 关于此点，参见朱柔若：《职场上的性别主流化：从性别统计看就业平等政策之成效》，载《城市发展》2010年第10期。

③ 关于此点，参见焦兴铠：《台湾地区防治性骚扰法制之建构》，载台湾地区《法令月刊》2005年第5期。

④⑤ 关于此点，参见焦兴铠：《工作平等与优惠之平衡——美国经验之借镜》，载台湾地区《菁英》2017年第5期。

⑥ 关于此点，参见焦兴铠：《论雇主采用“胎儿保护措施”所引起之就业歧视争议——Johnson Controls一案之分析》，载《劳工法与劳工权利之保障——美国劳工法论文集（一）》1995年第5期。

项与就业上性别歧视息息相关之新兴争议，也值得台湾地区及早加以规划因应：首先，是某些特定之弱势群体，其中又以女性居多在就业市场上所面临之多重困境，除传统上之性别歧视外，还同时会存在有其他就业障碍之情形，诸如在台湾地区“就业服务法”中所规定之特定对象就业中，女性即在其中占去极为可观之比例，如不设法加以匡正扶植，极易沦为“弱势中之弱势”。[1] 其次，是有关性产业（Sex Industry）工作者之权益维护问题，由于它通常属所谓“非正式经济”（Informal Economy）之一种，且是所有工作中最歧视女性者，通常甚少有女性主义者为其发声，而被归类为边缘之性别议题，因此，经常都成为黑白两道勒索剥削之对象，根本无法享有劳动者之基本人权及一般福祉。台湾地区目前已逐渐将此一行业除罪化，将来是否应更进一步合法化及建构配套措施，并设法保障这类从业人员之工作条件及基本权益，也是一值得深思之课题。[2]

再者，其他各国、地区在推动性别主流化及消除对妇女一切形式歧视公约时，也都会提及所谓“家务操持”（housework）对社会所产生之贡献，这类工作通常不会被赋予价格，而且绝大比例都是由女性来负责，基于社会性别分工之传统，除成为她们无法在劳动市场上与男性并驾齐驱之最大障碍外，这些工作之无形及有形贡献亦常被忽视。事实上，根据联合国经济暨社会理事会之统计，这类家务工作约占一个国家国内生产总值（gross domestic product：GDP）24% 至 60% 之多![3] 目前，虽有女性主义者提出“家务有给制”之构想，但却因争议性高而始终无法实现，嗣后又有“家务分工”之主张出现，但在短期内亦难奏效，所幸台湾地区目前已透过全民健康保险及年金制度之实施，来为此一默默付出之群体给予一定程度之基本保障。然而，将来究应如何对此类劳力付出给予肯定确认，并呼应国际劳工组织在 2011 年 6 月所通过《家事劳动公约》（Domestic Workers Convention）[4] 之精神，也是在推动性别工作平等理念上不可忽视之一环。

次者，对前述“性别少数族裔”，诸如男女同性恋者、变性人或特殊性倾向者等，工作权之保护，虽在两公约及消除对妇女一切形式歧视公约中并未明确提及，

---

①② 关于此点，参见焦兴铠：《全球化下弱势劳动族群工作平等权之维护—兼论台湾之经验》，载《全球化下的劳工处境与劳工研究》2011 年第 4 期。

③ 关于此一数据资料，参见 Katharine Silbaugh，Turning Labor into Love：Housework and the Law，91 Nw. U. L. Rev. 1，3 –4（1996）.

④ 关于此一公约之英文全文，参见国际劳工组织之网站，http：//www. ilo. org/ilolex/cgi – lex/convde. pl. C189，最近点阅日期：2010 年 5 月 12 日。

但却是性别主流化运动之一个重点。一般而言，台湾早期在两性工作平等法时代，即已对“两性”一词做广义扩张之诠释，认为应包括此一群体成员在内，嗣后更进一步将“两性”修正为“性别”，而将性倾向也列入保障范围，再加上2004年制定前述之“性别平等教育法”，更设法在教育阶段即培养平等对待性别上少数族裔之奠基工作，并保障其受教育权，但不容讳言在台湾所谓“恐同症”之情形仍属盛行，在职场上对其之排斥、迫害及霸凌等，堪称比比皆是，将来应如何唤醒民众对他（她）们通常都是具有这方面“与生俱来无法改变特质”（Immutable Characteristics）之认知，而加强对其工作权之保障，也是一值得努力之方向。①

最后，与前述绝大部分是由女性来负责承担之家务工作相比，在台湾有某些在传统上以男性居绝对优势之行业，诸如通称“男性堡垒”之军队、警察及消防队等，究竟女性有无突破，甚至还有并驾齐驱之可能？一般而言，根据台湾地区国防事务主管部门、警察事务主管部门、消防事务主管部门所公布之相关资料显示，两性区隔之情形已有逐渐松动之现象，此固属一相当良性之发展，也足以显示女性在这方面之表现确不输男性，然而，有相当值得注意之课题，即台湾地区自2018年起将全面实施募兵制，届时在军中服务将成为一般工作之一种，其中所牵涉之性别平权相关议题，尤其两性别上少数族裔在此一行业所会遭遇之各类困境，即是不容忽视者。至于另一更重要之相关议题，即：女性可否与男性一样在战场上实际从事战斗任务，才足以充分显现性别平等之真谛？则因目前台湾各界在讨论雇主在征才注明“男性限役毕”之要求，是否构成就业上性别歧视之情形？② 也开始引起广泛之讨论。由于此一争议直接触及性别工作平等议题之核心，而截至目前为止也无法获得一致之共识，因此，将另文加以讨论。③

---

① 关于此点，参见焦兴铠：《美国就业上性倾向歧视争议之探讨》，载台湾地区《欧美研究》2009年第1期。

② 在过去，台湾地区行政管理机构劳动事务主管部门之“性别工作平等会”及“职业训练局”，曾讨论雇主在招聘时特别注明男性相关要求，是否构成性别、容貌、五官、年龄或身心障碍歧视之情形，关于此一新闻媒体报导，参见郭安家，《限役毕=就业歧视？北市将辩论》，载台湾地区《联合报》2012年2月5日；姜兆宇：《未役男的心声：只好找个兼差》，载台湾地区《联合报》2012年2月5日；及蔡亚桦、王玉树：《求才限役毕罚150万》，载台湾地区《苹果日报》2012年2月5日。

③ 关于此点，参见Lori S. Kornblum，Women Warriors in a Men's World：《The Combat Exclusion》，2 L. & Inequality 351，1994，p. 390~430，对此一议题早期之发展情形，有甚详尽之说明。

七、结语

囿于过去“男主外女主内”之传统社会分工思维，台湾地区女性早期在职场上并未能占有一席之地，但随着20世纪60年代经济之快速成长，她们在劳动市场之重要性日益受到重视，尤其近年来由于人口老化及少子化之双重压力，在面临引进外籍劳工妨碍产业升级及压低薪资报酬、第一代“新住民”仅能提供边缘劳动力，以及中高龄者继续留在劳动市场将会排挤年轻劳动工作机会之各种困境时，女性劳动力之开发，势必成为必须正视之课题，但不容讳言，在台湾地区目前仍是以男性为主导之社会，她们在职场上仍然面临结构性不平等之情形，所幸台湾在过去17年来，通过前述2002年“性别工作平等法”之制定与实施，不但逐渐消弥在就业上之性别及性倾向歧视现象，而且也设法推动工作与家庭生活之平衡，更重要的是，这些职场友善措施，附带促进女性劳动参与率之逐年提升，因此，它通过此一法制之建构，让性别工作平等理念能奠定更坚实之基础，成为近年来“宁静革命”中重要之一环。虽然仍有甚多之困境及障碍有待克服，但实属“瑕不掩瑜”，也希望此一宝贵经验能让两岸共享，使得性别工作平等理念能得到具体实践。

两岸同胞权益平等保障问题研究
——民事诉讼案件中"涉台"的定义

刘阳明*

前　言

笔者于2009年通过祖国大陆司法考试并取得律师执业资格后，即在大陆从事律师业务。对于台湾地区居民得在大陆从事律师业务的执业范围，始终高度关注，于执业范围开放的进程，也多次在各种座谈会中撰写论文、发表意见。多年后，欣见司法部为了推进大陆与台湾地区交流合作、密切两岸人员往来、深化两岸经济社会融合发展和维护两岸同胞合法权益，先于2017年9月21日发布司法部令第136号修改《取得国家法律职业资格的台湾居民在大陆从事律师职业管理办法》(司法部令第115号)，放宽台湾居民可代理涉台民事案件的范围①，再于2017年9月28日第176号令公布将可代理涉台民事案件的范围扩大至五大类237项，并自2017年11月1日起施行。虽然司法部放宽了台湾居民可代理民事诉讼案件的范围，但是仍有一个核心的问题尚待厘清解决，即什么是"涉台"案件?"涉台"

* 台湾名阳法律事务所所长，海峡两岸法学交流协会（台湾）理事。

① 《取得国家法律职业资格的台湾居民在大陆从事律师职业管理办法》第三条："台湾居民获准在我国大陆律师事务所执业，可以担任法律顾问、代理、咨询、代书等方式从事我国大陆非诉讼法律事务，也可以担任诉讼代理人的方式代理涉台民事案件，代理涉台民事案件的范围由司法部以公告方式作出规定。"

的定义为何？因为是否属于“涉台”案件，不仅攸关台湾地区居民代理民事诉讼案件的范围，更涉及法院管辖、准据法适用等问题，对于当事人的权益及审判实践的影响甚大，自有加以探究的必要。

笔者曾试着查找相关的司法解释，但迄今未能找到对于“涉台”的明确定义。而在司法部公布施行第136号、第176号令后，笔者亦向诸多律师同行及司法实务界先进请教具体个案实践的情形，经了解在国内不同的法院对于是否为“涉台”案件，存在着不同的认定标准。例如，河北省石家庄某法院法官，对于是否属涉台案件的认定，认为“涉台”必须当事人是台湾地区的自然人或是台湾法人组织，而在该案件中，当事人是在大陆注册成立的公司，虽然股东是台湾人，但不符前述“涉台”定义，不属于“涉台”案件，因此禁止台湾地区居民以律师身份代理该案件。又，笔者在2019年4月28日拜访厦门市中级人民法院，海沧区人民法院集中审理全市涉台案件，而厦门市中级人民法院集中管辖全市二审涉台刑事、民商事、行政案件以及根据级别管辖规定，依法应由市中级人民法院审理的一审涉台刑事、民商事、行政案件。对于涉台的定义则从宽认定，只要台商向所在地台湾事务办公室申请认可为台资企业，即可在海沧法院立案，依据涉台案件流程审理该案件。可见大陆各地法院，对于何谓“涉台”案件，实存在不同的判断标准。基此，笔者认为“涉台”的定义实有明确化的必要，此不仅涉及台湾居民得否代理民事诉讼案件的具体认定问题，也涉及法庭专业、管辖、准据法适用等权益，建议相关主管机关应作出明确定义，以便各地法院能有统一的判断标准，进一步保障台胞在大陆的诉讼合法权益。

一、“涉台”的解释，存在多种可能

民事诉讼案件，如果从当事人主体（例如原告、被告）来加以判断是否为涉台案件，台湾地区的自然人或法人组织自是最容易理解的涉台主体。然而，自我国改革开放40年来，从世界各地以第三地法人组织的身份间接投资的情况具有相当高的比例，有鉴于此，商务部、国务院台湾事务办公室为实施《海峡两岸投资保护和促进协议》，保护台湾地区投资者合法投资权益，鼓励台湾同胞赴大陆投资，促进海峡两岸经济合作，于2013年2月20日公布《台湾投资者经第三地转投资认定暂行办法》，并自2013年2月20日起实施，依据该暂行办法第四、五、六、七条的规定，将台湾投资者的定义由台湾的自然人或法人，扩大到第三地的间接投资[1]，如此“涉台”的定义，扩及实质性的隐性台商，对于台商权益的保护，更为落实。惟美中不足的是该暂行办法是作为两岸投资保障协定争议解决的补充，并不是作为具体民事诉讼案件认定涉台定义的法律文件。

中外合资经营企业、中外合作经营企业、外资企业，即所谓“三资企业”都是经有关部门批准，遵照我国法规规定而成立的公司。从法人的外观而言，属于祖国大陆的公司，不是台湾的公司；从股东的结构而言，该等公司往往存在台湾自然人或法人股东，则此类公司是否得从股东结构实质上认定属于涉台企业？从而发生民事诉讼时，得认定为涉台案件？台商隐名投资所成立的企业，于发生纠纷时，该企业是否被认定为涉台企业？从而属于涉台纠纷？这些恐怕也存在一定的争议，有待厘清。

上述可能存在的种种情形，均因目前在法规上对于涉台无明文定义，以致于司法机关在认定是否为涉台案件时，并无统一的认定标准，不单于具体诉讼案件中，形成“一人把一号，各吹各的调”各行其事的现象，也造成台湾居民从事律师业务可否代理该案件存在着一定的障碍，让司法部放宽台湾居民可代理涉台民事案件的范围的美意有所影响。

二、“涉台”的定义，涉及一系列的权益保护

根据2002年3月1日施行的《最高人民法院关于涉外民商事案件诉讼管辖若干问题的规定》第五条规定：“涉及香港、澳门特别行政区和台湾地区当事人的民商事纠纷案件的管辖，参照本规定处理。”即将有关涉外（台）民商事案件诉讼管辖问题定有特别的规定。之后，最高人民法院根据涉台民商事案件审判实践的需要，于2011年1月1日起实施《最高人民法院关于审理涉台民商事案件法律适

---

① 《台湾投资者经第三地转投资认定暂行办法》第四条规定，本办法中的“台湾投资者”是指以下自然人或企业：（一）持有台湾地区身份证明文件的自然人；（二）在台湾地区设立登记的企业，包括公司、信托、商行、合伙或其他组织，不包括大陆和台湾地区以外的国家或地区的自然人、企业或机构在台湾地区设立登记的海外分公司、办事处、联络处以及未从事实质性经营的实体。第五条规定，本办法第二条中的“第三地”是指大陆和台湾地区以外的国家或地区，第三地投资者应依照该国家或地区的法律设立。第六条规定，本办法第二条中的“所有”是指台湾投资者拥有第三地投资者超过50%的股权。第七条规定，本办法第二条中的“控制”是指未满足本办法第六条要求，但存在以下情形之一的：（一）台湾投资者实际拥有第三地投资者的董事会、股东会等权力机构超过半数以上的表决权；（二）台湾投资者有权任免第三地投资者董事会等权力机构半数以上的成员，且第三地投资者的经营决策等事项由该权力机构决定；（三）台湾投资者有权决定第三地投资者的运营、财务、人事等事项；（四）商务部会同国务院台湾事务办公室规定的其他情形。

用问题的规定》，于第一条便明确规定了涉台民商事案件的法律适用问题："人民法院审理涉台民商事案件，应当适用法律和司法解释的有关规定。根据法律和司法解释中选择适用法律的规则，确定适用台湾地区民事法律的，人民法院予以适用。"即明定人民法院可以根据法律和司法解释中选择适用法律的规则，确定台湾地区法律为案件所应适用的实体法，并予以适用。而于该条中"选择适用法律的规则"，于其适用前提即不能排除该具体案件是否为涉台案件的事实判断问题，进而方能落实保护台湾同胞的诉讼权利。

最高人民法院为依法全面平等保护台湾同胞合法权益，促进两岸经济文化交流合作，深化两岸融合发展，结合人民法院工作实际和实践经验，于2019年3月25日发布《最高人民法院关于为深化两岸融合发展提供司法服务的若干措施》，有涉及举证责任减轻者①、有涉及法律适用者②、有涉及涉台专庭专业者③、有涉及集中管辖④、有涉及法庭成员组成。⑤ 由前述相关规定可知，最高人民法院制定一连串措施，除发挥人民法院在服务、保障、促进两岸经济文化交流合作与融合发展方面的职能作用，更突显对台湾投资者权益保障的重视。

而涉台案件纷争的解决，更多地考虑到两岸同胞对于法律认知的差异，若能在程序上放宽对"涉台"案件的认定，使具有大陆律师执业资格的台湾居民可代理民事诉讼案件的范围，并依"选择适用法律的规则"，得确定台湾地区法律为案件所应适用的实体法并予以适用，最终司法审判的结果，必能获得台湾同胞的认同与信赖。

---

① 《最高人民法院关于为深化两岸融合发展提供司法服务的若干措施》（下称《措施》）第九点：对涉台案件当事人及其诉讼代理人因客观原因不能自行收集的证据，应当依申请或者主动依职权调查收集；相关证据在台湾地区的，可以通过两岸司法互助途径调查收集。

② 《措施》第十点，根据国家法律和司法解释中选择适用法律的规则，确定适用台湾地区民商事法律的，应当适用，但违反国家法律基本原则和社会公共利益的，不予适用。

③ 《措施》第二十二点，受理涉台案件较多的人民法院可以设立专门的审判庭、合议庭、审判团队、执行团队等审判、执行组织，负责涉台案件的审理、执行。未设立专门审判、执行组织的法院可以指定相对固定的人员审理和执行涉台案件。探索建立涉台案件综合审判组织，集中负责涉台刑事、民事、行政案件的审理。

④ 《措施》第二十三点，涉台案件分散的地区，可以探索实行涉台案件跨区域集中管辖制度。

⑤ 《措施》第二十九点，选任符合条件的台湾同胞担任涉台案件的人民陪审员，为其更好履行职责提供培训等保障。

结　论

司法部放宽台湾地区居民可代理涉台民事案件的范围，实为保障两岸当事人的正当权益，有效维护两岸民商事交往的正常秩序，并促使台湾同胞认同与信赖大陆司法审判的重大举措。而对于涉台案件的认定，不论是从最狭义的诉讼当事人即原告、被告一方为台湾地区居民或台湾地区法人，抑或是最广义只要能向上追溯到任何涉及台湾因素的均认定是涉台案件，因采不同的认定标准所造成的影响，不单只是台湾居民从事律师业务所涉及民事诉讼案件的代理范围，更是对于案件管辖权、法庭的专业等程序及实体的法律公平正义，有着牵一发而动全身之势。

对于涉台案件的认定，若能考虑因两岸特殊的因素，从间接投资到直接投资，从股权结构、实质控制力等诸多客观因素从宽认定涉台案件，实乃妥善处理法律适用难题，切实维护两岸当事人正当权益的务实做法。而为使各地司法机关对于个案的认定能有所依据，实有必要就涉台的定义作出司法解释，方能落实保障台商的良法美意！

贸易便利化下进出口商品检验的司法审查与制度优化思考

——以一起台轮原油运输短量案为实证

蔡福军*

党的十九大以来，我国积极“推动形成全面开放新格局”，博鳌亚洲论坛2018年年会、首届中国国际进口博览会先后成功举办，多地多部门主动融入“一带一路”和自贸试验区建设，自贸新政、惠台举措等相继推出，有力促进跨境经贸往来。进出口商品检验①作为跨境贸易不可缺少的环节，在保障国家安全、维护人民健康、保护环境方面发挥着十分重要作用。而就跨境经贸纠纷而言，进出口商检证书又常常作为关键证据，对当事人的权益产生极大影响。特别是近年来，为适应国家大幅度放宽市场准入，主动扩大进口，积极推进贸易自由化便利化的需要，进出口商品检验努力简化流程和减少作业环节，促进通关效率提升，但随之也难免出现检验瑕疵甚至不公现象。加上进出口商品检验在行为属性、证据归类、法律效力、民行交叉等方面的争议颇多，因此，有必要加强这方面的司法审查和研究，更好地统一裁判尺度和促进依法施检，助力构建法治化国际化便利化

* 福建省法官协会会员。

① 出入境检验检疫涉及的范围较广，进出口商品检验仅为其中一个重要部分，且具典型意义。囿于篇幅，本文仅讨论进出口商品检验。

可预期的贸易投资营商环境。

一、引发讨论的实证案例

基本案情：2013 年 8 月 30 日，承运人台湾地区某海运股份有限公司所属 F 轮装载大陆某财产保险有限公司承保的 201488.52 公吨原油自沙特阿拉伯驶往大陆某港口，9 月 18 日到港。因原油是大宗散装货物且属法定检验目录商品，到达港 CIQ① 根据货主（被保险人）申报，于同日上船对货物实施检验。为加速通关，CIQ 当时仅随机抽取 3 舱并按上、中、下三点共取 9 个代表性样本，并于当日 14:15 时 ~ 17:15 时完成现场计量和采样。9 月 24 日，CIQ 出具《品质证书》《重量证书》《干舱证书》等商检证书，认定货物净重量为 199652.517 公吨/196498.712 长吨，货物净体积为 1447344.7 桶，密度（20℃）为 0.8656G/CM3，水分小于 0.01WT%，比提单记载的 201488.52 公吨短量了 1836.003 吨。其中《品质证书》注明按 GB/T4756 - 1998 标准（石油液体手工取样法）抽取代表性样本。货主通关收取货物后向保险公司索赔。保险公司根据 CIQ 商检证书，于 2014 年 4 月 1 日理赔 656657.34 美元并取得代位求偿权，随后起诉到海事法院向承运人进行追偿。

主要争议：承运人认为，根据 GB/T4756 - 1998 标准，原油如需手工取样，应当先从上部、中部和出口液面取得点样，并分别送实验室测定密度和水分以检验油罐内含物的均匀性，再判断该样本是否具有代表性。如果不能在完成取样之前检验样本，则要从油罐的出口液面底部测量到液体表面，以每米的间隔抽取样本，再以样本的检验结果计算油罐内含物的性质。但 CIQ 违反手工取样、混样的操作规程，上中下三个点样在送实验室之前就已经进行混和，造成测试样品不具代表性，检测数据不科学性（原油的装港密度和卸港密度差距过大），据此计算的原油重量不准确，是造成本案短量索赔的重要原因。但保险人坚持认为 CIQ 商检证书合法有效。面对质疑，CIQ 始终未能对如何在完成取样前进行油罐内含物的均匀性检验予以说明。

处理结果：经开庭审理，保险公司、承运人双方均申请专家辅助人出庭对商检证书进行充分质证，但分歧巨大。后保险公司基于各种考虑决定撤诉，海事法

① 中国出入境检验检疫（CHINA ENTRY - EXIT INSPECTION AND QUARANTINE BUREAU），1998 年经国务院决定对进出口商品检验、进出境动植物检疫和国境卫生检疫合并组建而成，2018 年 4 月 20 日开始作为一个重要部门正式并入海关总署，并统一以海关名义对外开展工作。

院裁定予以准许。

延伸思考：纠纷虽然平息，但一些法律问题仍需进一步厘清。比如法定检验的法律行为属性如何？其法律效力是否必须经过行政复议或行政诉讼程序才能最终确定？在先的民事索赔案是否需要中止审理？当事人及利害关系第三人的合法权益如何救济？现行进出口商品检验法律制度是否科学合理？

二、进出口商品检验的行为属性

（一）两种检验类型

1. 法定检验（Statutory Inspection）

《进出口商品检验法》（下称《商检法》）第四条规定：“进出口商品检验应当根据保护人类健康和安全、保护动物或者植物的生命和健康、保护环境、防止欺诈行为、维护国家安全的原则，由国家商检部门制定、调整必须实施检验的进出口商品目录（以下简称目录）并公布实施。”第五条第一款、第二款规定：“列入目录的进出口商品，由商检机构实施检验。前款规定的进口商品未经检验的，不准销售、使用；前款规定的出口商品未经检验合格的，不准出口。”《进出口商品检验法实施条例》（下称《商检法实施条例》）第四条规定：“出入境检验检疫机构对列入目录的进出口商品以及法律、行政法规规定须经出入境检验检疫机构检验的其他进出口商品实施检验（以下称法定检验）。”根据上述规定，法定检验是指国家商检机构依照法律和行政法规对列入目录的进出口商品实施检验，未经检验或检验不合格的商品，海关不予放行。法定检验又称强制性检验。当前，法定检验的范围主要是：（1）列入目录的进出口商品；（2）出口食品的卫生检验；（3）出口危险货物包装容器的性能及使用鉴定；（4）出口易腐烂变质食品、冷冻品的运载船舱、集装箱等工具的适载检验；（5）国际条约规定须经检验的进出口商品；（6）其他依法须经检验的进出口商品。

2. 非法定检验（Non Statutory Inspection）

《商检法》第十三条规定：“本法规定必须经商检机构检验的进口商品以外的进口商品的收货人，发现进口商品质量不合格或者残损短缺，需要由商检机构出证索赔的，应当向商检机构申请检验出证。”《商检法实施条例》第二十条第三款规定：“法定检验以外的进口商品的收货人，发现进口商品质量不合格或者残损、短缺，申请出证的，出入境检验检疫机构或者其他检验机构应当在检验后及时出证。”根据上述规定，非法定检验是指国家商检机构或其他经国家许可的第三方独立检验机构，根据对外贸易关系人的申请，对进出口商品实施检验、鉴定。换言之，非法定检验是由当事人自主选择检验机构对法定检验以外的进出口商品实施检验，检验结论作为重要索赔依据。非法定检验也称商业检验。

3. 商检证书（Inspection Certificate）

上述两种检验涉及的商检证书种类繁多，范围广泛。① 但从作用的角度归纳起来，主要是两类：（1）作为海关验放的有效证件，主要是关乎人类和动植物的生命健康、环境保护、国家安全方面的，例如兽医检验证书、卫生/健康检验证书、消毒检验证书、熏蒸证书等。法定检验目录商品的品质检验证书、重量检验证书、数量检验证书，依法也属于这一类。② （2）作为贸易双方合同责任归属的依据，主要涉及货物质量、装载、残损、短量及船舶、集装箱等运载工具的清洁、卫生、冷藏、密固等适载检验、性能鉴定，如残损检验证书、价值检验证书、重量检验证书、数量检验证书、积载鉴定证书、船舱检验证书、舱口检视证书、监视装/卸载证书等等。

（二）法定检验的行为属性

在现行法下，法定检验作为国家商检机构依法定职权主动实施的强制性检验，在广义上应属行政行为，对此笔者不存异议。但《商检法》将法定检验规定为可诉的行政行为，这值得商榷。笔者认为：

1. 法理上法定检验应属于过程性行政行为。根据《行政诉讼法》（下称《行诉法》）第十二条的规定，人民法院受理公民、法人和其他组织对具体行政行为不服而提起的诉讼，即可诉的行政行为一般应为具体行政行为。具体行政行为是指行政机关行使行政权力，对特定的公民、法人和其他组织作出的有关其权利义务的单方行为。其可诉性的判断标准是该行政行为的程序是否已走到最后的决定阶段，并直接确定了当事人的权利义务，也即该行政行为是否已经具备成熟性。③ 如对当事人的权利义务没有直接发生法律效果，则该行政行为就不是一种独立的行

---

① 《商检法实施条例》第九条规定，出入境检验检疫机构对进出口商品实施检验的内容，包括是否符合安全、卫生、健康、环境保护、防止欺诈等要求以及相关的品质、数量、重量等项目。

② 参见国家质量监督检验检疫总局《进出口商品数量重量检验鉴定管理办法》第四条的规定。

③ 关于“成熟原则”（成熟性标准），参见最高人民法院公布的第69号指导案例（王明德诉乐山市人力资源和社会保障局工伤认定案）。

政行为，也不应是一种具体行政行为，原则上应为不可诉。最高人民法院最新出台的《关于适用〈中华人民共和国行政诉讼法〉的解释》（下称《行诉解释》）增加规定了五种不可诉的行为，“过程性行政行为”属于其中之一。所谓过程性行政行为，也称中间行政行为，是指在最终行政决定之前行政机关所做出的程序性和处于中间的阶段性行政行为，对行政相对人尚未产生独立和终局的行政法律后果。《商检法》原第十二条、第十五条规定，进出口商品的收货人或者其代理人，应当向报关地的商检机构报检，海关凭商检机构签发的货物通关证明验放。商检机构并入海关后，《商检法》相应作了修正，规定商检机构应当在规定期限内检验完毕并出具检验证单。而《商检法实施条例》第十七条、第二十六条目前仍保留“法定检验的进出口商品、实行验证管理的进出口商品，海关凭商检机构签发的货物通关单办理海关通关手续”的规定。可见，不论是在机构改革前还是改革后，商检机构首先都是对进出口商品实施检验，再依据商检结果决定是否签发准予货物通关的证明，作为海关是否验放的凭证。只是在改革后，这几个步骤改为海关内部流转，更为便捷罢了。由此可见，商品检验本身并不直接对当事人产生不利影响，其只是整个通关监管行为的一个重要的中间环节和前置条件。海关根据商检结果所做出的是否准予放行的决定才是直接对当事人发生法律效果的最后行政行为。正如文中案例中的《重量证书》，虽然属于法定检验证书，且证明了原油存在短量情况，但实际并未影响该货物的正常通关验放。这反过来说明，重量检验仅仅是一项“过程性行政行为”，并非一种独立的最后的具体行政行为。

2. 性质上，法定检验类似于事故责任认定。事故责任认定是指行政机关基于自身职责，对事故经过、原因进行调查后，根据当事人行为与事故之间的因果关系，以及行为在事故发生所起的作用，对当事人的事故责任加以认定的行为。而法定检验系国家商检机构对列入目录的进出口商品是否符合国家技术规范的强制性要求进行合格评定。[①] 二者在行政职责、调查取证、处理方式、法律效力等方面都相当接近。故笔者倾向于认为，法定检验在性质上类似于各种事故责任认定。有观点认为，事故责任认定应属于行政确认[②]，当事人不服可以行政复议，也可以行政诉讼。但笔者认为，事故责任认定与行政确认的根本区别同样在于是否具备

① 参见《商检法》第六条第一款规定。

② 张传军、彭明：《交通事故责任认定应具有行政可诉性》，载 https：//wenku. baidu. com/view/3824870300f09e3143323968011ca300a6c3f669. html，最后访问时间：2010 年 11 月 24 日。

成熟性。行政确认是指行政主体依法对行政相对人的法律地位、法律关系或有关法律事实进行甄别，给予最后确定、认定、证明（或证伪）并予以宣告，符合具体行政行为的成熟性标准。而对于事故责任认定，司法的共识已经认为其“不属于具体行政行为”，只作为证据使用[①]，故事故责任认定不应属于行政确认。法定检验与事故责任认定的行为性质相似，也不应属于行政确认。

3. 实务上，法定检验可归入其他可诉行政行为。通过以上分析，法定检验在法理上应为不可诉。但遗憾的是，第三次修正的《商检法》仍然保留原来的规定，赋予当事人对商检复验结论不服时，可以申请行政复议或提起行政诉讼的权利。[②]也就是说，法定检验被归类于行政行为，完全是基于法律的特别规定。《商检法》的这种特别规定，尽管不尽合乎法理，与其它部门法或司法解释的类似规定也存在冲突，但根据《行诉法》第十二条第二款的规定，司法实务上将法定检验归入其他可诉行政行为，倒也有法可依。[③]

（三）非法定检验的行为属性

非法定检验不同于法定检验，系当事人自主申请获取索赔依据的民事行为。作为能够证明案件相关事实的依据，非法定检验证书显然应界定为证据。而且如前所述，法定检验与非法定检验并无本质区别，在民事诉讼中也应只作为证据使用。鉴于商品检验系根据国家相关技术规范对进出口商品进行抽样、检验、评估，或是舱口检视、监视装卸载等现场查勘的活动，在特征上与民事诉讼中的鉴定、勘验基本一致。[④] 因此，如从民事诉讼证据的角度进一步归类，可以将商检证书归

---

① 2004 年《道路交通安全法》第七十三条将交通事故认定书定性为证据，此后全国人民代表大会常务委员会法制工作委员会法工办复字［2005］1 号文《关于事故认定是否属于具体行政行为的答复》明确规定，交通事故责任认定行为不属于具体行政行为。2008 年《最高人民法院关于审理船舶碰撞纠纷案件若干问题的规定》第十一条规定：主管机关调查、确认的碰撞事实调查材料，可以作为认定案件事实的证据。2009 年《消防法》第五十一条规定：公安机关消防机构根据火灾现场勘验、调查情况和有关的检验、鉴定意见，及时制作火灾事故认定书，作为处理火灾事故的证据。

② 《商检法》第二十八条规定“进出口商品的报检人对商检机构作出的检验结果有异议的，可以向原商检机构或者其上级商检机构以至国家商检部门申请复验，由受理复验的商检机构或者国家商检部门及时作出复验结论”，第二十九条又规定“当事人对商检机构、国家商检部门作出的复验结论不服或者对商检机构作出的处罚决定不服的，可以依法申请行政复议，也可以依法向人民法院提起诉讼”。

③ 《行诉法》第十二条第二款：除前款规定外，人民法院受理法律、法规规定可以提起诉讼的其他行政案件。

④ 鉴定是指鉴定人运用科学技术或者专门知识对专门性问题进行鉴别和判断并提供鉴定意见的活动。勘验是指司法人员对案件或民事纠纷的现场、物证等进行实地勘察和检验。

类于鉴定意见的证据范畴，其他如舱口检视证书、监视装卸载证书等则可归入勘验笔录的证据范畴。这样的归类，从《商检法》第七条、第八条的规定看，也是恰当的。①

三、进出口商品检验的司法审查规则

商检证书是判明跨境经贸纠纷责任的关键证据，但由于法律对法定检验与非法定检验的行为属性予以不同界定，使得国家商检机构可能被牵扯到行政诉讼、民事诉讼甚至国家赔偿等多种诉讼程序之中，而且不同诉讼程序又难免出现交织，使得纠纷处理变得相对复杂。仅就文中案例之事件而言，除了保险人依据法定检验向承运人行使代为求偿货物短量损失以外，还可能引发保险人以法定检验错误而拒绝保险合同理赔，或者保险人、承运人发现根据法定检验理赔错误继而向受益人追索不当得利，或者国内进口方依据法定检验直接向国外出口方提起国际贸易短量索赔等等民事诉讼。另外，因法定检验错误而遭受损失的受害人，还可能提起行政复议或行政诉讼。如果在相应的民事诉讼中追偿未果，受害人还可能就法定检验错误提起国家赔偿之诉。但是，不论是哪种诉讼，商品检验始终都是争议焦点，司法审查应注意把握以下几条基本规则，以确保司法公正。

（一）行政诉讼严于民事诉讼

在行政诉讼或国家赔偿程序中，法定检验作为行政行为，依法将接受全面审查，重点是合法性审查，但也包括“明显不当”方面的合理性审查；举证责任方面，行政机关或赔偿义务机关对所作出的行政行为负有举证责任，行政相对人即使有错，也不能反证行政行为的正确性；法院调查实行职权主义，取证范围包括职权、事实、程序等方面的证据，但不得为证明行政行为的合法性调取行政机关作出行政行为时未收集的证据。而在民事诉讼程序中，即使是法定检验也被视为鉴定意见（或勘验笔录），依照不告不理原则（限于当事人所述范围）予以审查，当事人未提异议的一般只做形式审查；举证责任实行当事人主义，即谁主张谁举证；强调相反证据对抗，鉴定意见作为民事证据之王，证明

① 《商检法》第七条规定，列入目录的进出口商品，按照国家技术规范的强制性要求进行检验；尚未制定国家技术规范的强制性要求的，应当依法及时制定，未制定之前，可以参照国家商检部门指定的国外有关标准进行检验。第八条规定：经国家商检部门许可的检验机构，可以接受对外贸易关系人或者外国检验机构的委托，办理进出口商品检验鉴定业务。

力一般大于书证、视听资料和证人证言，除非确有相反证据才可予以推翻；严控重新鉴定的启动，对有缺陷的鉴定意见尽量通过补充鉴定、重新质证或者补充质证等方法解决，避免多个鉴定意见出现冲突。从以上规则比较可以看出，对同一份法定检验的法律效力而言，行政诉讼的审查标准明显严于民事诉讼。但二者的共同点都在于突出审查鉴材的真实性、依据的客观性、手段的合理性、程序的合法性，同时都强调商检机构的出庭义务。① 如果商检机构拒不依法出庭，不论是行政诉讼还是民事诉讼，其商检结论的合法性合理性都将难以证明，自然也难以得到法院采信。

（二）尊重当事人对争议处理程序的选择权

就如文中案例的情况，民事诉讼当事人虽然对法定检验存在争议，但并未提起行政复议或行政诉讼，此时法院是否需要依职权中止民事诉讼？笔者认为，行政审判的目的主要是对具体行政行为是否合法作出确认，而相比较而言，民事诉讼则更合适对责任划分进行判断。是通过行政诉讼还是民事诉讼来解决法定检验争议，当事人依法具有选择权，法院应当予以尊重。只要当事人未另案提起行政复议或行政诉讼，法院应仅视法定检验为证据予以审查，相应的民事诉讼程序照常进行。而如果一方当事人另案提起行政复议或行政诉讼，则此时出现民行交叉，法院应依法中止民事诉讼，等待行政复议或行政诉讼的最终结果出来以后再恢复审理。

（三）注重保护利害关系第三人

进出口商品检验通常因贸易关系的一方报检或申请而启动，商检证书一般也只向报检人或申请人出具。但事实上，诸如重量、数量等方面的检验又涉及到利害关系第三人的权益，如承运人的管货义务、保险人的保险责任等。由于利害关系第三人不是报检人或申请人，如果商检机构对其重视不够，其往往对检验过程缺乏足够了解和参与，对影响自身权益的重要事项未能提前知悉，检验结果也通常未能被送达，导致其合法权益常常被忽视，无法得到及时保障。文中案例中的承运人正是如此遭遇。货主因有保险公司理赔，自然不会对法定检验提出质疑。

---

① 《行诉法》第三条第三款规定，被诉行政机关负责人应当出庭应诉。《民事诉讼法》第七十八条规定，当事人对鉴定意见有异议或者人民法院认为鉴定人有必要出庭的，鉴定人应当出庭作证。经人民法院通知，鉴定人拒不出庭作证的，鉴定意见不得作为认定事实的根据。

而承运人直到被保险公司追诉后才看得到检验结果，但此时申请重新取样或复验的最佳机会早已丧失。对此，《行诉法》第二十九条规定了行政诉讼第三人制度。该条第一款规定，公民、法人或者其他组织同被诉行政行为有利害关系但没有提起诉讼，或者同案件处理结果有利害关系的，可以作为第三人申请参加诉讼，或由人民法院通知参加诉讼。该规定保障了利害关系第三人两方面的诉权：一是可以单独起诉维权，二是可以参加正在进行的相关行政诉讼。对利害关系第三人这两方面的诉权，法院应当在审查相关法定检验的过程中应给予充分尊重和保护。

四、若干启示及修法建议

贸易便利化是自贸试验区制度创新的重点内容之一，而通关便利化是其中的重要组成部分。自贸试验区建设 5 年来，货物通关时间平均缩短一半以上，2018 年整体通关时间还将再压缩三分之一。[①] 2018 年 11 月 23 日，国务院印发了《关于支持自由贸易试验区深化改革创新若干措施的通知》。在这种新的形势下，进出口商品检验作为整体通关的重要环节，如何更好地处理便利与监管的关系，相信文中案例引申的以下几点启示，能够为人们找到答案提供些许帮助。

启示一：制度创新务必以风险可控为原则

制度创新是自贸试验区改革的关键特征，但提倡制度创新的同时，一定要坚守风险防控底线，尤其是要防控市场开放和业务创新等方面的风险。总的原则是以世界贸易组织《贸易便利化协定》和国家口岸管理办公室印发的《提升跨境贸易便利化水平的措施（试行）》为指针，正确处理制度创新与风险可控二者的关系。在提升整体通关效率上，要正确认识通关流程与商检流程的不同实质要求，流程再造应以简化单证手续、加大担保先予放行、完善无纸化操作、实行单一窗口等管理机制为主，不应为了压缩进出口环节的时间和成本，违反国家技术规范的强制性要求或国家指定的标准，随意简化、再造尚处法定检验目录内商品的既有取样、实验室检测等程序和步骤。对试行快速验放，或采用后续稽查等事中事后监管手段的进口商品种类应限于低风险货物，降低单证要求和查验比例的对象应只针对已经认证的贸易商，并做好对商品的源头管理。切实做到既积极提升跨

① 参见李克强总理在 2018 年“两会”上所作的《政府工作报告》。

境贸易便利化水平，又保证跨境贸易的安全、便捷、可控。

启示二：执法监管务必强化程序正义理念

程序正义是结果正义的根本保障，具有独立价值。文中涉案商检机构不仅违反国家标准实施法定检验①，在程序上还漠视利害关系第三人的合法权益保护。明知简化取样操作流程必然影响检验结果，商检机构仍未事前征得当事人（包括利害关系第三人）同意便擅自违规操作，更没有意识到应该将商检结果于第一时间送达利害关系第三人，从而错失了通过重新取样或复验等行政内部程序纠错的机会，大大增加了自身公信力受损及深陷各种诉讼的风险。作为行政执法机关，涉案商检机构的所作所为暴露了其程序正义观念严重缺失的不足。虽然司法对法定检验的审查在行政诉讼与民事诉讼中存在规则差异，但二者的关键点最终却殊途同归，均落在程序合法性的审查上面。因此，国家商检机构务必从中吸取教训，转变观念，充分认识自身区别于普通行政机关的职责定位，摒弃效率优先、兼顾公平的价值判断，树立行政执法机关应有的公正至高、程序优先理念，坚持依法施检和监管，杜绝恣意执法，真正实现进出口商品检验的公正、权威、高效。

启示三：营商环境务必以良法善治为支撑

法治是市场经济的基石，是社会治理的基本方式。自贸试验区建设需要稳定、公平、透明、可预期的营商环境，同样离不开法治的保障。要实现真正的法治，就需要有良法善治，而良法善治重在良法。文中案例除了发现行政执法方面的问题外，也暴露了进出口商品检验领域的某些立法性缺陷或障碍。笔者认为，制度障碍常常因公权力的过度扩张所致，应遵循谦抑性原则予以去除；而制度缺陷往往因造成私权利缺乏应有保障，应通过修法完善尽快加以解决。为此，笔者提出如下建议：

一是删除法定检验的可诉性规定。事实上，将法定检验纳入可诉行政行为的弊端很多。除了不合法理以及与其它部门法（有关事故责任认定的界定）相冲突以外，在商检机构并入海关之后，法定检验作为过程性行政行为的属性更加明显。而且，法定检验作为海关的一个内设职能，对外必须以海关名义执法，而现行法

① 《商检法实施条例》第三十四条规定，出入境检验检疫机构按照有关规定对检验的进出口商品抽取样品。

却允许一个行政机关的内设部门可以单独作为行政诉讼的主体，这在法理上根本说不通。因此，鉴于法定检验与非法定检验在行为属性上本应归于一致，立法上宜先去除法定检验的可诉性（但复验程序可以保留），并将二者均界定为证据（鉴定意见或勘验笔录）使用，这样不仅可以避免法定检验陷入多种诉讼程序的交叉转换，也更符合效率和便利原则，有利于当事人的司法救济。当前，进出口商品检验监管模式正处于改革关键期，如何实现“法定检验”向“监督管理”的职能转型，去除法定检验的可诉性显然是一种治本之策。在此基础上，还可考虑借鉴国际通行做法，建立独立的第三方检验机构，实行检验与监管分离。由执法监督机关统一负责主导检验法规和检验标准的制定，行使监管职责，根据独立第三方的检验结果决定是否准予通关、是否复验、是否行政处罚等等。独立第三方检验机构可以通过整合现有体制内的实验室、认证中心等检验检测技术力量，实行专业化分工，按照商品类别实施检验，并努力打造成为国际知名检验检测机构。

二是进一步缩小法定检验范围。近年来，出口法定检验目录已大幅削减①，但进口目录仍然保持较大规模。随着贸易自由化便利化和主动扩大进口政策的推进，《商检法》的既有规定及以目录为监管标准的固有思维已出现不适应性。比如《商检法》第四条对确定法定检验目录的范围作了原则性规定②，但笔者注意到防止欺诈行为的事由多年来一直保留其中。国家质量监督检验检疫总局公布的《进出口商品数量重量检验鉴定管理办法》也因此相应地将涉嫌欺诈行为的进出口商品列入应实施数量、重量检验的范围。笔者认为，将涉嫌欺诈行为的商品纳入法定检验目录，负面影响不小：（1）涉嫌干预私权。正常交易是当事人的自由权利，是否存在欺诈当事人最清楚，且欺诈依法属于可撤销的民事行为，应由当事人自己判断和决定。即便当事人怀疑存在欺诈而申请商品检验，也应归于非法定检验范围，法律无需也不该进行主动干预。除非属于实行验证管理、配额管理的商品或其他非常特殊的商品，否则一般不宜允许主动对商品的数量重

---

① 目前出口法定检验的范围主要有：出口食品的卫生检验；出口危险货物包装容器的性能鉴定和使用鉴定；对装运出口易腐烂变质食品、冷冻品的船舱、集装箱等运载工具的适载检验；国际条约规定须经检验的出口商品；其他依法须经检验的出口商品。

② 《商检法》第四条：进出口商品检验应当根据保护人类健康和安全、保护动物或者植物的生命和健康、保护环境、防止欺诈行为、维护国家安全的原则，由国家商检部门制定、调整必须实施检验的进出口商品目录（以下简称目录）并公布实施。

量实施检验。(2)不利于企业的成长成熟。对国际经贸中涉嫌欺诈行为进行主动干预和保护，在改革开放初期的确有必要。但如今，改革开放已经走过40年历程，中国加入WTO也已17年，国内企业参与国际贸易早已司空见惯，对国际经贸规则的认知和风险防范意识都已大大增强。在这种情况下，法律法规如再停留在旧思维，为企业提供近乎保姆式的服务，显然已经不合时宜。这不仅不利于国内企业增强国际竞争力，也容易引起国际贸易相对方的诟病。为此，笔者主张进出口商品检验应始终保持与时俱进和谦抑执法的理念，突出以质量监管为重点，及时制定、调整更为科学的法定检验执法依据、标准和程序。法定检验商品目录宜只限定在涉及人身、国家、环境安全的范围内，涉嫌欺诈行为的商品应从目录内剔除，并取消对非验证、非配额管理、非特殊商品实施数量重量的法定检验，严格控制对非法定检验商品的主动抽样检验①，为主交由当事人自主决定交货结算和对外索赔的方式。

三是《商检法》增加保护利害关系第三人规定。由于国际经贸关系的复杂性，履约行为常常涉及海运、陆运、保险、港口作业、仓储、货运代理等多个环节，故这些环节的当事人也可能会与特定的商品检验产生利害关系。然而，目前商检机构一般只与报检人或申请人发生关系，即使是法定检验，其他相关单位、个人也只有配合、协助义务。这样的操作模式，极易引发因利害关系第三人不服检验结果的种种纠纷。《商检法》及《商检法实施条例》目前均无利害关系第三人的规定，这与《行政诉讼法》第二十九条规定的行政诉讼第三人制度显然存在脱节。鉴于这种情况，笔者认为应加强立法的协调和统一，建议在《商检法》中增设利害关系第三人保护条款。可在去除法定检验可诉性的前提下，增加规定商检机构应当在实施检验过程中，通知已知的利害关系第三人到场，并事先告知检验流程依据和具体操作方法，如需简化或变更应事前征得当事人及利害关系第三人的同意，检验结果还应及时送达利害关系第三人。通过保护利害关系第三人的知情权、参与权、监督权，确保商检机构切实做到依法施检，以维护市场参与各方的贸易秩序和公平正义。

---

① 《商检法实施条例》第四条第二款规定，出入境检验检疫机构对法定检验以外的进出口商品，根据国家规定实施抽查检验。

结　语

营造自贸试验区良好的营商环境，司法具有不可替代的职能作用：一是服务保障，通过公正、高效的审判为自贸试验区建设创造公平公正、健康高效的经济环境；二是监督纠偏，通过强化行政行为的司法审查助推自贸试验区在法治框架下运作，赢得信赖；三是建言献策，通过提供司法建议帮助化解先行先试政策与现行法律间的潜在冲突，促进自贸试验区制度创新。这就是司法的独特功能，也是当代司法者应有的担当自觉。

跨越隔阂：完善涉台司法文书送达制度的探索与构建

施建雄* 陈 捷**

2011 年 6 月 25 日，《最高人民法院关于人民法院办理海峡两岸送达文书和调查取证司法互助案件的规定》（以下简称《规定》）正式实施，其中第七条明确规定，在涉台民商事案件中，对于住所地在台湾地区的当事人允许采用直接送达、邮寄送达、两岸司法互助送达、电子送达等多种送达方式。虽然法律允许多种送达方式，但在司法实践中，最主要采用的方式为两岸司法互助送达，以福建法院为例[①]，2018 年，全省共办结涉台案件 1379 件、司法互助案件 4688 件，在涉台民商事案件中两岸司互助送达方式已成为首要选项。究其原因，涉台民商事案件的送达，最大难点在于采用何种方式能够确保有利于台湾同胞当事人实际知悉送达内容，采用直接送达、邮寄送达等方式虽然可以节省送达周期，但因受限于经常无法获取台湾同胞当事人的完整送达信息而不被实际采用。而与这些送达方式相比，两岸司法互助送达却能因获得台湾地区法院的协助从而大幅提升送达成功率。

一、平潭法院涉台民商事案件送达方式的历史沿革

在《规定》实施之前，平潭综合实验区人民法院长期采用邮寄送达方式向台

* 福建省法官协会会员。

** 福建省法官协会会员。

① 吴偕林：《福建省高级人民法院工作报告——2019 年 1 月 16 日在福建省第十三届人民代表大会第二次会议上》，载《福建日报》2019 年 1 月 30 日。

湾同胞当事人送达相关司法文书，姑且称之为涉台送达方式1.0时代。由于采用邮寄送达方式对台湾同胞当事人地址的详细度、准确度要求较高，送达地址是否明确、是否唯一成为影响送达成功率的关键因素。但在司法实践中，因台湾地区的户籍制度与大陆略有不同，台湾地区居民户籍迁移较之大陆而言比较宽松，导致其户籍地送达地址容易出现变化，例如在审理涉台离婚纠纷案件时，双方当事人经常因长期分居两地导致感情破裂，大陆一方当事人往往只存留办理结婚登记时台湾同胞当事人的户籍誊本，时过境迁，上面记载的地址信息是陈旧的，通过邮寄送达无法确保送达成功率。即便采取邮寄方式送达后通过大陆邮政部门查询结果为"妥投"，却仍然存在一定的隐患，因为邮寄查询结果无法准确判断"妥投"背后的签收人是否为适格的签收人，更无法确保虽然显示邮寄成功送达，但当事人可能已经死亡，而人民法院依此送达结果便可能作出错误的裁判。《规定》出台后，平潭法院涉台送达方式进入2.0时代，通过两岸司法互助渠道请求台湾地区法院协助送达司法文书成为主要选项。较之邮寄送达，两岸司法互助送达无论是从时效性、准确性或适法性上，均明显优于前者。两岸司法互助送达是全方位、多功能的送达方式，台湾地区法院在协助送达时，其送达方式外延囊括了直接送达、邮寄送达、寄存送达①以及协助完成以送达为目的的请求调查取证②等方式。同时，平潭综合实验区人民法院已将两岸司法互助送达作为转入公告程序之必要前置程序。

二、问题障碍——现行涉台民商事送达模式的不足之处

在两岸经贸往来、文化交流日益密切的大环境下，尤其在国务院台湾事务办公室发布的《关于促进两岸经济文化交流合作的若干措施》（以下简称《"惠台31条"》）"惠台31条"政策出台后，吸引越来越多的台湾同胞来到大陆学习、就业、生活，可以预见涉台民商事纠纷亦将随之呈现出多样性、复杂化的特征。同时，国家还在进一步优化营商环境，而人民法院能够提供的重要司法助力之一便

---

① 所谓寄存送达，是台湾地区民事诉讼所规定的一种送达方式，具体是指如果在不能采取直接送达或留置送达的情形下，可将送达文书寄存在送达地的自治或警察机关，并作送达通知书粘贴在应受送达人住所、事务所、营业所门首，视为送达。

② 所谓以送达为目的的请求调查取证，是指当台湾同胞当事人送达地址不明确时，可以通过两岸司法互助渠道请求台湾地区法院在调查当事人身份信息后直接向当事人进行送达的司法互助。

是要提升审判效率。为此，在涉台审判司法实务中若仅依靠两岸司法互助作为送达方式，可能无法满足全部现实司法需求。

1. 无法全面确保涉台案件审判质效。两岸司法互助送达作为一种规范且适法的送达模式，根据规定需要进行层报审批后再根据两岸司法互助协议转递送达材料，再由受送达人所在辖区法院予以协助送达，以确保审判程序的正当性。因为在这中间需要完成的手续和流程较多，故在开庭前需要为送达预留不少于半年的时间。也正因如此，虽然两岸司法互助的送达成功率可达到90%左右[①]，但因预留的送达时间较长，尤其是在通过两岸司法互助不能成功送达后再转入公告送达的案件，其审理周期将更为冗长，故从某个角度讲对提升涉台案件的审判质效尤其是审理周期方面确实存在一定的制约。[②]

2. 可能影响台湾同胞当事人的知悉权。对于长期居住在台湾地区的台湾同胞当事人而言，两岸司法互助送达方式确实能够最大限度确保其收悉送达文书。但正如前所述，由于两岸人员来往频繁，对于长期居住在大陆或频繁往返两岸之间的台湾同胞当事人而言，采取通过两岸司法互助的送达方式，却有可能导致其无法及时收悉送达内容。例如，根据台湾地区有关规定，台湾同胞当事人若非长期不居住在户籍所在地，台湾地区法院可以对其采取寄存送达方式。而寄存送达虽然符合两岸司法互助协议规定，但其本质却属于留置送达的一种补充形式，其不以当事人是否实际领取送达文书作为成功送达的判断标准，自然客观上会出现台湾同胞当事人未能知悉送达内容的情形。再如，若台湾同胞当事人长期居住在大陆，那么台湾地区法院协助送达时便会以地址不详或受送达人下落不明等原因回复送达不成功，大陆法院在收到回复函后便依法转入公告程序，台湾同胞当事人自然更是无法知悉送达内容。

三、问题原因——两岸司法文书直接送达的困难之处

当今时代是一个通讯传播技术高度发展，全面进入人们的工作与生活，日益深刻地影响并改变着人类管理方式的新时代。在此背景下，作为人民法院重要司

---

① 据统计，《规定》实施之后，2011 年～2018 年期间平潭综合实验区人民法院共请求台湾地区协助送达文书 1199 件，成功率为 90.2%。

② 据统计，在平潭综合实验区人民法院涉台司法实践中，若通过两岸司法互助送达未能成功后再转入公告送达，通常需要等到 8 个月左右方能开庭审理案件。

法管理环节的涉台民商事送达工作亦无法超脱其中，甚至可以说信息化水平已成为影响送达成效的关键因素。

1. 两岸之间部分信息未达到互通。两岸因历史、政治等原因，故尚未能达到信息共享、互通，大陆法院无法直接获取台湾地区受送达人的身份信息及详细住址，即便通过两岸司法互助送达文书，但受限于协助方履行“尽力原则”之程度不同，难免出现送达效果不佳的情形。如在涉台离婚案件中，至今仍存在受送达人已死亡，却仍采用寄存送达的方式而未及时告知相关情况，致使大陆法院本应裁定终结诉讼却作出判决离婚或驳回诉讼请求的错误裁决。

2. 大陆不同单位之间存在信息壁垒。如前所述，大陆近些年综合实力稳健提高，经济市场充满活力，文化产业发展蓬勃，吸引大量台湾同胞来到大陆。通常情况下，在大陆居住的台湾同胞持有的身份证件为通行证或台湾居民居住证，而这些证件所留存的信息或多或少会体现一些送达所需要的关键信息，但因这些信息均保存于大陆公安机关的信息库中，在目前人民法院与公安机关未有整体框架协助规定的情况下，人民法院欲取得相关信息存在一定的信息壁垒。

四、解决问题——完善涉台司法文书送达制度之路途探析

《最高人民法院关于为深化两岸融合发展提供司法服务的若干措施》第八条规定：“向台湾居民送达司法文书，应当采取直接送达、两岸司法互助送达等有利于其实际知悉送达内容、更好行使诉讼权利的送达方式”，笔者认为，对于该条措施的理解应该为以确保台湾同胞当事人能够实际知悉送达内容为最高准则，尽可能采取包括但不限于直接送达方式在内的各种送达方式。为此，现结合平潭涉台司法实务就如何完善涉台司法文书送达制度作如下设想：

（一）提升两岸司法互助送达效率

2009 年 4 月份签署的《海峡两岸共同打击犯罪及司法互助协议》（以下简称《协议》）[①] 至今已实施逾十年之久，两岸司法互助送达工作已较为成熟，但仍有突破创新之必要和可能。尤其在平潭两岸共同家园建设过程中，应大胆借助“平潭双区”的特殊政策支持，创设具有平潭特色的两岸司法互助送达模式。

1. 减少两岸司法互助送达环节。根据《协议》有关规定，现行的两岸司法互

① 2009 年 4 月 26 日海峡两岸关系协会会长陈云林与台湾海峡交流基金会董事长江丙坤在南京签署。

助送达所开通的是由福建省高级人民法院与台湾地区业务主管部门之间进行联络的二级窗口，两岸司法互助送达工作直接通过福建省高级人民法院转交给台湾地区主管部门后再转至台湾地区地方法院办理。这一做法与此前开通的一级窗口相比，效率上明显提高。在二级窗口已逐步成熟且运转流畅的基础上，笔者建议以下两点：一是在平潭开启三级窗口，从而真正实现请求单位与受请单位之间“点对点”两岸司法互助送达，进一步提高送达效率；二是目前平潭自贸片区推出的“20条对台特色措施”中包括聘用台湾地区专业人才在区内行政企事业单位、科研院所等机构任职。故可考虑邀请平潭工作的台胞人士或大陆法院特聘的台胞陪审员、台胞特邀调解员，配合两岸法院开展两岸司法互助送达工作。通过两岸有关机构共同认可的人士开展互助工作既符合当前两岸司法互助安排模式①，又能弥补两岸在司法文书送达方面存在的分歧，同时还可以利用相关人士能够经常往返两岸的机会提高两岸司法互助送达效率。

2. 实现直接派员进行送达文书。2015年5月份，大陆有关单位组成司法互助工作组专程前往台湾地区，就大陆检察机关正在审查起诉的一起刑事案件，与台湾地区有关部门展开密切合作，顺利完成了司法互助调查取证任务，成为大陆首次派员赴台湾地区合作开展两岸司法互助调查取证的典型成功案件。② 从理论上讲，调查取证与送达文书同为两岸司法互助的范畴，只是工作内容不同而已。为此，应充分发挥岚台直航优势进一步先行先试。随着“海峡号”“丽娜号”海上高速客货运航线的正式开通及“台车入闽”常态化，高效便捷的海上通途客观上为平潭两岸司法互助工作提供了独一无二的区位优势。建议将来可进一步开放“台车入闽”的条件限制，甚至实现“闽车入台”，实现两岸彼此直接派员开展送达文书合作常态化。通过这一做法不仅有助于节省中间流转时间，将可能需花费6个月方能完成的文书送达周期缩短到几天，而且直接派员在场参与送达文书，可以在送达文书过程及时与相关方沟通情况解决相关问题，确保台湾同胞当事人最

---

① 根据《协议》第三条规定，联系主体由各方主管部门指定之联络人联系实施。必要时，经双方同意得指定其他单位进行联系。

② 新闻回顾：2015年5月17日至19日，经中央台办批准，由最高人民检察院对台事务办公室主任王保权、福建省人民检察院涉台湾地区案件办公室副主任王黎华、助理检察员谢晓明、霞浦县人民检察院副检察长王兴炎及公诉科科长苏婷一行5人组成的大陆检察机关司法互助工作组专程前往台湾基隆，就霞浦县人民检察院正在审查起诉的台湾居民马某涉嫌职务侵占及合同诈骗一案，与台湾法务主管部门、基隆地方法院检察署检察官密切合作，顺利完成了司法互助调查取证任务。

大限度知悉送达内容。

（二）拓展其他送达方式

据一项调查统计，在大陆法院尤其在基层人民法院各项审判活动中送达占用诉讼资源的比例高达40%。如今在“平潭双区”执行特殊经济政策背景下，越来越多台湾同胞来平潭学习、工作、生活，必然会出现“台湾户籍、平潭居住”的现象，当发生纠纷时一定给送达司法文书工作带来障碍。而对于此类情况，如前所述，通过两岸司法互助送达可能无法达到最佳送达效果。为破解此难题，笔者建议可尝试以下几种送达模式：

1. 与大陆警务机关实现信息互通机制。目前台湾居民居住证系由大陆警务机关审核颁发，办证时其具体身份信息系由警务机关进行登记，并在警务综合查询系统进行实时更新。所谓“警务综合查询系统”，是指警务机关运用现代化的无线通信技术、计算机技术、数据库技术等先进科技手段，在确保系统和信息安全的前提下，实现了各类警务信息的实时查询、录入功能。其中包含了台湾居民在大陆的住址、联系电话等送达所需要的关键信息。因此，笔者认为，若人民法院能够实现与警务综合查询系统信息共享，显然有助于多渠道查询到台湾同胞当事人的现居住地及其他联系可能的联系方式，有助于提升送达文书成功率。

2. 与通信运营商建立送达倒查机制。显然，如今时代下若台胞同胞在大陆工作、生活、学习，其应当会使用通信移动设备。早在2012年，全国人大常委会便出台了《关于加强网络信息保护的决定》，从法律上明确了电话用户真实身份信息登记制度。2013年7月16日，工业和信息化部公布了《电话用户真实信息登记规定》，并于2013年9月1日起开始施行，规定了办理固定电话装机、移机以及移动电话开户、过户等手续的用户必须进行实名登记，必须持真实有效的身份证件办理业务。为更好维护台湾同胞当事人的合法权益，确保其能够知悉送达内容，法院可与通信运营商达成合作意向，在送达环节中增加台湾同胞当事人的电话核查步骤，以通信运营商登记的当事人实名制手机号码为基础，将无法送达的台湾同胞当事人身份信息通过通信运营商进行倒查，根据运营商反馈结果，送达人员采用“电话送达+直接/微信/短信送达”模式进行送达。通过该送达模式，有利于解决“信息壁垒”“信息孤岛”等问题，大幅度提高送达成功率。

3. 构建电子公告送达制度。电子公告送达作为一种依托网络技术的新型送达方式，是以互联网为传播渠道送达诉讼文书。构建“电子公告送达”平台，充分运用网络媒体开展公告送达，推进司法便民化、信息化、网络化，有利于切实保障台湾同胞当事人的诉讼权利。2018 年 9 月 13 日，平潭综合实验区人民法院下发关于于印发《平潭综合实验区人民法院关于电子公告送达的操作规程（试行）》的通知（岚综法〔2018〕129 号），各审判团队可根据案件性质、类型和受送达人住所地等情况决定采用电子公告送达。虽然根据规程规定，涉台民商事案件公告受到一定的限制，但对于已经办理了台湾居民居住证的台湾同胞当事人而言，完全可比照向大陆当事人进行公告送达。与传统公告方式区别，平潭综合实验区人民法院电子公告送达主要如下几个特点：一是发布媒介不同：电子公告送达在平潭综合实验区人民法院门户网站及指定网络平台发布，发布后也可同时通过平潭综合实验区人民法院公告栏、微信公众号、微博账号等媒介推送，这有利于充分保障台湾同胞受送达人的程序利益。二是发布周期缩短：采用电子公告送达后，送达工作人员在 2 个工日内即可完成公告发布，缩短公告发布周期，有利于进一步提升涉台审判效率。三是查阅内容全面：通过电子公告送达，台湾同胞当事人可以实现异地实时查阅、下载，解决了传统公告方式当事人无法全面完整获知送达内容的问题，充分保障了台湾同胞当事人能够知悉公告送达内容。

4. 建立专门送达平台。为贯彻最高人民法院关于加快信息化 3.0 和“智慧法院”建设的相关工作要求，探索以信息化为依托，综合性智能送达平台为载体的信息化送达机制。2019 年 1 月 1 日，平潭综合实验区人民法院与厦门纵横集团科技股份有限公司就共同促进多渠道送达平台建设达成战略合作协议。该平台将整合审前工作模式，完善集约化送达机制，构建融合立案登记、排期开庭、电子送达、文书一键生成等模块的工作平台，同步生成送达案件时间轴，全方位立体展示案件进度及送达情况，实现送达工作的数字化、集约化、便民化、专业化，势将进一步提升涉台司法文书送达成效。

五、结语

涉台司法文书送达工作对两岸司法制度发展具有里程碑意义，是增进两岸司法认同的重要环节。时代在不断发展，涉台司法文书送达工作亦应跟随时代潮流，随之不断深化和创新，形成独具平潭特色的涉台司法文书送达制度。唯有如此，才能更好发挥人民法院在服务、保障、促进两岸经济文化交流合作与融合发展方面的职能作用，才能更好契合平潭作为两岸共同家园的历史定位。

专 | 题 | 二

两岸诉讼服务机制比较研究

海峡两岸诉讼服务机制比较研究

王韶华*

诉讼服务机制，是指法院在一定的制度框架之内，以方便人民群众参与诉讼、了解司法、促进当事人权利实现为目的，为当事人和社会公众提供的各种便利、规范的服务机制。狭义上来讲，诉讼服务机制的具体内涵一般包括以下几个方面：

一是诉讼服务的目的应是方便群众诉讼，提高诉讼效率，减少诉讼成本，促进当事人的权利实现，增进人民群众对司法的了解与信赖，维护司法权威。

二是诉讼服务的范围贯穿于法院与社会公众接触的各方面，包括案件的全过程，如立案、审理、判决、执行等，还包括与诉讼相关的各项活动，涵盖诉讼前的准备如咨询，以及诉讼后的善后如申诉、答疑、反馈等各方面。

三是诉讼服务的对象以诉讼案件的当事人为主，同时也包含对法院事务关心的全体社会公众。

四是诉讼服务的内容广泛，包括诉讼指导、风险告知、诉前调解、案件查询、材料收转、司法救助、判后答疑、信访接待等多个方面。[①] 此外，随着社会的不断发展变化，对于任何与社会公众接触的可能方面，都应当涵盖进法院的诉讼服务机制之中，确保为人民群众提供便利。

---

* 河南省法官协会常务理事。

① 李少平：《对人民法院诉讼服务机制的理性思考》，载《人民司法》2009 年第 5 期。

基于上述内涵的理解，诉讼服务机制一般具有以下功能：一是加强当事人与法院之间的沟通理解，畅通民众表达诉求渠道；二是提高司法工作质效，实现快捷、简便诉讼，降低诉讼成本；三是扭转司法机关工作理念，推动司法机关社会职能的实现；四是改变司法机关工作作风，树立法院亲民、爱民、为民形象；五是助推司法机关形象树立，保障司法权威的实现。

近年来，随着司法改革进程的逐步深入，两岸诉讼服务机制的内涵进一步扩展，诉讼服务包含的内容更加丰富。本文着重从大陆和台湾地区诉讼服务机制发展的不同特点进行比较，通过借鉴台湾地区相关做法，为我国诉讼服务机制的进一步发展和完善提出意见建议。

一、全国诉讼服务机制的发展背景

早在陕甘宁边区政府时期，“从群众中来到群众中去”的司法理念即一直根植于司法制度的建设之中，其中具有典型代表的“马锡五审判方法”中深入群众、简便利民的工作观念即深深体现着诉讼服务的价值观。但这里的诉讼服务主要是在司法裁判中体现司法为民，与现代意义上的诉讼服务具有较大不同。基于一贯以来的“为人民服务”的宗旨，历来强调司法为民理念和“两便原则”，只不过由于相关制度机制不完善、不规范，司法为民一度主要体现在“能动司法”，甚至在实践中发展成“大包大揽”“上门服务”的司法现象，受到了学术界和实务界的质疑，认为影响到了司法的中立超然地位，因此才略有式微。“两便原则”主要是便于当事人诉讼，便于人民法院依法独立公正高效行使审判权，主要针对人民法庭而言。

为解决实践中客观存在的群众诉讼难、诉讼不便的现象，我国司法机关一直都处于不断的探索之中，从 2003 年广东省首创立案、信访文明窗口等利民措施，到 2005 年北京市海淀区人民法院设立“当事人服务大厅”，直至 2008 年 8 月，天津市三级人民法院率先建立“诉讼服务中心”，为畅通当事人的诉讼渠道、缓解诉讼对抗、改善司法社会效果起到了积极良好的效果，并迅速受到了多方关注，在全国范围得以推广发展。2014 年 12 月最高人民法院出台《关于全面推进人民法院诉讼服务中心建设的指导意见》。随着新时代以人民为中心的发展理念的提出，十九大报告中明确指出要“深化司法体制综合配套改革，全面落实司法责任制，努力让人民群众在每一个司法案件中感受到公平正义。”① 在这一工作目标下，诉讼服务作为司法体制改革的窗口与前沿，在方便群众诉讼、保障群众诉权、促进公正效率的平衡、改进法院工作机制等方面的重要性更加凸显。

2019 年 2 月，最高人民法院发布“五五改革纲要”，提出要“推进智慧诉讼服务建设，研发智能辅助软件，为当事人提供诉讼风险评估、诉前调解建议、自助查询咨询、业务网上办理等服务，切实减轻人民群众诉累。”这一举措是“智慧法院”建设的重要内容之一，也进一步推进了诉讼服务中心的现代化建设。

2019 年 6 月，最高人民法院召开全国高级人民法院院长座谈会，对现代化诉讼服务体系建设提出新的目标要求和思路措施，要求全面建设集约高效、多元解纷、便民利民、智慧精准、开放互动、交融共享的现代化诉讼服务体系，全国诉讼服务机制建设进入一个新阶段。

二、全国诉讼服务机制发展现状

近年来，各地法院大力推进诉讼服务中心的升级，着力加快现代化基础建设，提升信息化应用水平，不断完善诉讼服务中心立案信访、诉调对接、繁简分流、审判执行辅助性事务办理等功能，努力让人民群众获得普惠均等、便捷高效、智能精准的公共服务。

同时，各地法院根据当地具体情况的差异，在诉讼服务机制的发展上进行了不同探索，从诉讼服务中心的设置上来看，基本上存在三种模式：一是立案大厅式，直接将原来的立案大厅改为“诉讼服务中心”；二是改造式，在原立案大厅的基础上，改建诉讼服务中心，适当增设除立案业务外的其他服务模块，如判后释明、流程管理、信访接待、法律咨询等，由立案庭及相关业务庭室共同负责；三是全新式，即按照最高人民法院的要求，直接重新打造诉讼服务中心，多元服务窗口一体化设置。

尽管各地的具体实践有所差异，但总体上看，目前的诉讼服务机制具有以下特点：

（一）诉讼服务硬件设施配备优良

各地法院坚持把最好场所、最优服务提供给群众，加快建立诉讼服务大厅、

---

① 《决胜全面建成小康社会，夺取新时代中国特色社会主义伟大胜利》，习近平代表第十八届中央委员会于 2017 年 10 月 18 日在中国共产党第十九次全国代表大会上向大会作的报告。

诉讼服务网、12368 诉讼服务热线“三位一体”的诉讼服务中心，加强诉讼服务大厅硬件设施配备，开通诉讼服务网上平台与热线电话，按照“系统化、信息化、标准化、社会化”要求，推进诉讼服务中心转型升级。目前，全国法院诉讼服务大厅面积比 2015 年增加 71.5 万平米，80% 的法院建成集“厅、网、线”为一体的诉讼服务中心。河南三级法院全部建成诉讼服务中心，诉讼服务大厅总面积 8.9 万平方米，平均面积达 480 平方米。

（二）诉讼服务功能不断升级优化

目前，各地法院的诉讼服务功能不断优化，在传统的立案信访等功能之外，还增设了诉讼指南、文书指导、信息查询、费用计算、法律援助、诉讼风险评估等其他便民措施，基本实现为当事人提供一站式服务，涵盖诉讼程序中各阶段。同时，将诉讼服务范围不断扩大，不仅仅针对诉讼案件当事人和律师提供服务，还将诉调对接、司法确认、繁简分流、案件速裁、鉴定、评估、送达等审判执行辅助性事务办理等也纳入诉讼服务范畴。诉讼服务不仅包括传统服务功能，而且拓展到调解、速裁、快审等工作领域。诉讼服务的重心从服务当事人和律师诉讼向服务审判执行工作拓展。

（三）诉讼服务对象范围日益扩大、多元

因服务功能不断拓展，不局限于为参与诉讼活动而服务，诉讼服务的对象呈多元特点。服务对象包括诉讼案件当事人、律师、社会公众，甚至还包括法官，比如开展集中送达、进行案件繁简分流等，就是为法官或审判团队提供服务。

（四）智慧诉讼服务建设水平显著提升

为了更好的适应互联网时代，进一步完善便民措施，延伸服务触角，各地法院积极建立诉讼服务网，包括网上立案、缴费、送达、查询、咨询、指南、开庭旁听等多方面内容，同时加强与调解平台、律师平台、保险平台的衔接渠道，以信息化智能化为支撑的现代化诉讼服务体系初步形成。杭州、北京、广州互联网法院推进诉讼服务全流程网上办理，各地法院探索推广“移动微法院”建设，积极打造依托微信小程序打官司的一站式移动办案平台，当事人足不出户实现网上立案、查询、调解、庭审、执行、缴费等事项办理。江西法院构建以诉讼材料“收转发 e 中心”为中心的现代化诉讼服务体系，建立多元化解 e 平台，打造基层基础可视化平台。

（五）参与诉讼服务的主体更加多元

除在服务中心（大厅）设立民调、社会组织调解、律师调解窗口外，部分法院尝试引入专家、心理学家、社会志愿者等，为人民群众提供立案咨询、心理疏导、矛盾化解、代理申诉等多元服务。探索将网格员、公证员等社会力量与司法工作相结合，破解司法工作难题。进一步扩大社会服务领域，实行部分项目外包，建立群众公开评价系统，不断提升服务水平。

三、台湾地区的诉讼服务机制特点

台湾地区的诉讼服务机构有的被称为“为民服务中心”，一般都设立在法院的一楼大厅。较早以前，各法院积极成立“单一窗口联合服务中心”，为民众提供便捷而有效的服务。总体而言，台湾地区诉讼服务机制有以下特点：

（一）开放的服务中心

台湾的诉讼服务最大的特色即在于其开放性，民众可以随意进出，并且中心内有热心的司法志工予以协助引导，民众在办事流程中与司法服务人员基本是完全平等的地位，基本等同于社会服务机构。

（二）“一站式”业务办理

服务中心设有若干个柜台及邮局，包括收文、收状、交费、案件查询、被害人家暴服务、法律咨询等等，并按照叫号顺序提供便捷高效的单一窗口化服务。这一特点类似于大陆的银行业务办理模式，并且，中心即使中午也不打烊，甚至夜间都会有专门的值班人员负责收取当事人的书状，以方便民众的时间安排。

（三）电子化的查询设备

在法院的服务中心中，设立有供民众查阅的触控式电脑，能够直接在其上查询诉讼须知、简易庭、裁判主文、庭期、法拍屋等各种诉讼相关事项。

（四）充足的诉讼辅导人员

在服务中心内，存在一众诉讼辅导人员，能够满足民众的业务办理的引导、咨询需求，而这些诉讼辅导人员一般也都是由热心服务的“司法志工”即志愿者充当，因此在“为民服务中心”内，能够及时的获取相应帮助，实现业务办理目的。

四、大陆与台湾地区诉讼服务机制之比较思考

（一）大陆与台湾地区比较之差异

综观大陆与台湾地区的诉讼服务机制，二者都是以方便民众诉讼为制度目的，而且都设立了统一的诉讼服务中心，并且致力于打造让民众“少跑腿”的“一站式服务”，致力于推进信息化的建设。近年来，我国各地法院加强诉讼服务现代化建设，从服务方式、服务范围、服务水平上都有了长足发展，信息化程度相对更高，诉讼服务的功能更全。相对来说，台湾地区的诉讼服务范围更为集中，着力于为当事人和律师提供服务，服务的程序和方式更为精细化。二者可以说是各具特色，在理念、制度设计上存在一定差异。当前，全国的诉讼服务机制建设正处于进一步大发展的新阶段，通过对台湾地区诉讼服务机制的分析和借鉴，有利于完善机制构建，提升诉讼服务能力和水平。

1. 理念上：诉讼服务的定位偏重点存在差异

全国的诉讼服务机制设计的出发点在于方便群众诉讼，提供简便快捷的与诉讼相关联的服务，解决群众诉讼中的困难，同时与法院审判执行工作有机结合，整个机制的运作目的是为了更好地促进诉讼程序的推进和法院各项工作开展，诉讼服务的理念可以说是全面的、立体的、多元的。具体而言，不仅仅从当事人或律师的角度对诉讼服务进行解读，而是对多个主体的需求和职责进行了统筹考虑，如社会公众、法官、审判执行团队等，甚至还将非诉纠纷解决主体纳入其中。关于诉讼服务的内涵也是逐步扩展，可以说是以服务群众诉讼为基本出发点，同时还要服务法院审判执行工作，甚至服务社会治理，诉讼服务机构承担了极为丰富的职能，建立了多元的服务平台。另外，提供服务的主体也不仅仅是人民法院这一单一主体，司法行政机关、公证部门、其他非诉纠纷解决主体、律师等都可以法院的诉讼服务中心为工作平台提供相应服务。而台湾地区的诉讼服务出发点侧重于“为当事人服务”“为诉讼服务”，诉讼服务的主体基本就是法院，其诉讼服务的理念较为单一，更注重满足民众的需要，尤其是诉讼当事人和律师的需要，因此在制度设计上无论是开放式的场所，还是诉讼服务的具体功能，抑或是工作时间的变通，都体现着为民众解决困难的理念，同时，其诉讼服务偏重于民众的切身感受，服务更精细化。

2. 制度上：诉讼服务的功能范围、对象上存在差异

全国诉讼服务机制建设上最大的特点是功能多元。从诉讼服务中心的现有职能来看，立案是其基本职能，与立案这一基本职能密切相关的是案件分配职能(即随机分案与指定分案，系统自动分案与人工分案相结合)、诉讼保全、费用收取、材料收转等职能。随着司法改革的逐步推进，诉讼服务中心在立案这一基本职能的基础上，增加了信访接待、投诉举报、信息查询、诉前鉴定、类案指引、诉讼风险评估等职能，这些职能总体上来看，还是围绕诉讼这个中心提供服务。同时，各地法院致力于深化多元化纠纷解决机制改革，普遍将诉调对接机制纳入了诉讼服务体系，一般包括诉前引导、诉前委托、诉前调解、诉前鉴定等，如果涉及家事纠纷，还有心理疏导、专业咨询等。近年来，还积极推进法律援助值班制度、律师调解、代理申诉制度等。另外，目前各地法院的诉讼服务与审判执行工作密切相关，主要表现在两个方面，一是深化案件繁简分流，建立“分调裁审”一体化工作机制，涵盖案件分流、多元调解、速裁快审等职能；二是集中管理审判辅助事务，比如送达、排期开庭、卷宗扫描整理、归档等。我国大陆提供诉讼服务的主体也具有一定的多元性，除了法院作为主要的服务主体外，还有司法行政机关、律师、人民调解组织、妇联，甚至行业协会等。其服务范围包括诉讼当事人、法院相关部门，还有社会公众等。台湾地区的诉讼服务机制强调一条主线：为民服务，主要是为当事人、律师参与诉讼活动服务，其功能比较集中、单一。提供诉讼服务的主体一般仅限法院，及其法院组织的志愿者。法院有专门为当事人服务的独立区域，类似于我国大陆的诉讼服务中心。在这个区域内，设置可以满足当事人需求的设备工具、缴费窗口等，设置咨询台，一般由律师公会派人轮流值班，类似于我国大陆的法律援助值班。另外，设置合议庭值守窗口，收取当事人书状，回答当事人询问。法院还设有夜间值班室和法警室，负责下班时间甚至夜间收取当事人书状。法院设置轮椅、婴儿车等特色服务设施，甚至必要时可以提供手语服务。

值得注意的是，人民法院结合本地实际在诉讼服务上积极探索实践，一定程度上体现了“因地制宜”的实际效果，但同时因制度设计缺少统一标准，客观上产生了服务范围、方式、程序不一致的问题，导致当事人或律师在不同的地方法

院参与诉讼不得不学习并适应不同的诉讼服务系统，反倒增加了诉累。①

3. 体系上：联动协作机制存在差异

台湾地区的诉讼服务在联动协作机制上主要体现在招募“司法志工”和联系律师公会。充足的“司法志工”为民众提供引导、咨询、帮助等服务，是台湾地区诉讼服务机制的一大特色。台湾的“司法志工”的存在，并非是法院自身制度设计的产物，而是由其社会管理体系中对志愿者的鼓励、提倡而产生。由于台湾地区在志愿服务方面管理规范、运行有序、覆盖面广、影响力大，参与诉讼服务的志工在招募、培训、值班、保障等方面都建立了较为完善的工作机制，从而保障了志工提供诉讼服务的持续性、规范性。同时，律师公会在诉讼服务中也积极参与，一方面出资设立和维护律师休息室，为律师提供服务，休息室的显示屏显示各个法庭的开庭信息，另一方面提供值班人员为当事人提供法律咨询。

全国的诉讼服务在联动协作机制上主要表现在参与联动的主体多元，涉及面广，且在不同审级的人民法院之间也建立了较为紧密的联动体系。人民法院内外之间的联动协作往往是暂时性、约定性，有的需要有关部门牵头建立联动机制，有的则是法院与其他有关单位或人员加强沟通联系，联合出台文件，或签订协约。且上述联动协作主要体现于纠纷化解和审判辅助事务外包等方面。

在诉讼服务方面广泛调动志愿者及各方社会力量，是体现服务为民的最关键环节：一是社会力量的介入，能够有效缓解人民法院长期存在的人员不足的紧张局面；二是社会力量本身因其社会性，从而更能够理解民众思维，能够从民众角度出发考虑问题，所提供服务更能贴合民众需求；三是与社会力量协作的程度，本身即能体现出人民法院社会服务意识的程度。

（二）台湾地区诉讼服务机制的借鉴意义

第一，理念上要围绕诉讼服务的基本内涵，以服务当事人和律师参与诉讼活动为重点来构建和完善诉讼服务体系，诉讼服务的基本功能应当是为参与诉讼活动的相关人员提供帮助、保障和便利。在贯彻落实以人民为中心的诉讼服务理念时，应当将当事人、相关民众作为基本的、着重的服务对象。从诉讼服务机制建立之初的旨意来看，就是为了满足来到法院启动或参与诉讼活动的当事人及律师需求，设立各种窗口也具有与银行、医院相类似的对外服务的特性。诉讼服务机

① 江帆：《诉讼服务中心标准化建设研究》，载《法律社会学评论》2018 年第 4 辑。

制或体系应当随着社会经济发展，根据实际需要有机拓展，但应当坚持突出诉讼服务的基本功能、基本服务对象、基本服务范围，充分发挥诉讼服务的基本职能。在充实其他诉讼服务职能时，也应当与诉讼服务的基本职能相衔接，尤其应当避免形式主义，避免无限扩充诉讼服务职能，或者由于发展延伸职能而弱化基本职能。

第二，在推进诉讼服务全领域、立体化建设过程中，应当对主要诉讼服务功能区别分类。从诉讼服务的场所、硬件配备、软件开发、制度建设、功能定位来看，全国大陆诉讼服务机制发展的最大特点，就是从个别到整体，从单一到多元，从部分类别到全方位，这应当也是未来中国特色诉讼服务体系的发展方向。从各地实践来看，诉讼服务的负责部门一般都是传统的立案部门，有些法院根据内设机构改革精神，设立运行综合性的诉讼服务中心，负责诉讼服务相关工作。客观上，单一的管理部门已经不能适应诉讼服务全方位发展需要，尤其是立案职能与审判辅助职能的行使在机制内容上具有较大差异。为了保障全方位服务的质量和效率，应当从诉讼服务的对象、范围和目的，对诉讼服务功能进行适当区分明晰，并且明确不同功能之间的衔接，提出各个类别的服务标准，甚至应当明确不同的责任部门和责任人。比如，在诉讼服务场所，对服务当事人和律师的区域与服务法官、审判团队的区域进行分离，设立清晰的指引标识，区分提供服务的主体人员，不能混同兼顾。再如，在加强诉讼服务智能化建设时，应当区分不同服务模块，对不同对象、不同目的的服务程序、服务管理、服务评价也不能混同。

第三，诉讼服务体系的构建和发展应当注意与诉讼既有原则密切结合。尤其是，当前“分调裁审”概念的提出，使得诉讼服务由服务审判向参与审判发展。各地法院在推进案件繁简分流改革的过程中，普遍建立了速裁中心、速裁庭或速裁团队，承担了大量案件的审判职责，有些还承担了调解协议司法确认职责。而将“分调裁审”速裁中心作为诉讼服务中心的一部分也是不少法院的做法。那么，如何在构建诉讼服务体系中将立案与审判进行分离，将诉讼服务功能与审判工作、审判辅助事务相区分，是值得注意和思考的重要问题。笔者认为，“立审分离”原则作为审判工作基本原则，是保障诉讼程序正当性的重要措施。“分调裁审”应当是法院工作中管理性、程序性、诉讼性的一种运行规范，尤其是“调裁审”本身就是审判活动、诉讼活动，不能简单地将其纳入诉讼服务职能范畴。

第四，完善诉讼服务机制应当注重细节和受众体验。台湾地区的诉讼服务机制主要围绕案件诉讼需求，突出为民服务的核心功能建设，因此功能集中，重点明确，服务更为精细、具体，各项机制设置都倾向于从细小处着眼。人民法院的诉讼服务建设，在注重形式完备、功能齐全的基础上，应当注重受众体验，并针对体验中存在的问题切实解决。比如，尽管设置了导诉机器人，但当事人更关注是能否一次立案成功，不出现推脱或“蓄水池”的问题。尽管建立了诉调对接平台，当事人关注的是纠纷能否及时有效得到解决。尽管建立了律师平台、律师休息室，但律师更关注的是能否及时避让其开庭安排，完成好代理辩护工作。尤其是在推进智慧法院建设过程中，关于诉讼服务应当围绕当事人或律师咨询、立案、保全、证据提交、庭审引导等重点内容进行系统设计，提供方便、快捷、互动的诉讼服务。另外，法院与其他相关部门协作提供诉讼服务时，应当注重持续性，保障人员、机制连续性，避免临时性，提升诉讼服务的效果。总之，应当使诉讼服务更加人性化，在一定程度上达至“润物细无声”的境界。

第五，要对诉讼服务的性质、概念、范围进行适当界定，客观看待“诉讼服务”大而全的问题。从英美法系、大陆法系国家或地区诉讼服务机制运行现状来看，基本上都是将诉讼服务作为正常的、常态化的程序，包括立案登记、缴费、打印、相关材料递交等，与诉讼活动密切相关，具有较强的辅助性。台湾地区大体也是如此，诉讼服务主要围绕诉讼活动、诉讼案件开展，并从便利当事人、社会公众等方面适当延伸。而目前全国诉讼服务逐步向主体多元、对象多元、功能多元发展，服务范畴不断扩展，其优点是有利于构建全方位的服务体系，但同时关于诉讼服务的性质、概念和范围存在界定不明晰甚至混乱的问题。建议避免刻意追求大而全，而应以诉讼服务的基本功能为主线，对其性质、概念、范围予以明确界定，与审判工作、审判辅助事务相区别，避免概念混淆。

台湾诉讼服务机制之研究

——从台北地方法院出发

姜悌文*　林勇如**

诉讼作为人民权利救济的最后手段，实现正义的最后一道防线，为保障人民基本权利，台湾地区司法主管机构掌理民事、刑事、行政诉讼之审判及公务员之惩戒，为维护司法权及审判之独立，行政机关及立法机关均不能干涉司法核心权限。然而，现代法治国家，基于国民主权原理及宪法对人民基本权利之保障，人民既为私法上之权利主体，于诉讼或其他程序亦居于主体地位。故在无碍公益之一定范围内，当事人应享有程序处分权及程序选择权，俾其得以衡量各种纷争事件所涉之实体利益与程序利益，合意选择循诉讼或其他法定之非诉讼程序处理争议。民事纷争事件之类型，因社会经济活动之变迁趋于多样化，国家有义务提供与诉讼相关的服务及避免诉讼的服务，故法制上除诉讼制度外，尚有诸如仲裁、调解（调处）、公证、诉讼辅导等其他纷争解决暨诉讼服务机制。本文拟从台北地方法院的调解机制出发，论及其他诉讼外调解机制与法院的关连性，进而述于其他法院诉讼服务机制的现况及展望。

* 台湾财团法人法律扶助基金会复议委员。

** 台湾文化大学法律系兼任讲师。

第一章　台北地方法院民事庭调解制度之演变

台北地方法院自 2012 年 1 月起，陆续将民事庭受理案件及分案流程重新规划与调整主持调解程序人员，本章从台北地方法院民事庭七年来的调解制度变革所获之非一造辩论判决取代率、审判法官及调解法官的结案效率比较、疏减上诉审讼源效益比较、非一造辩论判决取代率及非一造辩论判决平均结案日数比较、专股法官就专股案件调解比较等资料，就变化前后统计上的差异探讨相关问题。①

一、以司法事务官及调解委员为主的阶段（2012 年 1 月至 2014 年 8 月，下称第一阶段）

台北地方法院民事庭自 2012 年 1 月起至 2014 年 8 月止，就当事人提起之民事诉讼事件，系以由司法事务官带领调解委员办理审前调解事件及审后调解事件之方式进行。此段期间的调解程序主导者以调解委员为主，司法事务官多无亲自调解，仅在调解委员请求或接近成立时，方由司法事务官进行审核，法官几不介入调解程序。② 此段期间共 32 个月，审前调解事件总计成立 709 件，平均每月调解成立 22.16 件，审后调解事件总计成立 155 件，平均每月调解成立 4.84 件。

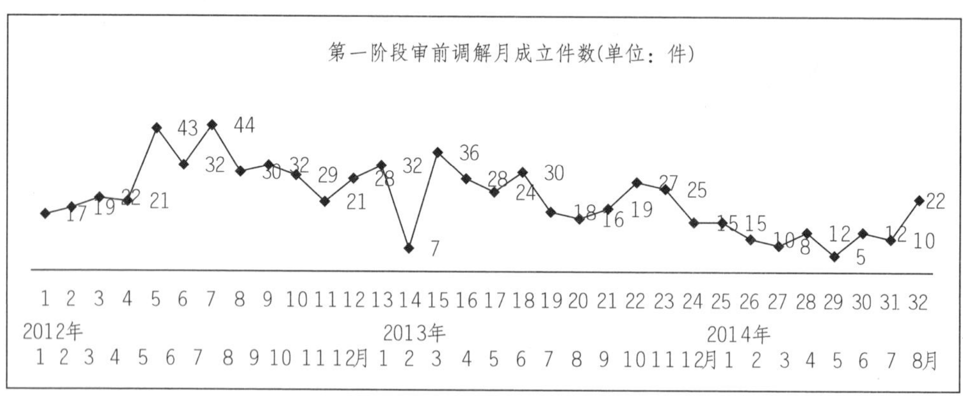

图 1

① 本文统计期间自 2012 年 1 月 1 日起至 2018 年 10 月 31 日止。

② 此段期间之详细说明，请见张瑜凤，金融消费争议案件之纠纷解决机制一兼论台北地方法院民事调解制度与金管会评议中心评议制度，2013 年 12 月，第 6 页至第 22 页。

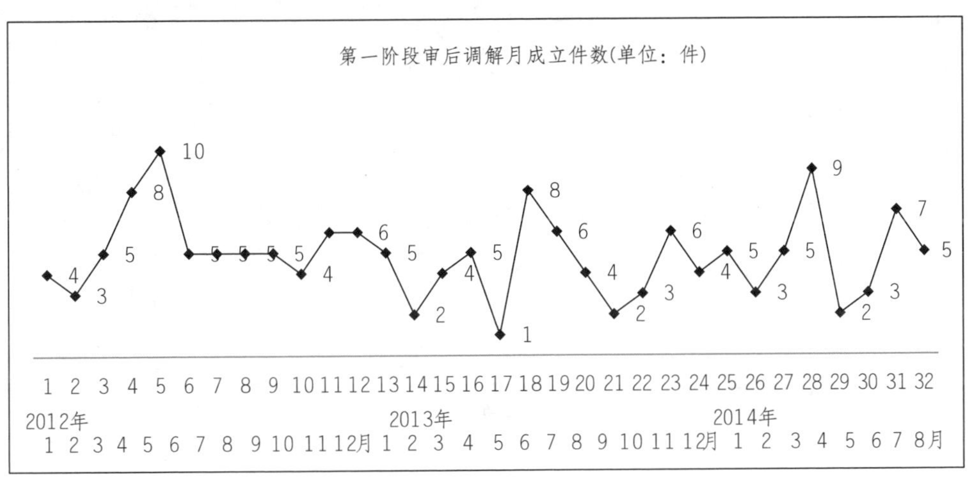

图 2

二、以一位专职调解法官及调解委员为主的阶段（2014 年 9 月至 2016 年 8 月，下称第二阶段）

台北地方法院民事庭自 2014 年 9 月起至 2016 年 8 月止，就当事人提起之民事诉讼事件，系以由一位专职调解法官带领司法事务官及调解委员办理审前调解事件及审后调解事件之方式进行。此段期间的调解程序主导者以调解法官及调解委员为主，专职调解法官原则上针对审后调解事件，惟因了量庞大，故专职调解法官会视情形将部分审后调解事件委请调解委员办理。至于审前调解事件，则是多委由调解委员办理，仅在调解委员请求时，专职调解法官方会加以支援。此段期间之司法事务官仍多无亲自调解，仅在调解委员请求或接近成立时，方由司法事务官进行审核。此段期间共 24 个月，审前调解事件总计成立 403 件，平均每月调解成立 16.79 件，审后调解事件总计成立 322 件，平均每月调解成立 13.42 件。

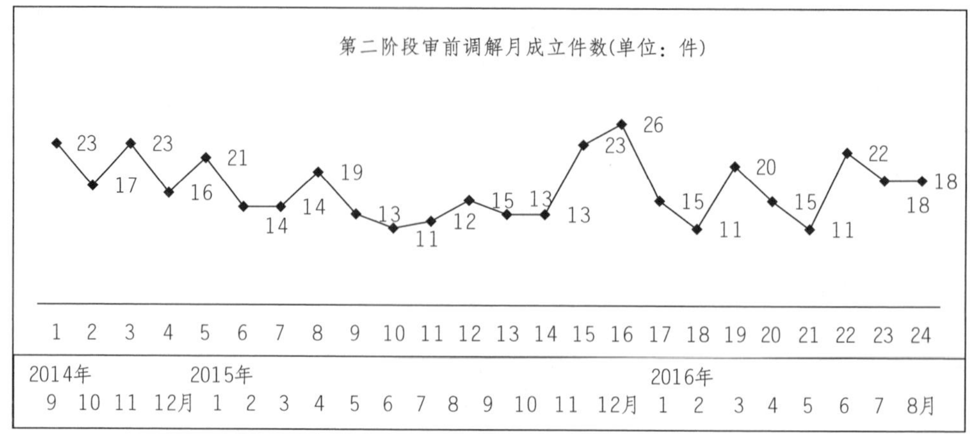

图 3

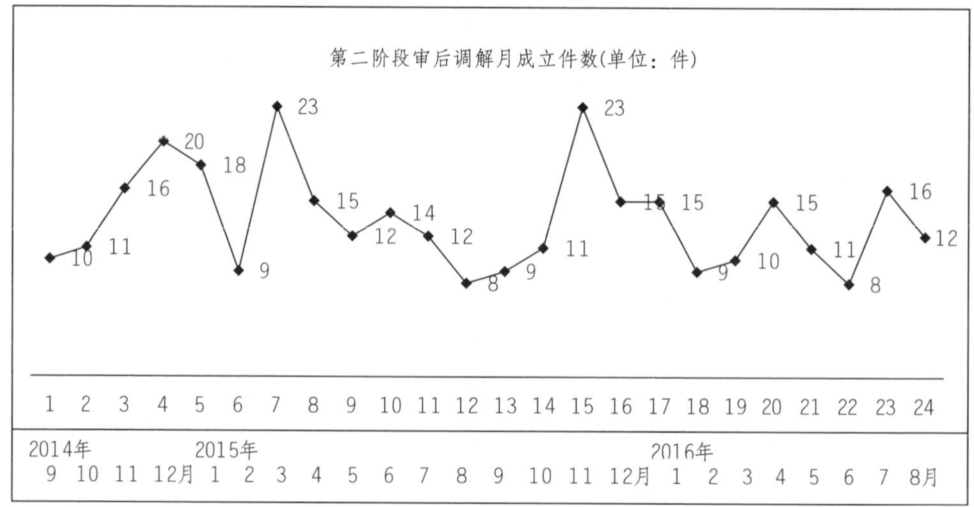

图 4

三、以两位专职调解法官及调解委员为主的阶段（2016 年 9 月至 2018 年 1 月，下称第三阶段）

台北地方法院民事庭自 2016 年 9 月起至 2018 年 1 月止，就当事人提起之民事诉讼事件，系以由二位专职调解法官带领司法事务官及调解委员办理审前调解事件及审后调解事件之方式进行，并由院长视情形支援。此段期间的调解程序主导者以院长、专职调解法官及调解委员为主，院长及二位专职调解法官负责全部审后调解事件，有需求时请调解委员协同调解。至于审前调解事件，则是委由调解委员办理，仅在调解委员请求时，专职调解法官方会加以支援。此段期间之司法事务官亦不亲自调解，仅在调解委员请求或接近成立时，方由司法事务官进行审核。此段期间共 17 个月，审前调解事件总计成立 205 件，平均每月调解成立 12.06 件，审后调解事件总计成立 323 件，平均每月调解成立 19 件。

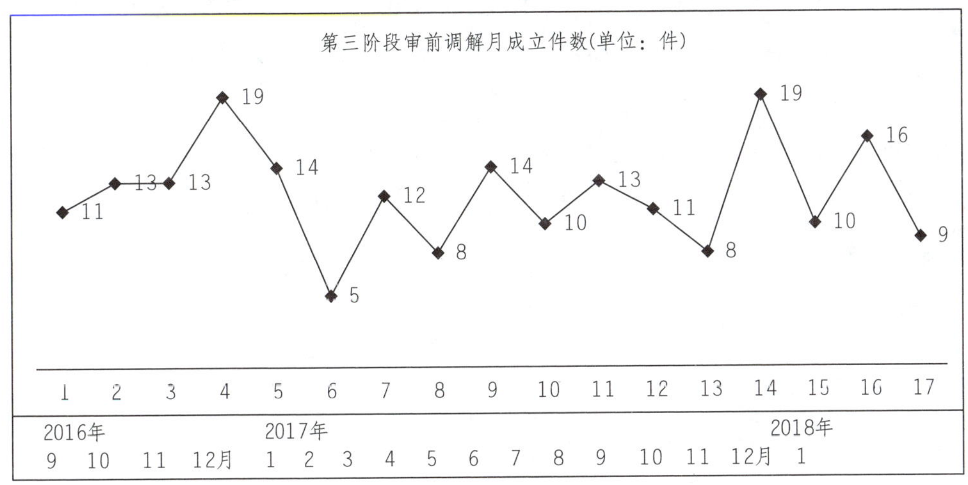

图 5

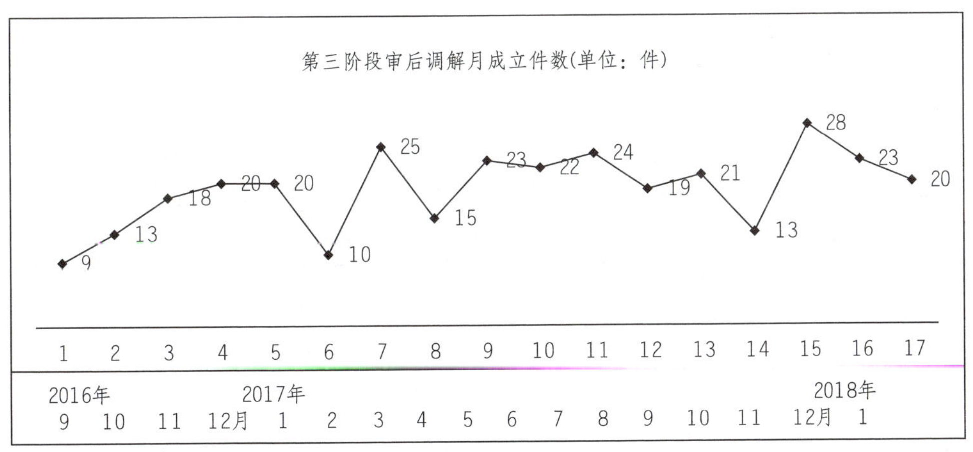

图 6

四、以庭长带领专职调解法官及调解委员为主的阶段（2018 年 2 月至 2018 年 10 月，下称第四阶段）

台北地方法院民事庭自 2018 年 2 月起至 2018 年 10 月止（此阶段迄今仍继续进行，本文囿于各种因素，仅以 2018 年 10 月为本文统计之最末时间，附此叙明)，为因应其中一位专职调解法官离职，就当事人提起之民事诉讼事件，乃改由调解庭长带领一位专职调解法官、司法事务官及调解委员办理调解事件，另由院长、调解庭长、支援调解庭长及支援调解法官协助部分审后调解事件。此段期间的调解程序主导者改以院长、调解庭长、支援调解庭长、专职调解法官、支援调解法官、司法事务官及调解委员为主，院长、调解庭长、支援调解庭长、专职调解法官、支援调解法官负责全部审后调解事件，有需求时请调解委员协同调解。至于审前调解事件，则是由司法事务官及调解委员为主，且此段期间之司法事务官不但需审核调解委员所进行之审前调解事件，亦需亲自主持调解程序。此段期间共 9 个月，审前调解事件总计成立 141 件，平均每月调解成立 15. 67 件，审后调解事件总计成立 159 件，平均每月调解成立 17. 67 件。

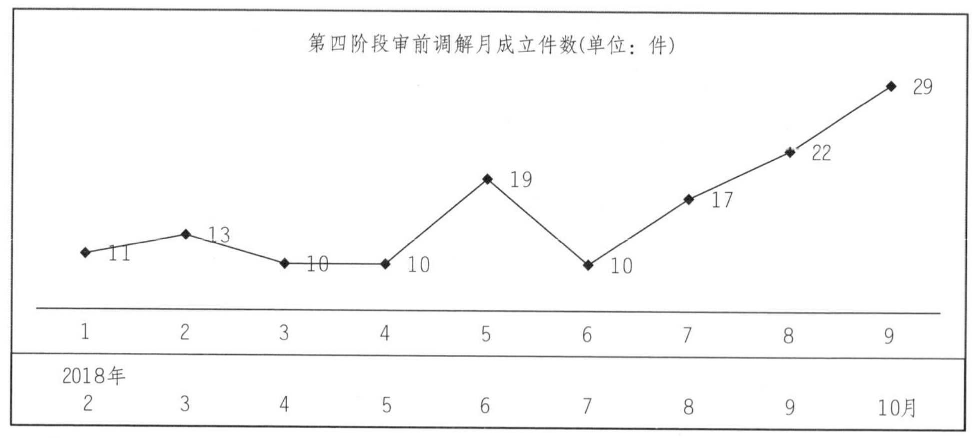

图 7

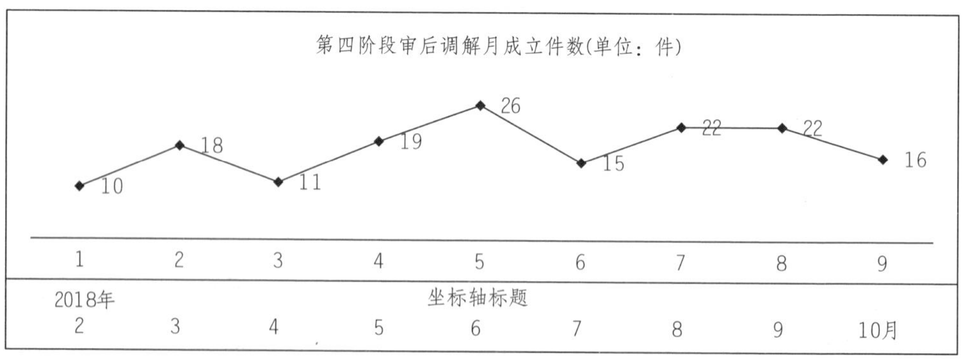

图 8

五、比较结果

兹将上述统计结果综合比较分析如下：

（一）以审后调解事件的非一造辩论判决取代率（审后调解事件成立件数占审后调解事件成立件数与非一造判决终结件数总和之比例）以观

1. 第一阶段与第二阶段的最大差异在于，第一阶段的审后调解事件都是调解委员主持，第二阶段的审后调解事件则以一位专职调解法官为主，再辅以调解委员协助。而第一阶段的审后调解事件每月平均调解成立 4. 84 件，审后调解事件成立件数占审后调解事件成立件数与非一造辩论判决终结件数总和之比例（下称非一造辩论判决取代率①）为 1. 11%。第二阶段的审后调解事件每月平均调解成立 13. 42 件，非一造辩论判决取代率为 2. 91%，每月平均调解成立件数增加了 2. 77 倍，非一造辩论判决取代率增加了 2. 63 倍。由此可知，以一位调解法官带领调解委员的审后调解，显然较仅有调解委员的审后调解有成效。

2. 第三阶段是由二位专职调解法官就全部审后调解事件加以主持，其结果为每月平均调解成立件数 19 件，非一造辩论判决取代率为 4. 36%，与第二阶段的审后调解事件每月平均调解成立 13. 42 件、非一造辩论判决取代率 2. 91% 相比较，每月平均调解成立件数增加了 1. 42 倍，非一造辩论判决取代率增加了 1. 50 倍；与第一阶段每月调解平均 4. 84 件、非一造辩论判决取代率 1. 11% 相比较，每月平均调解成立件数增加了 3. 92 倍，非一造辩论判决取代率增加了 3. 93 倍。由此可知，以二位专职调解法官就全部审后调解事件加以主持，除了仅有调解委员的审后调解有成效外，亦只有一位调解法官的审后调解有成效。

3. 第四阶段是由一位专职调解法官及院长、调解庭长、支援调解庭长、支援调解法官办理审后调解事件（分案量合计仍为两股、专职调解法官分案量为一股），其结果为每月平均调解成立件数 17. 67 件，判决取代率为 3. 98%，与第三阶段每月平均调解成立件数 19 件，非一造辩论判决取代率为 4. 36% 相比较，每月平均调解成立件数为 0. 93 倍，非一造辩论判决取代率为 0. 91 倍；与第二阶段的审

---

① 因审后调解必然是两造到庭方能成立调解，而以两造判决终结诉讼案件者，除了是两造到庭外，通常也是比一造辩论判决容易终结。故以“审后调解/（审后调解 + 非一造辩论判决）”得出之比例，则是以审后调解取代两造判决的结果，故本文以“非一造辩论判决取代率”称之。

后调解事件每月平均调解成立13.42件、非一造辩论判决取代率2.91%相比较，每月平均调解成立件数增加了1.32倍，非一造辩论判决取代率增加了1.37倍；与第一阶段每月平均调解成立4.84件、非一造辩论判决取代率1.11%相比较，每月平均调解成立件数增加了3.65倍，非一造辩论判决取代率增加了3.59倍。

4. 另因本文著者林勇如有民事工程类型专业法官证明书，且于第三阶段及第四阶段担任专职调解法官期间，仍持续办理民事工程事件而为工程专股法官，基此缘由，本院工程专股法官及当事人多指定由撰写人主持民事工程事件的调解。而经比较各阶段的工程事件审后调解事件成立件数，第一阶段因未有单独设立“建移调”字号而无法统计；第二阶段于2015年3月起设立“建移调”字号而可统计数为12件（但期间较短，仅自2015年3月至2016年8月，期间共18个月），每月平均调解成立件数为0.67件；第三阶段为52件（期间共17个月），每月平均调解成立件数为3.05件；第四阶段为31件（期间共9个月），每月平均调解成立件数为3.44件，确实是以有工程专股法官主持调解后之第三阶段及第四阶段的每月平均调解成立件数较多。又若以工程事件非一造辩论判决取代率以观①，在第三阶段的工程事件非一造辩论判决取代率为16.61%〔工程事件审后调解事件成立件数52件/（工程事件审后调解成立件数52件+工程事件非一造辩论判决终结件数261件）〕，第四阶段的工程事件非一造辩论判决取代率为17.03%〔工程事件审后调解事件成立件数31/（工程事件审后调解成立件数31件+工程事件非一造辩论判决终结件数151件）〕，均高于第二阶段的工程事件非一造辩论判决取代率2.79%〔工程事件审后调解事件成立件数12/（工程事件审后调解事件成立件数12件+工程事件非一造辩论判决终结件数418件）〕，亦高于第三阶段不区分案件种类的非一造辩论判决取代率4.36%及第四阶段不区分案件种类的非一造辩论判决取代率3.98%。可认专股法官办理专股案件的调解效益较高，且与台北地方法院因研究报告而发出的问卷调查结果相符。

① 此处的工程事件非一造辩论判决取代率之计算，仅指分案为“建”字的工程事件计算。

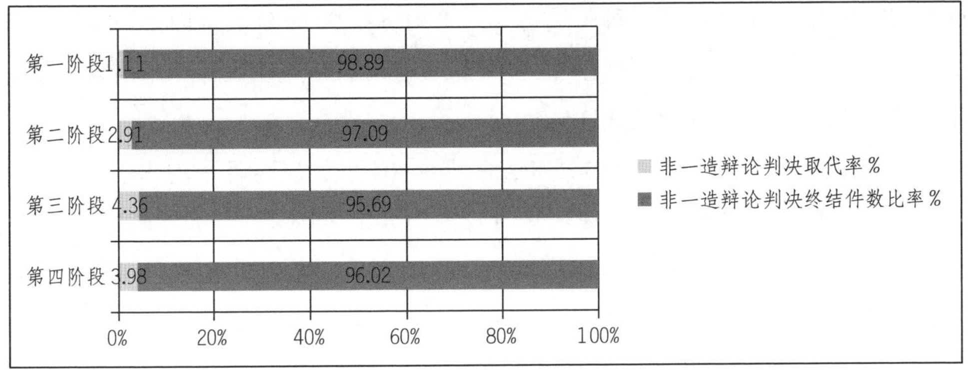

图9

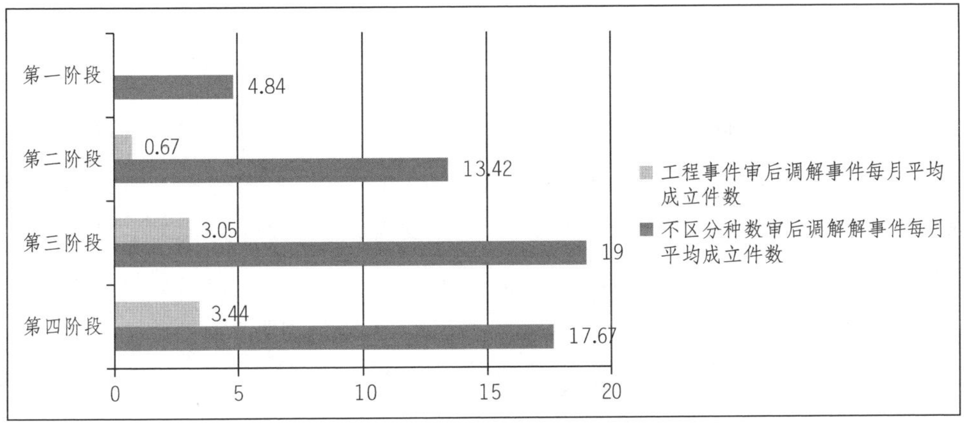

图10

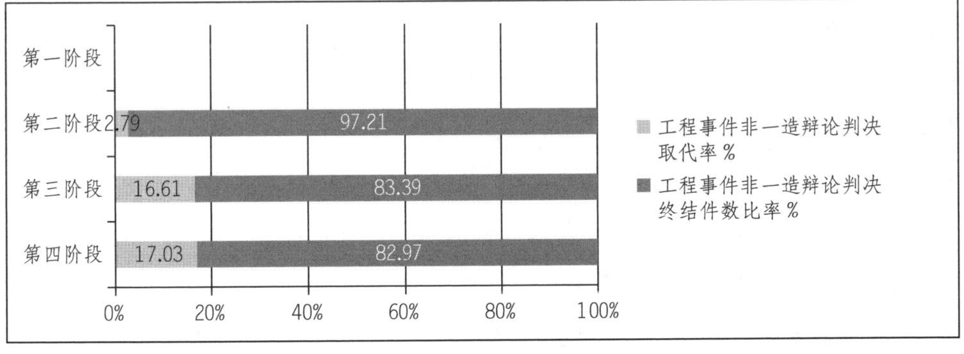

图11

（二）以法官结案效益以观（以专职调解法官每月平均调解成立件数及审判法官每月平均非一造辩论判决终结件数比较）

1. 第一阶段民事庭每月平均分案法官共47.20股，以每月平均非一造辩论判决终结件数432.03件计算，每股法官每月平均终结9.15件。但因第一阶段未有专职调解法官，故无法就专职调解法官每月平均调解成立件数及审判法官每月平均非一造辩论判决终结件数加以比较。

2. 第二阶段民事庭每月平均分案法官共56.04股，以每月平均非一造辩论判决终结件数447.42件计算，每股法官每月平均终结7.98件，同时间第二阶段审后调解事件每月平均成立件数为13.42件，此时仅有一位调解法官，也就是一位专职调解法官的审后调解事件成立件数可达13.42件，系高于审判法官的每月平均非一造辩论判决终结件数。纵使认为此阶段有调解委员参与部分审后调解事件而应扣除，则在扣除第一阶段仅有调解委员调解的每月平均调解成立件数4.84件后，第二阶段专职调解法官每月平均调解成立件数为8.58件，仍是高于审判法官的每月平均非一造辩论判决终结件数。

3. 第三阶段民事庭每月平均分案法官共57.80股，以每月平均非一造辩论判决终结件数416.65件计算，每股法官每月平均终结7.21件，同时间第三阶段审后调解事件每月平均调解成立件数为19件，此时有二位调解法官，也就是每位专职调解法官的审后调解事件每月平均调解成立件数为9.5件。故此阶段专职调解法官的每月平均调解成立件数亦高于审判法官的每月平均非一造辩论判决终结件数。

4. 第四阶段民事庭每月平均分案法官共58.09股，以每月平均非一造辩论判决终结件数425.89件计算，每股法官每月平均终结7.33件，同时间第四阶段审后调解事件每月平均调解成立件数为17.67件，而因院长、调解庭长、专职调解法官、支援庭长和支援调解法官的分案量同样维持为两股，专职调解法官分案量为一股，推定专职调解法官的每月平均调解成立件数为8.83件（17.67件/2）。故此阶段专职调解法官的每月平均调解成立件数同样高于审判法官的每月平均非一造辩论判决终结件数。

5. 综上，在不考虑第二阶段有调解委员协助调解的情形下，第二阶段单一专职调解法官每月平均调解成立件数为13.42件（此部分包括调解委员调解成立件数），第三阶段单一专职调解法官每月平均调解成立件数为9.5件，似乎是以第二阶段的单一专职调解法官较具有经济效益。反之，若是有考量第二阶段有调解委员协助调解此一因素而扣除第一阶段的每月平均调解成立件数，则第三阶段单一专职调解法官每月平均调解成立件数为9.5件，高于第二阶段单一专职调解法官每月平均调解成立件数为8.58件。然第四阶段虽有院长、庭长及一位专职调解法官在进行调解，但因院长、庭长调解成立亦不抵分审判案件，故就审判案件的分案法官人数而言，等同只有一位专职调解法官，此阶段每月平均调解成立件数为17.67件（此部分包括院长及庭长调解成立件数），可谓是经由行政支援审判达到不减少审判分案法官而实质增加专职调解法官的效果。故就每月平均调解成立件数而言，是以第三阶段为最多，但若以不减少审判分案法官人力的配置以观，则以第四阶段最有效益。

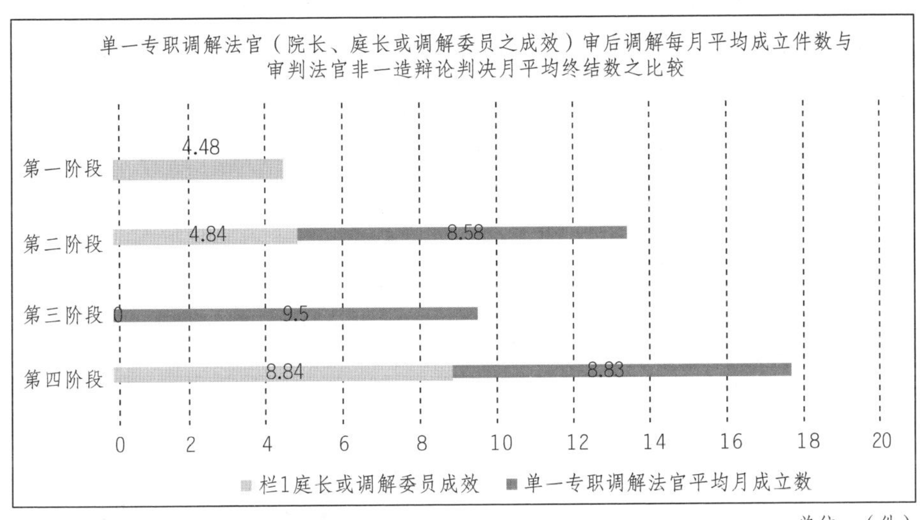

单位：（件）

图12

（三）以疏减上诉审讼源效益以观

1. 经比较各阶段的非一造辩论判决加权后每月平均上诉率，在第一阶段为48.20%；在第二阶段为48.08%；在第三阶段为40.43%；在第四阶段为42.03%，概略以观，在第三阶段及第四阶段的上诉率显然较第一阶段及第二阶段下降。若仅针对工程事件的非一造辩论判决加权后每月平均上诉率加以比较，[①] 在第一阶段为58.16%，在第二阶段为47.09%，在第三阶段为47.32%，在第四阶段为37.42%，系以第四阶段为最低。综观非一造辩论判决加权后每月平均上诉率及工程事件非一造辩论判决加权后每月平均上诉率的趋势线，在非一造辩论判决取代率的趋势在线升时，非一造辩论判决加权后每月平均上诉率的趋势线即往下降，或可推论非一造辩论判决取代率的上升可使非一造辩论判决加权后每月平均

① 上诉率 = 提起上诉件数/得上诉件数 * 100%

上诉率下降。但是否确实如此，尚须更精细及持续的研究方能知悉。

2. 若以各阶段的非一造辩论判决终结件数及非一造辩论判决加权后每月平均上诉率回推调解成立件数对于二审疏减讼源的效果，则以第一阶段审后调解每月平均调解成立件数 4.84 件及非一造辩论判决加权后每月平均上诉率 48.20% 计算后，每月减少上诉案件为 2.33 件（4.84 * 48.20%）；第二阶段审后调解每月平均调解成立件数 13.42 件及非一造辩论判决加权后每月平均上诉率 48.08% 计算后，每月减少上诉案件为 6.45 件（13.42 * 48.08%）；第三阶段审后调解每月平均调解成立件数 19 件及非一造辩论判决加权后每月平均上诉率 40.43% 计算后，每月减少上诉案件为 7.68 件（19 * 40.43%）；第四阶段审后调解每月平均调解成立件数 17.67 件及非一造辩论判决加权后每月平均上诉率 42.03% 计算后，每月减少上诉案件为 7.43 件（17.67 * 42.03%），可知调解成立确实有助于疏减讼源。

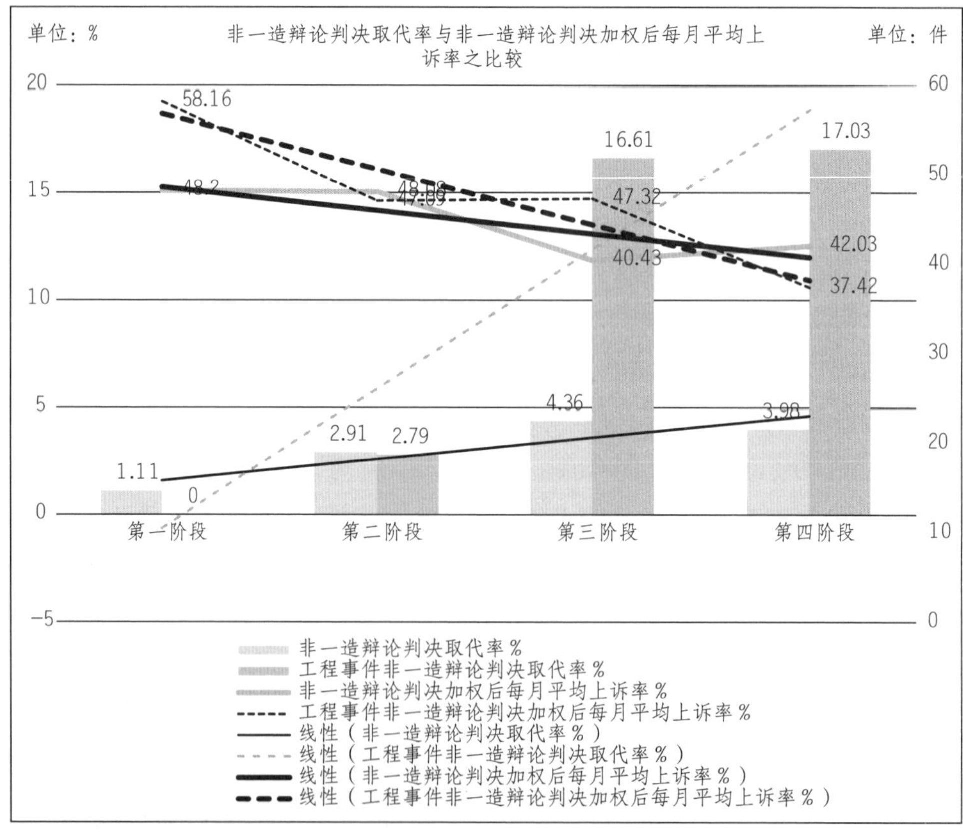

图 13

（四）以非一造辩论判决取代率及非第一造辩论判决平均结案日数比较以观

1. 如前所述，审后调解的非一造辩论判决取代率由高至低依序为第三阶段、第四阶段、第二阶段、第一阶段。而非一造辩论判决平均结案日数在第一阶段为342.16日，第二阶段为342.37日，第三阶段为317.01日，第四阶段为339.94日，似乎亦是以第三阶段、第四阶段的结案日数较短。惟各阶段的结案日数差异并不明显，且第一阶段的平均结案日数又短于第二阶段，实难迳认审后调解的非一造辩论判决取代率提高即可使非一造辩论判决平均结案日数缩短。

2. 若将工程事件及非工程事件区分以观，非工程事件的非一造辩论判决平均结案日数在第一阶段为327.68日、第二阶段为330.53日，第三阶段为302.35日，第四阶段为318.93日，与前述不区分案件种类的非一造辩论判决平均结案日数顺序相当，亦即以第三阶段的非一造辩论判决平均结案日数最短，第四阶段次之，第一阶段最长。然而，若以工程事件非一造辩论判决平均结案日数以观，第一阶段为509.33日，第二阶段为468.18日，第三阶段为537.01日，第四阶段为629.97日。反而系以第二阶段的非一造辩论判决平均结案日数最短，以第四阶段最长。

3. 又以非一造辩论判决取代率及非一造辩论判决平均结案日数的趋势线以观，亦是部分上升，部分下降，并不一致。是经上述比较观察后，本文目前无法归纳出两者间的连动关系，此部分涉及各阶段本案法官不同、收结案件内容有异，甚至包括鉴定单位的函覆速度等等诸多因素，容待有更精细的分析调查，方能知其源由。[①]

① 台湾地区文献曾提及德国行政诉讼及台湾地区行政诉讼在法庭内调解成立增加后，有缩短平均办案期限的情形，此部分说明可参，Joachim von Bargen（著）、江嘉琪（译），德国行政诉讼上法官调解制度——传统诉讼程序之外的另一种选择，载台湾地区《中正大学法学集刊》2015年第46期。

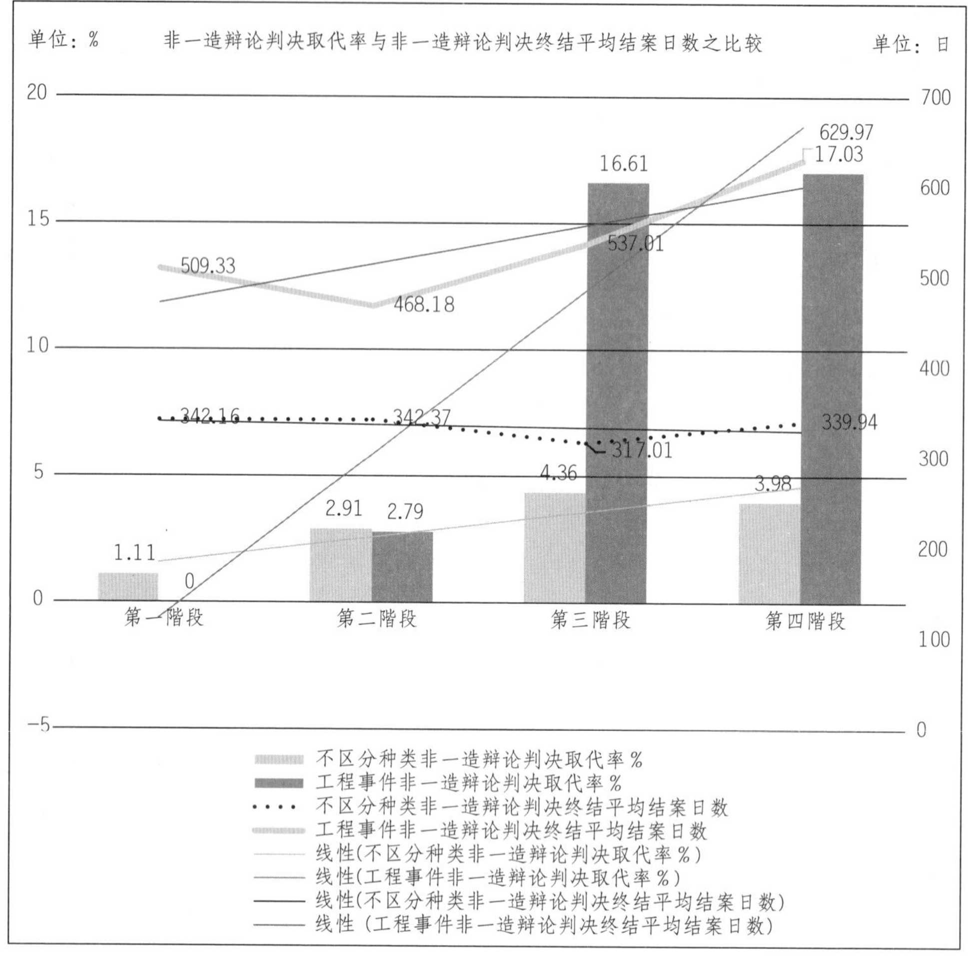

图 14

本章结论

由本章前开说明可知，当事人希望调解程序是由具有法律专业能力、背景知识能力或专业调解能力的人士主持，也对法官主持调解程序有相当之信赖。在检视台北地方法院自第二阶段有专职调解法官主持调解程序后，审后调解的非一造辩论判决取代率均高于仅有调解委员主持调解的第一阶段，且各阶段专职调解法官的月平均成立件数均高于同时期审判法官非一造辩论终结件数，有专职调解法官后的平均月上诉率并未较无专职调解法官时的上诉率上升，所减少上诉的件数也高于没有专职调解法官时所减少上诉的件数，可知专职调解法官此一制度在台北地方法院的推动，确有达到替代诉讼解决纷争及疏减讼源的效益，更是符合人民的期待。但自变革以来的四个阶段以观，审后调解的非一造辩论判决取代率至多仅有4.36%；工程事件非一造辩论判决取代率至多仅有17.03%，仍有相当的努力空间。另在审前调解部分，虽因统计项目未详细区分而无法计算相关比例，惟若观察每月平均成立件数，则是以第一阶段的平均月成立22.16件最高，而以第三阶段平均月成立12件最低，亦有继续努力的空间。

第二章　台湾地区专业事件特殊调解制度

对于台湾地区的调解制度，已有诸多文献介绍，本章仅就台湾地区专业事件所特别规定之调解制度加以介绍，并就各别特色分析利弊。

一、劳资争议

在台湾地区因劳资关系所衍生之争议，有诉讼内外的调解程序，其法源、种类、组织、程序及效力均有不同，分述如下。

（一）“劳资争议处理法”之相关规定

1. 调解之种类

依据“劳资争议处理法”第二章调解之规定，劳资争议发生时，可分为当事人申请调解①及主管机关职权交付调解。② 在直辖市或县（市）主管机关受理调解之申请或职权交付调解时，依照“劳资争议处理法”第11条之规定，有三种调解方式可供当事人选择，第一种为主管机关指派调解人，第二种为主管机关组成劳资争议调解委员会，第三种为主管机关委托民间团体指派调解人。

2. 调解之程序

（1）主管机关指派调解人之程序。直辖市或县（市）主管机关指派调解人进行调解者，依“劳资争议处理法”第12条规定应于收到调解申请书三日内为之，调解人应于开始进行调解十日内作出调解方案。经劳资争议双方当事人同意调解方案并在调解记录签名者，为调解成立，若劳资争议当事人对调解人之调解方案

① 台湾地区“劳资争议处理法”第9条第1项。
② 台湾地区“劳资争议处理法”第9条第3项。

不同意者，视为调解不成立，劳资争议调解成立或不成立，调解纪录均应经调解人报由直辖市、县（市）主管机关送达劳资争议双方当事人，调解时程约 20 个工作日。

（2）主管机关组成劳资争议调解委员会之程序。劳资争议当事人一方申请调解时，若选定以组成劳资争议调解委员会方式进行调解时，依“劳资争议处理法”第 13 条、第 15 条之规定，应于调解委员完成选定或指定之日起 14 日内组成调解委员会，调解委员会置委员三人或五人，由下列代表组成之，并以直辖市或县（市）主管机关代表一人为调解主席：①直辖市、县（市）主管机关指派一人或三人。②劳资争议双方当事人各自选定一人。直辖市、县（市）主管机关以调解委员会方式进行调解者，依台湾“劳资争议处理法”第 14 条规定应于收到调解申请书或职权交付调解后通知劳资争议双方当事人于收到通知之日起三日内各自选定调解委员，并将调解委员之姓名、性别、年龄、职业及住居所具报；届期未选定者，由直辖市、县（市）主管机关代为指定，依同规定第 15 条规定完成选定或指定之日起十四日内，组成调解委员会并召开调解会议。调解委员会依同规定第 16 条之规定应指派委员调查事实，除有特殊情形外，该委员应于受指派后十日内，将调查结果及解决方案提报调解委员会。调解委员会应于收到前项调查结果及解决方案后十五日内开会。必要时或经劳资争议双方当事人同意者，得延长七日。调解委员会开会时依同规定第 17 规定，调解委员应亲自出席，不得委任他人代理；受指派调查时，亦同。直辖市、县（市）主管机关于调解委员调查或调解委员会开会时，得通知当事人、相关人员或事业单位以言词或书面提出说明；调解委员为调查之必要，得经主管机关同意，进入相关事业单位访查。前项受通知或受访查人员，不得为虚伪说明、提供不实资料或无正当理由拒绝说明。出席调解委员会依同规定 18 条规定，应有调解委员过半数出席，始得开会；经出席委员过半数同意，始得决议，作成调解方案，经劳资争议双方当事人同意调解方案并在调解记录签名者，为调解成立。依同规定第 20 条、第 21 条及第 22 条之规定，若劳资争议当事人对调解委员会之调解方案不同意者，或经调解委员会主席召集会议，连续二次调解委员出席人数未过半数亦或未能作成调解方案者，皆视为调解不成立，劳资争议调解成立或不成立，调解记录均应经调解委员会报由直辖市、县（市）主管机关送达劳资争议双方当事人，调解时程约 42 ~ 49 个工作日。

（3）主管机关委托民间团体指派调解人之程序。民间团体取得可指派调解人之依据为依台湾地区“劳资争议处理法”第11条3项之规定：第一项第一款之调解，直辖市、县（市）主管机关得委托民间团体指派调解人进行调解，又依台湾“劳资争议调解办法”第2条第2项之规定，地方主管机关受理调解申请时应向申请人说明法定事项。而说明之事项第2款则为：选择透过地方主管机关指派调解人方式进行调解时，地方主管机关得委托民间团体指派调解人进行调解。再者，依补助直辖市及县（市）劳工行政主管机关办理委托民间团体调解劳资争议实施要点二：地方主管机关应依台湾“劳资争议处理法”第11条征询当事人调解之方式，并依第2条规定说明相关事项后，方得转介调解案件予受托之民间团体。前项案件应检附当事人同意之证明及明确请求标的或金额之申请书。受委托之民间团体于文到后亦依循台湾地区“劳资争议处理法”之规定为争议当事人处理调解案件，其程序与主管机关指派调解人之调解程序差异不大，调解时程亦约20工作天，不同的在于申请人向提供劳务所在地之主管机关提出申请后，再由主管机关将申请人之案件转由委任之民间团体后，民间团体始能进行指派调解人并进行后续调解程序。受托办理调解事务之民间团体，于调解程序终结后3日内，应将其调解纪录及相关案卷送地方主管机关，地方主管机关于收到前项纪录后七日内，将该纪录送达劳资争议双方当事人。

3. 调解之效力

劳资争议经调解成立者，依台湾地区“劳资争议处理法”第59条规定，其内容当事人一方若负私法上给付之义务，而不履行其义务时，他方当事人得向该管法院申请裁定强制执行并暂免缴裁判费；于申请强制执行时，并暂免缴执行费。前项声请事件，法院应于七日内裁定之。对于前项裁定，当事人得为抗告，抗告之程序适用台湾地区“非讼事件法”之规定，台湾地区“非讼事件法”未规定者，准用台湾地区“民事诉讼法”之规定。但依同规定60条之规定有下列情形之一者，法院应驳回其强制执行裁定之申请：（1）调解内容，系使劳资争议当事人为法律上所禁止之行为。（2）调解内容，与争议标的显属无关或性质不适于强制执行。（3）依其他法律不得为强制执行。又依同规定61条规定，经法院裁定驳回强制执行声请者，视为调解不成立。属权利事项之劳资争议，依同规定第64条规定经依乡镇市调解条例调解成立者，其效力依该条例之规定。调解、和解之内容，自不得违反此强行规定。若当事人间经法院核定之调解有违反前揭情事者，当事人得于法院核定之调解书送达后30日内向原核定法院提起宣告调解无效或撤销调解之诉，否则，即依法与确定判决有同一之效力。

（二）法院调解

1. 现行台湾地区“民事诉讼法”相关规定

现行台湾地区“民事诉讼法”第403条第1项第8款规定，雇用人与受雇人间因雇佣契约发生争执者；第11款规定，其他因财产权发生争执，其标的之金额或价额在新台币五十万元以下者，除有同规定第406条第2项各款所定情形之一者外，于起诉前，应经法院调解。若是劳资纠纷属于台湾地区“民事诉讼法”第403条第1项第8款或第11款之情形，即为强制调解事件，于起诉前应经调解。反之，若不属该款情形，则非为强制调解，当事人可自行依台湾地区“民事诉讼法”第404条第1项之规定申请调解。调解成立者，依台湾地区“民事诉讼法”第416条第1项之规定，与诉讼上和解有同一效力，进而可依同规定第380条第1项之规定，与确定判决有同一之效力。

2. 台湾地区立法主管机构于2018年11月9日三读通过台湾地区“劳动事件法”（施行日由台湾地区司法主管机构另行定之），依该法规定，劳动事件于起诉前，应经法院行劳动调解程序。[①] 该法规定的劳动调解程序，是由劳动法庭之法官一名及劳动调解委员二名组成劳动调解委员会，[②] 劳动调解委员会并应依当事人申请酌定调解条款或依职权提出解决事件之适当方案，[③] 亦得由两造就诉讼标的、事实、证据或其他得处分之事项成立书面协议者而受拘束，[④] 且于调解不成立后系由参与劳动调解委员之法官续行诉讼程序，深具特色。[⑤]

另有疑义者，在于劳动事件开始审理后，是否还可经当事人合意而进行调解？若可调解，其程序应适用台湾地区“劳动事件法”第二章或台湾地区“民事诉讼法”相关规定？此部分本文认为台湾地区“劳动事件法”第二章之劳动调解程序，本质上为诉前强制调解，故其适用范围原应以诉前强制调解为限。开始审理

---

① 台湾地区“劳动事件法”第16条。惟曾经于其他法定调解机关调解未成立者，得不先经调解程序。诸如前述主管机关依劳资争议处理法所为之调解即属之。

② 台湾地区“劳动事件法”第21条，此立法方式是仿效日本、德国的立法方式。

③ 台湾地区“劳动事件法”第27条及第28条。但依第31条第1项之规定，劳动调解委员会参酌事件之性质，认为进行劳动调解不利于纷争之迅速与妥适解决，或不能依职权提出适当方案者，视为调解不成立。其立法理由举例认劳动调解委员会因意见不同而不能酌定适当条款或提出解决事件之适当方案属之。

④ 台湾地区“劳动事件法”第30条。

⑤ 台湾地区“劳动事件法”第29条第5项及第31条第2项。此为第一部强制由本案法官进行调解的法律，其效果如何，深值后续追踪研究。

后的调解程序，系台湾“劳动事件法”所未规定之范畴，应依第15条之规定，适用台湾地区“民事诉讼法”第420条之1之规定，经两造合意始得移付调解，且当事人得选择非本案法官调解或不由劳动调解委员会进行调解，以保障当事人的程序选择权。

二、工程争议

在台湾地区因工程所衍生之争议，有诉讼内外的调解程序，其法源、种类、组织、程序及效力均有不同，分述如下。

（一）台湾地区“政府采购法”之相关规定

1. 调解之依据

依台湾地区“政府采购法”第85条之1第1项规定，机关与厂商因履约争议未能达成协议者，得向采购申诉审议委员会申请调解。依同条第2项之规定，工程及技术服务采购之调解，采购申诉审议委员会应提出调解建议或调解方案；其因机关不同意致调解不成立者，厂商提请仲裁，机关不得拒绝。依同条第3项之规定，采购申诉审议委员会办理调解之程序及其效力，除本法有特别规定者外，准用台湾地区“民事诉讼法”有关调解之规定。主管机关公共工程委员会已依法拟定履约争议调解规则，并经报请行政主管机构核定后发布。

2. 调解之程序

（1）台湾地区“政府采购法”之调解，是由主管机关或直辖市、县（市）政府所设之采购申诉审议委员会办理。[①] 采购申诉审议委员会成员为七至三十五人，由主管机关及直辖市、县（市）政府聘请具有法律或采购相关专门知识之公正人士担任，其中三人并得由主管机关及直辖市、县（市）政府高级人员派兼之。但派兼人数不得超过全体委员人数五分之一。[②] 又依台湾地区“采购申诉审议委员会组织准则”第8条之规定，采购申诉审议委员会审议采购申诉事件或调解履约争议事件时，主任委员得指定委员一人至三人预审或调解之。基于规定，可知采购申诉审议委员会之成员，系具有法律或采购相关专门知识之公正人士，在身份本质上与专业的调解委员有相同之处。是在采购争议调解规则第11条即规定，调

① 台湾地区“政府采购法”第85条之1第1项、第86条及采购履约争议调解规则。

② 台湾地区“政府采购法”第86条。

解事件由采购申诉审议委员会主任委员指定委员一人至三人为调解委员进行调解程序。

（2）台湾地区“政府采购法”第85条之1第3项规定，采购申诉审议委员会办理调解之程序及其效力，除有特别规定者外，准用台湾地区“民事诉讼法”有关调解之规定。而法院实务及相关法令在台湾地区“民事诉讼法”所认知的调解委员均为自然人，故在采购申诉审议委员会之案件，亦不适宜将调解案件委由其他机关处理。

3. 调解之效力

（1）依台湾地区“政府采购法”第85条之1第3项规定，采购申诉审议委员会办理调解之效力，除有特别规定者外，准用台湾地区“民事诉讼法”有关调解之规定。而依台湾地区“民事诉讼法”第416条第1项及第380条第1项之规定，调解成立与确定判决有同一之效力。

（2）故依台湾地区“政府采购法”第85条之1所成立之调解，乃少数未经法院核可即得与确定判决有同一之效力的法院外调解协议。

（二）法院调解

现行台湾地区“民事诉讼法”并未对工程事件有强制调解的规定，惟若该工程事件有第403条第1项第1款[①]或第11款[②]的情形，除有同规定第406条第2项各款所定情形之一者外，于起诉前，应经法院调解。

三、医疗争议

（一）现行台湾地区“医疗法”第99条规定的任意性调解

1. 依台湾地区“医疗法”第99条之规定，直辖市、县（市）主管机关应设置医事审议委员会负责医疗争议之调处。此医事审议委员会的组成，应就不具民意代表、医疗法人代表身分之医事、法学专家、学者及社会人士遴聘之，其中法学专家及社会人士之比例，不得少于三分之一。各县（市）政府对此均有规则可资遵循组成。

2. 调解成立者，因台湾地区“医疗法”并无特别规定，故仅能产生私法上和

① 不动产所有人或地上权人或其他利用不动产之人相互间因相邻关系发生争执者。

② 其他因财产权发生争执，其标的之金额或价额在新台币五十万元以下者。

解契约的效力。若对调解成立之有效性或内容有争执，则应另寻民事诉讼途径加以救济。

（二）现行台湾地区“民事诉讼法”采取强制司法型诉前调解

1. 依台湾地区“民事诉讼法”第403条第1项第7款之规定，因医疗纠纷发生争执者，于起诉前，应经法院调解，系属强制司法型诉前调解。现行多数法院关于医疗纠纷的调解，都是采取双委员制的方式，亦即由一位具有医师身份的调解委员搭配一位具有律师身份的调解委员。台北地方法院亦是如此，但在审后移调的部分，则是由专职调解法官搭配一位具有医师身份的调解委员为原则，例外在当事人明确表示不愿具有医师背景的调解委员时，则先由专职调解法官单独进行调解。

2. 调解成立者，依台湾地区“民事诉讼法”第416条第1项之规定，与诉讼上和解有同一效力，进而可依同规定第380条第1项之规定，与确定判决有同一之效力。

（三）台湾地区“医疗事故预防及争议处理法”采取强制行政型诉前调解

1. 为解决医病双方面对医疗争议处理之困境，并建立医疗机构在医疗事故发生时尽速向病人等沟通、说明之机制，以利后续调解程序之进行，以“保障病人权益、促进医病和谐、提升医疗质量”为目标，遵循“医疗事故实时关怀”“医疗争议调解先行”“系统除错提升质量”三大原则，台湾地区行政主管机构提出“医疗事故预防及争议处理法”草案。

2. 草案第9条规定，直辖市、县（市）主管机关应设医疗争议调解会，办理医疗争议之调解。第12条并规定，病人及法律上得请求损害赔偿之人，因医疗争议提起民事诉讼前，应依本法申请调解，不适用台湾地区“医疗法”第99条第1项第3款及乡镇市调解条例之规定。当事人未依前项规定申请调解而迳行起诉，或有台湾地区“民事诉讼法”第403条第1项第7款因医疗纠纷发生争执之情形，第一审法院应移付管辖之调解会先行调解。调解期间，诉讼程序停止进行。亦即明确采取强制调解先行，且调解机关专属于现草案所规定的医疗争议调解会，而排除原台湾地区“民事诉讼法”所规定的司法型调解。

3. 草案第10条规定，调解会应由具有医学、法律或其他具专业知识及信望素孚之公正人士九人至二十七人组成之；其中医学以外之委员，或任一性别之委员，各不得少于委员总数三分之一。调解委员聘期为三年，并得连任之；聘期中出缺时，得予补聘，期间至原聘期届满为止。

4. 草案第 26 条规定，医疗争议调解成立经法院核定后，当事人就同一民事事件不得再行起诉或于刑事诉讼程序附带提起民事诉讼；其已系属法院者，诉讼终结。调解经法院核定后，当事人就医疗争议刑事案件，不得提起告诉或自诉；告诉乃论之医疗争议刑事案件于侦查中或第一审法院辩论终结前，调解成立，并于调解书上记载当事人同意撤回意旨，经法院核定者，视为于调解成立时撤回告诉或自诉。经法院核定之民事调解，与民事确定判决有同一之效力，经法院核定之刑事调解，以给付金钱或其他代替物或有价证券之一定数量为标的者，其调解成立书得为执行名义。

本章结论

由上文说明可知，台湾地区的专业事件纠纷，在调解程序上已经因应事件性质而有区分。在劳动争议，主管机关的行政型调解可以指定调解委员或成立调解委员会或委托专业机构进行调解，司法型调解则由本案法官组成调解委员会进行调解。在公共工程争议，由“公共工程委员会”组成调解委员会，且其调解成立之协议则可直接发生与确定判决同一之效力，属于准司法型调解的典型。医疗纠纷争议在提起民事诉讼前，应经主管机关所设置的调解委员会进行强制调解，且排除民事诉讼相关规定及法院调解程序的适用，系属强制行政型诉前调解。对于此等特殊调解程序可否有效促进纷争解决，有待追踪观察各法施行结果。

第三章　法院调解及其他诉讼服务机制的展望

台湾地区法院的诉讼服务虽有台湾司法主管机构在法规上为原则性之规定，然各法院实际操作的模式及成效大有不同。本章即对台北地方法院的调解制度及法院的公证、诉讼辅导等相关诉讼服务机制提出展望。

一、建构以法院为中心的司法型调解

若参考各国各地区立法史，可知司法型调解非必然应与确定判决有同一之效力。惟确定判决效力发生本应为司法权的范畴，且依台北地方法院调解变革实施

效果及因研究报告而发出之问卷调查结果，亦是以法官主持调解较能促进调解成立，故司法型调解仍应以具有审判权的法官为中心。惟增加法院调解的多样性以促使当事人由诉讼程序转入调解程序系属必要，故在法制设计上仍应设计各种形态的司法型调解，方能达到节省司法资源及提高调解的成效，兹说明如下。

（一）法官主导型（由法官亲自调解为主，其他人员为辅）

依统计资料，台北地方法院在设置专职调解法官后，法官依台湾地区“民事诉讼法”第420条之1移付调解的审后调解每月成立件数确有增加，足见以法官为调解主持人确有提高当事人使用调解及提高达成调解之诱因。依台北地方法院因研究报告而发出之问卷调查结果，受访者166人中有高达94%的受访人认为现为本案法官或调解法官主持调解程序较有助于成立调解。依本文著者林勇如在2017年9月至2018年8月间亲自主持调解程序而成立之审后调解案件，平均开庭次数为3.10次，本文著者林勇如在2017年9月至2018年8月间由调解委员主持调解程序而成立之审前调解案件，平均开庭次数为2.25次。若假设本文著者林勇如与调解委员具有相同之调解能力，可认诉讼中移付调解之案件较具复杂性。是调解委员有无足够的时间及热忱就此等较为复杂的案件反复进行调解程序，亦值得考量。反之，调解成立对本案法官有毋庸撰写判决的直接诱因，对调解法官有折抵审判案件的分案及增加个人荣誉感的间接诱因。故由本案法官或调解法官主持调解程序，确实有提升当事人调解意愿及调解成立率。然因部分当事人及诉讼代理人喜好由本案法官进行调解，甚至希望本案法官能够透露部分心证，以使其评估诉讼的必要性。另部分当事人或诉讼代理人较不愿意由本案法官亲自调解，理由无非是担心在调解过程中无法畅所欲言，甚至怕因不接受本案法官建议而遭致诉讼结果之不利益。故为能提高调解意愿及提供人民多样化的纷争解决途径，法院调解应使当事人有选择由本案法官或非本案法官进行调解的机会，方能充分保障当事人的程序选择权。①

台北地方法院在历经多次变革及研讨后，认为专职调解法官的阶段性任务已经完成，将取消专职调解法官，改由各庭庭长办理各庭调解业务，既可保有非本

① 对于法官应介入诉讼案件中的调解，在德国已经得到肯定的态度，并将之列入法律规范中，明文肯认法官协助调解亦属审判权的一环，此部分说明可参，Joachim von Bargen：《德国行政诉讼上法官调解制度——传统诉讼程序之外的另一种选择》，载台湾地区《中正大学法学集刊》2015年第46期。

案法官调解的形态，又能借由各该专庭庭长的身份及经验与学养达到促进调解成立之目的，功效指日可待。

（二）司法事务官主导型（由司法事务官及调解委员为主，其他人员为辅）

由司法事务官主导调解程序，除可增加调解程序的多样性外，亦可弥补法官员额较少的法院无法有专职调解法官的缺憾。故由司法主管机构统一建构司法事务官或调解人员的纲领，并授权各法院依实际情形调整办理，应有助于调解制度的完善。台北地方法院办理调解事务的司法事务官及书记官都有长期培训的计划，就调解事务的延续性及稳定性有相当之助益。

（三）法院委托型（由法院委托之机关或机构为主，以其他人员为辅）

就台湾地区目前相关法令，法院似乎仅能聘任具有专门知识经验的自然人担任调解委员进行调解，或将已经系属的案件裁定移付乡镇市公所进行调解，既不能由法院聘任专业机关（机构）进行调解，亦不能将案件移付其他行政机关或私人机构办理①，无法善用法院外的相关资源。故本文认为台湾应该修改相关法令，允许法院聘任或移付行政机关或私人机构协助办理司法型调解，不再限制司法型调解仅能由法官或司法事务官或调解委员办理。② 台北地方法院 2018 年度研究报告已指明此事，并在现行法制未修改前主动积极联系专业机构（例如土木技师公会、律师公会、仲裁协会等）推荐调解委员，及加强各专业机构的互动观摩及实地研习。

二、建立法院介入准司法型调解与非司法型调解之标准

域外立法例对于法院外的调解，毋宁以不能发生与确定判决同一之效力者居多。而因台湾地区准司法型调解及非司法型调解的调解协议在法制上常可发生与确定判决同一之效力，在司法保留的要求下，仍应有司法机关为最后救济途径。

---

① 虽说台湾地区“民事诉讼法”并未明文限制法院将系属中的案件委由行政机关或私人机构协助办理调解，亦未限制法院与行政机关或私人机构签订契约以协助法院办理调解业务。然因台湾地区司法主管机构在制订相关规则之初，所预设聘任的调解委员应该是自然人，并不包括行政机关或私人团体，是为避免各法院担心适法性的疑义，似宜由主管厅处研议修订相关法令。

② 台湾地区“司法改革国是会议”2017 年 4 月 14 日会议决议 1：“强制调解应该不限于司法调解处理，也可由行政调解及民间调解方式办理。行政调解应由行政机关主持，由合格的调解人以合乎调解原理的调解方法进行调解；民间调解机制，则应规定法定强制调解案件，非经调解，不能进入诉讼”，亦认应使行政型调解及民间型调解参与强制调解事件。

兹说明台湾法院对于准司法型调解及非司法型调解的介入标准。

（一）纯粹私法效力的调解协议

调解协议之效力若不涉及台湾地区“民事诉讼法”的确定判决效力或“强制执行法”的执行力者，则该调解协议与私人间之民事和解契约无异，法院没有介入必要，仅保留对之审判权限即可。亦即法院原则上不需对该等调解协议介入审查，该调解协议无庸法院核定或确认即可生效，仅来日两造对调解协议所发生之效力有争执时，再由法院依民事诉讼程序进行审理而为两造之权利救济。此为现行单纯发生“民法”上和解效力的行政型调解及民间型调解属之。

（二）核定后生司法效力的调解协议

调解协议涉及赋予“强制执行法”的执行力或“民事诉讼法”与确定判决有同一之效力者，则该调解协议实质上等同司法权的意思表示，为确保当事人在限制性规定上的财产权及诉讼权，自应由司法机关保有对该调解协议之事中审查权限，亦即该等调解协议应由法院核定或确认，方能生“强制执行法”及“民事诉讼法”上之效力。此在台湾现行可经由法院核定而与确定判决有同一之效力或执行力的行政型调解及民间型调解，均属之。再者，此种调解协议既经法院核定，其性质已非单纯私人间之意思表示，经核定的调解协议同时具有民事有关规定上和解契约效力及强制执行规定或诉讼规定上之效力，自不得单循民事相关规定即欲对之加以撤销，仅得依诉讼程序请求宣告调解无效或撤销调解。①

（三）直接发生司法效力的调解协议

调解协议由准司法型调解为之者，因该调解程序已有由准司法调解机关主导，基于司法民主化及当事人程序主体权与专业自治原则的法理下，在涉及专门技术的特定事件或调解程序已有充分保障的情形下，可由法律规定授与部分强制执行权限或审判权限予准司法调解机关，仅由法院保留最低限度的事后审查权限。亦

---

① 台湾地区审判主管机构1986年台上字第1035号判例：乡镇市（区）调解委员会依“乡镇市调解条例”调解成立之民事调解，如经法院核定，即与民事确定判决有同一之效力，该条例第二十四条第二项前段定有明文。而经法院核定之民事调解，有得撤销之原因者，依同条例第二十六条第一项规定，当事人得向原核定法院提起撤销调解之诉。当事人欲求救济，惟有循此方法为之，殊无依台湾地区“民法”第九十二条第一项规定声明撤销之余地。两造依“乡镇市调解条例”成立之调解，业经法院核定，即令有如上诉人所称得撤销之原因，在上诉人提起撤销调解之诉，并得有胜诉之确定判决以前，被上诉人仍得据为执行名义，声请强制执行。

即在准司法调解机关所成立之调解协议，虽得无庸法院核可（或确认）即可产生执行力或与确定判决有同一之效力，[①] 但仍应许当事人向法院提起宣告调解无效或撤销调解之诉以为权利救济途径，方符合正当法律程序及司法保留。而此种调解协议虽毋庸经法院核定即可产生执行力或与确定判决有同一之效力，然其系因法律事前授与部分司法权，性质自非单纯私人间之意思表示，所成立的调解协议亦同时具有民法上和解契约效力及诉讼法上之效力，同样不得循民法的相关规定加以撤销，仅得经由法院的诉讼程序加以撤销或确认无效。[②]

三、法院公证业务服务

台湾的公证业务，依公证相关规定，乃就法律行为及其他关于私权之事实，作成公证书或对于私文书予以认证。公证人对于下列文书，亦得因当事人或其他关系人之请求予以认证，包括涉及私权事实之公文书原本或正本，经表明系持往境外使用者。以及公、私文书之缮本或复印件。亦即公证是指在公证人面前所成立的法律行为或所发生的私权事实，由公证人作成公证书，常见的有结婚书面公证（可附带举行仪式）、房屋租赁契约公证等。认证是指当事人自行就法律行为或其他关于私权事实，作成私文书后，向公证人提出，请求公证人对该私文书予以认证。另外就下列文书，也可请求公证人予以认证，涉及私权事实之公文书原本或正本，但以持往境外使用为限。

公证业务目前由法院或民间之公证人办理，目前台北地方法院为办理公证业务，设有公证处，配置公证处主任公证人一人，法院公证人 10 人，每月约处理公证案件几件，认证案件几件，民间公证人 44 位，以 2019 年 4 月份为例，公证业务数量如下表所示：

① 台湾地区“政府采购法”“仲裁法”“再生能源条例”“三七五减租条例”

② 相反见解，请见宜兰地方法院“104 年度简上字第 58 号”判决，该判决曾于理由中论述，依台湾地区“三七五减租条例”所成立的调解仅生民法上和解效力，故当事人不得依台湾地区“民事诉讼法”第 416 条第 2 项或台湾地区“乡镇市调解条例”第 29 条第 1 项规定提起撤销调解之诉，仅得依民事有关规定上撤销意思表示之方式寻求救济。

公证业务量　　　　（单位：件）

209 年 4 月	旧受	新收	合计	已结	未结
公证	7	99	106	103	3
认证	20	889	909	845	64
自办合计	27	988	1015	948	67
审查公证			2497 件/5 = 500		
审查认证			7186 件/5 = 1438		
审查合计			1938		
平均办件量			1015 + 1938 = 2953/11 = 269		

而公证作为诉讼服务机制之其中方式，当事人就法律关系予以公证，优点有下列几点：

（一）让当事人的法律行为更有保障进而预防纷争

当事人间就所成立的法律关系进行公证程序，支付低额的费用，使双方的法律行为经由公证人予以证明。尤其当事人拟定的法律文件内容错误、不明了，或当事人约定疏漏，甚至对文件之真伪及效力有所争执，如果能事先公证，由公证人确认文件内容，并让双方对于文件内容及效力充分了解之情况下签署，双方履约自然不容易发生争议，也不需再去争执文件真伪或是效力为何；且经过公证后对当事人产生拘束力，亦可督促当事人履约，即可预防纷争。

（二）公证书可直接强制执行

在约定有强制执行条款之公证书，如债务人违反义务时，债权人不必去法院提出诉讼，不必缴纳高额诉讼裁判费及聘请律师费用，更不需要至法院经历冗长诉讼程序，得执公证书请求法院民事执行处申请强制执行，能快速实现契约约定债权。可以约定强制执行的种类大致为不动产租赁、借贷、买卖，或金钱借贷、还款协议、离婚协议有关金钱之给付部分等，可以约定到期如不依约给付金钱，或租屋借屋届期不返还房屋时，就可以直接强制执行。此与一般申请法院强制执行，需要法院判决确定才可，但当事人要等到判决确定，往往旷日费时，然而，若依台湾地区“公证法”第 13 条规定办理公证后，公证书本身即具强制执行效力，若一方未履约，他方即可依公证书直接强制执行，不必再打官司，可节省庞大的诉讼费用及宝贵的时间。

依台湾地区“公证法”第13条规定，当事人请求公证人就下列各款法律行为作成之公证书，载明应径受强制执行者，得依该证书执行，包括以给付金钱或其他代替物或有价证券之一定数量为标的者。以给付特定之动产为标的者。租用或借用建筑物或其他工作物，定有期限并应于期限届满时交还者。租用或借用土地，约定非供耕作或建筑为目的，而于期限届满时应交还土地者。

（三）证据保全

公证书为公文书，依民事诉讼之规定推定为真正，若事先公证可减轻将来诉讼举证之困难。再者，依台湾地区“公证法”规之规定，民间公证人需保存公（认）证卷宗一定年限，遗嘱或不动产移转相关公证书需永久保存，当事人多年后有需要可再向事务所调阅，不必担心证据遗失。

（四）法定不得撤销

赠与契约经公证后，赠与人不得随意撤销赠与，对受赠人较有保障。

（五）免征税之证明

房屋借用契约经公证后，可作为向税捐机关证明无租赁所得之证据。

以下为台北地方法院办理公证、认证事件流程图

办理公（认）证事件流程图：

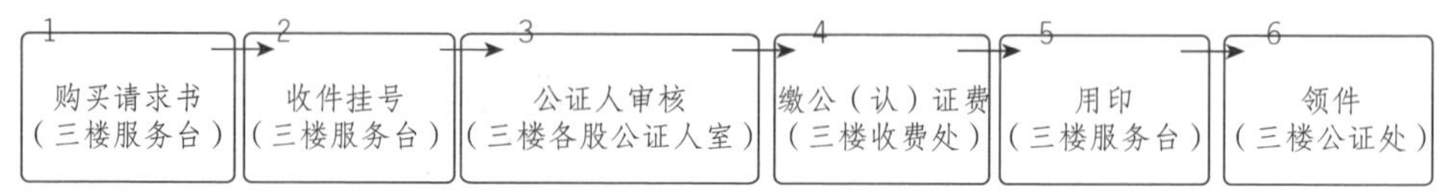

办理结婚书面公证（同时举行仪式）流程图：

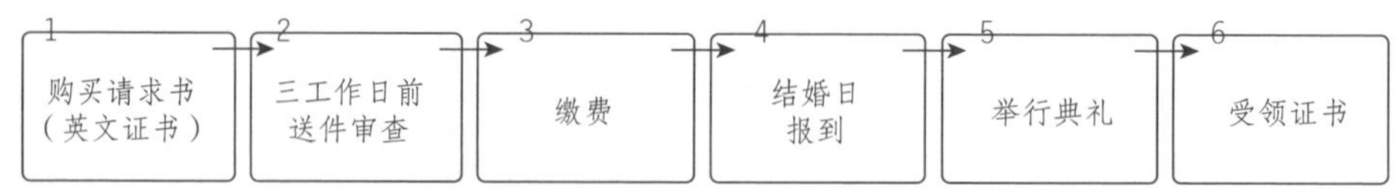

以下为公证费用标准表（单位：新台币表列条文号次依据：台湾地区“公证法”）

法律行为或涉及私权事实标的金额、价额或请求公、认证事由（单位：新台币）	费用（单位：新台币）				
	公证			认证	
	作成中文公证书（109）	公证书并载明迳受强制执行（119）	作成外文、中外文对照公证书（125）	认证中文文书（120）	认证文书翻译本、外文、中外文对照文书（125）
不能算定（112）	1,000	1,500	1,500	500	750
20万元以下	1,000	1,500	1,500	500	750
逾20万元—50万元	2,000	3,000	3,000	1,000	1,500
逾50万元—100万元	3,000	4,500	4,500	1,500	2,250
逾100万元—200万元	4,000	6,000	6,000	2,000	3,000
逾200万元—500万元	5,000	7,500	7,500	2,500	3,750
逾500万元—1000万元	6,000	9,000	9,000	3,000	4,500
逾1,000万元—2,000万元	8,000	12,000	12,000	4,000	6,000
逾2,000万元—3,000万元	10,000	15,000	15,000	5,000	7,500
逾3,000万元—4,000万元	12,000	18,000	18,000	6,000	9,000
逾4,000万元—5,000万元	14,000	21,000	21,000	7,000	10,500
逾5,000万元—6,000万元	15,000	22,500	22,500	7,500	11,250
逾6,000万元—7,000万元	16,000	24,000	24,000	8,000	12,000
逾7,000万元—8,000万元	17,000	25,500	25,500	8,500	12,750
逾8,000万元—9,000万元	18,000	27,000	27,000	9,000	13,500
逾9,000万元—1亿元	19,000	28,500	28,500	9,500	14,250
逾1亿元—11,000万元	20,000	30,000	30,000	10,000	15,000
逾11,000万元—12,000万元	21,000	31,500	31,000	10,500	15,750
逾12,000万元—13,000万元	22,000	33,000	32,000	11,000	16,500
逾13,000万元—14,000万元	23,000	34,500	33,000	11,500	17,250
逾14,000万元—15,000万元	24,000	36,000	34,000	12,000	18,000
逾15,000万元—16,000万元	25,000	37500	35,000	12,500	18,750

续上表

法律行为或涉及私权事实标的金额、价额或请求公、认证事由（单位：新台币）	费用（单位：新台币）				
	公证			认证	
	作成中文公证书（109）	公证书并载明迳受强制执行（119）	作成外文、中外文对照公证书（125）	认证中文文书（120）	认证文书翻译本、外文、中外文对照文书（125）
逾 16,000 万元—17,000 万元	26,000	39,000	36,000	13,000	19,500
逾 17,000 万元—18,000 万元	27,000	40,500	37,000	13,500	20,250
逾 18,000 万元—19,000 万元	28,000	42,000	38,000	14,000	21,000
逾 19,000 万元—2 亿元 以下类推	29,000	43,500	39,000	14,500	21,750
婚姻、认领、收养或其他非因财产关系事件（113）	1,000		1,500	500	750
公证结婚	同时请求发给中文结婚公证书及其外文翻译本者，中文结婚公证书 1000 元，翻译费以 200 字计算，英文译本 400 元，其他外文译本 600 元。（113、128）				
承认、允许或同意（114）	1000		1500	500	750
契约之解除或终止（114）	1000		1500	500	750
遗嘱全部或一部之撤回（114）	1000		1500	500	750
法律行为之补充或更正（但以曾于同一公证处或事务所作成之公证书并不增加标的金、价额为限。如有增加，增加部分按 109 收费）（114）	1000		1500	500	750
密封遗嘱完成法定方式（117）	1000		1500		
授权书、催告书、受领证书、拒绝证书（118）	1000		1500	500	750
认证公文书、文书缮、复印件				500	750

续上表

<table>
<tr><td rowspan="3">法律行为或涉及私权事实标的金额、价额或请求公、认证事由
（单位：新台币）</td><td colspan="5">费用（单位：新台币）</td></tr>
<tr><td colspan="3">公证</td><td colspan="2">认证</td></tr>
<tr><td>作成中文公证书（109）</td><td>公证书并载明迳受强制执行（119）</td><td>作成外文、中外文对照公证书（125）</td><td>认证中文文书（120）</td><td>认证文书翻译本、外文、中外文对照文书（125）</td></tr>
<tr><td>作成公证书体验费（115、细则86）</td><td colspan="5">按实际体验所需时间，一小时加收1000元；不满一小时，按一小时计算。</td></tr>
<tr><td>股东会或其他集会决议（116）</td><td colspan="5">按实际体验时间规定收费。</td></tr>
<tr><td>于夜间、例假日或其他法令所定执行职务时间以外之时间执行职务（122）</td><td colspan="5">依公证规定所定作成公、认证书费用加收二分之一。但加收部分最高不得超过5000元。</td></tr>
<tr><td>在病榻前、车祸现场或其他相类场所执行职务（第123条）</td><td colspan="5">加收2000元。</td></tr>
<tr><td>公证书（含视为公证书一部之书面附件）超过六张（85、86、124、细则87、90）</td><td colspan="5">张数按该案号请求事件交付请求人之每份公证书正本所应加收部分张数合计，超过部分每张加收50元（张数中文以一行25字、20行为一张，未满一张以一张计算；书面附件无法按字数计算或为外文文书、图片者，不以字数而按实际张数计算。）。</td></tr>
<tr><td>请求人撤回或因可归责请求人、到场人事由致不能完成公、认证书（126）</td><td colspan="5">依上表所定作成公、认证书费用收二分之一。但最高不得超过5000元。</td></tr>
<tr><td>阅览费（127）</td><td colspan="5">每次200元。</td></tr>
<tr><td>请求交付公、认证书及其附属文件之缮本、复印件或节本（128、细则90）</td><td colspan="5">每份200元。每份张数超过六张时，第七张起，每一张加收5元。</td></tr>
<tr><td>翻译费（128）</td><td colspan="5">1. 字数均按中文字数计算，未满百字按百字计算。
2. 英文每百字200元，其他外文每百字300元。翻译法律条文、古代经典、科技或专业书刊，不分语文种类每百字400元。</td></tr>
</table>

续上表

<table>
<tr><td rowspan="3">法律行为或涉及私权事实标的金额、价额或请求公、认证事由
（单位：新台币）</td><td colspan="5">费用（单位：新台币）</td></tr>
<tr><td colspan="3">公证</td><td colspan="2">认证</td></tr>
<tr><td>作成中文公证书（109）</td><td>公证书并载明迳受强制执行（119）</td><td>作成外文、中外文对照公证书（125）</td><td>认证中文文书（120）</td><td>认证文书翻译本、外文、中外文对照文书（125）</td></tr>
<tr><td>邮电费、运送费、登载公报新闻纸、送达公证文件费、公证人、佐理员、助理人、鉴定人、通译之日费及旅费（128、细则91）</td><td colspan="5">1. 准用民事诉讼费用有关规定。
2. 法院公证人、佐理员出外执行职务旅费依所属法院相关规定办理。
3. 民间公证人、助理人出外执行职务交通费、住宿费及缮杂费，原则上比照出差旅费报支要点荐任以下人员标准计算。</td></tr>
</table>

四、法院诉讼辅导服务

台北地方法院为改善诉讼服务机制，提供人民快速、便捷与现代化的服务，以真正落实司法为民的理念，自1999年起推动法院设置“单一窗口联合服务中心”，由法院指派具有服务热忱有经验之同仁，就各项司法行政事务及诉讼辅导工作，以诚恳亲切的态度、简化的流程及计算机化的作业，提供民众各项服务，让民众获得“一处交件，全程服务”的便利。具体作为有：

（一）柜台高度降低

单一窗口降低了柜台的高度，使民众能够与服务人员平起平坐，更充分感受法院对民众的尊重，也使得民众更愿意到法院来维护权利。

（二）志工服务

在各法院的单一窗口联合服务中心所提供的法律咨询服务，不但都是免费的，而且各法院更招募了许多热心服务的志工，志工会按排定时间执勤，民众只要一进入法院，就会有热心的司法志工前来协助引导民众到适当的窗口，提供便民服务。

（三）中午不打烊

又为使民众能利用午休时间至法院洽公，更于2001年8月推动各法院午休时间开放单一窗口联合服务中心，受理人民申办业务措施，提供人民更为便利之服务。另为提供便民服务之措施，台北地方法院在单一窗口联合服务中心配置有诉讼辅导科提供诉讼程序咨询服务，服务项目如下：

1. 辅导有关诉讼、少年保护、强制执行、破产、消费者债务清理、调解、公证、提存、法人登记、夫妻财产制契约登记及其他非讼事件等进行之手续。（与实体诉讼法律关系有关之事项，不在服务辅导范围之列）

2. 辅导上诉、申请检察官上诉、抗告、申请再审之手续。

3. 辅导缴纳诉讼费、执行费、公证费。

4. 辅导报到、递状及申请定期或延展期日等。

5. 答复有关民刑诉讼及非讼事件程序之询问。

6. 答复当事人有关裁判主文及案件进行情形之询问。

7. 辅导办理具保、责付、撤销羁押、撤销通缉及撤销收容手续。

8. 辅导办理发还领取提存款、刑事保证金、赃证物款及其他依法应办退库发还款项。

9. 辅导请领裁判书类正本、裁判确定证明书、调解不成立证明书及其他应送达或发还之文书。

10. 辅导阅览卷宗书簿。

11. 洽办法律扶助。

12. 辅导或代为撰缮书状。（限程序事项）

13. 代售司法状纸。

14. 倡导法律常识。

15. 设置意见箱及处理相关事宜。

16. 其他便民服务事项。

“单一窗口联合服务中心”更提供收文、收状、收费服务，收受公文、各类诉状及裁判费、执行费、申请费、民事执行案款、刑事保证金、提存费等各项款项。领款（出纳）领取民事执行处案款、刑事保证金、提存物，及退还裁判费等。服务对象包括已有案件于法院者之当事人本人或其父母子女配偶为限（须持有身份证明）。

海峡两岸便民利民诉讼服务之比较
——以台湾地区、福建省各法院为样本

胡志伟*　黄　颖**　孙新赟***

近年来，海峡两岸的法院均日渐重视诉讼服务建设。1999 年 2 月，翁岳生就任台湾地区司法主管机构负责人时强调“司法为民”的理念，开始改进司法服务工作。2014 年 12 月，最高人民法院专门发布了《关于全面推进人民法院诉讼服务中心建设的指导意见》（以下简称《指导意见》），指导各级人民法院诉讼服务工作的有效开展和平台建设。海峡两岸司法制度具有相似的学理和文化渊源，均注重司法便民工作的开展，不断完善诉讼服务中心的建设工作。对海峡两岸便民利民诉讼服务机制构建和运行的实践进行比较研究，扬弃台湾地区诉讼服务机制的优缺点，能够为人民法院诉讼服务建设提供借鉴。

一、海峡两岸便民利民诉讼服务具体制度比较

（一）诉讼服务大厅建设比较

台湾地区在诉讼服务大厅建设方面卓有成效，采取设置单一窗口联合服务中

* 福建省法官协会常务理事。
** 福建省法官协会会员。
*** 福建省法官协会会员。

心、诉讼辅导科和提供司法志工服务等措施，提高法院诉讼服务能力和质量。

1. 设置单一窗口联合服务中心

台湾地区司法主管机构从1996年开始推动所属法院成立“单一窗口联合服务中心”①，借鉴行政机关单一窗口做法（one - stop - service）②，简化或调整现有司法行政事务流程，将与民众接触频繁的部门集中设置于同一开放空间。无法集中者，则在集中办公场所设置窗口派员受理案件，采取一次全部完成的办公方式。

单一窗口由法官指派具有服务热忱且有经验的人员，就各项司法行政事务及诉讼辅导工作，让民众获得“一处交件、全程服务”的便利。单一窗口联合服务中心的工作人员对诉讼业务的咨询解答以程序性问题为主，以非讼事务为辅。单一窗口联合服务中心不统一规定模式，由各法院依据实际硬件设备分别规划，各具特色。③ 单一窗口联合服务中心主要采取降低柜台高度、中午不打烊、与邮政、银行等机构合作共建柜台等便民措施，各项诉讼服务接续办理，相邻窗口机动互补。

在基隆地方法院，便民服务分单一窗口与联合服务中心两类。联合服务中心大厅中央设有四个驻外单位：基隆律师公会、法律扶助基金会基隆分会、基隆市政府驻法院家庭暴力事件服务处及家事服务中心，让民众不用再为了申请其他单位的服务而劳途奔波。

自设置单一窗口联合服务中心便民服务各项措施后，台湾地区民众对法院的服务品质及效率的满意度明显提升，尤其是对“单一窗口联合服务中心”与“法

① “单一窗口”，根据“经济合作与发展组织”（OECD）的定义，是指“民众可以通过单一窗口得到多样化的（multiple）或集约化的（integrated）服务”。

② 为建立一个精简、弹性、不断创新，并具有应变能力的企业型政府，加强政府的行政效能，在1997年萧万长就任台湾地区行政主管机构负责人后，致力推动政府再造工程，引进企业管理精神，推动便民、亲民、礼民的“单一窗口化”服务。所谓“行政单一窗口化”，就是让民众在办理行政事务时，只要在单一个窗口交件，就能获得全程亲切且有效率的便民服务。其工作要求包括“一处交件，得到全程服务；一次补件；制定标准工作时间；中午不打烊；改善服务态度”。

③ 参见李少平主编：《人民法院诉讼服务理论与实践研究》，法律出版社2015年版，第92页；徐卫东、徐岱、傅穹：《人性化考量下的台湾地区司法改革》，载《吉林大学社会科学学报》2005年第4期

院所提供的志工所带来的帮助”的满意度。[①]

2. 诉讼辅导科

台湾地区司法主管机构在2000年9月29日修订“法院诉讼辅导科为民服务规则”，诉讼辅导科办理为民服务与诉讼辅导事项。规则要求诉讼辅导科办公场所设于院内公众出入的明显处所，采取柜台化作业。诉讼辅导科的服务内容限于程序方面。[②] 设内外线专用电话及电子信箱，民众可以通过口头、书面或电子信件的方式请求诉讼辅导科给予服务，除关系重大、内容复杂、尚待查明、须详加研究或转请承办人员答复的情况外，应立即答复。

3. 司法志工

台湾地区各法院除了院内工作人员外，还招募了司法志工为民众提供诉讼服务。司法志工按排定时间执勤，为民众提供各项服务。民众只要一进入法院，就会有热心的司法志工前来协助引导民众到适当的窗口，减少了民众浪费询问、奔走、排队、叫号等时间。

---

① 参见侯建英：《台湾司法实务之改革掠影》，载《当代法学论坛》2011年第3辑。台湾地区法院的其他便民举措还包括：自2004年起，应台湾地区司法主管机构要求，各法院内的重要路段增设中英文对照指示标志，相关广播增加客家语、闽南语服务。在法院设英语、法语、葡萄牙语、西班牙语以及东南亚诸语以及少数民族语言、客家语、广东话、手语等通译的现职人员和外聘人员，并分类建册公布于司法网站。在基本设施建设方面，台湾地区法院普遍设置有无障碍车位、电梯、厕所以及要求在网上设置无障碍网页等。推进审判法庭的席位调整，统一降低法庭内法台高度，少年及家事法庭改圆桌会议，与诉讼参与人同坐，方便案情探讨及意见交换。要求为来参加庭审的当事人、证人及鉴定人设置休息区，提供开庭号次显示设备和安放介绍司法业务的电脑、电视。各地方法院根据本地实际情况，也推出了若干司法便民、亲民服务举措。例如，台南地方法院专门设置了“少年100法治教育成长营”，用来举办少年犯和家长培训班，并配备讲台、单扶手记录板式坐椅。在“家事调解室”的设计上，采取里外套间的方式。里间是调解用的办公室，外间为陪同当事人来院的人员的休息室，设置沙发、图书杂志、饮水机等。为帮助安抚未成年人情绪，摆放儿童玩具、布娃娃等。在“作证室”设置玩偶，为有些不善于表达或难于表达的证人表达具体动作细节方便而专门准备。开辟《家事园地》专栏，设置若干具体亲切的“叮咛”条款，如“调解程序进行中的小叮咛”包括“以理性沟通来解决问题”“以小孩的最佳利益来考虑”等。

② 诉讼辅导科程序咨询服务内容一般包括：（1）辅导有关诉讼、少年保护、强制执行、破产、消费者债务清理、调解、公证、提存、法人登记、夫妻财产制契约登记及其他非讼事件等进行之手续。与实体诉讼法律关系有关之事项，不在服务辅导范围之列。（2）辅导上诉、申请检察官上诉、抗告、申请再审之手续。（3）辅导缴纳诉讼费、执行费、公证费。（4）辅导报到、递状及申请定期或延展期日等。（5）答复有关民刑诉讼及非讼事件程序之询问。（6）答复当事人有关裁判主文及案件进行情形之询问。（7）辅导办理具保、责付、撤销羁押、撤销通缉及撤销收容手续。（8）辅导办理发还领取提存款、刑事保证金、赃证物款及其他依法应办退库发还款项。（9）辅导请领裁判书类正本、裁判确定证明书、调解不成立证明书及其他应送达或发还之文书。（10）辅导阅览卷宗书簿。（11）办理法律扶助。（12）辅导或代为撰缮书状（程序事项）。（13）代售司法状纸。（14）倡导法律常识。（15）设置意见箱及处理相关事宜。（16）其他便民服务事项。

以云林地方法院为例，其制定了“云林地方法院单一窗口联合服务业务志愿服务计划”，详细规定了司法志工的招募、训练、管理、运用、考核、服务项目、福利和保障等事项。司法志工分为便民礼民志工①和诉讼辅导志工。② 诉讼辅导志工由各大学法律系学生在诉讼辅导科实习，担任诉讼辅导员，或聘请熟悉法院业务爱心人士担任志愿服务工作人员。便民礼民志工要求具有服务热忱和能力，通晓国语、闽南语或其他语言，并且具备书写能力。司法志工采公开招募或申请登记的方式，经遴选后产生，经过训练或研讨会后开始服务，并每季度进行考核。另外法院会为司法志工购买意外事故保险，并视情况给予司法志工交通补助和误餐费。

人民法院根据《指导意见》的要求，开展了包括诉讼服务大厅在内的人民法院诉讼服务中心建设，诉讼服务大厅是人民法院以信息化为支撑、智慧服务为特色、集约办理与分流引导为基础、便捷高效为目标逐步建成的线下诉讼服务机制。

1. 法院诉讼服务大厅

诉讼服务大厅是人民法院直接服务人民群众的便民窗口，将法院所有对外服务集中在一起，为当事人提供从起诉立案、诉前调解到诉讼中的联络法官、材料收转，以及判后答疑、信访接待等全方位、多层次、规范、便捷的一站式和柜台式服务，具有宣传引导、调处衔接、立案审查等功能。

以福建省福州市鼓楼区人民法院为例，诉讼大厅中央设立导诉台，导诉员根据当事人的来访事项，将当事人引导到各窗口和工作场所，并将案件材料按电子扫描顺序排列，节约窗口审核时间，提高扫描工作效率。大厅设置查询、立案、执行、收退费等窗口，并提供办事指南和诉讼说明。

跨域立案窗口是福建省各级人民法院一大诉讼服务特色。2016 年 11 月，福建省

---

① 便民礼民志工服务项目：（1）引导民众至各承办单位办公室。（2）引导民众办理报到或至法庭开庭。（3）指导民众使用触摸式电脑查询系统。（4）指导民众阅览拍卖公告及查封笔录。（5）协助办理售状、售邮及民众影印文件。（6）扶助老弱残障及幼儿事项。（7）民众洽公主动询问，应给予适当指导或协助。如无法处理，应报告服勤单位主管或诉讼辅导科科长处理。单位主管、诉讼辅导科科长无法处理或不在，应报告书记官长或其他长官处理。（8）其他便民服务事项。

② 诉讼辅导志工服务项目：（1）辅导有关诉讼及其他非讼事件等程序之进行。（2）辅导缴纳诉讼费、执行费、公证费。（3）辅导报到、递状及申请定期或延展期日等。（4）辅导或协助撰缮书状。（5）宣导法律常识。（6）其他便民服务事项。（7）民众询问事项，应给予适当指导或协助。如无法处理，应报告服勤单位主管或诉讼辅导科科长处理。单位主管、诉讼辅导科科长无法处理或不在，应报告书记官长或其他长官处理。

高级人民法院决定在全省推广泉州“跨域·连锁·直通”诉讼服务模式。[①] 2017 年 3 月 30 日，最高人民法院在泉州召开法院系统“跨域立案诉讼服务”试点工作培训会，并决定全面推行跨域立案诉讼服务。跨域立案诉讼服务[②]使当事人不仅可以选择最近的法院申请跨域立案，也可以选择其感觉服务质量最好的法院立案。

此外，福建法院还建立了“社区法官工作室”“车载巡回法庭”“海上巡回法庭”等巡回审判体系，对妇女、儿童、老人、残疾人等特殊群体开通绿色通道，专门设置涉台、涉军、涉侨、涉生态案件受理平台。

2. 矛盾纠纷多元调处中心

人民法院诉讼服务中心设调解中心，为当事人提供多元纠纷解决服务。人民法院矛盾纠纷多元调处中心建立警调对接、检调对接、诉调对接、访调对接、定向专班对接等多元衔接机制，采取网上调解、现场进驻特邀调解员和特邀单位调解以及不在现场办公的合作单位调解（福州仲裁委等）等多种形式化解矛盾纠纷。调处中心由相关行政单位派驻专业人员进行医患纠纷、劳动争议、物业纠纷、道路交通赔偿纠纷、家事纠纷的调解，另有人民陪审员调解，人民陪审员每成功调解一起案件可获得一定补贴。法院对调解内部事项不加干涉，只对调解合法性把关。达成调解协议后，法官对调解笔录的合法性进行审查后，对调解协议进行司法确认。

3. 智慧法院自助设备服务终端

法院诉讼服务大厅配备智能诉讼服务机器人和智慧法院自助服务终端等设备，

---

① 泉州市中级人民法院整合全市 12 个法院和 42 个人民法庭资源，建立了中级人民法院及全市基层人民法院、人民法庭连锁联动、互联互通的一体运作机制，推出“跨域·连锁·直通”式诉讼服务新型平台，实现了“家门口”的立案、标准化的司法“连锁店”、“一站式”的全程解纷“直通车”。所谓“家门口”的立案，是指整个泉州地区，当事人不管案件属于哪个法院管辖，均可以选择离自己最近的一家法院或人民法庭办理诉讼事务。这一机制创新并不突破法定管辖，主要依靠法院间协作和流转来实现，这是“跨域·连锁·直通”式诉讼服务平台的最大特色，紧贴群众司法需求，打破诉讼服务领域的行政区划限制。所谓标准化的司法“连锁店”，是指群众进入泉州地区任何一个法庭或诉讼服务大厅，都能得到同质的服务体验。按照“连锁联动、全城覆盖、标准运作、便捷优质”的思路，市中级人民法院同步推进全市法院各诉讼服务中心和人民法庭统标识、上墙内容、设施设备，实现服务从形式到内容的无差别；同时进一步细化办案标准、办事流程、服务承诺、文明用语等。所谓“一站式”的全程解纷“直通车”，是指大厅提供从立案延伸到诉前、审判、执行乃至申诉、信访等过程的服务。除亲历性程序事项必须前往案件管辖法院外，其他类似提交材料、领取文书、缴退费用、问询求助等事项，诉讼当事人都能在就近的法院或人民法庭办理，真正实现司法服务全流程“一站式”。

② 跨域立案诉讼服务即对当事人提出的“跨域”立案申请，收件法院负责接收当事人起诉材料、核对当事人身份信息、进行初步形式审查，扫描起诉材料并传输给具有管辖权的受诉法院。由受诉法院进行立案审查，制作相应的诉讼法律文书，加盖本院电子印章，再推送给收件法院。收件法院下裁并打印文书，直接送达当事人，并将当事人提交的起诉材料连同诉讼文书一并移（寄）送受诉法院。

为当事人提供方便快捷的自助诉讼服务。当事人只需要携带身份证，即可在智慧法院自助设备服务终端办理自助立案、公告信息查询、案件信息查询、法院公共信息、缴费、打印旁听证、文书打印等事项，并获取诉讼引导服务。诉讼服务中心配备的智能诉讼服务机器人还能够为当事人提供常见的婚姻家事纠纷、劳动争议、道路交通责任纠纷、民间借贷纠纷、合同纠纷等常见纠纷类型的实体法律规定及解释，并提供诉讼费用计算服务。

（二）线上诉讼服务比较

在提供线上诉讼服务方面，台湾地区法院提出了“诉讼 e 化”和建设电子法庭等目标，还逐步推行了线上起诉及书状传送等网络诉讼服务举措。

1. 科技法庭与卷证数字化

台湾地区的法院电子卷证系统把涉案视频、音频和图片纳入卷宗材料，传入审判信息系统，使诉讼过程变得形象易懂、证据呈现完整清晰。例如，台中高等行政法院自 2015 年 5 月起试办科技法庭相关业务，在开庭前先就相关卷证数字化，并运用 PDF XChange 软件编辑索引、书签及目录等，以便庭讯时通过投影仪及电脑屏幕同时显示。法庭还设有实物提示机，在法庭席还增设 VGA 及 USB 接口，以便当事人或诉讼代理人使用自己设备说明诉辩事由、展示相关证据。为节省扫描卷证所耗费的大量人力和时间，随案提供诉愿卷宗的全部电子扫描文档。[①]

2. 线上起诉及书状传送作业平台

为满足当事人利用网络进行起诉、答辩、提出补充书状或传送证据资料的需求，台湾地区法院在使用传统的传真及电子邮件等方式外，还设置了“司法主管机构线上起诉及书状传送作业平台”。[②] 为规范系统运行、方便律师等使用人操作，该系统还提供了长达 55 页的原告诉讼代理人使用手册和长达 31 页的被告机关使用手册等便民服务资料。

3. 法院网站的案件资讯查询等其他线上诉讼服务

台湾地区各法院尚未开庭的审判资讯都在网站上公开。自 2007 年开始，台湾地区法院网站已经可以提供一审、二审法院的“开庭进度查询”服务，民众可通过电脑查看法院当日所有法庭案件的即时开庭状况。网络系统还可向民众提供两

① 为了保护个人资料并对敏感文件保密，随案提供的文件电子档需加密并使用电子签章。

② 台湾地区法院线上起诉及书状传送作业平台网址：http：//efiling. judicialgov. tw。

个月以内宣判的民事、刑事和行政诉讼裁判书内容。[①] 台湾地区法院的“法学资料 e 化之查询服务”，还提供“法学资料检索系统”服务。且台湾地区司法主管机构已经完成了各法院法庭笔录的全面电脑化，当事人在家里或办公室即可通过电子签章的认证机或电子笔录调阅 APP 在线调阅一审、二审法院电子笔录。[②]

在线上诉讼服务建设方面，各级人民法院主动适应网络时代新趋势，不断提升诉讼服务工作智能化水平。以多元化线上诉讼服务满足群众多元司法需求。

1. 诉讼服务网与“智慧司法云”平台

诉讼服务网是人民法院诉讼服务中心的组成部分之一，将法院所有对外的服务事项集中办理，拓展了法院诉讼服务覆盖范围。服务内容包含诉讼指导、网上立案、网上缴费、案件信息和进程查询、约见法官、网上电子送达和判后答疑等方面。部分法院诉讼服务网还为当事人提供材料递交、线上证据交换和质证、网上阅卷等诉讼服务。实现了各类业务集约化办理。如福州市鼓楼区人民法院的“智慧司法云协同创新中心”以云计算、大数据和人工智能等新兴科技为依托，从案件处置的诉前、诉中、诉后来提升当事人、律师、法官、保险、银行、公证处、资产交易等各个主体的工作效率，整合效能，实现案件立案、分析和审判的多主体协同，使各方受益。[③] 目前“智慧司法云”平台能够实现网上立案、网上诉讼保全、网上多元调解和网上速裁四项职能。

2. 四大司法公开平台

目前，最高人民法院已经建成的审判流程公开、庭审活动公开、裁判文书公开、执行信息公开四大司法公开平台，让群众切身感受到司法过程及其结果的公正，努力满足群众多元的司法需求。

---

① 裁判文书涉及家庭暴力、性侵害、少年案件则属“绝对不公开”之列，故网上看不到个人信息资料。在“法院综览”下列的“法院行政业务”页面，有“民事征收费用标准”“民事诉讼事件裁判费征收对照表”“诉状参考范例”“庭期查询”“宣导短片”等页面供浏览。此外，网上还可以申请执法令，可以补交诉讼费；此外，法院网站还可以查询“法拍屋”拍卖不动产和动产相关资讯，包括不动产坐落地段、面积、外形照片和拍卖底价等；可以查询“消债事件公告”，提供有关各债务人详细资讯，以维护各关系人的权益；查询“法人及夫妻财产登记公告”服务，法院对来院登记的案号、案由、法人名称及登记日期等，每天上传，民众输入夫或妻之姓名及身份证号就可查阅。

② 此外，还新增手机短信回复功能，告诉律师需要调阅的电子档案已上传网站并可调阅。参见梁清：《论台湾地区的司法改革》，载《法律适用》2007 年第 12 期。

③ “我国大陆首创‘智慧司法云’开启司法服务新时代”，载凤凰网 http://finance.ifeng.com/a/20171205/15842747_0.shtml，最后访问时间：2019 年 5 月 22 日。

（三）其他诉讼服务制度及措施比较

台湾地区法律扶助基金会（以下简称“法扶会”）提供的诉讼咨询服务与法院通译制度等诉讼服务也很有特色。

1. 法律扶助基金会

法扶会性质属于独立的财团法人，经费绝大部分来源于台湾地区司法主管机构拨款。[①] 法律扶助的对象主要针对因无资力而无法受到有关规定适当保护及无法主张有关规定上权利者，或虽非无资力但依法应给予扶助者。

“法扶会”的服务主要包括咨询、调解、和解、文件撰拟及诉讼代理或辩护等。除提供面对面服务外，个别地方可以提供视讯法律咨询。[②] 提供律师陪同到场服务，衡平民众与犯罪侦查机关之间法律专业知识的落差，协助民众行使防御权。“法扶会”还提供刑事、民事、家事、行政、劳动等案件服务。

2. 通译制度

台湾地区司法主管机构规定台湾高等法院及其分院应主动聘请通晓手语、闽南语、英语、日语等语言一种以上，并能用汉语传译上述语言者列为特约通译备选人，就特约通译员的资格认定、在职培训、回避、特约通译旅费和报酬等问题也做了详细规定。

除了建设诉讼服务大厅和提供线上诉讼服务，人民法院还着力建设12368诉讼服务热线，实现集中送达，确保当事人诉讼进程顺畅，从而真正实现当事人诉讼目的。

1. 12368诉讼服务热线

12368诉讼服务平台与诉讼服务大厅、诉讼服务网共同组成了面向社会的多渠道、一站式、综合性“诉讼服务中心”，并与法院四大公开平台互联互通，将法院所有对外服务集中在一起。目前，12368诉讼服务平台能够实现联系法官、案件查询、诉讼咨询、意见建议、投诉举报、疏导与回访、网上立案、庭期避让和信息推送等功能，其中群众使用最多的是案件查询、联系法官、网上立案和诉讼咨询四类诉讼服务。

---

① 例如，2014年，台湾地区“法扶会”的总收入为台币95亿元，其中司法主管机构拨款等政府捐助、政府专案计划及其利息收入就占98.7%，民间捐赠等收入仅占1.3%。

② “法扶会”屏东分会于2006年率先开办视讯法律咨询服务，其他分会也纷纷学习，并与外部单位合作，以网络视讯设备提供咨询服务。民众可通过上网查询或电话预约向分会或各驻点申请视讯法律咨询服务；新竹分会还于2015年试办在家视讯法律咨询服务。民众除了可以到各驻点申请视讯法律咨询外，如设备及预约时间允许，可在家直接与分会视讯联系，获得法律咨询服务。目前，该项服务还处于试行阶段

2. 送达措施

2017 年最高人民法院印发《关于进一步加强民事送达工作的若干意见》的通知，形成了当事人送达地址确认制度。人民法院运用多种送达方式提高送达工作质量和效率，包括委托送达和电子送达，并将送达服务外包[①]，实现“一站式文书送达”工作。多种送达方式使送达工作更加规范高效，提高了法院诉讼服务工作水平。

二、海峡两岸诉讼服务机制之共性与差异

虽然大陆和台湾地区在政治、经济、文化以及司法制度、诉讼程序方面存在差异，但在法院诉讼服务方面有相通之处。通过比较研究可以更多地了解海峡两岸法院在诉讼服务理念、制度、措施等方面的实践情况，以便借鉴参考，同时也能更加深刻地反思全国司法制度的先进性和不足。

（一）诉讼服务理念的比较

1. 海峡两岸均坚持“司法为民、便民”理念

通过比较，司法为民便民、方便当事人诉讼是海峡两岸法院诉讼服务理念的共同选择。坚持司法为民便民、公正公开的原则，做好诉讼服务工作，体现了人民法院为人民的本质。台湾地区法院针对法院官僚气息浓厚、业务部门分散、法院人员态度傲慢等问题，也选择依照“司法为民”理念，落实“司法为民、便民、礼民”的司法政策，实现司法的便民化，增进社会公众对法院的理解和信任。

不同之处在于，全心全意为人民服务不仅是人民法院的根本宗旨，更是中国共产党的根本宗旨。人民法院坚持司法为民宗旨，继承了“人民法院为人民”的优良传统。台湾地区法院推进司法便民政策，目的在于解决当时民众对法院和司法制度满意度、信任度较低的问题。同时台湾地区法院在多处细节上体现法院便民礼民理念，从柜台高度降低到工作人员的热忱，令人民能够切身感受到法院的尊重和司法的温情，值得借鉴。

2. 依法依规提供诉讼服务

通过比较研究，海峡两岸法院提供诉讼服务均需依法依规进行。最高人民法

① 送达服务流程为：法官发起送达任务，服务人员利用送达平台完成送达具体事务工作，将送达回证和结果交法官入卷存档，法官负责确认送达回证和归档。送达方式依次为：电话送达（电话录音法官可随时查看）、电子送达、来院领取（智能云柜）、邮寄送达、外出送达实时可视化、公告送达（人民法院报），并利用平台完整保全送达证据链。

院自 1999 年以来制定的《人民法院五年改革纲要》均把司法便民服务作为改革的重要内容；2014 年 12 月 15 日，最高人民法院制定印发了《诉论服务中心建设指导意见》，对人民法院的诉讼服务工作作出了规定，确保各级法院的诉讼服务工作于法有据、有章可循。台湾地区法院则针对各项诉讼服务措施制定不同的规定和文件，包括“法院诉讼辅导科为民服务规则”“法院特约通译约聘办法”“地方（少年）法院少年志工设置要点”“法院办理招募单一窗口联合服务业务志愿服务工作者作业要点”等。

通过比较研究能够发现，各级人民法院制定的诉讼服务建设规范依据内容具有宏观与微观相结合、指导原则与具体做法相补充的特点，既表达了法院诉讼服务建设的整体目标，统筹诉讼服务机制各方面的要求，又对各具体制度举措进行规划，给地方各级法院留足诉讼服务机制创新发挥的空间。而台湾地区法院则主要针对具体措施分别进行细致规定，规范文件规定了各项制度措施的产生、运行、管理等一些列细节问题，但在单一窗口联合服务中心的建设上，台湾地区没有作统一要求。

（二）诉讼服务措施比较

1. 重视司法公开服务

各地各级法院坚持主动公开、主动接受监督，依法及时公开司法依据、程序、流程、结果和裁判文书。如各级法院建设并推广的审判流程公开、庭审活动公开、裁判文书公开、执行信息公开四大司法公开平台，确保人民群众的知情权、参与权、监督权。台湾地区法院也重视司法事务公开，不断改进司法公开服务，并定期开展对法院司法便民举措的满意度评价，并以“重建司法系统和人民的关系”为目标，制定五年数位与开放政策计划，并编列相关预算与人力资源，每五年检讨一次，方便人民查询、传输、储存与运用司法相关资讯。① 通过比较，各级人民法院更加注重深化司法公开的程度、创新公开手段途径，并建设四大专业化公开平台，相互协作，促进司法公开更深层次服务人民。

2. 注重诉讼服务现代化、电子化、信息化、智能化

各级人民法院依托“互联网 +”“人工智能 +”，将现代科技与诉讼服务进行融合。最高人民法院制定《人民法院信息化建设五年发展规划（2016 ~ 2020）》

---

① 参见 2017 年 7 月 28 日台湾地区司法主管机构于官方网站发布的司法改革方案。

后，各级人民法院运用互联网、大数据、人工智能等新技术，建立了网上立案、网上办案、网上提交材料、网上查询咨询、关联案件信息智能推送、涉案短信智能发送等一系列较为完善的现代化诉讼服务体系。台湾地区开展“司法 e 化”和电子法庭建设，普及民事和行政诉讼线上起诉、线上送达、卷证电子化、法庭科技化等现代化诉讼服务措施。

在诉讼服务信息化建设方面，各级法院注重运用人工智能手段，实现多项数字化诉讼服务手段相互融合，措施先进但尚未进行全面普及。相较之下，台湾地区法院信息化诉讼服务手段普及程度有待提高。①

3. 引入社会力量，实现诉讼服务社会化

在提供诉讼服务的过程中，社会力量参与是海峡两岸法院的共同选择。均探索依靠合作单位和社会公众的力量，实现司法资源与社会资源共享，共同满足人民日益增长的诉讼服务需求。2018 年 1 月 23 日，司法部印发《关于加快推进司法行政改革的意见》，要求建立包括电话热线、网站、微博、微信、移动 APP 为一体的“12348 中国法网”；制定了较为完善的法律援助制度；各级人民法院均在诉讼服务中心设立了信访接待、调解等区域，聚集信访、律师、人民调解员和金融、交通、劳动等行业部门专业人士，参与涉诉信访、诉前调解、法律咨询等诉讼服务活动。台湾地区法院通过与律师行业、社会公益组织等社会力量合作，由法院提供服务场所、资金等资源，为民众提供诉讼服务，司法主管机构拨款资助运作的“法扶会”，就是法院引入社会资源参与诉讼服务和纠纷化解的重要措施。

通过比较，各级人民法院诉讼服务社会化的主要做法是将社会力量引入诉讼服务中心，且集中于信访、调解和咨询服务；台湾地区法院则是通过与社会力量合作，共建“法扶会”等，不仅提供程序形事项服务，还提供实体性问题服务。

三、全国诉讼服务机制存在的问题及完善路径

通过比较，海峡两岸法院在诉讼服务方面有许多方面值得深入了解、学习和借鉴。各级人民法院在发扬自身诉讼服务建设优势的同时，也应当反思不足和缺

① 由于台湾各地经济发展水平、民众需求和司法理念等因素制约，台湾地区司法主管机构推出的线上起诉及书状传送作业平台目前仅在部分法院实际运行，且仅限于律师、专利师、专利代理人和会计师事务所等可申请账号。其中，智慧财产法院行政诉讼案件于 2015 年 7 月 20 日启用该系统，行政法院税务行政案件于 2015 年 9 月 30 日正式启用该系统。

漏，借鉴各地区法院诉讼服务建设的经验，不断提升自身诉讼服务能力和水平。

（一）构建以诉讼辅导为中心的立案模式

立案登记制实施后，经济社会的快速发展，加之诉讼案件数量持续大幅增长，各级人民法院办案压力剧增。为缓解办案压力，可以借鉴台湾地区法院诉讼辅导科与诉讼辅导志工的做法，在立案环节置入诉讼辅导程序。诉讼服务中心工作人员应持耐心热情的工作态度，不仅采纳台湾地区法院诉讼辅导科为当事人进行程序性事项辅导的做法，更在立案环节对起诉人进行司法认知、诉讼常识、诉讼心理、解纷方式的辅导，对滥诉行为和无效诉讼进行过滤，引入多元纠纷解决方式，完善诉调对接机制。

（二）提高跨域诉讼服务工作质量

当前，跨域诉讼服务正在各级人民法院推行，法院间协作方式日益丰富，对设备、平台及法院间的协调要求更高。为此，必须明确跨域立案服务的适用范围，规范跨域立案办理流程，升级跨域立案服务平台，并与“智慧司法云”、法院办公办案系统等智能化服务与协作平台对接，贯通平台数据流转，定期强化升级系统维护，避免因平台系统缺陷导致跨域立案服务停滞情况的发生。探索建立区域内各法院大协作大服务体制，对当事人异地提出诉讼程序性事项申请，协作法院应协助办理；加强对委托调查、送达、宣判的司法协作；对判后答疑，信访接待、调解、证据交换、开庭等诉讼事务，探索远程视频协作的应用。

（三）推行法庭通译制度

中国各民族、地区语言体系众多，外国当事人在人民法院参加诉讼情形普遍，当不通晓汉语或普通话的当事人参加诉讼时，应有权享有母语或方言与汉语普通话之间的翻译服务。[①]《民事诉讼法》[②]《刑事诉讼法》中就法庭通译制度已有相关规定，个别地方法院就法庭通译的具体操作也陆续出台了相应规定，[③] 但就具体实践操作问题尚未出台细化规定，如译员的资格认定、培训和审核标准等问题。目

---

① 郭晶英：《中外法庭通译制度比较研究》，载《法学杂志》2007 年第 5 期。

② 《民事诉讼法》第十一条第二款：人民法院应当对不通晓当地民族通用的语言、文字的诉讼参与人提供翻译。第二百六十二条：人民法院审理涉外民事案件，应当使用中华人民共和国通用的语言、文字。当事人要求提供翻译的，可以提供，费用由当事人承担。

③ 如四川省成都市中级人民法院为从程序上规范法庭通译工作，制定了《涉外民事案件翻译工作意见》等文件对法庭通译进行规范和指导。

前尚缺乏一套系统的法庭通译译员资格认证、选拔和管理方案。大多数法院对译员的挑选较为随意，更多的是从高校或翻译公司找一个能和当事人沟通的人当翻译，不论其是否经过专门的口译训练，是否具备必要的法律知识和法律语言知识。导致翻译水平参差不急、翻译质量无从保证，影响当事人诉讼权利的行使与公正裁决。[①] 法庭通译制度应当引起各级法院的重视，可以借鉴台湾地区法院经验，制定专门规定并推行法庭译员名录制度。对通译人员的外语或方言、汉语水平进行测试后，组织开展有关法院业务、法律常识、诉讼程序、法庭通译技能和职业伦理责任等方面的培训，实施法庭译员资格认证考试，逐步构筑系统的法庭通译保障方案。且法庭通译制度不应仅限于针对国外语言，对手语和方言也应当同样对待。

（四）招募诉讼服务志愿者

台湾地区法院司法志工是其独具特色的诉讼服务措施，其运行效果理想得益于台湾地区体系完备的“志愿服务法”和志工制度。大陆人民群众的诉讼服务需求持续增长，法院诉讼服务中心工作人员也面临案件数量和当事人大幅增加的压力。对此，可以借鉴台湾地区司法志工制度，积极与高等院校构建大学生参与诉讼服务志愿工作机制，共同搭建合作交流平台。其中法学专业知识扎实的学生主要承担类似台湾地区“诉讼辅导志工”的工作，为当事人提供诉讼程序辅助和法律知识普及等诉讼服务；其他专业品行优秀的学生，可以担任类似台湾地区“便民礼民志工”的角色，为当事人提供其他诉讼服务。如此可以避免高等院校实习生在法院单纯从事卷宗整理工作，无法参与法院实际工作导致实习效果欠佳的现象。另外，也可以与其他社会机构合作，将法院志愿服务制度完善并发挥其积极作用，便利服务人民群众的同时，缓解法院巨大工作压力。

（五）拓展诉讼服务中心功能

当前，人民法院构建了以诉讼服务大厅、诉讼服务网和诉讼服务热线为主体的诉讼服务中心，承担着便利当事人诉讼活动的功能。但就实践效果来看，人民法院诉讼服务中心所承担的功能应当进一步拓展，除了为当事人提供立案、咨询、调解等诉讼服务，还可以逐步承担以庭审为中心的审判活动之外的辅助性、事务

① 杜碧玉：《法庭翻译课程设置初探》，载《山东外语教学》2003 年第 1 期。

性工作，例如收转办理当事人提交的鉴定申请、判后答疑、开具生效证明、当事人庭审排期避让等工作。将诉讼服务中心的功能拓展至诉讼过程中一切辅助性、事务性工作，更高程度便利当事人办理诉讼相关事项，同时保证法官有充足时间精力审理案件，并阻断当事人与审判人员私下接触的途径，确保审判活动廉洁公正。

（六）多维度完善诉讼服务平台建设

目前，人民法院为当事人提供线上线下多种形式的诉讼服务，但就群众的实际需求而言，尚需不断完善提升，可以从多角度多方面多维度完善当前人民法院诉讼服务平台建设。打通政法部门之间平台共享，实现数据共享和业务协同；有效对接法院与有关行政部门信息交流；打破各地法院、各诉讼服务平台之间的信息壁垒和数据鸿沟；均衡各地法院诉讼服务中心建设水平，避免司法服务水平失衡。增强平台间数据融合共享，为当事人和律师提供系统化诉讼服务，平台兼容互通也有利于提高法院工作效率，避免重复繁琐劳动和资源建设重复浪费。对网上立案、网上诉讼保全、律师诉讼服务平台、跨域立案平台等现代化诉讼服务方式，应加强宣传推广力度，使平台真正发挥作用便利当事人和律师诉讼活动，避免流于形式。依托社会服务平台，将部分诉讼服务外包给社会企业，增强服务力度和效率，缓解法院人力紧张的现状。同时强化技术保障以确保平台运行安全顺畅，加强信息化人才建设，提高信息化平台研发者与操作者的技术应用水平，加强法院网络安全防护体系，避免新型平台推广不彻底、平台不稳定等问题。

从诉讼服务机制/支援系统角度谈儿童与心智障碍性侵害被害者司法询讯问模式

林俊杰*

一、前言

儿童及心智障碍者①（以下合称弱势被害人）因心智状态未臻成熟，或心智状态有所缺陷，常沦为性侵害犯罪之被害人。弱势被害人之认知、记忆及语言表达等能力均逊于常人，无从透过一般沟通或表达方式将案情完整呈现出来，导致检警人员于调查案情及制作笔录时常因此受挫，加上此类案件经常错失通报黄金时间，以致未能及时保全相关物证作为补强佐证，造成只有弱势被害人之片面指诉作为主要或唯一证据。目前司法实务亦普遍认为除被害人指诉外，仍应佐以其他补强证据担保被害人指诉之真实性，始能作为断罪被告之依据。②

---

* 台湾药物滥用防治研究学会副秘书长。

① 台湾地区卫生福利主管部门 2017 年 1 月 9 日卫部护字第 1060100743 号函释意旨略以：依台湾“身心障碍者权益保障法”第 5 条第 1 款规定，心智障碍者指神经系统构造及精神、心智功能有损伤或不全导致显著偏离或丧失，影响其活动与参与社会生活，经医事、社会工作、特殊教育与职业辅导评量等相关专业人员组成之专业团队鉴定及评估，领有身心障碍证明者，或于台湾“身心障碍者权益保障法”2007 年 6 月 5 日修正条文全面施行前，已领有智能障碍者、失智症者、自闭症者及精神障碍者等类别之身心障碍手册之人。但具有前揭各类别资格之一者，限于 2019 年 12 月 31 日以前。

② 参照台湾地区审判主管机构 1974 年台上字第 3501 号判例、2006 年度台上字第 3326 号及 2012 年度台上字第 4674 号判决。

以目前司法运作实务情形来看，此类性侵害案件常见问题主要有：弱势被害人指诉反覆之特性影响司法人员办案心证、减述作业并未彻底落实、司法人员侦讯态度有待改进、司法侦讯用语不适合与弱势被害人沟通等等。[①] 不恰当之询讯问方式更会直接污染（contaminate）或损害（compromise）弱势被害人之证词，使其证词出现缺陷或失真。[②] 如何借由良好的访谈技巧，提高弱势被害人证词之正确性（或询讯问质量），避免证词发生严重瑕疵而影响其证据力，确实系当前警政或司法人员所必须审慎面对之核心议题。透过专业训练的司法访谈员（Forensic Interviewer）来从事询问弱势被害人之做法目前已蔚然成为主流模式，包括欧美、中南美洲、以色列以及日本等国均已逐步推展与运用，美国联邦调查局甚至聘有专职之司法访谈员协助调查此类案件，美国各州也依各州法令发展出不同之询讯问模式（protocol），以符合司法程序之要求。[③]

二、采行司法访谈/询问（forensic interview）之目的

目前世界各国所采行之司法访谈模式（protocol）版本相当多元，其中最广为人知、运用最广且具有完整实证研究基础之访谈模式，乃英国剑桥大学社会科学院心理学系教授 Dr. Michael E. Lamb 所研发之 NICHD 访谈模式（The NICHD Investigative Interview Protocol）。[④] 该方案关注儿童发展的相关议题，包含：语言能力、记忆力、受暗示性、法庭需求、会谈者的行为、创伤和压力的影响等诸多面向，以提升儿童的侦查访谈质量为主要目标。[⑤]

另《儿童权利公约》第 12 条规定："缔约国应确保有形成其自己意见能力之儿童有权就影响其本身之所有事物自由表示其意见，其所表示之意见应依其年龄及成熟度予以权衡。据此，应特别给予儿童在对自己有影响之司法及行政程序中，能够依照国家法律之程序规定，由其本人直接或透过代表或适当之组织，表达意

① 刘文英：《性侵害防治相关体系处遇智能障碍被害案件在司法上所面临的困境与需求》，载台湾地区台大社工学刊第 17 期。

② Ceci，SJ.；Bruck，M.（1995）. Jeopardy in the courtroom：A scientific analysis of children's testimony. Washington，DC：American Psychological Association.

③ 朱惠英：《当儿童成为被害人，其证言如何被听见》，载《天下杂志》独立评论。

④ 2014 年林口长庚医院第三届儿童保护新观念研讨会 – NICHD 儿童证人司法访谈模板的介绍与应用。

⑤ 台卫生福利主管部门 2013 年 8 月 2 日卫部护字第 1021420114 号函及附件"培力儿童、智能障碍者性侵害案件询问人才资源计划—儿少及智能障碍性侵害案件询问工作国际研讨会/国际焦点团体（工作坊）"

见之机会。”[①]《身心障碍者权利公约》第 12 条及第 13 条规定：“获得司法保护：一、缔约各国应当确保身心障碍者在与其他人平等的基础上切实获得司法保护，包括通过提供程序便利和适龄的措施，以便利他们在所有法律诉讼程序中，包括在调查和其他初步阶段中，切实发挥直接和间接参与者以及证人的作用。二、为了协助确保身心障碍者有效获得司法保护，缔约各国应当促进对司法领域工作人员，包括警察和监狱工作人员进行适当的培训。”[②] 准此，台湾地区依上开公约意旨并参酌英美关于弱势证人之相关规定，于 2015 年 12 月 8 日修正“性侵害犯罪防治法”，特地增列第 15 条之 1 专家担任司法访谈员（forensic interviewer）之制度，并明定自 2017 年 1 月 1 日起施行，以强化对儿童及心智障碍性侵害被害者之人权保障，及维护此类弱势证人之司法诉讼权益。[③] 然此新制运作初期仍有许多作法有待相关人员磨合与调适，才能发展出真正符合台湾地区实际需求之司法访谈模式。

三、因应新制目前专业人士及检察机关人员培训方式

（一）专业人士部分

台湾地区卫生福利主管部门为提升儿童或心智障碍者的侦审讯问质量，于 2015 年委托台湾大学信托慈善基金会儿少暨家庭研究中心，办理“儿少性侵害案件应用儿童证人司法访谈模板效果评估研究计划”，受托单位以现行被广为运用且具有实证研究成效之 NICHD 访谈模式为基础，辅以相关实务经验，初步规划台湾地区“性侵害犯罪防治法”第 15 条之 1 有关非属司法警察、司法警察官、检察事务官、检察官或法官之专业人士资格条件、应受训之课程内容（含时数、评量方式）及认证方式等事项。

另参酌其他部会建立专业人士人才库之作法，就人才来源分为“推荐”及“培训”等两类，推荐类以现行对于儿少及心智障碍者之性侵害司法访谈已具有相当实务经验与专业素养之专家学者，经台湾地区卫生福利主管部门组成专业审查

---

① 载台湾地区卫生福利主管部门社会及家庭署官网，http：//www. sfaa. gov. tw/SFAA/Pages/VDetail. aspx？ nodeid = 588&pid = 282，最后访问时间：2017 年 1 月 23 日。

② 载台湾地区卫生福利主管部门社会及家庭署官网，https：//dpws. sfaa. gov. tw/commonch/home. jsp? menudata = DisbMenu&serno = 201501250001&mserno = 200805260011&contlink = content/convention. jsp，最后访问时间：2017 年 1 月 23 日。

③ 参照 2015 年“性侵害犯罪防治法”立（修）法理由。

小组核可并经征询当事人同意后纳入者。培训类之资格要件为儿少或心智障碍等相关服务领域之人员，经直辖市、县（市）政府主管机关推荐且曾有接触（处理）过性侵害案件者。课程内容则规划初、进阶2阶段。初阶约计13小时，课程内容包含“儿少证词与司法访谈”“儿少性侵害案件询（讯）问的挑战与策略”“儿少证人司法访谈概要”“儿少证人司法访谈的建构与效用”“性侵害案件应用儿少证人司法访谈模板”“儿少证人司法访谈的运用”“实务问题讨论与经验分享”等7项主题外，并安排课前（后）检测及情境影片检视。进阶约计7小时，课程内容包含“性侵害案件儿少证人司法访谈模板”“儿少证人司法访谈模板之运用经验研讨”“儿少证人司法访谈的运用”等3项主题外，并安排课前（后）检测及情境模拟测验。台湾地区卫生福利主管部门复于2016年委托财团法人现代妇女基金会办理“儿少及心智障碍者性侵害案件之司法访谈专业人员进阶训练暨检核计画进阶训练暨检核计画”，课程采授课及分组演练等方式，经评量通过者得与受检测对象进行司法访谈模拟，台湾地区卫生福利主管部门并于2016年12月29日就完成上开培训及推荐类之专业人士，列册供台湾地区司法机构、法务主管部门及内政主管部门警政署使用。①

（二）检察机关人员部分

在儿童或心智障碍之性侵害被害人于侦查或审判阶段，经司法警察、司法警察官、检察事务官、检察官或法官认为有必要时，应由相关专业人士在场协助询（讯）问；但司法警察、司法警察官、检察事务官、检察官或法官受有相关训练者，不在此限。台湾地区“性侵害犯罪防治法”第15条之1定有明文。台湾地区法务主管部门为防治性侵害犯罪及保护被害人权益，并落实台湾“性侵害犯罪防治法”第15条之1规定，办理儿童或心智障碍之性侵害被害人询（讯）问相关训练及认证实施计划。② 实施对象以各级检察署负责侦办性侵害案件之检察官、检察事务官为对象（包括现为侦办性侵害案件之专组检察官、检察事务官及有意愿办理性侵害案件之检察官、检察事务官）。实施方式为每年定期办理儿童或心智障碍之性侵害被害人询（讯）问教育训练，课程分为基础班及进阶班两阶段。基础班

① 参照台湾地区卫生福利主管部门2016年12月26日卫部护字第1051462549号函释人员名册。

② 台湾地区法务主管部门办理儿童或心智障碍之性侵害被害人询（讯）问相关训练及认证实施计划，已于2017年1月1日起实施。

核心课程至少13.5小时，进阶班核心课程至少6小时。完成基础班课程者，授予研习证明，并得报名进阶班课程。完成进阶班课程者，依上开计划准予认证并取得证书。目前规划之基础课程包括心智障碍者之认识、司法访谈程序、司法访谈案例演练及解析、司法鉴定实务等。进阶班课程则包括司法访谈笔录鉴定解析、司法访谈及鉴定实务、司法访谈个案研讨等。

部分地检署于近2年曾结合直辖市、县（市）政府或辖内网络单位及专业团体，自行办理具有实证基础的儿少司法访谈课程，以提升性侵害被害人之询（讯）问质量。由于该课程内容或授课讲师与台湾地区法务主管部门规划之课程相仿，依上开认证实施计划之规定，得由各检察署检附课程表及检察官、检察事务官全程参与课程之相关证明陈报台湾地区法务主管部门核定，其核定标准为至少须相当于台湾地区法务主管部门定期办理基础班及进阶班之核心课程及其时数。又自2013年1月1日起至上开计划实施日止，已完成台湾地区法务主管部门办理或非法务主管部门办理但经法务主管部门核定之“儿童或心智障碍之性侵害被害人询（讯）问训练”基础班及进阶班课程者，准予认证并取得证书。

四、弱势被害人询讯问场所硬件环境设置与规划①

询讯问场所应专以询讯问儿童及心智障碍性侵害被害者为主要设计考量，避免当事人遭受家人或其他人士不必要之干扰与压力，以致影响询讯问效果。询讯问场所应包括等候室（Waiting Room）、询讯问室（Interviewing Room）及观察室（Observation Room）等3大空间配置。等候室宜采舒服温馨设计，并配置中性玩具、书籍等物品，让当事人及陪同人员能在内休息等候询讯问。询讯问室与观察室应设置单面镜、声音影像相互传送等科技设备。询讯问室摆设应简单整齐，尽量只保留桌子和椅子，避免摆放玩具、书籍或其他杂物，造成受询问者分心。在较小的空间及无他物干扰之情况下，孩童会比较愿意配合接受询讯问。等候室、询讯问室及观察室应于适当位置设置紧急求救铃，以利发生突发状况时，能让法警或其他救护人员实时到场协助处理。对于录音、录像设备，应指定专人保管维护并定期检修，以维持录音、录像设备之使用功能正常。

---

① Forensic interviewing protocol, third edition, state of Michigan governor's task force on child abuse and neglect and department of human services, PP. 3－4。

以台中地方检察署为例，近期将旧有厅舍改建成温馨谈话室，依上述设计考量规划等候室、询讯问室及观察室，并配置1080P全向录音球型摄影机2台、全向集音器2支、4路影像4路声音数位主机2台、镜头控制盘及荧幕1组、LG4K超高画质55吋液晶电视1台、D2无线电对讲机（含耳机麦克风）3台、定向超广角录像镜头2颗、隐藏式录音麦克风2组、录音录像主机2台等高科技专业器材，供检察官或其他询讯问团队专业人士使用。

五、询讯问前询讯问团队成员间互动注意事项①

依增修之台湾地区“性侵害犯罪防治法”第15条之1之规定，从事司法询讯问者除司法警察、司法警察官、检察事务官、检察官或法官外，必要时相关专业人员亦可到场协助询讯问。然司法检警人员如何与专业人员于询讯问前及过程中进行互动或分工，因未明文规定，仍有赖实务运作时相关人员互相磨合与沟通，并视个案当事人及案情差异，采取不同之因应模式。

美国各州访谈方式不尽相同，有些采取单一访谈者（Single - Interviewer）模式，有些采取团队访谈（Team Interviewing）模式，两种做法各有优劣。前者可以让受访者容易与询讯问者建立融洽关系，后者则有助于确保询讯问内容较为周严，减少漏未询问而需再次侦讯之缺失。

若采取团队访谈模式，讯问前相关人员应先择期做沙盘演练，将彼此搜集到之案情及资料拿出来讨论，针对受访者之人格特质、年龄、学经历、成长历程等背景，研拟适当之询讯问方向、大纲及突发状况处理模式，并决定由谁担任询讯问之主询问者，且应避免在受访者面前讨论上开事项，以免造成彼此误会，甚至影响受访者之回答意愿与结果。

若有两个专业讯问者在场时，建议指定一位作为主要访谈者，第二位在旁辅助或提供建议。在访谈开始时，主要访谈者应先清楚自我介绍，其余访谈者宜坐在受访者视线以外，避免造成小孩心理压力及分心。主要访谈者可透过耳麦等设备与在观察室内之其他协助人员沟通，确保讯问重点是否均已完成，避免询问内容疏漏，造成受访者之困扰与伤害。

---

① Forensic interviewing protocol, third edition, state of Michigan governor's task force on child abuse and neglect and department of human services, 2。

被害人之法定代理人、配偶、直系或三亲等内旁系血亲、家长、家属、医师、心理师、辅导人员或社工人员得于侦查或审判中，陪同被害人在场，并得陈述意见。前项规定，于得陪同在场之人为性侵害犯罪嫌疑人或被告时，不适用之。台湾地区“性侵害犯罪防治法”第15条订有明文。但其他人员是否适合陪同在场，域外实证研究似乎对于访谈结果无太多助益。[①] 目前，台湾地区司法实务亦常以其他成人（如社工或家长等）在场，以暗示或引诱性之方式干扰弱势被害人之证述[②]，或代替弱势被害人回答或纠正弱势被害人与警员之对话，致弱势被害人之证词遭受污染而降低证述凭信性，进而影响法院判决心证。[③] 为避免受访者遭受陪同者暗示、诱导或其他不当方式影响受访结果，主询问者可视情况决定是否让其在场，或让其留在等候室等候，以确保询讯问过程能顺利进行。

六、询讯问时注意事项

（一）关于录音录像部分[④]

执行询（讯）问被害人之录像录音启动时，应宣告询（讯）问案由、日期、时间（时、分）及地点，完成时亦应宣告结束时间（时、分）后停录，其间连续始末为之，录像录音带或电磁信息应注意完整、清晰，并注意呈现被询（讯）问人之语气表情及肢体动作。录像录音启动后，因录像录音造成被害人身心反应无法自由陈述或完全陈述时，经社工人员评估，得不进行录像录音。询问录像录音带或电磁信息应妥善保存，避免毁损或遭受破坏。

录像时建议能清楚录到询讯问室之时钟画面，及清楚录到在场每位成员表情、声音及动作，以免日后勘验或委请专家鉴定被害人证词可信度时，因录像录音内容不清晰而影响认定结果。

（二）关于笔录记载部分

台湾地区“刑事诉讼法”第41条规定，讯问被告、自诉人、证人、鉴定人及

---

① Davis, S. L., & Bottoms, B. L. (2002). The effects of social support on the accuracy of children's reports: Implications for the forensic interview. In M. L. Eisen, J. A. Quas, & G. S. Goodman (Eds.), Memory and suggestibility in the forensic interview (437－457). Mahwah, NJ: Lawrence Erlbaum.

② 参照台湾地区审判主管机构2005年度台上字第3501号判决。

③ 参照台湾高等法院台中分院2004年度侵上诉字第169号判决。

④ 参照性侵害案件减少被害人重复陈述作业要点。

通译，应当场制作笔录，记载左列事项：1. 对于受讯问人之讯问及其陈述。2. 证人、鉴定人或通译如未具结者，其事由。3. 讯问之年、月、日及处所。惟目前法令未明确规范笔录记载格式，例如应采一问一答记载或整段连续式回答记载等方式皆无不可，应由主询问者视个案案情及受询问者表达能力及理解程度而调整。

参考域外司法访谈员记录案情模式①，本文建议询讯问笔录上应清楚正确载明询讯问日期、时间、地点、询讯问者个人资料（包括姓名、任职单位及职称）、受访者代号（真实姓名资料另以真实姓名对照表弥封附卷以供核对）、陪讯专家及在场人员姓名及个人资料。专家部分亦应于笔录中载明个人学经历、服务年资、承办个案件数及资历等背景资料。询讯问方式宜由讯问者依 NICHD 或其他专业询讯问模式为之，并由书记官如实缮打询讯问对话内容以利阅览。

主讯问者可在询讯问过程中另行摘记重点，以利协助书记官载明笔录，并确保重要事项是否均已问妥。过程中虽全程录音录像，但访谈者或指定人员仍应尽量确保书记官已正确详实记录询讯问者之提问内容及受询问者之陈述内容（包括措辞、用语、口头禅、表情及动作等等）。若就笔录内容有所疑义，事后宜勘验录音录像光盘确认之，以维笔录之真实性。

（三）专业人士担任主询问者之作法

依增订之台湾“性侵害犯罪防治法”第 15 条之 1 之规定，儿童或心智障碍之性侵害被害人于侦查或审判阶段，经司法警察、司法警察官、检察事务官、检察官或法官认有必要时，应由具相关专业人士在场协助询（讯）问。但司法警察、司法警察官、检察事务官、检察官或法官受有相关训练者，不在此限。前项专业人士于协助询（讯）问时，司法警察、司法警察官、检察事务官、检察官或法官，得透过单面镜、声音影像相互传送之科技设备，或适当隔离措施为之。上述明订专业人士可到场协助询（讯）问，故规定旨在认为检察官或其他法定人员与专业人士均系司法询讯问团队之成员，彼此基于各专业背景提供专业知识，以团队方式协同发掘案情真相。惟若个案需求认为适宜以专业人士主导讯问时，因专业人士系询讯问团队成员之一，且询讯问前业与承办检察官沟通案情，过程中亦透过语音等科技设备与检察官持续保持沟通联系，仅系由其当面对受访者实施询讯问，

① Forensic interviewing protocol, third edition, state of Michigan governor's task force on child abuse and neglect and department of human services, 3。

其效力自应等同于检察官亲自询问，核与警询笔录等侦查外之笔录制作方式迥异，自不得相提并论，若将其视为未符合法定程序之侦讯笔录，将失去上述规定修订的美意。惟若检察官于询讯问时未到场，仅系由专家在场询讯问，因检察官未参与全部询讯问过程，无从发挥团队询讯问之功能，参诸上述规定修订的意旨，似难谓系合法询讯问笔录，而赋予与侦讯笔录相同之证据能力。

（四）专业人士协助询问时其他注意事项

1. 严格遵守职业伦理规范

专业人士（包括医师、心理师、社工师等等）应遵守相关法令、各公会章程及相关职业伦理规范，于从事团队询讯问时，应尊重受询讯问者之权利，并视个案差异随时配合调整询讯问模式与内容。平时应持续充实相关专业知识，并与团队成员保持良好互动，以利提升司法询讯问之成效与质量。

2. 注意利益回避原则

专业人士如与受访谈者具有亲属或法律上之利害关系时，或有其他客观上足认会影响询讯问公正性之虞时，应回避担任个案之询讯问人员，避免影响询讯问之效力。

3. 注意保密原则

对于询讯问过程中知悉受访者或相关人士之私密或案情等事项，均不得向第三人透露。违反者除有违职业道德外，亦可能触及台湾地区“刑法”第316条之泄密罪。

七、询讯问时其他应行注意事项[①]

1. 过程中应请在场人员暂时关闭电话、手机、电视或其他会干扰询讯问过程之物品。

2. 访谈者避免穿着制服或配戴具有威胁性之物品（如手铐、枪枝等）。

3. 过程中应保持轻松、友善气氛，避免对于受访者回应作出惊讶、厌恶、怀疑或其他过度反应。

4. 避免与受访者发生肢体接触。

---

① Poole, D. A., & Lamb, M. E. *Investigative interviews of children: A guide for helping professionals*, Washington, DC: American Psychological Association. (1998)

5. 不要以提供饮食、礼物或休息，作为要求受访者配合询讯问之诱因，以免误导受访者配合问讯。

6. 尊重受访者之个人空间，不要双眼紧盯着受访者，或与受访者相隔距离过近，造成受访者之压力与不悦。

7. 不要提供孩子对于问讯内容之回答建议，应让其自由陈述。

8. 不要对于受访者做出任何承诺。例如这次说完以后就不会再次询问。

9. 过程中应留意受访者之表情与感受，尤其当其感受不安、尴尬或害怕时，可适度安抚受访者，让其在无压力之气氛下继续陈述。

10. 不要使用假装或想象等类似词语，以免让其产生幻想或以为在玩游戏。

11. 避免以质问方式询问受访者，如你为什么不告诉你母亲？受访者会误以为系回答不好而遭受责难，容易造成后续回答过程失真。

12. 每个人成长背景不同，除非其行为已影响其陈述或使其分心，否则访谈过程中尽量不要纠正受访者之行为，以免造成抗拒感。

13. 如果听不清楚，可尝试让受访者再次陈述，例如可以请你再说一次吗？而不是自行猜测受访者刚才说什么，以免受访者延续成年人对他们话语的解释而为陈述。

14. 对话过程中应视情况给予受访者必要之休息，避免过度躁进焦虑，询讯问者也可利用时间整理后续问题。

15. 受访者发音若不清楚，应尝试厘清其正确语意为何，以免误解或曲解陈述真意。

16. 说话时应使用通常的成人发音，不要刻意模仿受访者之讲话方式，但为确认受访者之描述内容时不在此限。

17. 受访者对字词的理解涵义可能异于一般成人，应审慎厘清。

18. 受访者对于称谓等术语容易混淆（例如叔叔，阿姨），宜指名让其特定确认。

19. 避免使用专业法律术语，以免受访者无从理解或误解。

20. 受访者可能会在他们的叙事过程中融入新词，避免在受访者未提到前引入新词。

21. 问题应该一次只询问一个概念，避免一个题目包含诸多小问题。

22. 尽量不要使用你我他这些词语，宜使用确实姓名避免混淆。

23. 避免询问过于精细的问题，广泛的询问比较容易让其回想起事发过程。

24. 有些孩童习惯服从威权文化，此有可能导致其不敢质疑询问者之权威，而影响其真实性。

25. 受访者虽无法精准用言语描述事发时间或日期，系因其对于时间之认知概念有限，但不代表事件没有发生过，亦有可能系因重复发生多次导致难以区别。访谈者可尝试以某年级、寒暑假等特定讯息，向受访者确认事发时间。

26. 受访者不应一开始就使用解剖娃娃（Anatomical Dolls）或身体图（Body Diagrams）以诱导受访者陈述。在受访者未提到受暴情节时，直接使用辅助道具，容易落入诱导讯问之瑕疵。但在讯问结束前，可适度使用上述工具，以确认其陈述事实。

27. 年幼儿童较年长儿童习惯回答封闭性问题，可针对不同年纪孩童设计题目，但仍应避免误导或诱导幼童而为陈述。

28. 应使用受访者习用语言来询问，如果需要应找通译协助翻译。若孩童无法正常表意如说和写，可透过辅助沟通系统（Augmentative and Alternative Communication，简称 AAC）为之。此系统采用例如眼睛凝视、图片板、电脑设备等方式辅助受访者表意，再由专家操作与判读。但操作时要特别注意，避免有误导情事。对于有慢性疾病或其他精神疾患孩童，应配合其特质设计询问，必要时须进行第二次以上之询问。①

八、询讯问过程中搭配物证使用原则②

尽量让受访者在无物证下先自由陈述，如无法引出陈述，始可尝试拿出物证去询问相关主题。建议先询问完毕后，再出示相关各式物证（如相片、录像内容、简讯对话纪录等等），以免混淆其陈述内容。以提示相片为例，应说“告诉我这张照片的事情?”，而不是问“他对你做了什么?”不要以质问方式讯问受访谈者。

并非所有物证都适合提供给受访者检视，提示前应考虑有无提示必要性？何时提示证据？如何呈现证据？应该向受访者呈现物证中之哪些项目？是否应该遮掩涉及性侵害内容之物品或图像及电磁纪录？以免受访者接触上开物证诱发创伤

① Forensic interviewing protocol，third edition，state of Michigan governor’s task force on child abuse and neglect and department of human services，22～23。

② Forensic interviewing protocol，third edition，state of Michigan governor’s task force on child abuse and neglect and department of human services，39～40。

回忆，进而影响其陈述意愿与内容。对于涉及性暴力之类之物证，是否适合提示，应视个案及案情予以详酌。但如果系基于识别被害人、嫌疑人及证人身分之目的考量，不在此限。访谈者如欲提示物证，宜先告知试探其反应，再判断是否适合提供给其阅览。

九、儿童证词之可信性

关于儿童证词之可信性，学者林志洁认为儿童心智发展不如成人成熟，其认知、记忆与理解能力均逊于成人，故其证词可信度较低。① 亦有研究发现，儿童记忆容易受到成人诱导，或将想象与真实事件混淆，造成证词遭受污染失真，导致证词不可采信。②

域外学者 Lyon③ 研究指出，儿童被害人作证时，与被告处于相反地位，不易被诱导而为虚伪证述，也很难不被察觉或识破。加上虚伪证述要有动机存在，儿童说谎遭受性侵之可能性微乎其微，基于心理防卫机制，很多被害人会选择遗忘或拒绝透露事发经过，成人欲刻意透过诱导方式要求儿童为特定虚伪陈述，难度非常高。因此，美国司法体系审理儿童遭受性侵害案件时，原则上系先假设儿童证述内容为真，再尝试是否有其他证据可将其证词推翻。而台湾地区法院实务见解则认为儿童证述内容可信性有待商榷，需有其他补强证据才可证明其所述内容为真，始可为不利于被告之认定。④

十、社工等专业人员之供述证据、专业报告及鉴定报告之证据能力

性侵害案件具有隐密性，搜证不易，为保障被害人权益，台湾地区“性侵害犯罪防治法”于第6条规定直辖市、县（市）主管机关应设性侵害犯罪防治中心，配置社工、警察、医疗及其他相关专业人士，以实时处理协助被害人就医诊疗、验伤及取得证据，暨心理治疗、辅导、紧急安置与提供法律服务等事项，并

---

① 林志洁：《证言之证据能力与证明力—以避免误判与保障人权为中心》，台湾大学法律研究所硕士论文。

② 许洁怡：《刑事诉讼程序中儿童证言之研究－以证言可信度为中心》，台湾成功大学法律研究所硕士论文。

③ Lyon，T. D.，The new wave of suggestibility research：A critique. Cornell law review. 84，1999，PP. 1004～1087.

④ 张玮心：《论性侵案件儿童被害人证言可信性之检验》，载《司法新声》2012年（102）。

于第8条、第14条规定一定人员于执行职务时知有疑似性侵害犯罪情事者，负有向主管机关通报之义务，及责由专人处理性侵害事件，整合社政、医疗、警察等体系，以落实性侵害被害人完整之程序保障；另鉴于此类型案件其直接证据取得之困难性及被害人之特殊性，第15条复明订具有上述特定关系之人得于侦查、审判中陪同在场及陈述意见。此之陪同人除与被害人具有亲属关系者外，尚包括法律社会工作者之社工人员、辅导人员、医师及心理师等专业人士在内，陪同在场具有稳定及缓和被害人不安与紧张之情绪，避免其受到二度伤害，而法律社会工作者机制之介入，着重借由心理谘商或精神医学等专业，以佐证被害人证词之有效性或凭信性，兼负有协助侦、审机关发现真实之义务与功能，与域外法制之专家证人同其作用。

因此，社工或辅导人员就其所介入辅导个案经过之直接观察及以个人实际经验为基础所为之书面或言词陈述，即属于见闻经过之证人性质，而医疗或心理卫生人员针对被害人于治疗过程中所产生之与待证事实相关之反应或身心状况（如有无罹患创伤后压力症候群或相关精神、心理疾病）所提出之意见，或以其经验及训练就通案之背景信息陈述专业意见，以供法院参佐，则为鉴定证人或鉴定人身份。凡此，均属与被害人陈述不具同一性之独立法定证据方法，得供为判断被害人陈述凭信性之补强证据。故于被害人证言补强欠缺之情形，对此法律明定之补强证据即不能置而不问，否则即有调查证据未尽及判决理由不备之违背法令。[①]

十一、儿童及心智障碍患者能否进行测谎及其测谎证据能力

儿童因心智状态发展未若一般成年人，是其所为之描述究否全盘属实，抑或掺杂部分幻想甚至说谎成分在内，仍应透过当面询讯问之方式加以厘清，并佐以其他客观物证综合判断始能认定。域外有学者研究发现，由于智力发展、幻想性、注意力等个人因素差异，3至6岁之儿童不能有效地透过测谎仪器评估有无说谎。7至10岁之孩童虽然表达能力较高，但是否说谎仍应视个案情形进行评估。11岁以上儿童之心智发展程度，通常已达到可以接受测谎之标准。因此，除非孩童已经11岁以上，否则其测谎结果之信效度均较低。[②]

---

① 台湾审判主管部门2004年度台上字第1596号及3636号等刑事判决参照。

② S R Adang（1995）. Use of the Polygraph With Children. Polygraph，24（4），259～274。

测谎虽系实务上常见之调查证据方法，但并非每个人均适合接受测谎。依照美国测谎网站所载[①]，下列人士不应接受测谎，包括测谎出于非任意性、当事人患有严重心脏病、孕妇、心智状态明显缺陷之人、患有呼吸道疾病或感冒之人、患有神经损伤或瘫痪之人、患有中风或癫痫之人、受测时精神过度疲劳者等。心智障碍患者若符合上述情形之一，客观上即不适合受测，实务上调查局亦常以此理由拒绝对被害人施测。惟心智障碍患者症状轻重不一，患有心智障碍不代表完全不适合接受测谎，仍应视个案主客观条件而为认定。

测谎鉴定，系依一般人在说谎时，会产生迟疑、紧张、恐惧、不安等心理波动现象，乃以科学方法，由鉴定人利用测谎仪器，将受测者之上开情绪波动反应情形加以记录，用以判别受测者之供述是否真实。故测谎鉴定，倘鉴定人具备专业之知识技能，复事先获得受测者之同意，所测试之问题及其方法又具专业可靠性时，该测谎结果，如就否认犯罪有不实之情绪波动反应，虽不能采为有罪判决之唯一证据，但非无证据能力，仍得供裁判之佐证。[②] 故儿童或心智障碍患者若主客观条件均符合测谎作业之标准程序，仍可在征得其同意下对其施以测谎，其证明力如何，则由事实审法院本于职权自由判断之。

十二、对儿童或心智障碍性侵害被害人进行交互诘问之注意事项

依域外研究显示，[③] 美国司法制度陪审员经常以被害人之面部表情、眼神及其他反应行为，来判断被害人之陈述是否可信。美国联邦最高法院亦认为儿童必须在陪审团面前作证，由陪审员当面透过这些细微线索，以评估被害人证词之可信度。但被害人有无上开反应与其是否确实遭受性侵害，两者无必然关联性。域外有研究指出，陪审员倾向于不相信没有出现哭泣或其他负面情绪之被害人所为之案情陈述。[④] 亦有研究发现，儿童在描述性虐待时通常不会出现哭泣或表达消极情绪。[⑤] 若在法庭作证之前，被害人接受过多关于个案之新闻采访，其情绪表达方式

---

① http：//www. americanpolygraph. net/faqs. htm，最后访问时间：2017 年 1 月 10 日。

② 参照台湾审判主管机构 2004 年度台上字第 909 号刑事判决。

③ Nicholas Scurich（2013）. Questioning Child Witnesses. The Jury Expert，25（1），1 ~ 4。

④ Myers，J. E.，Redlich，A.，Goodman，G.，Prizmich，L.，& Imwinkelreid，E.（1999）. Juror's perceptions of hearsay in child sexual abuse cases. Psychology，Public Policy，& Law，5，388 ~ 419.

⑤ Sayfran，L.，Mitchell，E. B.，Goodman，G. S.，Eisen，M. L.，& Qin，J.（2008）. Children's expressed emotions when disclosing maltreatment. Child Abuse & Neglect，32，1026 ~ 1036.

亦容易成为辩方攻击之把柄。①

为避免上述现象误导陪审团之认定，并强化被害人证词之可信性，域外学者建议应由专业人士如心理学家告知陪审员，消除其预期被害人于陈述时会出现负面情绪之期望，并解释儿童表达情绪之通常范围，以免儿童被害人所为之陈述与反应与陪审团之预期结果出现落差，影响陪审团对于儿童被害人证词凭信性之认定②。

依台湾地区“性侵害犯罪防治法”第16条之规定，对被害人之讯问或诘问，得依申请或依职权在法庭外为之，或利用声音、影像传送之科技设备或其他适当隔离措施，将被害人与被告或法官隔离。被害人经传唤到庭作证时，如因心智障碍或身心创伤，认为当庭诘问有致其不能自由陈述或完全陈述之虞者，法官、军事审判官应采取前项隔离诘问之措施。审判长因当事人或辩护人诘问被害人不当而禁止其诘问者，得以讯问代之。性侵害犯罪之被告或其辩护人不得诘问或提出有关被害人与被告以外之人之性经验证据。但法官、军事审判官认有必要者，不在此限。惟目前实务运作上，法官、公诉检察官未必均已接受过相关询讯问模式之专业训练，其能否于审理时适当并正确地使用专业询讯问模式来讯问或诘问被害人，仍有疑义。为强化对被害人诉讼权益之保障，本文建议法官、公诉检察官亦应加强儿童及心智障碍性侵害被害人询讯问模式之专业训练，避免不当询讯问方式影响被害人之陈述意愿与结果，甚至造成更严重之二度创伤。

十三、被害人证词可信度之鉴定标准

有鉴于此类被害人证词可信度容易遭受辩方或法院质疑，许多国家发展出对于此类被害人证词可信度之鉴定标准，以供承审法院认定其证词可信度之参考指标。以日本为例，③ 关于刑事案件被害人供述的补强证据，目前法条并无明确规定，但在某些案件，如性侵害的案件，由于事后采集物证不易，审判时往往仅能以被害

① Hill, P. E., & Hill, S. M. (1987). Videotaping children's testimony: An empirical view. Michigan Law Review, 85, 809～833.

② Kovera, M., Gresham, A., Borgida, E., Gray, E., & Regan, P. (1997). Does expert psychological testimony inform or influence juror decision making? A social cognitive analysis. Journal of Applied Psychology, 82, 178～191.

③ 吴景钦：《性侵害案件中以被害人供述为唯一证据的正当性探讨》，载台湾地区《军法专刊》2010年56(2)。

人的供述为主要甚至是唯一证据。日本近几年来常出现电车痴汉案件，法院通常认为应具有下列标准始可认定其证词具有可信性，包括：（1）具体性及详细性。（2）自然性（供述是否流畅）。（3）合理性，指供述是否合乎常理。（4）主观感受性，被害人感受深刻，因而自然表现在陈述过程中。（5）主观确信性，判断被害人陈述是否有虚构情事。综合上开标准来检视被害人陈述是否可信，并作为认定被告有罪与否之参考。

美国司法实务上①处理性侵害案件时，专家建议以下列指标作为判断标准：（1）内部连贯与指控一致性。（2）外部连贯与现实之一致性。（3）核心细节之记忆。（4）陈述时之影响与举止。（5）动机与特殊关系。（6）品格证据。美国法院对于儿童供述证据之态度主要为：（1）假设儿童指诉内容为真。（2）儿童指诉内容可否为一致性之重复。（3）儿童陈述内容有无出现超现实情节。（4）检视被告与儿童之关系，厘清有无说谎动机、目的或回护之可能。（5）检视检警询问过程有无诱导或不当问讯。（6）案件揭露原因是否系被害人主动向医师、父母、师长或友人陈述。先假设其陈述内容为真，再试图寻找有无其他有利证据可以推翻其供述，若无，即可作为认定被告有罪之依据。

十四、结语

性侵害犯罪常为密室型之犯罪，搜证不易。加上被害人身心受创后往往不敢或未能及时报案，错过搜证调查之黄金时机，被告亦常常以积极证据不足为由作为抗辩，法院对于定罪门槛又极为严格，造成许多性侵害被害人人权未能完全获得伸张，其中又以弱势被害人之个案最为明显。如何让司法检警人员通过专业训练，采用专业之询讯问模式来处理此类个案，即为目前性侵害犯罪防治领域当务之急。

本文诚挚呼吁检警或司法人员强化询讯问模式之专业职能，通过专业之训练及团队合作，消除对此类被害人之歧视观念、修正不恰当之询讯问方式、调整惯用之询问用语或态度，建立“以被害人为中心”之“跨专业合作团队”，才能避免于侦查或审理中，误导或诱导被害人为不恰当之陈述，影响其证词可信性之认定，甚至对被害人造成更严重之二度伤害，以彻底落实保障被害人权益保护之终极目标。

---

① 张玮心：《论性侵案件儿童被害人证言可信性之检验》，载《司法新声》2012年（102）。

海峡两岸法官选任制度的比较与思考

王成全[*]　陈　石[**]

一、台湾地区法官选任制度内容

在台湾地区，法官“选任”，包括通过司法官考试的法官“任用”以及通过法官遴选委员会进行的法官“遴选”。

（一）台湾地区法官的任职资格

1. 积极资格

（1）高等法院以下各级法院法官，根据台湾地区“法官法”第5条第1项的规定，必须至少具备以下六个条件中的一个：一是通过法官、检察官考试及格，或曾作为律师实际执业三年以上且具备拟任职务任用资格。这一条件仅针对担任地方法院法官。二是曾任实任法官。三是曾任实任检察官。四是曾任公设辩护人六年以上。五是曾作为律师实际执业六年以上且具备拟任职务任用资格。六是公立大学、经备案的私立大学或独立学院法律系或研究所毕业，曾任教育主管部门审定合格大学或独立学院的专任教授、副教授或助理教授合计六年以上，讲授主要法律科目二年以上，有法律专门著作，具备拟任职务任用资格。

* 福建省法官协会会员。
** 福建省法官协会会员。

（2）高等行政法院法官，根据台湾地区“法官法”第5条第2项的规定，必须至少具备以下七个条件之一：一是曾任实任法官。二是曾任实任检察官。三是曾任法官、检察官职务并任公务员合计八年以上。四是曾作为行政诉讼律师实际执业八年以上且具备拟任职务任用资格。五是公立大学、经备案的私立大学或独立学院法律、政治、行政学系或研究所毕业，曾任教育主管机构审定合格大学或独立学院的专任教授、副教授或助理教授合计八年以上，讲授课程五年以上，有相关的专门著作，具备拟任职务任用资格。六是公立大学、经备案的私立大学或独立学院法律、政治、行政学系或研究所毕业，曾任台湾地区学术研究主管机构研究员、[①] 副研究员或助研究员合计八年以上，有台湾地区宪制性规定、行政法之专门著作，具备拟任职务任用资格。七是公立大学、经备案的私立大学或独立学院法律、政治、行政学系或研究所毕业，曾任简任公务员，办理机关诉愿或法制业务十年以上，有台湾地区宪制性规定、行政法专门著作。

（3）台湾地区审判主管机构、行政审判主管机构法官、“公务员惩戒委员会”委员，根据台湾地区“法官法”第5条第3项的规定，除了法律另有规定外，还应具备以下六个条件之一：一是曾任台湾地区司法主管机构大法官，具备拟任职务任用资格。二是曾任“公务员惩戒委员会”委员。三是曾任实任法官十二年以上。四是曾任实任检察官十二年以上。五是曾作为律师实际执业十八年以上且具备拟任职务任用资格。六是公立大学、经备案的私立大学或独立学院法律系或研究所毕业，曾任教育主管机构审定合格大学或独立学院的专任教授十年以上，讲授主要法律科目五年以上，有法律专门著作，具备拟任职务任用资格。

2. 消极资格。台湾地区的法官不仅是司法官，还具有公务人员身份。因此，有关不得担任公务人员的条件限制同样适用于法官。根据台湾地区“法官法”第6条的规定，不得担任法官的人具体包括：（1）不符合台湾地区“公务人员任用法”规定的担任公务人员资格的人。[②]（2）因故意犯罪被判处有期徒刑以上刑罚、有损法官职位尊严的人。（3）曾担任公务员，依照台湾地区“公务员惩戒法”或

① 台湾地区的最高学术研究机关，直接隶属于台湾当局领导人办公室，大致包含了我国中科院和社科院的职能。

② 根据台湾地区所谓“公务人员任用法”第28条规定：“有下列情形之一者，不得为公务人员：一、犯内乱罪、外患罪，经判刑确定，或通缉有案尚未结案者。二、曾服公务有贪污行为，经判刑确定，或通缉有案尚未结案者。三、依法停止任用或受休职处分尚未期满，或因案停止职务，其原因尚未消灭者。四、褫夺公权尚未复权者。五、受禁治产宣告，尚未撤销者。六、经合格医师证明有精神病者。”

有关法规的规定受过撤职以上处分确定或依“公务人员考绩法”或相关法规的规定受过免职处分确定的公务人员。但因监护宣告受免职处分，经撤销宣告监护的除外。(4) 尚未恢复权利的被宣告破产人。(5) 离职未满三年的民选公职人员，但“法令”另有规定的除外。

(二) 台湾地区法官的选任方式

目前，台湾地区法官的选任主要有考选制和遴选（转任）制两种方式。[①]

1. 考选制。考选制是台湾地区法官任命的主要途径，由法官特考和法官任职训练两部分组成。考选制所指的考试主要包括“公务人员高等考试司法官考试”、“特种考试推事、检察官考试、司法官考试”。依据“公务人员特种考试司法官考试规则”的规定，特种考试司法人员考试分为三场独立的考试，其中，第一试[②]与第二试[③]为笔试，第三试为口试（面试）。通过考试的，还需要作体格检查：矫正视力不足 0.1，听力矫正后损失超过 90 分贝的，重度肢残、患精神病、肺结核或其他重症疾患无法治愈，导致不能胜任职务的。

法官任职（岗前）训练是台湾地区的一项特色制度，主要依托法务主管部门下设的“司法官学院”开展。“司法官学院”的培训主要针对通过司法人员考试的司法官候选人，包括法官和检察官，两个职业群体并未分开训练。训练期间长达一年半至两年，共分为四个阶段。[④] 历经四个阶段的考验后，成绩合格的，成为候补法官，候补期为五年。候补期满考核成绩合格的，可转为试署法官。[⑤] 通过法官、检察官考试及格，或曾作为律师实际执业三年以上且具备拟任职务任用资格

① 郑清贤、林建西：《海峡两岸检察官任用制度比较研究——兼论我国大陆检察官任用制度的完善》，载《厦门特区党校学报》，2016 年第 2 期。

② 第一试为测试式试题，包括两大应试科目综合法学（一）、综合法学（二），各 300 分。综合法学（一）包括“宪法”40 分、“行政法”与“刑法”各 70 分，“刑事诉讼法”50 分、“国际公法”与“国际私法”各 20 分、“法律伦理”30 分；综合法学（二）包括“民法”100 分、“民事诉讼法”60 分、“公司法”与法学英文各 30 分、“票据法”“保险法”“证券交易法”各 20 分。考试时间均为 2 小时。

③ 第二试应试科目 5 科，共 1000 分：“宪法”与“行政法”200 分、“民法”与“民事诉讼法”300 分、“刑法”与“刑事诉讼法”200 分、“商事法”200 分、“国文”100 分。考试时间均为 2 小时。

④ 第一阶段：把学员分配到行政机关学习行政业务。第二阶段：学员在“司法官学院”接受各类课程的讲授、研究、拟判及演习。第三阶段：把学员分配到法院、检察署等机关学习审判、检察等业务。第四阶段：学员回到“司法官学院”接受拟判测试、实务综合检讨及分科训练。

⑤ 对于候补法官、试署法官，应考核其服务成绩；候补、试署期满时，应呈报台湾地区司法主管机构送请司法主管机构“人事审议委员会”审查。审查及格者，予以试署、实授；不及格者，应于二年内再予考核，报请审查，仍不及格时，停止其候补、试署并予以解职。前项服务成绩项目包括学识能力、敬业精神、裁判质量、品德操守及身心健康情形。

的，试署期为一年。试署期满，司法主管机构考核合格的，才能转任实任法官。根据“法官法”第5条和第9条等有关法官任命方式的规定，考训任命方式主要适用于地方法院，也就是一审法院的法官，实践中主要是初任法官。

2. 遴选（转任）制。台湾地区法官遴选途径大致有两种：其一为通过法官检察官互调制度，鼓励优秀的检察官转任推事、法官；其二为鼓励优秀律师、法学教授、副教授、助理教授，或学术研究主管机构研究员、副研究员或助研究员转任法官。根据“法官法”的相关规定，曾任公设辩护人、律师、教授、副教授、助理教授合计六年以上转任的，试署期为二年。但是，曾任法官、检察官并任公务人员合计十年以上或作为律师实际执业十年以上的，试署期为一年。此外，律师、法学教授、副教授、助理教授，或学术研究主管机构研究员、副研究员或助研究员等人员若未通过特种考试司法人员考试，不具备拟任职务任用资格的，应参加由考试主管机构指定的专门考试，考试形式灵活多样，可以采用笔试、口试及审查著作发明、学历、经历证明等考试形式，具体考试办法由考试主管机构确定。合格者获得参加考试主管机构委托司法主管机构组织的法官遴选资格，择优进入法官序列。

（三）台湾地区法官的选任机构

台湾地区法官的任命必须经历四个机构：

1. 遴选组织机关——法官遴选委员会。[①] 依据台湾地区“法官法”第7条的规定，“法官遴选委员会”由司法主管机构设立，具体负责组织法官遴选相关事宜，即从曾经担任法官、检察官、律师及教授、公务员等人选中遴选法官。委员会由法官代表、学者专家、律师及检察官等不同身份的人士组成。在立法层面还详细规定了各类身份人员的组成人数、任期、聘任办法等内容，保证遴选委员会的独立性、公正性和有效性。

2. 审查机关——“人事审议委员会”。依据“法官法”第4条的规定[②]，司法

① 依据“法官法”第7条规定，“法官遴选委员会”是司法主管机构内部设立的，掌理法官遴选事务的专门机构。委员会共有委员19人，包括司法主管机构负责人、“考试院”代表二人、法官代表六人、检察官代表一人、律师代表三人、学者及社会公正人士共六人。其中，司法主管机构负责人为当然主席，法官、检察官、律师代表分别由三类人员以差额形式票选，办理票选机关为司法主管机构、行政主管机构和律师公会联合会。

② “人事审议委员会”共由27人组成，其中，司法主管机构负责人为人审会的当然委员并任主席，其余人员的具体来源有三：一是司法主管机构负责人指定11人，二是法官代表12人，三是学者专家3人。

主管机构“人事审议委员会”负责依法审议法官的任免、转任、解职、迁调、考核、奖惩、延任，以及法官资格认定或授予。依据上法第9条[①]，“人事审议委员会”负责考核候补、试署期满的候补法官、试署法官的服务成绩[②]，审查及格者，予以试署、实授；不及格者，可在二年内再次申请审查，仍不及格者直接予以解职。

3. 决定机关——“考试主管机构铨叙部”。[③] 审查公务人员任免以及根据公务人员资历、确定级别、职位是“铨叙部”的重要职责之一。依据“法官法”第12条规定，法官任用，准用公务人员相关规定先派代理，送请铨叙部审定，合格者呈请台湾地区领导人任命。

4. 最终任命机关——台湾地区领导人，依法任命完成程序，行政机构负责人进行副署。需要说明的是，只有实任法官才需要经过这一程序，派代或候补、试署法官则不需要。这一环节更多在于程序性环节，无实质考察，只要经前述“人事审议委员会”最终决议任用并由铨叙部铨叙审定合格，则当然由台湾地区领导人任命成为实任法官。

（四）台湾地区法官的任命程序

因选任方式不同，台湾地区法官任命程序也有考选任命程序与遴选任命程序两套不同程序。

1. 考选任命程序。依据“法官法”的相关规定，地方法院法官候选人通过考试主管机构组织的法官特考，并经司法主管机构司法人员研习所培训，研习期满成绩合格的，根据其个人志愿和员额出缺情况，分发任用成为候补法官。候补法官候补期内受命审理案件，应先派代理，才能获得审判资格。候补期满，经考核合格的，报“铨叙部”审定，审定合格者成为试署法官。经铨叙审定不合格，则立即停止其代理资格。试署法官根据其来源确定试署期，试署期满后，报由司法

---

① 对于候补法官、试署法官，应考核其服务成绩。候补、试署期满，应呈报司法主管机构送请“人事审议委员会”审查，审查及格者，予以试署、实授；不及格者，应于二年内再予考核，报请审查；仍不及格者，停止其候补、试署，并予以解职。

② 服务成绩项目包括学识能力、敬业精神，裁判品质，品德操守及身心健康。

③ 台湾地区掌管公务员登记、任免、审查、考核、奖恤等事权的管理部门。隶属于考试主管机构，是考试主管机构的主要部门。最初于1930年1月6日在南京成立。设置“部长”、政务次长、常务次长各一人。下设法规、铨审、特审、退抚、人事管理和总务六个司，参事、秘书、信息、人事、会计、统计、政风七个室，以及“法规委员会”和“诉愿审议委员会”“公务人员退休抚恤基金管理委员会”三个委员会。

主管机构“人事审议委员会”审议，审查合格者，报请当局领导人任命。

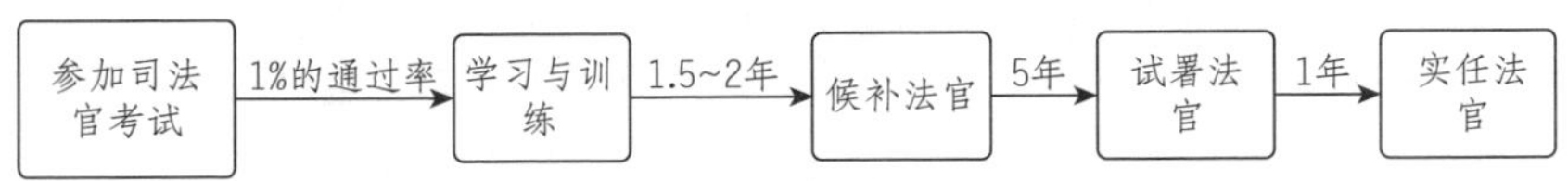

2. 遴选任命程序。根据“法官遴选办法”的规定，遴选法官由“法官遴选委员会”掌理，主要针对两类人员：一是曾任法官但因故离职后申请再任者。二是除经考试直接分发任用者外，其他依据“法官法”具有法官任用资格申请转任者。其大致必须经过如下流程：（1）“法官遴选委员会”提名。初任法官者，除因法官、检察官考试及格直接分发任用外，均应经遴选合格。曾任法官因故离职后申请再任者，亦是同样的方式。（2）“人事审议委员会”审议。依据“法官法”，司法主管机构“人事审议委员会”负责依法审议法官的任免、转任、解职、迁调、考核、奖惩、延任，以及法官资格认定或授予。（3）“铨叙部”铨叙审定。高等法院以下各级法院法官的任命经“人事审议委员会”核定合格后，先为代理，然后由“铨叙部”审定。（4）台湾地区领导人任命。根据法官候选人身份背景的不同，台湾地区法官遴选选任程序主要有四种：律师转任法官、学者转任法官、公设辩护人转任法官以及检察官转任法官。

总体而言，台湾地区法官的选任制度如下图所示：

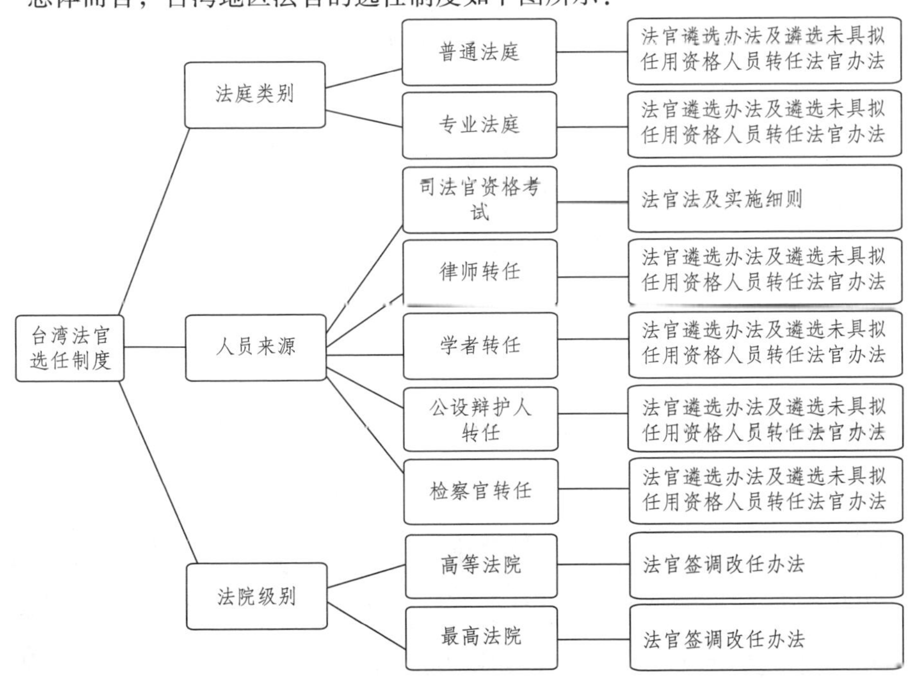

二、台湾地区法官选任制度的特点

（一）双轨化机制，程序较为严格

台湾地区于2011年7月正式确立了从律师、学者中选任法官的制度。目前，这种法官选任双轨制已经确立并发挥重要作用，成为台湾地区法官选任的长期做法。经过遴选成为法官的人在就职之前也需要参加类似职业培训的研习。研习分为三个阶段：第一阶段是法律实务及相关理论课程，并要通过综合实力测验及拟判测验；第二阶段是针对审判实务进行实习；第三阶段是综合内容的研习并通过拟判测试及口试。完成三个阶段的内容后进行考评，合格者才能到法院正式就职。这种科学、合理的选任制度是遴选出优秀法官的前提和基础，也是台湾地区有关规定能够得以较好实施，社会公平正义得以实现的保障。

（二）遴选机构专业独立，遴选程序公开权威

台湾地区司法主管机构下设的遴选委员会有十九人，由主席和其他委员共同组成，委员会主席是由司法主管机构的负责人担任，其他委员分别来自于考试主管机构、法官、检察官、律师、学者及社会人士等五个领域。从台湾地区的法官遴选机构组成情况来看，首先相对独立，遴选委员会相对独立于行政、立法或者司法部门。说“相对独立”，是指台湾地区的遴选委员会虽然依托于司法主管机构设立，但是委员来源多元、决议实行票决，可以避免受到“长官”意志的影响，即司法主管机构实际上无法左右遴选的结果。其次相对权威，法官遴选委员会的决定，虽然在性质上属于荐任，却具有相当的约束力和权威性，决定不会被轻易推翻，更不是根据相关部门提名而“走过场”。第三较为多元，法官遴选委员会的委员来源多元化，具有较高的专业素养和丰富的实务经验，既尊重了法官自治性，又体现了价值多元化。最后较为专业，遴选委员会对参与遴选法官的职业操守、业务能力、敬业程度、身心健康、个人专长及意愿等进行考核，并为司法主管机构的“人事审议委员会”提供候补、试署法官的服务成绩进行审查并给出相应的意见。

（三）就职门槛较高，养成年限偏长

2011年以前，台湾地区法官选任多数是以通过司法官考试为主要渠道。台湾地区的司法官考试资格要求相当严格，司法官考试通过率相对于大陆而言较低，

这与每年需用人数少且固定有关。一般每年的通过率不超过应试者的3%，2011年考制改革后，比例仅为0.98%。2012年共有7367人报名，但仅录取74人，录取率仅为1%。通过者几乎都参加过三次以上的司法官考试才最终考中，而我国大陆的司法考试通过率一般在15%左右。然而，通过司法官考试只是成为司法官的第一步，还需要进入法务主管机构下属的司法官学院进行培训，两年期满后，通过一系列考核才可以成为初任法官。初任法官被司法主管机构和法务主管部门根据培训时期的成绩、个人意愿等因素分配到地方法院，开始成为候补法官。在经历最长期限五年的候补时期后，合格者将成为试署法官，不合格者延长一年，再不合格者将会被停止成为候补法官。试署法官将有一年左右的时间在地方法官试署，处理其职责范围内的民事、刑事案件。期满后还需参加专门的考试，合格者由“人事审议委员会”审查各项综合指标，达标后成为正式的实任法官。

三、大陆法官的选任制度内容

（一）大陆法官的任用资格

2019年修订的《中华人民共和国法官法》（以下简称2019年修订的《法官法》）在第十二条规定了担任法官必须具备的基本条件[①]：具有中华人民共和国国籍；拥护中华人民共和国宪法，拥护中国共产党领导和社会主义制度；具有良好的政治、业务素质和道德品行；具有正常履行职责的身体条件；具备普通高等学校法学类本科学历并获得学士及以上学位；或者普通高等学校非法学类本科及以上学历并获得法律硕士、法学硕士及以上学位；或者普通高等学校非法学类本科及以上学历，获得其他相应学位，并具有法律专业知识；从事法律工作满五年。其中获得法律硕士、法学硕士学位，或者获得法学博士学位的，从事法律工作的年限可以分别放宽至四年、三年；初任法官应当通过国家统一法律职业资格考试取得法律职业资格。适用前款第五项规定的学历条件确有困难的地方，经最高人民法院审核确定，在一定期限内，可以将担任法官的学历条件放宽为高等学校本科毕业。2019年修订的《法官法》第十三条还规定了不得担任法官的情形：因犯罪受过刑事处罚的；被开除公职的；被吊销律师、公证员执业证书或者被仲裁委

① 《中华人民共和国法官法》，已由中华人民共和国第十三届全国人民代表大会常务委员会第十次会议于2019年4月23日修订通过，于2019年10月1日起实施。

员会除名的；有法律规定的其他情形的。

(二) 大陆法官的选任渠道

根据2019年修订的《法官法》规定，今后主要有几种选任渠道：第一，从法院内部人员中选任。初任法官采用考试、考核的办法，按照德才兼备的标准，从具备法官条件的人员中择优提出人选；第二，从社会优秀法律人才中选任。从律师或者法学教学、研究人员等从事法律职业的人员中公开选拔法官，实行的是“双轨制”选任方式。

(三) 大陆法官的任命方式

依照宪法和法律的规定，对于法院院长的任命有选举制和选举任命制两种：(1) 选举制：最高人民法院院长由全国人大选举和罢免；地方各级人民法院院长由地方各级人民代表大会选举和罢免；在民族自治地方设立的地方各级人民法院院长，由民族自治地方各级人民代表大会选举和罢免。(2) 选举任命制：在省、自治区内按地区设立的和在直辖市内设立的中级人民法院院长，由省、自治区、直辖市人民代表大会常务委员会根据主任会议的提名决定任免。

至于院长之外其他法官的任命，2019年修订的《法官法》规定主要分为5类：(1) 最高人民法院副院长、审判委员会委员、庭长、副庭长和审判员，由院长提请全国人民代表大会常务委员会任免。(2) 最高人民法院巡回法庭庭长、副庭长，由院长提请全国人民代表大会常务委员会任免。(3) 地方各级人民法院副院长、审判委员会委员、庭长、副庭长和审判员，由院长提请本级人民代表大会常务委员会任免。(4) 在省、自治区内按地区设立的和在直辖市内设立的中级人民法院的副院长、审判委员会委员、庭长、副庭长和审判员，由高级人民法院院长提请省、自治区、直辖市人民代表大会常务委员会任免。(5) 新疆生产建设兵团各级人民法院、专门人民法院的副院长、审判委员会委员、庭长、副庭长和审判员，依照全国人民代表大会常务委员会的有关规定任免。

(四) 大陆法官的选任程序

2019年修订的《法官法》在法官的遴选程序中增加了设立法官遴选委员会以及建立法官逐级遴选制度的规定。即第十六条规定：省、自治区、直辖市设立法官遴选委员会，负责初任法官人选专业能力的审核。省级法官遴选委员会的组成人员应当包括地方各级人民法院法官代表、其他从事法律职业的人员和有关方面代表，其中法官代表不少于三分之一。省级法官遴选委员会的日常工作由高级人民法院的内设职能部门承担。遴选最高人民法院法官应当设立最高人民法院法官遴选委员会，负责法官人选专业能力的审核。以及第十七条规定：初任法官一般到基层人民法院任职。上级人民法院法官一般逐级遴选；最高人民法院和高级人民法院法官可以从下两级人民法院遴选。参加上级人民法院遴选的法官应当在下级人民法院担任法官一定年限，并具有遴选职位相关工作经历。

四、大陆法官选任制度特点

（一）选任方式较为单一

在司法体制改革前，大陆对法官的管理纳入公务员序列管理，取得法官资格的首要条件是通过公务员考试，向社会招录的是已通过国家司法考试、具有法律专业背景的毕业生或者具有一定基层工作经验的法律专业背景的毕业生。就报考程序及考录过程而言，针对书记员或者法官助理的选拔方式与公务员的选拔方式并无二致，均采用公务员考试的方式进行选拔，即要统一参加地方公务员考试，通过后即可成为一名书记员或者法官助理，法院并不进行单独招考。目前，大陆法院仍然延续这一模式招录书记员或法官助理。

（二）任职条件略为宽松

大陆法官在专业要求、职业培养年限及任职年龄等条件方面较为宽松。一是专业学历要求不高。现行《法官法》规定，法官所具有的学历一般要求为“高等院校法律专业本科毕业或者高等院校非法律专业本科毕业具有法律专业知识”，同时，考虑到部分经济落后地区的法官学历现状，还对这种不算非常高的专业及学历要求留有通融的余地，即“适用第一款第六项的学历条件确有困难的地方，经最高人民法院审核确定，在一定期限内，可以将担任法官的学历条件放宽为高等院校法律专业专科毕业”。二是任职年限要求不高。2019 年修订的《法官法》规定从事法律工作满五年，获得法律硕士、法学硕士学位，或者获得法学博士学位的，从事法律工作的年限可以分别放宽至四年、三年。三是就职年龄要求偏低。现行《法官法》第九条第一款规定，担任法官的最低年龄为年满二十三周岁。司法改革前，中级法院在公开招录书记员时，一般要求有两年基层工作经验的法学类硕士研究生，年龄不超过 30 岁。在成为中级法院的书记员后，经过三年的书记员职业培养，通过初任法官任前考试即可被任命为法官。在大陆许多基层法院，23 至 24 岁即担任法官的现象也十分普遍。

（三）选任程序偏行政化

根据我国现行法律规定，法官选任的权限在全国人民代表大会及其常委会和地方各级人民代表大会及其常委会。这种法官选任的方式较为行政化、内部化。按照现行《法官法》的规定及实际操作方式，法官选任实际运作都由党委组织部门负责：如果是初任法官，由党委组织部门考察或通过组织部门统一组织的招考、选拔。如果是各级法院院长的人选，由各级党委的统一人事安排，由地方党委确定，组织部门考察。最后由党委提名，提交人民代表大会选举。

（四）职业培训非强制要求

2019 年修订的《法官法》第三十一条规定："对法官应当有计划地进行政治、理论和业务培训。法官的培训应当理论联系实际、按需施教、讲求实效。"该条款表明了在日常的审判工作当中，对于法官的培训并非强制的、硬性的，而是根据实际情况，按照需要进行理论和业务培训。这种"软性"的职业培训要求，在工作繁重的现实条件之下，难以对法官进行系统化培训和学习，仅能在新的法律法规或者司法解释出台后，安排一些学习类型的讲座来代替授课、培训。初任法官的选任与培训在很大程度上依赖于法官助理及书记员阶段的实务学习与积累。提任法官之前的任前培训时间并不长，考试也并不严苛，并未与提任法官的程序实质性对等起来。

五、海峡两岸法官选任制度比较

（一）两岸法官有关任用资格规定详尽与科学程度不同

台湾地区对于初任法官选任设立了一个"按层级、多渠道、分法庭"的体系化、精细化的选任资格体系。首先，在台湾地区"法官法"规定了担任高等法院以下的法官、高等行政法院法官以及审判主管机构、行政审判主管机构法官、"公务员惩戒委员会"委员的基本任用资格。其次，根据不同的选任渠道规定不同的任职资格。比如参加司法官资格考试的人必须满足年满 18 周岁以上，55 周岁以下；律师任职 3 年以上可转任地方法院，6 年以上可进入高等法院，18 年以上可进入审判主管机构；检察官则需实任 12 年以上才能进入审判主管机构；公设辩护人任职6年以上可以转任地方法院及高等法院，没有直接进入审判主管机构的资格；学者任教授、副教授或助理教授合计6年以上，讲授法律主科2年以上并有专著，可任职地方法院和高等法院等。再次，根据法庭的特殊性设置不同的法官任职资格。在“法官遴选办法”中，对普通法院法官和专业法院法官分两个章节分别规定不同的遴选考试内容，着重对专业法官的特定专业能力进行审查。

在法官任用的消极条件方面，台湾地区对法官任命的消极资格作出了详细规定，内容涉及6个方面，涵盖经济能力、守法状况、廉洁水平、任职禁止等，内容清晰明了，容易理解和把握。相对于台湾地区“法官法”的要求，大陆法官任命的消极条件覆盖范围略显狭窄和笼统，仅排除了曾因犯罪受过刑事处罚的、曾被开除公职的、被吊销律师、公证员执业证书或者被仲裁委员会除名的几类人群。此外，在司法体制改革前，法官是归入公务员类别进行管理的，因此《公务员法》中关于辞退公务员的情形同样适用于法官：即在年度考核中，连续两年被确定为不称职的；不胜任现职工作，又不接受其他安排的；因所在机关调整、撤销、合并或者缩减编制员额需要调整工作，本人拒绝合理安排的；不履行公务员义务，不遵守公务员纪律，经教育仍无转变，不适合继续在机关工作，又不宜给予开除处分的；旷工或者因公外出、请假期满无正当理由逾期不归连续超过十五天，或者一年内累计超过三十天的。然而前述法律对可担任法官的道德要求均未作出具体规定，不符合当前社会经济发展的新形势，不利于净化法官队伍。

（二）两岸法官后备人选入职考试难度差异较大

前文已述，台湾地区法官后备人选入职考试是公务人员特种考试司法官专项考试（简称“司法官特考”），司法官特别考试适格年龄限定在年满18周岁、55周岁以下，高校政治、法律、行政各系毕业。除此之外，台湾地区还承认在国外独立学院学习一定课程并取得学历的人员的考试资格以及经高等考试或相当于高等考试/普通考试或相当于普通考试的特种考试中司法行政类各科考试及格的人员的考试资格。司法官特考的难度很大，是典型的高淘汰率考试，且其考试涉及内容非常之广，不仅要考察法学知识，还要考察法学英文和法律伦理知识水平，甚至还得测试语文水平。此外，还要进行口试，借以考察考生的临场反应能力和口头表达水平，通过率明显低于大陆。

反观大陆，虽然自2002年起开展国家司法考试至今已有16年的历史了，但迄今为止仍然只有笔试这单一形式，被测试者的临场反应能力和口头表达水平在选拔法官人选的考试过程中因缺乏合理和规范的考察手段而始终付之阙如，无从判断。虽然法院招录书记员或法官助理也会经历面试这一关，但是其往往是在公务员考试初试通过后进行的，其测试内容是和一般公务员完全相同，类似于台湾地区的公务人员普通考试，测试内容和考察基本与法律及法院工作无关，无从体现被测试者运用所掌握法律知识当场处理问题的水平。

（三）两岸法官任前培训存在较大差异

台湾地区明确要求，法官候选人在入职前，必须在“司法官训练所”接受长达两年的专门职前培训。该培训分三个阶段实施：第一阶段：学员先行在司法官学院（原司法官训练所）接受基础讲习课程与各类课程的讲授、研习、拟判及演习；第二阶段：学员分配至法院、检察署等机关学习审判、检察等业务，其后赴行政机关及相关机构学习行政业务等事项；第三阶段：学员回本学院接受拟判测验、实务综合研讨及分科教育等。

反观大陆，现行《法官培训条例》第十五规定：预备法官培训应注重岗位规范、职业道德和审判实务的培训。培训时间不少于一年。任职培训，要按照岗位规范要求，进行以提高履行岗位职责必备的管理与业务能力为主要内容的培训。培训时间不少于一个半月。晋级培训应注重高级法官履行岗位职责必备的知识和技能的培训。培训时间不少于一个月。续职培训应注重所在岗位专业知识更新的培训和审判业务技能提高的培训。法官每年接受续职培训的时间累计不少于半个月。可见，初任法官培训内容包括法官职业道德和职业规范、审判实务和办案技能等。重点是使其具备法官基本履职能力。培训时间不少于一年。但各地在实际操作中，通常是以安排一至二周的集中学习为代替，其余的培训基本上是通过在所在单位边干边学的形式进行。而且，有限的集中学习大多是由法官培训机构安排其专职教师或邀请省级法院内设机构负责人以理论讲座形式进行，通常是每半天一个专题，采“满堂灌”“填鸭式”的教学方式，很难保证培训真正收到实效。初任法官获任后，除了常规的年终考评外，基本无需接受专门的考核，不需接受上级审判机关组织的专门针对初任法官考核的情况，几乎不会因考核不合格被淘汰出局。

（四）两岸法官养成要求时间差距明显

司法体制改革前，对于从助理审判员到审判员之间的任职时间，我国现行立法并未作出规定，完全由各法院自行把握，这也造成了不同层级乃至同一层级不同法院对审判员任命条件的千差万别。2019 年修订的《法官法》规定，如要成为法官必须从事法律工作满五年。其中获得法律硕士、法学硕士学位，或者获得法学博士学位的，从事法律工作的年限可以分别放宽至四年、三年。这一规定的出发点显然认为学历高的，其法律专业能力必定更强，能更快地具备从事审判业务工作所需的知识和能力，理论上在法院从事 5 年左右的法律工作即有可能成为一名法官。

反观台湾地区，所有法官拟任人选，如系通过考选进入法院的，在被任命为候补法官之前，至少都已经过 2 年的“司法官训练所”全封闭严格训练，如系由公设辩护人、律师或法学教师遴选而来的，则至少有 6 年以上的法律实践经验。之后还要经过 5 年的候补期，才能成为试署法官。试署 1 年后，才能成为实任法官。累计算下来，通过考选成为实任法官的，最快也需要 8 年时间（2 年“司法官训练所”训练时间 +5 年候补期 +1 年试署期）。而且，随着所任职法院层级的升高，被任命为法官的累计年限要求更是越来越长：“高等法院”及其分院法官最少要有 10 年的审判任职经历；审判主管机构法官最少要有 14 年的法官任职经历。

六、大陆法官选任制度完善

（一）构建以业务能力为核心，兼顾道德品行的选任资格体系

法官的品格修养与法学修养同等重要，在确定初任法官提名名单之前，应当通过测评或公示等方式广泛收集对候选人的评价意见，接受群众监督。可学习台湾地区的做法，请有资质的机构对候选人进行道德品质调查，根据报告所反馈的情况将道德品行不端者剔除出候选之列。同时，法官的选任既要坚持专业标准，也要强调经验标准。具体而言，可考虑以下几点因素：一是具有较高的政治素养和职业道德。二是具有较长的法律从业时间。应适当延长被选任者曾从事法律职业的年限，以保证初任法官具有相当的实践经验和人生阅历。中级法院以上级别的法院的法官助理不宜直接从刚毕业的本科或研究生毕业生中招录，应确立从下级、基层司法部门缺额填补选任人才的模式。[①] 同时，法官任职时间的长短，在一定程度上反映出其审判经验是否丰富。对于初任法官来说必须是从事法律工作者

---

① 刘圆圆：《中国法官选任制度的改革》，载《法制与社会》2015 年第 9 期。

满5年以上，才能被任命为法官；在基层法院、中级人民法院从事法律工作满10年以上，可以被任命为高级人民法院法官。在高级人民法院及其下级法院从事法律工作满15年以上，并具有较高的法学修养的可以任命为最高人民法院法官。三是具有较强的审判水平和专业能力。应该将法官平均每年的办案数量、上诉率、办案质量和效果列入法官办案绩效考核的指标体系，设定合理的权重，予以综合考量。四是具有较高的法学素养。关于法学素养的考察，可结合其在审判工作中的撰写调研、信息、案例情况来评定。

（二）严格规范法官任前培训制度

大陆可以借鉴台湾地区的经验，严把法官入口关，相应延长初任法官培训时间，完善培训内容设计，甚至在培训结束考核时进行差额选拔，以确保初任法官具备从事审判业务的能力。建议建立初任法官见习培训制度，对拟提任初任法官人员的集中培训期设置为1年，以确保拟初任法官人员尽可能全面掌握担当司法职责所需的各项能力。这一年可分为两个阶段，每个阶段半年时间。第一阶段，受训学员在国家法官学院或者省法院法官培训班接受各类课程的理论讲授、研究、拟判及庭审实练。在这一阶段结束前，应组织一次受训考试，主要通过书面考察的形式来测试受训学员掌握理论知识情况。此外，为了全面考察受训学员的心理素质、应变能力、语言表达水平等，还可以加试心理测试及口试等内容，全面衡量受训学员是否具备胜任法官职业的能力，并将测试结果作为对其分配业务部门时的参考。第二阶段，受训学员回到所在法院学习各项审判业务知识，该阶段主要是让受训学员初步掌握各项审判技能，包括驾驭庭审、调解方式及技巧，文书撰写、焦点问题的处理、与合议庭成员配合、业务工作纪律等。如果有受训学员未能完成两个阶段培训，或者培训考核不合格的，应该再次安排培训或者取消其拟任法官资格。

（三）构建法官选任来源多元化渠道

大陆可以参照台湾地区的规定，进一步细化律师、教授、副教授转任法官的资格条件：（1）律师转任法官的，基层人民法院、设区的市中级人民法院法官必须是一级或二级律师；高级人民法院和最高人民法院必须是一级律师。（2）法学教授转任法官的，基层人民法院、设区的市人民法院法官必须具有法学副教授以上职称；高级人民法院和最高人民法院法官必须具有法学教授职称。同时，律师、教授、及副教授等转任法官必须从候任法官开始，而不直接任命为法官，候任期的设置从1年到2年不等。对于同级院检察官转任法官的候任期可从6个月至1年。

（四）构建科学严格的法官考核机制

大陆有必要建立更加科学的法官考核管理机制。法官的考核应该由专门的法官考核委员会负责，法官考核委员会针对员额法官的绩效可设置“1+1”结构化评价指标及量化计分方法，即由业绩考核和综合考核两部分组成，其中业绩考核包含四个考核要素，即办案数量，以办结案件、担任审判长和作为合议庭其他法官参与审理案件数量等为评价基础；办案质量，以案件评查过程中发现的质量和瑕疵问题等为评价基础；办案效率，以法定审限内结案率、案件审理周期、长期未结案件数、均衡结案度等为评价基础；办案效果，以司法为民、司法公开情况、重大敏感案（事）件处置工作和规范审判流程各环节等为评价基础。同时根据负面评价情况进行相应扣分。而综合考核则应涵盖四个考核要素，即效能廉政、奖励表彰、学术成果、群众认可等。如能科学、充分运用考核机制，可促使法官认真履职、秉公办案，积极推动司法机制的有效运转。

结　语

我们有理由期待，按照司法改革的总体规划有计划、有步骤地稳妥推进，从体制上优化法官选任制度，保障与维护法官的职业骄傲和尊荣，我们的司法制度才能够将行稳致远、基业长青。希冀通过本文一点粗浅的探索，推动我国早日构建符合司法现状、符合法官职业特点的法官管理制度，让更多的优秀人才充实法律队伍，彼此珍视相生相存所凝结的纽带，形成法律职业的最大共识，重拾社会对司法权威应有的尊重，赢得人们对法治未来的真诚信仰。

跨域诉讼服务制度在海峡两岸推行的展望与适用

陈　明[*]　林美燕[**]

一、现状描摹：海峡两岸司法互助的运行情况

（一）问题提出

例1：协助送达：2018年2月26日，台湾地区将台中地方法院“年度婚字第672号离婚事件”原告向梅诉被告徐大勋的1件司法文书及1070000548号送达请求文书转福建省高级人民法院。福建省高级人民法院于2018年3月1日收到材料。2018年3月28日，省法院将送达材料及《（2018）闽台请送294号》转泉州市丰泽区法院代为送达。泉州市丰泽区法院于2018年5月23日成功送达被告并将送达回证寄回省法院。

例2：协助调查取证：2018年3月2日，台北地方法院年度诉字第638号确认公司证书签名伪造事件案件，台湾地区以（2018）台请法调字第23号文请求我国大陆法院调取公司登记相关资料。2018年3月12日，最高人民法院收到案件，于3月27日以（2018）最高法台请调20号文转福建省高级人民法院。福建省高级人民法院2018年7月17日以（2018）闽台请调9号文转福建省泉州市中级人民

* 福建省法官协会会员。
** 福建省法官协会会员。

法院。8 月 15 日泉州市中级人民法院收到案件，并于次日立案。立案后立即指派专人负责，于当日完成调查取证并上报省法院。

委托送达、协助调查取证是两岸开展互助协作最为主要的业务，从以上两个例子可见，两岸开展互助协作程序仍较为繁琐，效率亦显低。海峡两岸同属于一个中国，但目前客观上仍分处于不同的法域，具有其特殊性和独特价值。[①] 2009 年两岸协议在共同打击犯罪、文书送达、调查取证、裁判的认可和执行、人员遣返、罪犯移管、人道探视等民事、刑事方面作了较为具体的规定，在司法实践中两岸双方广泛开展互助协作活动。为落实两岸协议，进一步推动海峡两岸司法互助业务的开展，确保协议中涉及人民法院有关送达文书和调查取证工作事项的顺利实施，2011 年 6 月 14 日最高人民法院发布《关于人民法院办理海峡两岸送达文书和调查取证司法互助案件的规定》并将互助范围扩展到协议并未涉及的行政诉讼领域。至此，两岸司法互助协作从个案协作转入制度化、系统化协作，并取得较大成效，但在实践中仍存在不少问题。

（二）问题梳理

海峡两岸司法互助协作存在的问题主要表现在以下三方面：

1. 运行机制——联系对接机构层级高，需层层流转。为保障司法协作顺利开展，最高人民法院与台湾地区法务主管部门建立了相应的联系单位。但大陆因对接联系的单位是最高人民法院或高级人民法院，而具体办理司法互助业务的法院层级为中级、基层人民法院，对接联系的单位层级高，互助事项申请需要中转的层级多、耗费的时间长。以文书送达为例，对于需要委托台湾地区法院协助送达司法文书的，报送高级人民法院审查后转送台湾方面；对于台湾地区法院请求我国大陆代为送达的，由高级人民法院审查后转交基层人民法院办理。而如果请求的事项是调查取证，则由最高人民法院对接台湾，接收审查并逐级转交至中级人民法院办理。台湾地区法院甚至还不能直接与大陆法院联络，需要通过法务主管部门中转。且不说办理期限比其他案件长，中间流转的时间还不计入期限。毋庸讳言，这种协作模式流程繁多，不但造成了当事人的诉累，也严重制约了法院的审判执行提质增效。正如例 1 协助送达，从台湾地区层层流转到泉州市丰泽区法院完成送达并发出《送达回证》单程就用了接近三个月时间，若是到达台湾地方

① 任际：《国际司法研究》，法律出版社 2013 年版，第 377 页。

法院办案法官更是在5个月之后了。例2协助调查取证，由于大陆对接的单位是最高人民法院，流转的程序更多，耗费的时间也更长，仅从台中地方法院办案法官发出请求到证据材料调查完成就用了五个半月，同理若是到达台湾地方法院办案法官更是在10个月时间之长了。以上两个例子可以看出两岸互助合作由于对接的联系机构设置层级高、流程多，时间主要是耗费在中间的流转途上，导致互助协作整体效率低下。

2. 互助协作范围——囿于协助送达为主，调查取证为辅。海峡两岸在共同打击犯罪方面做了较为详细的规定，在司法实践中，除协助送达和调查取证外，其他方面甚少涉及。据统计，近三年福建法院与台湾地区共提出互助协作事项4650件①，均仅限于协助送达及调查取证，其他业务甚少涉及（具体详见下表）。两岸司法互助还远远无法满足民事涉台案件审判实践对司法互助协作的现实需求，早在协议签订之时就有学者倡导由海协会与海基会代表两岸签订“海峡两岸民事司法互助协议”，构建更加全面、便捷和高效的两岸民事司法互助机制。② 但九年时间过去了，两岸关于民事诉讼方面的司法互助协作并没有明显进展。

2016－2018年福建法院与台湾地区司法互助情况

请求主体	事项（件）		合计（件）
	委托送达	调查取证	
台湾地区	1158	24	1182
福建法院	3204	264	3468
合计	4362	288	4650

3. 互助协作目的——以助益法官办案为指向，便民机制仍空白。现行以协议为基础的双向互动协助模式，是两岸司法机关仁人志士以保障审判执行顺利进行和追求裁判效率的提升为指向。③ 而司法除了要追求公平、公正与效率，也应该兼顾司法便民原则。诉权（行使）的广泛性、便捷性是现代社会司法文明的重要标志。④ 但现行的司法互助规定在两岸民众关切的民事诉讼服务方面仍是空白。在两

① 数据来源：2019年6月3日通过福建法院司法大数据管理与服务平台查询。

② 参见汤维建：《签订两岸民商事司法互助协议，推动民事经济深入交流》，载《团结》2010年第4期。

③ 李桦、许荣锟：《两岸互涉司法文书协助送达模式的演进与展望》，载《东南司法评论》（2015年卷）。

④ 最高人民法院司法改革领导小组办公室编写：《最高人民法院关于全面深化人民法院改革的意见》，人民法院出版社2015年版，第27页。

岸互涉民事诉讼中，当事人因路远奔波，往来交通不便以及因此而产生的不菲诉讼成本，让“立案难”“诉讼难”“执行难”在跨境诉讼中更为突出，也更为难解。这不仅不利于当事人的权益保护，也不利于法院公正高效审判，甚至还会出现平行诉讼①的现象，侵害两岸的司法权威，也损害两岸关系健康发展。

二、他山之石：海峡两岸推行跨域诉讼服务制度的引入

在和平与发展成为两岸关系发展主题的前提下，两岸经济合作日益深化，文化交流不断扩展，民间交流愈加频繁，海峡两岸互涉案件迅速增长，现行的互助协作机制已经无法满足司法办案的需要，无法满足两岸民众对司法便民的期待。建立健全更加便民高效的互助协作机制，促进增强海峡两岸司法互助协作，笔者建议推行跨域诉讼服务以顺应两岸百姓需求，符合两岸司法办案协助需求，契合历史发展潮流。

（一）制度引荐：跨域诉讼服务的源起与发展

跨域诉讼服务制度是 2015 年 1 月 12 日首创推行于福建泉州法院，全称为“跨域·连锁·直通”式诉讼服务平台，是以破解异地诉讼难为目的，坚持跨域的思维和法院诉讼服务一体化的理念，以信息化手段将全市法院编织成一张紧密的诉讼服务网，为当事人提供跨域诉讼服务，为法院司法协作提供平台的一种诉讼服务模式。平台推行后，引起社会各界较大反响，取得了良好的效果。同年 10 月起，福建省高级人民法院在全省中级、基层法院（包括派出法庭）全面推广其中的一项功能——跨域立案诉讼服务。2017 年 3 月最高人民法院决定在 14 个高院、中院试点推行跨域诉讼服务，目前超过 1000 余家法院试行。“跨域·连锁·直通”式诉讼服务平台曾被最高人民法院誉为“开先河的创意、全局性的创新、革命性的创造”，周强院长曾三次作出批示肯定。2019 年 1 月 15 日习近平总书记在中央政法工作会议上作出“加快推进跨域诉讼服务改革，推动诉讼事项跨区域远程办理、跨层级联动办理，解决好异地诉讼难问题”的重要指示。习近平总书记的讲话是对跨域诉讼服务改革探索的肯定，也是对民众异地诉讼难问题的关切。跨域诉讼服务推行四年多来，为群众和社会各界所肯定，毋庸置疑，是因其具有巨大

① 平行诉讼是指当事人就同一事实、同一争议、同一目的，同时或先后向我国大陆的人民法院与台湾地区的法院进行诉讼。

的社会价值和法律价值。

（二）理论解读：跨域诉讼服务的核心思维

跨域诉讼服务的核心是人民法院在跨域思维指导下，通过加强司法协作，服务百姓办理异地诉讼事项，其本质主要表现在：

1. 跨域思维。跨域是一种先进理念、一种创新精神、一种改革方向，[①] 贯通了法院诉讼全流程，打破了法院之间的区域障碍，联动了法院之间的层级限制，也突破了法院与其他系统之间的壁垒，协作主体之间互联互通互信，社会资源共享共治共管。在司法领域，只要不影响案件审判的公平公正原则，不突破法律关于管辖的规定，皆可作为跨域改革的尝试。

2. 系统思维。系统论的创始人贝塔朗菲认为“系统是相互联系、相互作用的诸元素的综合体。”[②] 系统的思维就是关于系统内部各子系统之间以及系统同外部环境之间相互关系的分析，从而为决策者做出判断提供科学依据。[③] 诉讼服务自2009年2月最高人民法院出台《关于进一步加强司法便民工作的若干意见》《人民法院第三个五年改革纲要》以来，各地法院在实践中从服务项目，服务程序、服务路径等方面不断探索和完善，并取得一定成效。跨域立案诉讼服务平台是一个开放兼容、动态发展的创新体系，吸收整合现阶段关于跨域诉讼服务的先进做法和有效模式，契合《人民法院第五个五年改革纲要》关于提升改革的系统性、整体性、协同性，加强系统集成的要求。

3. 服务思维。自古以来，法官文化历史悠久且颇具特色，其中最为显著的是以宋朝包拯等为代表的青天法官的形象在历史千古流芳。[④] 现代法官心中仍深刻着青天老爷的职权主义法官情结，法官的职责应是坐堂问审、维护社会公平正义，与现代诉讼的“服务”理念存在冲突与违逆。跨域诉讼服务打破了法院传统的思维定式，紧扣“为大局服务”“为人民司法”的宏观命题。为群众提供跨域诉讼服务，从制度上、根本上破解异地诉讼难、异地诉讼累这一“世界性”难题。[⑤]

---

① 欧岩峰：《家门口打官司成为现实》，载人民法院报2015年9月7日第5版。

② 苗东升：《系统科学精要》，中国人民大学出版社1998年版，第26页。

③ 李志军：《第三方评估理论与方法》，中国发展出版社2016年版，第50页。

④ 孙振庆、张健、秦倩启：《传统“青天”法官形象对法院文化建设的启示》，载《山东审判》2012年第4期。

⑤ 欧岩峰：《跨域·连锁·直通——“家门口诉讼”模式的实证与法理》，法律出版社2016年版，第2页。

4. 协作思维。跨域诉讼服务系统建立域内法院跨域协作的常态化机制，变案件从立案到审判、执行的诉讼流程在单个法院的传统单轨制运行模式为多个法院协同推进的双轨、多轨制运行模式①，改变了法院之间“自扫门前雪”的传统格局，促使各法院之间加强协作，为破解“送达难”“保全难”“执行难”等诸多长期困扰法院的难题开辟一条新路，实现“管理提质、法官减负”的双重功能和综合效益，也为跨域诉讼服务改革提供源源不竭的内生动力。

（三）实证需求：跨域诉讼服务在海峡两岸推行的需求评估

现阶段，海峡两岸推行跨域诉讼服务是两岸司法机关办案所需，更是两岸民众所盼。

1. 目的性考量

（1）从方便两岸百姓诉讼考量，有效减轻当事人诉累。最高人民法院原副院长景汉朝同志在泉州法院调研“跨域·连锁·直通”式诉讼服务平台时指出，平台“如果能够在更远距离、更大范围内推广运用，意义将更大，效果将更明显，有利于解决偏远地区、不同区域间当事人诉讼不便的问题。当事人之间的地域相距越远，给当事人节省的诉讼成本也越大。”如果跨域诉讼服务在两岸推行，将在不触碰管辖规定的原则下，突破两岸地域的阻隔，通过两岸法院间协作代替当事人远途奔波，百姓在家门口就可办理跨海峡两岸的异地诉讼事项，大大节约了诉讼成本。

（2）从助益司法机关办案考量，提高司法效率节约司法资源。两岸推行跨域诉讼服务，是通过法院之间制度化、系统化、信息化的联动网络，各法院在立案、审判、执行、信访及诉讼服务各环节、各领域互联互通、互帮互助，各法院对于请求协助的事项认真及时办理②，这样在更大范围拓展诉讼服务和司法互助协作的项目，也进一步简化诉讼服务流程，促进两岸司法互助协作更加直接紧密频繁，实现司法资源共享共治，有益于两岸司法机关提高诉讼效率、节约司法成本。

（3）从两岸司法文化交流考量，增强促进互助协作基础。大陆法院始终坚持“两岸一家”理念，重视对台交流及涉台审判，积极创设“海峡两岸司法实

① 欧岩峰：《跨域·连锁·直通——“家门口诉讼”模式的实证与法理》，法律出版社2016年版，第12页。

② 欧岩峰：《跨域．连锁．直通——［家门口诉讼］模式的实证与法理》，法律出版社2016年版，第31页。

务研讨会”等平台，促进两岸司法文化交流和人民心灵契合，增强两岸司法互助协作基础。两岸跨域诉讼服务制度的推行，促使两岸司法机关加强司法协作，将更有力地推动两岸法制进步，也为促进两岸经济文化交流提供有力的司法保障。

2. 必要性考察

（1）经济文化发展对司法创新有客观要求。近年来随着两岸交往日益密切，跨境的经济活动、人口流动频繁活跃，跨境的民事、刑事案件数量呈逐年上升趋势。司法制度作为上层建筑，在两岸经济社会交流密切，共同促进发展的情况下，也必须努力改革创新，加强司法协作，与两岸经济文化频繁交流的客观基础相适应，促进两岸经济文化共同发展。

（2）两岸民众对跨境诉讼服务有期待。据笔者研究了解，截至目前关于两岸跨境便民诉讼的制度规定终是未见只言片语。两岸民众在办理诉讼事项时，需要跨境频繁“来回跑”，路远奔波，耗费当事人大量的时间成本、精力成本、经济成本等，当事人对两岸加强司法协作，切实减轻跨境诉讼的负担有极其迫切的要求和期待。

（3）两岸司法机关办案有需求。近年来两岸经济文化交往频繁，跨境案件日益增多，案情日趋复杂，需要司法互助查明的案件亦呈日益增多之势，特别是民事诉讼服务方面需要司法互助的案件与项目更是在不断的拓展与增加。具体从诉前调解、诉讼指引、查询咨询，到跨境异地立案、材料收转，到远程视频开庭、调解，以及到文书送达、跨境执行、信访等诉讼流程的各个阶段和领域，都期待有更广泛的协作、更深层次和更全面的协作。

据台湾地区资料统计，自 2009 年 6 月 25 日至 2017 年 12 月 31 日，两岸共提出 102674 件协助请求，年均请求案件数约 12179 件。在该期间，台湾地区请求大陆方面协助请求 75619 件，而大陆请求台湾地区司法互助请求 27055 件，总体上看，台湾地区请求案件数量相对较大，大陆方面请求案件数量相对偏少，但请求数量呈迅速增长势头，且从 2010 年 85 件激增至 2017 年的 3521 件。[①] 两岸司法互助案件量大，司法实践互助需求大，亟需司法机关密切协作，推行更为简便快捷精准高效的跨域诉讼服务模式，以提高审判效率，节约司法资源。

---

① 薛永慧：《海峡两岸司法互助：成效与挑战》，载《台湾研究》2018 年第 3 期。

3. 可行性分析

（1）基本前提——制度本身正当性。跨域诉讼服务是大陆跨域立案诉讼服务的深化和拓展，是两岸司法机关通过加强司法协作，在诉讼服务领域为当事人提供跨域诉讼服务，也为两岸司法机关办案提供更直接、简便、快捷、全面、高效协助的诉讼服务机制。跨域诉讼服务机制的运行模式是在不突破法定管辖的前提下，协作法院在跨域思维的指导下，坚持法院“一体化”的理念，运用现代信息技术，为当事人、管辖法院提供诉讼服务事项办理的协助。在制度层面上，跨域诉讼服务制度符合协议精神，符合两岸现有法律规定。

（2）协作基础——司法便民是两岸司法机关工作的共同原则。“天地之大，黎民为本”“天下之治，以民为先”。坚持以民为本，是中华传统文化精髓，也是司法人文价值重要取向。虽然大陆和台湾地区属不同法域，但是大陆坚持“以人民为中心”的司法为民主题与台湾地区的司法便民利民的工作原则是不谋而合的，是两岸司法同仁共同秉持的理念。为让当事人能以更便捷的方式参与诉讼，保障当事人能真正“接近正义”，台湾地区司法从1996年开始推动所属法院成立“单一窗口联合服务中心”，力图为民众提供便捷而有效的服务。[①] 出台法院便民利民实施要点，在法院专设“诉讼辅导科”，系统推行便民措施。[②] 司法便民是两岸司法机关共同追求的原则，是两岸推行跨域诉讼服务的基础。

（3）经验保障——两岸司法互助协作经验丰富。自从两岸开启司法协作以来，陆续签订了《最高人民法院关于涉台民事诉讼文书送达的若干规定》《海峡两岸共同打击犯罪及司法互助协议》等规定，两岸司法互助协作的案件已经遍及大陆各省，涉及民事、刑事、行政各领域，在互助协作上执行得较为顺利，两岸互动联系较为紧密，也积累了较为丰富的经验，为进一步深化跨境诉讼服务提供了宝贵的经验基础。

三、模式构建：海峡两岸跨域诉讼服务制度的对策建议

海峡两岸跨域诉讼服务制度的创建及推行是一项系统的庞大的法治建设，需要从律法固化、优化实践操作、技术保障、配套机制等方面建立和完善。

---

① 陈明、丁寰翔：《人民法院诉讼服务中心建设理论与实践》，中国民主法制出版社2017年版，第25页。

② 何四海：《民事诉讼便民原则的现代化》，载《求索》2010年第12期。

（一）双边协议立法，商定两岸跨域诉讼服务协作

从两岸交流的现状和两岸人民的共同期盼来看，商签海峡两岸跨域诉讼服务协议是两岸交流的趋势所在，也是两岸民众的民心所向。毋庸讳言，这需要两岸的共同努力，需要两岸相关机构有更加高超的政治智慧与务实的合作态度。经过长期积极探索和实践积累，两岸间的司法互助与合作，初步形成了以签署协议为基础、以单边立法为依据的颇具特色的区际司法合作模式。[①] 因此，笔者建议采取双边立法形式签订《海峡两岸关于推行跨域诉讼服务加强司法互助协作的协议》，规定推行跨域诉讼服务的原则、操作模式、具体事项、服务流程、保障机制等，为两岸跨域诉讼服务制度推行创设依据。

（二）优化对接模式，设立两岸司法互助协调中心

为改变两岸司法互助案件在大陆因对接单位层级高、在台湾地区无法直接对接法院，导致中转流程繁多复杂，效率低下的现状，建议大陆以基层法院为点，台湾地区以地方法院为点，设立两岸司法互助协调中心，专门负责两岸司法协作事宜，实行点对点、院对院的直接对接联系模式。各法院的两岸司法互助协调中心直接受理并完成当事人提出的诉讼服务请求事项及台湾地区请求办理的诉讼事项。跨域诉讼服务开展的业务范围是仅限于诉讼服务事项的互助协作，不触动管辖权、不涉及案件实质审理的问题，政治敏感度相对较低，“审核”标准也较为明确，建立相应的审查机制，将该项职责下放，省去中间“流转”“转递”环节，由实际办理的大陆基层法院或台湾地方法院负责也是妥当可行的。大陆基层法院及台湾的地方法院在协助办理跨域诉讼服务事项遇到无法解决的困难或问题时，可向各自的上一级法院请示，避免因个案问题，拖累全盘工作，舍本逐末、因噎废食。

（三）拓展“跨域”功能，充分发挥制度价值优势

“跨域”是一种创新理念，本身具有不可估量的价值，跨域之于司法行为，好比润滑油之于机械设备，油至则世界“腾飞”“让连接更顺畅”；跨域则使司法资源“盘活”，“让服务更全面精准”。现阶段笔者建议以大陆跨域立案诉讼服务制度为基础，深入拓展“跨域”功能：

1. 便民诉讼维度，构建全功能公共法律服务体系。一是全流程拓展，以跨域

---

① 郜中林：《两岸及内地与港澳法院司法合作与交流之状况与展望——以人民法院工作为视角》，载《人民法治》2015 年第 8 期。

立案为基础向诉前、立案、审判、执行、信访等各阶段的诉讼服务扩展。二是全系统拓展，各法院不分“你院我院”配合协作，上级法院直接代办辖区法院诉讼服务事项，实现诉讼实体服务“通存通兑”、诉讼线上服务“一网通办”。三是全社会拓展，联动律师事务所、法律援助中心、公证处、司法鉴定机构、仲裁机构、司法所、人民调解委员会等各专业法律服务机构，构建以党委为领导，法院牵头组织，部门行业共建，社会公众参与的公共法律服务体系。

2. 助益法官办案维度，搭建全时空协作办案信息平台。以“法院一盘棋，协作一体化”为思路，建立健全电子诉讼信息基础，加强电子卷宗建设，全力推行“无纸化”网上办案，“无纸化”电子卷宗流转，搭建信息健全、功能齐全、运行全速、性能全优的网络办案平台，实现网上办案“零障碍”，跨域司法协作“零距离”，诉讼效率大提高。

3. 增强社会综合治理维度，创建全融合的社会治理体系。联动工商、银行、交通运输等社会各行业、各部门，吸收社会各界力量，建立跨部门跨行业的失信联合惩戒体系，形成强大的执行合力，有效破解执行难，维护社会经济安全稳定；联动公安、司法、工商、妇联等部门行业，构建跨部门跨行业的矛盾纠纷多元化解体系，将涉两岸同胞的矛盾纠纷化解在诉前。

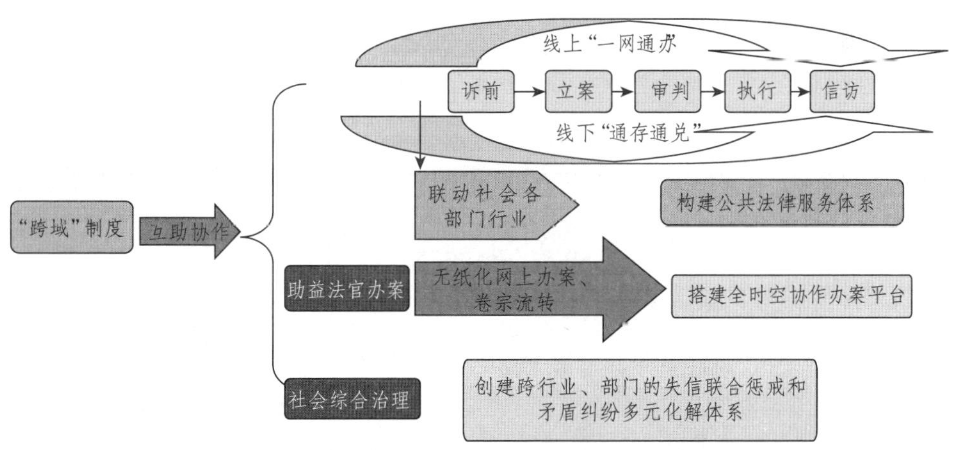

（四）界定适用范围，规范海峡两岸跨域制度的适用

确定两岸跨域诉讼服务清单既是明晰法院为两岸百姓提供的权利清单，也是

确定两岸司法协作的范围和项目清单，包括为民服务项目[①]和司法互助项目[②]：

1. 为民服务项目“一站式”办理。一是协作法院单方即可完成的事项：诉讼指引、查询咨询案件进展情况，打印、领取生效法律文书等。即对应台湾地区诉讼辅导科为民众提供的诉讼辅导服务。二是协作法院提供协助，以管辖法院接收即视为完成的事项：递交答辩状、上诉状等诉讼材料或提交证据材料等。三是协作法院提供协助，管辖法院行使审查等审判权的事项：提起民事诉讼、行政诉讼、刑事自诉、申请国家赔偿、执行、上诉、申请再审等立案申请。四是协作法院提供协助，或与管辖法院共同完成的程序性事项：调查取证、远程视频开庭、调解、信访等。五是上级法院直接为当事人办理辖区法院的诉讼服务事项。六是以公共法律服务平台为基础，提供综合法律服务。

2. 互助协作项目“全方位”协助。一是对应“为民服务项目”，积极回应群众请求开展互助协作。二是基于审判执行工作需要，委托协作法院代为完成诉讼辅助事项：委托送达、调查取证、远程视频开庭、调解、委托宣判等诉讼事项。三是联动社会各行业、各部门，吸收社会各界力量，形成强大的执行合力，破解执行难；构建以法院为中心的跨行业部门的矛盾纠纷多元化解体系，将涉及两岸的矛盾纠纷化解在诉前等。（见下图）

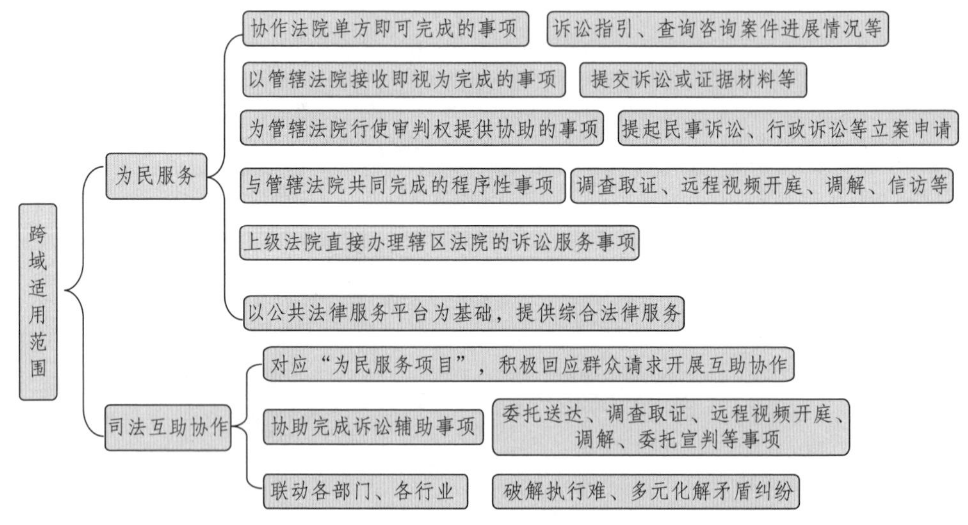

① 协作法院为当事人提供的跨域诉讼服务项目。

② 协作法院与管辖法院因审判办案需要互助协作，以提高司法效率，节约司法资源。此类项目一般以管辖法院向协作法院提出申请为主。

（五）提高信息支撑，建立“一体化”诉讼事项处理平台

在信息化时代，信息是最强大的生产力之一，海峡两岸跨域诉讼服务制度推行与业务开展，必须要有强大的信息技术载体作为支撑，充分发挥大数据管理和服务平台作用，建立“一体化”的诉讼服务事项处理平台，为群众诉讼提供服务，为法官办案提供智能辅助的平台。海峡两岸跨域诉讼服务信息技术平台的创建与完善，首当其冲要消除“数据烟囱”“信息孤岛”，实现两岸法院司法信息数据互联互通，各司法互助协作主体之间的司法资源互信互享，为跨域诉讼服务事项实现在台湾海峡两岸自由“跨域”搭建桥梁基础。其次，整合跨域立案诉讼服务信息系统、案件管理系统、诉讼服务网络系统、律师服务平台、电子卷宗系统、远程视频接访等系统，实现各系统平台有机对接、内网外网互通融合。再次，注重系统功能优化，积极跟进应用过程中产生的新情况、新需求和新问题，强化升级迭代，促进功能持续优化。通过司法信息深度智能化的应用，有效节约司法资源，提高司法效率。

（六）建立配套机制，健全跨域诉讼服务管理体制

海峡两岸跨域诉讼服务制度的有效推进除了制度的设立、运行模式构建、技术支撑外，还需借助相关机制管理保障。

1. 建立案件管理机制。开设跨域诉讼服务案件案号类型，根据不同的协助行为，设立不同的案号，纳入司法信息管理范畴，予以全流程、智能化、信息化的统计、监督与管理。建议省级法院在法官员额、法官助理、聘用制书记员数量和办案经费上对司法互助案件量大的下级法院予以倾斜。

2. 完善当事人投诉建议处理机制。拓宽当事人投诉建议渠道，对当事人就跨域立案诉讼服务进行的投诉，及时查清事实并反馈，涉及法院推诿、推脱、拒绝提供协助的，要求立即整改并予以通报批评；对于当事人好的建议，及时分析总结完善。

3. 建立检查考评机制。将深化跨域立案诉讼服务改革纳入司法巡查范围，由纪检监察部门牵头进行督查，对各地法院开展跨域诉讼服务的数量和质量进行定期通报。

4. 建立绩效评估机制。将海峡两岸司法互助案件纳入绩效考评机制，用绩效考评杠杆进行规制，对司法互助工作落实到位的单位与个人予以一定的奖励，对

未按相关规定办理的单位与个人，予以一定的惩戒并及时予以督促改正，以优奖劣罚带动海峡两岸跨域诉讼服务制度推行。

结 语

两岸同胞一家人，是血脉相连的命运共同体。增进两岸同胞福祉，是两岸中国人的共同愿望，也需要两岸司法界的共同努力。随着两岸关系和平发展进入巩固和深化的新阶段，两岸司法交流合作面临难得的机遇，也肩负更重的责任。两岸有关方面要继续保持密切沟通，不断增进互信，推行跨域诉讼服务，更好地为维护两岸同胞权益和服务两岸关系和平发展做出新的更大的贡献。

两岸诉讼服务机制比较研究之诉调对接机制对比

黄石勇[*]　黄志强[**]

多元化解纠纷机制是加强社会治理体系和治理能力现代化的重要举措，其中诉调对接机制是将当事人意思自治与司法强制相结合，诉讼与人民调解、仲裁、行政调解等相衔接的矛盾纠纷化解方式，可以实现高效、便捷、灵活解决各类矛盾纠纷，也有利于缓解法院“案多人少”的压力，历来备受各级法院所重视。尤其是近几年来，最高人民法院、福建省高级人民法院及司法行政机关陆续下发了有关诉调对接的指导性文件，各地法院相继开展诉调对接改革，取得了较好的社会效果。

一、我国法院诉调对接工作之历史发展

诉调对接是法院借助社会力量化解矛盾纠纷的一项制度，所以在其发展历程中，法院始终处于决策、引领、推动的作用。最高人民法院于2009年便发布了《关于建立健全诉讼与非诉讼相衔接的矛盾纠纷解决机制的若干意见》（以下简称《若干意见》），要求各级法院“充分发挥审判权的规范、引导和监督作用，完善诉讼与仲裁、行政调处、人民调解、商事调解、行业调解以及其他非诉纠纷解决

* 福建省法官协会会员。
** 福建省法官协会会员。

方式之间的衔接机制”“充分发挥人民法院、行政机关、社会组织、企事业单位以及其他各方面的力量，促进各种纠纷解决方式相互配合、相互协调和全面发展，做好诉讼与非诉讼渠道相互衔接”。我国各级法院据此结合实际开展了形式多样的改革探索。2012 年，最高人民法院又发布了《关于扩大诉讼与非诉讼相衔接的矛盾纠纷解决机制改革试点的总体方案》（以下简称《总体方案》），以类似于行政指令的方式要求各地法院参与诉调对接机制改革，其目的在于整合社会力量，探索创新法院参与社会治理，快速消化和解决日益增长的各类纠纷，维护社会的安定稳定。

《若干意见》和《总体方案》下发后，各地法院通过改革创新，逐步构建起开放有序、功能整合的诉调对接平台，取得了良好的社会效果。以福建法院为例，福建省高级人民法院从 2012 年开始，便陆续出台了多个关于多元纠纷解决机制的文件，如 2015 年福建省高级人民法院制定了《关于全面深化多元化纠纷解决机制建设的意见》和《福建法院全面深化多元化纠纷解决机制建设实施方案》，2016 年又出台了《关于进一步深化多元化纠纷解决机制改革的实施意见》，并确定厦门海事法院和福州晋安区法院等 24 家法院为多元化纠纷解决机制改革示范法院。2017 年和 2018 年，福建省高级人民法院结合司法改革，先后出台《关于深入开展精准服务便捷服务　全面推进全省法院现代化诉讼服务体系建设的意见》《关于进一步深化繁简分流和调解速裁机制改革的意见》《关于服务保障我省机构改革加强行政审判工作有关问题的意见》等，详细规定了诉调对接的具体措施及制度构建。2018 年以来，为优化营商环境，福建省高级人民法院进一步深化和拓展了诉调对接和多元化纠纷解决机制，下发了《关于司法服务优化营商环境的意见》《关于进一步贯彻落实人民法院与相关部门、行业诉调对接意见的通知》，并与工商业联合会联合制定了《关于发挥商会调解优势　推进民营经济领域纠纷多元化解机制建设的实施意见（试行）》。至此，福建省三级法院诉调对接和多元化纠纷解决机制全面覆盖了民事诉讼、行政调处、仲裁、人民调解、商事调解、行业调解等领域。实践中诉调对接工作主要体现在司法调解和人民调解的衔接上。

司法调解方面，各地法院按照“调解优先、调判结合”的审判原则，积极构建民商事案件立案调解和诉讼调解、刑事自诉及附带民事诉讼调解、行政诉讼协调、执行案件和解以及庭前、庭中、庭后的“一案三调”、判后释疑等在内的全方位全过程调解体系，实现了司法调解在诉讼程序中的全覆盖。鉴于各行业主管部门、社会团体和基层组织具有社会事务管理和化解社会矛盾纠纷的资源优势，笔者所在的南平两级法院主动与政府相关职能部门、行业协会、乡镇、社区等加强协调对接，成立了一系列调解组织，如设立了交通事故损害赔偿调解中心、医患纠纷调解中心、金融保险纠纷调解中心、林业纠纷联合调处中心等机构，对于化解特定类型纠纷发挥了十分重要的作用。

人民调解方面，为贯彻落实《人民调解法》，部分法院设立调解工作室和心理疏导室，依托乡镇司法所在各乡镇设立人民调解工作室，将离婚、抚养赡养等婚姻家庭类案件和其他简单的民事案件在庭前委托调解。经调解当事人达成调解协议或原告申请撤诉的，由审判人员出具民事调解书或民事裁定书。一些基层法院还协同妇联、关工委等组织，在法院诉讼服务中心设立心理疏导室，聘请心理咨询师，专门对婚姻家庭和涉及未成年的案件进行心理疏导，对该类案件的调解也起到较好的作用。

二、两岸法院诉调对接机制之比较

（一）台湾地区调解委员制度

台湾地区的调解制度属于诉讼外纠纷解决方式，是法院附设调解的典型形式。① 根据台湾地区“民事诉讼法”的相关规定，法院调解包括两方面内容：起诉前的调解依调解程序之规定；诉讼中的调解称为和解，依和解之规定。前者指法院在双方当事人发生争议而又未起诉前进行调停排解，使之达成协议，与大陆法院司法确认诉前人民调解协议类似。后者指当事人在诉讼中约定相互让步达成协议，终止诉讼程序，类似于大陆法院当事人自行协商达成协议后由原告撤回起诉。

由于台湾地区实行强制调解和调解后减免裁判费用制度（根据台湾地区民事诉讼相关规定，起诉后双方合意移送调解，原告可申请退回裁判费之2/3）②，台湾地区案件调解率较高。具体实施主体上，则由地方法院独任法官或简易庭法官办理。同时，为了借助具有专门知识或生活经验丰富之社会公正人士参与调解，切实发挥调解消弭讼争、减轻诉累之功能，提高调解成功率，台湾地区民事诉讼

① 齐树洁：《台湾地区民事诉讼制度》，厦门大学出版社2016年版，第115页。
② 陈荣宗、林庆苗：《民事诉讼法》（下），台湾三民书局2005年版，第854－855页。

规定特设调解委员制度，调解委员在独任法官指导下开展调解工作。对于调解委员的列册、选任、改选、职权、调解员费用的支领和调解的场所和形式等内容，均作了细致的规定，为调解委员正常履职提供了法律保障。法官可以选任名册上1至3名调解委员先行调解，必要时，法官也可以选任名册以外之人为调解委员。有2名以上调解委员时，法官确定其中1人为主任调解员。当事人对调解委员有异议，法官得另行选任或依其合意选任，不受法院名册所载人选的限制。总体上，台湾地区尊重当事人意思自治、鼓励诉讼外解决争议等理念是符合多元化解矛盾纠纷制度的发展趋势，有关审判与调解、法官与调解委员会的关系体系比较严密，强制调解范围、经双方合意可将诉讼事件移送调解、法官依职权提出解决争议的方案等规定也比较具体。[①]

（二）两岸诉调对接机制之差异

两岸民事纠纷调解制度均专章设置于民事诉讼相关规定的第一审诉讼程序之中，但存在较大差异。

一是调解的性质地位不同。台湾地区的调解制度属于法院附设的诉讼外纠纷解决方式，与通常诉讼程序、简易诉讼程序及小额诉讼程序并列，调解成立后有无效或得撤销的原因，当事人可另行起诉。而大陆法院的调解并非附设，而是诉讼结案的法定方式，与判决、裁定准许撤诉等结案方式具有相同的法律后果，如果调解协议生效后，发现无效或可撤销的原由，当事人只能按审判监督程序申请再审。

二是启动时间及适用方式不同。台湾地区调解制度只适用于诉前，在诉讼过程中则适用和解。大陆法院的调解则贯穿于案件审理之全程，从诉前到诉中，从一审至二审乃至再审，任何一诉讼程序的宣判前都可以进行。此外，台湾地区不采用开庭审理方式进行调解，而大陆法院在民事诉讼庭审程序中当事人作最后陈述后，还可征求当事人调解意愿。如果双方当事人同意调解，法官亦可当庭组织调解。

三是适用情形不同。根据台湾地区民事诉讼相关规定，发生在特殊人际关系之间的纠纷、小额诉讼、家事纠纷、不动产纠纷以及道路交通事故、医疗纠纷实行强制调解。上述纠纷在起诉前，应经法院调解，当事人无正当理由未于调解期

① 齐树洁：《台湾地区民事诉讼制度》，厦门大学出版社2016年版，第118页。

日到场者，法院得以裁定处新台币3000元以下的罚款，而且其有代理人到场而本人无正当理由不到场者亦同。[①] 大陆法院对于调解的适用情形仅在《民事诉讼法》第九十三条作了原则性规定：人民法院审理民事案件，根据当事人自愿的原则，在事实清楚的基础上，分清是非，进行调解。即大陆法院的调解以自愿为原则，不得强制调解。

四是作用不同。台湾地区纠纷调解前置目的在于能有效分流案件，缓解法院受案压力，而大陆法院调解的作用则更显多元化，除了分流案件外，还体现在审判质效上，成为考核法院及法官个人工作的一项重要指标。

三、我国目前诉调对接工作存在问题及原因分析

以南平市两级法院为例，诉调对接工作存在的主要问题是诉调机制对接适用率较低，难以有效分流案件以缓解法院人案配比矛盾。造成该结果的主要原因有：

一是民众认识存在误区。相较于诉讼程序，诉前调解无偿、便捷、高效等特点对于解决矛盾纠纷的作用越来越大。但目前社会公众观念仍存在“司法万能主义”倾向意识，对多元化纠纷解决机制的认同度并不高，甚至对调解结果的合法性和执行力也存在不同程度的疑虑，更多当事人愿意以“对簿公堂”的刚性方式解决矛盾纠纷，使得诉调对接在司法实践中运用较少。

二是案件分流机制不完善。基层法院受理的家事、借贷、相邻纠纷和交通事故损害赔偿纠纷等类型化程度较高的纠纷案件占很大比例，这些案件往往事实清楚，法律规定明确，如若庭前委托调解机制能够有效发挥，更有利于化解社会矛盾、节省司法资源。而实践中，庭前委托调解机制远没有达到预期效果，部分法院仍习惯于直接按案件类型将案件分配给相关审判庭审理，而委托分流给调解机构的较少。如福建省光泽县人民法院2018年共受理各类民商事案件1336件，而委托调解仅有51件，占3.82%；相较而言，该院以调解结案的民商事案件有501件，占37.5%。显然，诉前调解存在巨大的潜力空间。

三是调解机构人员业务能力参差不齐。基层法院负责诉调对接工作的专职调解员大都由人民调解员、人民陪审员和法院返聘的退休法官组成，基于来源、人事隶属及调解员自身等原因，调解员的民事调解业务能力参差不齐，敬业和高水

① 齐树洁：《台湾地区民事诉讼制度》，厦门大学出版社2016年版，第115页。

平的调解员偏少。仍以光泽县人民法院为例，该院诉讼服务中心的调解工作室有5名调解员，其中2名系综治协管员，另有3人系人民陪审员，年龄均在五十岁以上。虽然之前从事过调解工作，具备一定的调解工作经验，但缺乏专业的法律知识，只能调处案情简单、权利义务关系明确、当事人争议不大的案件，一定程度处于被动“走程序”阶段，调解机构的能动与活力略显不足。

四是调解员人员隶属不顺及工作经费保障不足。无论是基层法院在内部设立的调解机构还是联合行政机关、社会团体和基层组织在外部设立的调解机构，特聘的调解人员除退休人员外，基本都有自己的单位和本职工作，工资也由原单位发放，法院或相关部门实际上并无法实施有效的管理和引导。同时，调解人员的工作经费及履行职务的补贴普遍没有列入财政预算，多数由司法行政机关、调解机构设立部门或法院自筹，缺乏明确的调解工作报酬补贴计发标准，一定程度上影响了调解员的工作积极性。

四、完善诉调对接工作之建议

由于司法资源配置的有限性，诉讼程序无法解决所有的矛盾纠纷，法院自应承担起矛盾纠纷调度、分流的职责。近年来，各地法院陆续开展了案件分流、调解、速裁等改革。如上海市浦东新区人民法院设立了单独建制的民七庭，专门司职诉调对接工作，实施“司法确认+诉前调解+快速裁决+执前督促”的“四合一”纠纷处理模式。该院建设的调解中心面积达4000多平方米，配置有专门的服务接待窗口、调解室等，消费者协会、贸易促进会、医患纠纷调解委员会、政府信访办等13家单位亦派代表进驻，用不足4%的审判资源分流了全院30.6%的民商事纠纷。[①] 四川省眉山市中级人民法院设立的诉调对接中心，配有专职调解员、特邀调解员等，集诉讼服务、受理立案、诉讼辅导、调解分流、互派进驻、司法确认、案件速裁等功能为一体，其形成的“眉山方法”被最高人民法院推广。[②] 这些法院的改革实践证明，建立在诉调对接中心这个平台上的各种机制，将化解纠纷和法律规制两种功能适当“剥离”，成为司法与社会力量的最佳结合点，可以有效将大量矛盾纠纷解决在诉前，还可以通过民事诉讼法确立的司法确认制度给

---

① 张蕾、张嫣：《“诉调对接”的新路径》，载《中国审判》2009年第10期。

② 钟成：《筑强平台　整合资源　创新模式》，载《人民法院报》2015年4月10日第5版。

予司法强制力保障，体现了“以人为本”的矛盾纠纷化解理念和集中力量、全程快速化解纠纷制度的优越性，对于当前解决法院案多人少矛盾、维护社会稳定、促进社会治理体系和治理能力现代化具有十分重要的实践意义。

（一）特定纠纷立案前调解程序前置

借鉴台湾地区调解制度的有效做法，可结合立案登记制对诉前调解制度进行改革。建议对《民事诉讼法》第八章“调解”章节中第九十三条进行修改，增补第二款：对于小额诉讼以及发生在特定关系人之间的纠纷、不动产纠纷以及其他法律关系简单、权利义务关系明确的民商事纠纷，法院应先予登记，移送调解机构先行调解。法院登记立案后，对于拒不接受法院调解或未经调解机构调解的纠纷裁定不予受理。

（二）重新配置法院内部结构和职权

结合当下正在推进的司法体制改革，可考虑将基层法院的审判机构整合成诉调对接中心和专业审判庭两个大部门，以实现节约审判资源和优化职能配置之目的。诉调对接中心的主要职责为立案、分流、调解和速裁，由若干法官、法官助理、书记员以及外聘专职调解员组成，可自行组织化解简易民商事纠纷以及法定的调解程序前置的纠纷，亦可通过联络委托外部调解机构化解专业的矛盾纠纷。鉴于目前法院实际，诉调对接中心可以在立案庭和诉讼服务中心基础上进行人员及职责的调整。诉调对接中心调解无效的案件移送审判庭审理，审判庭审理过程中，当事人有调解意愿的，也可移送诉调对接中心进行化解，逐步实现专职调解法官与裁判法官分离之目的。

（三）实施诉调对接工作绩效“分类考核”标准

目前法院内部对法官业绩的考核仍主要以办案数量、调撤率、一审服判息诉率和二审改判发回率等指标为依据。诉调对接中心审理的主要是简单的民商事案件，数量相对较大；而审判庭审理的则是较为疑难复杂之案件，数量相对较少。两者很难具有可比性，如果仍实行一个标准考核，显然有失公平，也不利于发挥各法官的长处及优点。因此需对两个领域实施不同的考核标准，对诉调对接中心的法官主要侧重于案件数量、调解率和调解案件申请执行率等指标考核；而对于审判庭法官的考核则主要针对审判质量方面，如考核一审服判息诉率、二审发回改判率和再审率等，不再将案件数量、调解撤诉率等作为考核指标。

（四）强化诉前调解指导工作

调解员的调解能力直接影响调解案件的质量与效率，所以提升调解人员的业务素质对于促进诉调对接工作良性循环也就显得尤为重要。因此，应当加强对各类调解机构调解员的业务指导，除集中的业务培训外，法院还应加强与乡镇司法所、村（社区）调解委员会的联系沟通，对调解工作中遇到的疑点、难点问题进行剖析和专题研究。也可通过邀请旁听、个案辅导、答疑解惑等形式，提升基层人民调解员或其他调解机构人员调处矛盾纠纷的能力和水平。对于专业性较强的医疗、环境资源、知识产权等纠纷以及证券、融资等新类型纠纷，邀请相关专业人员参与调解，从而促进调解质效与人员素质的双提升。

（五）建立调解员经费保障和奖励机制

“兵马未动，粮草先行。”任何一项工作举措的实行都与经费保障有着不可分割的关系。为提升调解员的工作积极性，应当建立必要的经费保障和奖励机制，将法院、行政机关及基层组织设立的调解机构经费纳入财政预算，实施“以案定补”的计酬方式。同时对有突出贡献者给予物质和精神奖励，促使调解员“愿意”并积极争取参加诉前调解工作。

两岸对侵权法中因果关系的规范

苏建平[*]　庄莉琳[**]

一、两岸对侵权责任关系中因果关系的规范

《中华人民共和国侵权责任法》（以下简称《侵权责任法》）及相关司法解释中有关因果关系的规范		台湾地区所谓“民法典”中有关因果关系的规范	
第十六条	侵害他人造成人身损害的，应当赔偿医疗费、护理费、交通费等为治疗和康复支出的合理费用，以及因误工减少的收入。	第184条第1款	因故意或过失，不法侵害他人之权利者，负损害赔偿责任。故意以背于善良风俗之方法，加害于他人者亦同。

* 福建省法官协会会员。
** 福建省法官协会会员。

续上表

《中华人民共和国侵权责任法》（以下简称《侵权责任法》）及相关司法解释中有关因果关系的规范		台湾地区所谓“民法典”中有关因果关系的规范	
第三十四条	用人单位的工作人员因执行工作任务造成他人损害的，由用人单位承担侵权责任。劳务派遣期间，被派遣的工作人员因执行工作任务造成他人损害的，由接受劳务派遣的用工单位承担侵权责任；劳务派遣单位有过错的，承担相应的补充责任。	第 186 条	公务员因故意违背对于第三人应执行之职务，致第三人受损害者，负赔偿责任。其因过失者，以被害人不能依他项方法受赔偿时为限，负其责任。前项情形，如被害人得依法律上之救济方法，除去其损害，而因故意或是不为之者，公务员不负赔偿责任。
第三十五条	个人之间形成劳务关系，提供劳务一方因劳务造成他人损害的，由接受劳务一方承担侵权责任。提供劳务一方因劳务自己受到损害的，根据双方各自的过错承担相应的责任。	第 188 条	受雇人因执行职务，不法侵害他人之权利者，由雇用人与行为人连带负损害赔偿责任。但选任受雇人及监督其职务之执行，已尽相当之注意或纵加以相当之注意而仍不免发生损害者，雇用人不负赔偿责任。如被害人依前项但书之规定，不能受损害赔偿时，法院因其声请，得斟酌雇用人与被害人之经济状况，令雇用人为全部或一部之损害赔偿。雇用人赔偿损害时，对于为侵权行为之受雇人，有求偿权。
第十条	承揽人在完成工作过程中对第三人造成损害或者造成自身损害的，定作人不承担赔偿责任。但定作人对定作、指示或者选任有过失的，应当承担相应的赔偿责任。	第 189 条	承揽人因执行承揽事项，不法侵害他人之权利者，定作人不负损害赔偿责任。但定作人于定作或指示有过失者，不在此限。

续上表

<table>
<tr><th colspan="2">《中华人民共和国侵权责任法》（以下简称《侵权责任法》）及相关司法解释中有关因果关系的规范</th><th colspan="2">台湾地区所谓“民法典”中有关因果关系的规范</th></tr>
<tr><td>第七十八条</td><td>饲养的动物造成他人损害的，动物饲养人或者管理人应当承担侵权责任，但能够证明损害是因被侵权人故意或者重大过失造成的，可以不承担或者减轻责任。</td><td>第 190 条</td><td>动物加损害于他人者，由其占有人负损害赔偿责任。但依动物之种类及性质已为相当注意之管束，或纵为相当注意之管束而仍不免发生损害者，不再此限。动物系由第三人或他动物之挑动，致加损害于他人者，其占有人对于该第三人或该他动物之占有人，有求偿权。</td></tr>
<tr><td>第八十八条</td><td>堆放物倒塌造成他人损害，堆放人不能证明自己没有过错的，应当承担侵权责任。</td><td rowspan="3">第 191 条</td><td rowspan="3">土地上之建筑物或其他工作物所致他人权利之损害，由工作物之所有人负赔偿责任。但其对于设置或保管并欠缺，或损害非因设置或保管有欠缺，或于防止损害之发生，已尽相当之注意者，不在此限。
前项损害之发生，如别有应负责任之人时，赔偿损害之所有人，对于该应负责者，有求偿权。</td></tr>
<tr><td>第八十九条</td><td>在公共道路上堆放、倾倒、遗撒妨碍通行的物品造成他人损害的，有关单位或者个人应当承担侵权责任。</td></tr>
<tr><td>第九十一条</td><td>在公共场所或者道路上挖坑、修缮安装地下设施等，没有设置明显标志和采取安全措施造成他人损害的，施工人应当承担侵权责任。窨井等地下设施造成他人损害，管理人不能证明尽到管理职责的，应当承担侵权责任。</td></tr>
</table>

续上表

《中华人民共和国侵权责任法》（以下简称《侵权责任法》）及相关司法解释中有关因果关系的规范		台湾地区所谓“民法典”中有关因果关系的规范	
四十三条	因产品存在缺陷造成损害的，被侵权人可以向产品的生产者请求赔偿，也可以向产品的销售者请求赔偿。 产品缺陷由生产者造成的，销售者赔偿后，有权向生产者追偿。因销售者的过错使产品存在缺陷的，生产者赔偿后，有权向销售者追偿。	第191条之1	商品制造人因其商品之通常使用或消费所致他人之损害，负赔偿责任。但其对于商品之生产、制造或加工、设计并无欠缺或其损害非因该项欠缺所致或于防止损害之发生，已尽相当之注意着，不在此限。
第四十八条	机动车发生交通事故造成损害的，依照道路交通安全法的有关规定承担赔偿责任。	第191条之2	汽车、机车或其他非依轨道行驶之动力车辆，在使用中加损害于他人者，驾驶人应赔偿因此所生之损害。但于防止损害之发生，已尽到相当之注意着，不在此限。

分析上述对照表可知：(1) 两岸关于同类民事侵权案件的规范，均仅列举了一些常见、简单的侵权行为，并没有关于“侵权责任构成要件”的抽象概括，自然也不会有关于“因果关系”的明确规定。但认真观察上述法条规定可知，不管是大陆以“造成”“因”字样连接的法条；又或是台湾地区以“致”“加损害于”等关联词串联起来的规范，其实已然涵盖了“具体的因果关系”。(2) 能以“造成”“因”“致”“加损害于”字样串联起来的规范往往对应的也是一些较为简单的侵权关系；判断这些侵权行为与损害后果之间是否存在因果关系一般不需要复杂的理论分析。

关于因果关系判断，其实立法者并非从未想过制定抽象总括性规范：《侵权责任法》草案一审稿中就对因果关系的举证责任进行过明确的规定，即“受害人应当证明侵害行为与损害后果之间存在因果关系。法律规定应当由侵权人证明因果关系不存在，如果侵权人不能证明的，视为存在因果关系。”但最终颁布的《侵权责任法》将该规定删除，原因是“在征求意见过程中，有的人提出，因果关系问题较为复杂，《侵权责任法》草案一审稿的规定比较简单，不足以解决问题，有可能束缚法官根据具体案情对一些复杂因果关系的判断。草案二审稿最终删除了这一规定。”① 正是由于因果关系问题具有复杂的科学属性以及司法实践中千变万化的案情，最终促使立法者认为“如何判断因果关系需要由法官根据个案的实际情况，依一般社会经验决定②”；故放弃对“因果关系判断”的相关立法。笔者虽未查询到为何台湾地区亦未有因果关系判断的相关规范，但相信台湾地区法律人士亦认识到对于复杂现实纠纷所对应之因果关系的判断，简单的规范不仅可能无济于事，反而会成为羁绊法官判断的障碍，索性将侵权责任中“因果关系的判断”完全授权于法官，笃信法官运用一定的法理并结合一般社会经验定会有公正的裁断。

二、两岸关于侵权行为法中“因果关系”的学说

（一）大陆关于“因果关系”的学说概述

关于侵权行为中的因果关系问题，大陆民法学说经历了一个循序渐进的过程。首先是必然因果关系说之通说地位的确立，必然因果关系说认为，违法行为和损害之间的因果关系有必然的合乎规律的联系，不能以人的意志为转移；确定因果关系，就是要从客观现象中去寻找揭示它们之间存在的不以人的意志为转移的必然联系。③ 但近些年来，不少学者（包括魏振瀛、梁慧星等）对此提出质疑并认为相当因果关系说更具合理性④，从而在一定程度上动摇了必然因果关系说的通说地位。

最高人民法院认为，民法学界对于因果关系的研究历经了一个从必然因果关系通说地位的确定及动摇到相当因果关系说确定的过程。⑤ 相当因果关系说实际上是将对加害行为与损害结果因果关系的判断分为两个步骤：首先应判断导致结果

---

① 王利明：《中华人民共和国侵权责任法释义》，中国法制出版社 2010 年版，第 48 页。

② 同注①。

③ 最高人民法院编写组：《司法解释理解与适用配套丛书：买卖合同司法解释适用解答》，人民法院出版 2012 年版，第 240 页。

④ 梁慧星：《雇主承包厂房拆除工程违章施工致雇工受伤感染死亡案评释》，载《法学研究》1989 年第 6 期。

⑤ 同注①。

发生的行为是否为损害发生的必要条件（即判断“条件关系”）；其次判断该行为是否在极大程度上增加了损害结果发生的可能性（即判断“相当性”）。

1. 关于条件关系。条件关系的认定，是通过“要不则无”（But－For）公式来判断的。即如果没有行为人的加害行为，仍会产生损害结果，那么条件关系不成立；如果不会产生此种损害结果，那么条件关系成立。台湾学者将之概括为“无此行为，必不生此损害”。

2. 关于相当性的认定。相当性的认定实际上就是法律上的价值判断，此种认定实际上就是在判断被告的行为是否为损害发生的充分原因。因此，相当因果关系说也称为充分原因说。[①] 最高人民法院上述态度可以明确：（1）现今大陆司法其实也应以相当因果关系作为判断阐明“因果关系”存在与否的一般标准；（2）该“相当因果关系”的内涵与台湾地区通用的“相当因果关系”大致相同。

（二）台湾地区关于“因果关系”的学说

台湾地区学者对因果关系较早也较普遍采用的是“相当因果关系”论。关于相当因果关系不同学者其陈述繁简难易亦有不同，但内涵大致相同，以下仅对相关学者论述列举一二。

一定行为是否可生同种之结果，依普通一般之经验而定，应先就结果决定是否由被告之行为而生，次究其结果是否一般的有由此行为发生之可能性。然为此观察基础之条件，应以何种为标准以定其范围，则因主观与客观观察而有不同。……其中以一般的适当条件说最为可采。此说，谓就行为始客观的存在之条件中，以深有注意之人可得而知之者为基础，其条件一般的有发生同种之结果之可能时，其条件与结果之间为由相当因果关系。[②] 史尚宽先生15岁即赴日本留学，此前所受多半是旧时教育，故其行文上文白参半，略显生涩，但其关于相当因果关系之内涵的阐述是现今台湾地区可找寻的较早且完整的论述之一。

王泽鉴先生专攻民法，其民法专长系台湾地区之权威。其著作中关于相当因果关系有以下论述：相当因果关系是由“条件关系”及“相对性”所构成的，故在适用时区别二个阶段：第一个阶段是审究其条件上的因果关系；如为肯定，再

① 江必新、何东林：《最高人民法院指导性案例裁判规则理解与适用·合同卷》，中国法制出版社2012年版，第250～251页。

② 史尚宽：《债法各论》，中国政法大学出版社2000年版，第167～168页。

于第二个阶段认定其条件的相当性。[①] 据上所述，相当因果关系由“条件关系”及“相当性”两个部分组成。其中“条件关系，指某甲之行为与某乙的权利受侵害之间，具有条件关系，而条件关系是采“but - for”的认定检验方式。[②] “关于侵权行为上的因果关系，首应肯定某一原因事实系某种结果的条件，唯此尚不足令加害人就所生的损害负赔偿责任；为了避免因果关系循环，牵连永无止境，必须确定其限界，……台湾地区学说均采同一的认定公式：无此行为，虽不必生此损害，有此行为，通常足生此种损害者，是为有因果关系。无此行为，必不生此种损害，有此行为通常亦不生此种损害者，即无因果关系。[③]

综上，两岸民法学界在“因果关系”学说的历史进程上，路径虽有所不同，但最终均选择了内涵大致相同的“相当因果关系”论作为司法界认同的理论。

三、两岸法院裁判文书中对“因果关系”的论述

（一）大陆法院裁判文书对“因果关系”的论述

1. 最高人民法院关于发布第19批指导性案例的通知法〔2018〕338号指导案例98号（张庆福、张殿凯诉朱振彪生命权纠纷案）

朱振彪的行为与张永焕的死亡结果之间是否具备法律上的因果关系？法院认为，从朱振彪的行为过程看，其并没有侵害张永焕生命权的故意和过失。根据朱振彪的手机视频和机车行驶影像记录，双方始终未发生身体接触。在张永焕持刀声称自杀意图阻止他人追赶的情况下，朱振彪拿起木凳、木棍属于自我保护的行为。在张永焕声称撞车自杀，意图阻止他人追赶的情况下，朱振彪和路政人员进行了劝阻并提醒来往车辆。考虑到交通事故事发突然，当时张雨来处于倒地昏迷状态，在此情况下被告朱振彪未能准确判断张雨来伤情，在追赶过程中有时喊话传递的信息不准确或语言不文明，但不构成民事侵权责任过错，也不影响追赶行为的性质。在张永焕为逃避追赶，跨越铁路围栏、进入火车运行区间之后，朱振彪及时予以高声劝阻提醒，同时挥衣向火车司机示警，仍未能阻止张永焕死亡结

① 王泽鉴：《侵权行为法》，中国政法大学2001年版，第191页。
② 王泽鉴：《侵权行为法》，中国政法大学2001年版，第193页。
③ 王泽鉴：《侵权行为法》，中国政法大学2001年版，第204页。

果的发生。故该结果与朱振彪的追赶行为之间不具有法律上的因果关系。①

2. 其他各地法院裁判文书中对“因果关系”的论述列举

如“陆继雄是溺亡，被告刘贵平、米财田与陆继雄共同喝酒的行为不存在过错，两者之间亦没有必然的因果关系。因此，被告刘贵平、米财田对陆继雄的死亡无需承担赔偿责任。”② 又如“原告亦未举证谷贵福死亡事实与被告杨志伟停放收割机之间有必然因果关系的证据；被告杨志伟停放收割机的行为在谷贵福事故死亡中无过错，其停放行为亦不符合公共道路妨碍通行致害责任构成的要件，故原告要求被告杨志伟承担赔偿责任于法无据，本院不予支持。”③ 又或是“张义久的行为是引起失火的直接原因，没有张义久的行为，就不会有失火的结果，故张义久应承担主要责任。”④ 黄某在校虽存在抽烟、嚼槟榔、上网、赌博等恶习，但该恶习的存在与被告里耶民中的教育并无直接因果关系，原告亦无证据证实该恶习的存在与被告里耶民中的教育之间存在因果关系，且该恶习与黄某抢劫致人死亡也不存在直接的因果关系，故原告的主张无事实及法律依据，本院不予支持。⑤

---

① 《非因法定职责、法定义务或约定义务实施阻止不法侵害者逃逸的行为，可以认定为见义勇为——指导案例98号：张庆福、张殿凯诉朱振彪生命权纠纷案》，载法信——中国法律应用数字网络服务平台，http：//www. faxin. cn/lib/cpws/CpwsContent. aspx？ gid = RDkjRTDOd7Xnj0TKCprSEsT2QDAE/GJaou83w4LdEgk = &userid = 135065&userinput = % E3% 80% 942018% E3% 80% 95338% E5% 8F% B7% E6% 8C% 87% E5% AF% BC% E6% A1% 88% E4% BE% 8B98% E5% 8F% B7，最后访问时间：2019年5月27日。

② 《陆宜勤、隆凤合等与刘贵平等生命权纠纷一审民事判决书》，载法信——中国法律应用数字网络服务平台，http：//www. faxin. cn/lib/cpws/CpwsContent. aspx？ gid = nKOQPkc2Cuhr3gtVNKNd8Rn4UfIM6IIQWbLK/MD9/pw = &userid = 135065&userinput = % E9% 99% 86% E7% BB% A7% E9% 9B% 84% E6% 98% AF% E6% BA% BA，最后访问时间：2019年5月27日。

③ 张文格、谷玉广生命权、健康权、身体权纠纷二审民事判决书，载法信——中国法律应用数字网络服务平台，http：//www. faxin. cn/lib/cpws/CpwsContent. aspx？ gid = NkUY5LDdP9hSpUh@ $@ $/klujrLS3o5eEILzpisPiOnRYc = &userid = 135065&use，最后访问时间：2019年5月28日。

④ 《与损害结果之间有直接因果关系的先行行为是确定纠纷性质的关键——中国华侨旅游侨汇服务总公司黑龙江公司诉黑龙江省国营农场总局哈尔滨老干部休养所保管汽车损害赔偿纠纷案》，载法信——中国法律应用数字网络服务平台，http：//www. faxin. cn/lib/cpal/AlyzContent. aspx？ isAlyz = 1&gid = C659187&userinput，最后访问时间：2019年5月28日。

⑤ 《（2017）湘3130民初747号田某某诉里耶民中教育机构责任纠纷一案民事判决书》，载法信——中国法律应用数字网络服务平台，http：//www. faxin. cn/lib/cpws/CpwsContent. aspx？ gid = IXWs6EXF5kYxVcrFayCHkQv@ $OW9uJzyPhoMYJOmEqYQ = &userid = 135065&userinput = % E9% BB% 84% E6% 9F% 90% E5% 9C% A8% E6% A0% A1% E8% 99% BD% E5% AD% 98% E5% 9C% A8% E6% 8A% BD% E7% 83% 9F% E3% 80% 81% E5% 9A% BC% E6% A7% 9F% E6% A6% 94% E3% 80% 81% E4% B8% 8A% E7% BD% 91% E3% 80% 81% E8% B5% 8C% E5% 8D% 9A% E7% AD% 89% E6% 81% B6% E4% B9% A0% EF% BC% 8C% E4% BD% 86% E8% AF% A5% E6% 81% B6% E4% B9% A0% E7% 9A% 84% E5% AD% 98% E5% 9C% A8% E4% B8% 8E% E8% A2% AB% E5% 91% 8A% E9% 87% 8C% E8% 80% B6% E6% B0% 91% E4% B8% AD% E7% 9A% 84% E6% 95% 99% E8% 82% B2% E5% B9% B6% E6% 97% A0% E7% 9B% B4% E6% 8E% A5% E5% 9B% A0% E6% 9E% 9C% E5% 85% B3% E7% B3% BB，最后访问时间：2019年5月28日。

从上述摘录内容可知：

首先，因果关系究竟应如何定位？上述对因果关系描述有“法律上因果关系”“必然因果关系”“直接因果关系”等；模糊、随意、不统一的冠名背后是法官对何为因果关系认知的模糊，不统一。究其缘由：大致与“关于因果关系如何认定，既没有法律上明确的规范，而法理上长期也是处于各种学说轮流坐庄”的客观环境有关。诚如前文所述，最高人民法院对一般侵权行为应适用“相当因果关系”论的态度已然明朗，则将“相当因果关系”作为司法界通说也有顺理成章的依据。据此，法官在裁判文书中对“因果关系”的描述也应统一以“相当因果关系”为宜。

其次，因果关系推定的过程应如何论述？具体将相当因果关系的说理体现在司法文书中，这要求在司法文书撰写过程中尽量公开其判断因素如何推论的过程，避免流于主观法律感情的随意以及枯燥的陈述，否则难免给人留下法院裁判未经深思熟虑的印象。上述指导案例 98 号中对于朱振彪的行为与张永焕的死亡结果之间不具有因果关系的论述，除了应将因果关系定位为“相当因果关系”之外；若能点出因果关系的推理过程，则公众的认同度应该会更高些。根据“相当因果关系”判断的构成要件，上述案件关于因果关系的论述若作以下变动，则应更能使人信服：即从现有证据还原的现场情况可知，朱振彪的追赶行为及手持木凳的状态，通常情况下并不必然使得张永焕需要跨入铁轨才可避免身体或财产上的更大损害；而在张永焕进入火车运行区间之后，朱振彪及时予以高声劝阻提醒，同时挥衣向火车司机示警的行为，更不会使得张永焕人身受到任何伤害。综上，朱振彪的行为与张永焕的死亡结果之间并不具有相当因果关系。

最后，上述裁判文书内容中对“当事人有无过错”的分析往往比较充分，但是对于行为与结果之间有无因果关系的论述却常是寥寥数语，给人以草草了事之印象；确无法显示司法者对自己所认定的有无因果关系之结论进行过严谨推理；但因果关系作为侵权构成要件的关键组成，若不详加论述，实难以服众。

（二）台湾地区法院裁判文书中对“因果关系”的描述

1987 年台上字第 158 号判决“按侵权行为之债，故须损害发生与侵权行为之间有相当因果关系始能成立，唯所谓相当因果关系，系以行为人之行为所造成的客观存在事实，为观察基础，并就此客观存在事实，依吾人智识经验判断，通常均有发生同样损害结果之可能者，该行为人之行为与损害之间，即有因果关系。”[①]

上诉人既见对面有来车交会而仍超车，于超车时，又未保持半公尺以上之安全距离，竟紧急靠右侧路边驶车，迫使在其右边之林碧沙驾驶之机车无路行使，一时慌急，操作不稳，紧急刹车，致使机车后座之林陈金摔倒地上，因伤致死，是上诉人之违规行车与林陈金之死亡，显有相当因果关系。[②]

对损害原因力之判断，明白区分单纯违法法令之行为与行为人之加害行为。该决谓：上开车祸之发生，系因甲驾车行经行人穿越道，未暂停让行人即乙先行通过，为肇事原因，业经台湾省台北区行车事故鉴定委员会鉴定明确，而前开另案民、刑事确定判决亦均认定甲途经行人穿越道前，疏未注意车前状况及减速慢行，未暂停让行人先行通过，因而撞及正欲穿越行人穿越道之行人乙倒地死亡等情。足证该损害结果之发生，并非由于甲所驾驶上开小货车之机件因素所致。则该小货车未依规定参加定期检验，既非造成本件车祸之原因，是丙未为定期检验该小货车与甲之肇事及被害人乙之死亡间，即无相当因果关系存在，丙自不负共同侵权行为之责任。[③]

不法侵害他人致死者，被害人之父母子女及配偶所受支出殡葬费及丧失扶养请求权等财产上之损害，固得依“民法”第190条之规定，向加害人请求赔偿。惟需他人有不法加害之行为，方得对之为此请求。上诉人某甲雇请被上诉人某乙之于某丙之行为与其死亡间，纵有如无某甲之雇请行为，某丙即不致死亡之关系，而此种雇请行为，按诸一般情形，既不致于发生该项结果，即无相当因果关系，亦自不得谓其系被某甲侵害致死。[④]

此为一般之交通常识，自应为被告丙某某所知悉，其驾车行经上开路段，应注意上开规定，且按当时情形亦无不能注意之情事，竟疏未注意，仍于雨天以自承时速65公里之速度通过该处，未减速接近，注意安全，小心通过，并注意作随时停车之准备，致生事故，使原告受有上开伤害，其有过失，应属明确，且被告

---

① 王泽鉴：《侵权行为法》，中国政法大学2001年版，第205页。

② 陈聪富：《侵权行为法之因果关系》载 http：//dx. doi. org/10. 6199/NTUIJ. 200. 29. 02. 04，最后访问时间：2019年5月28日。

③ 同注②。

④ 同注②。

丙某某之过失与原告之伤害间复有相当因果关系，被告丙某某确有过失伤害之行为，堪予认定，是原告依侵权行为法则请求被告赔偿损害，自属有据。①

从上述裁判文书对“因果关系”的论述摘录中可知：台湾地区由于法律界长久以来对于“相当因果关系”的认同，故在司法文书中对于“因果关系”的描述较为统一，均以“相当因果关系”论。另，对于因果关系是否成立的论述，显然较之于大陆法院更为详实；大陆法官在制作判决书的时候，往往会略去对于因果关系推理的过程，而作为判决理由的重要组成部分，法官对因果关系推理过程进行书面还原，是一篇让当事人信服的判决书之必备要素。

四、台湾地区“相当因果关系”之司法实践于大陆之借鉴意义

由于特定的社会、文化、历史背景，海峡两岸关于侵权责任之因果关系方面所体现的内容有所不同；但海峡两岸同属中华民族，相同的语言文化，相同或相近的风俗习惯与传统，相近的思维使得两岸在裁判文书说理部分可以有许多相通之处。“他山之石，可以攻玉。”台湾地区法院关于侵权责任之因果关系的展现未必完美，但论“相当因果关系”之实践，台湾地区较之于大陆确在一定程度上成熟了许多；故大陆可将台湾地区法院积累数十年之宝贵司法实践经验供作未来司法之参考。大陆对于相当因果关系之所以陌生，是因为该理论确立为通说的时间较短，法官对该理论本身较为生疏，同时对于该理论应如何呈现于裁判文书中，法官也缺乏可资借鉴的对象。鉴于以上原因，笔者认为，欲使大陆法官对“相当因果关系”之理论能够普遍认知且充分体现于裁判文书之中，可作以下几方面尝试：

（一）借助最高人民法院编撰的诸如《理解与适用丛书》此类较权威的条文释义图书进行“相当因果关系”理论的普及

一般来说，最高人民法院往往会在相关部门颁布新法律或司法解释之后，及时编撰发行配套的《理解与适用丛书》，对相关条文进行系统梳理，同时对案件审判实务中遭遇的争议和疑难问题结合条文进行解答。该系列丛书是大陆法官遇到疑难问题时经常会查阅的资料，故在此类较为权威的图书中对“相当因果关系”

---

① 《台湾花莲地方法院民事判决1999年度诉字第一六二号》，载北大法意，http://www.lawyee.org/，最后访问时间，2019年5月25日。

理论进行普及，相信会有事半功倍的效果。

（二）倡导鼓励收录、发行台湾地区司法案例

无论是专门性的法律应用数据库还是综合性数据库的开发与使用，在我国已然普遍，前者如法信平台、北大法意、北大法宝、法律门数据库，后者如中国知网、万方数据库；但纵观上述平台，其关于台湾地区案例的收录确实稀少，专门集中收录了“台湾地区案例”的数据库，据观察仅有北大法意的中国司法案例数据库，但其中涵盖的案例也以2000年以前的案件居多。而收录台湾地区相关司法案例的图书，在大陆的发行也堪称罕见；对于想要了解台湾地区司法案例的法官而言，资源的获取可谓不太容易。了解是借鉴学习的前提，对文化同宗同源的台湾地区法院司法实践的了解，是有效借鉴进而完善自身的基础；故应倡导鼓励相关方面收集、发行台湾地区的司法案例。

（三）通过最高人民法院的案例指导制度推广“相当因果关系”在裁判中的逻辑推演过程

“相当因果关系”理论对肯定“相当”因果关系所须的“通常可能性”未能提出精确的认定基础，这一“不确定法律概念”给予法官的判断余地，而作为裁判者所做出的案例进行比较进而建立其类型，以期能就个案做出符合正义的适用。[①] 也正因为如此，我国大陆司法者才更应该明确在裁判文书中加强对“相当因果关系”的推理论述意义重大。但根据上述对各地法院裁判文书甚至入选指导性案例的裁判文书之列举可知，各地法院对“因果关系”成立与否的推理太过随意。我国现行的案例指导制度，其案例挑选程序严格，基于成文法国家现状，指导案例已行“判例”之实，指导案例的重要程度不言而喻。而为帮助准确理解与适用最高人民法院发布的司法解释、指导性案例，以指导审判实践，人民法院出版社也会策划出版《最高人民法院司法解释与指导性案例理解与适用》，全面收录司法解释、指导性案例，且附有司法解释、司法文件起草者及指导性案例编选者等撰写的理解与适用文章。故若能在挑选指导案例时有意识地选择在因果关系说理方面突出的裁判文书加以推广（既能正确定义因果关系，同时对因果关系存在与否的推理过程详实缜密），则相信能够极大地推进法官对因果关系的认知及推理过程。

---

① 王泽鉴：《侵权行为法》，中国政法大学出版社2001年版，第227页。

结　语

与哲学、实验科学旨在探寻因果关系的本质及其通则不同，侵权法上的因果关系的考察指向于解释与归责此等“实用”的目的与功能，即通过解释确认“特定”场合下某种特殊事件是另一特殊事件的结果或者后果。[①] 如此重要的因果关系的判断，正是一份正义的裁判文书必备之要素，基于两岸文化同宗同源的背景，台湾地区已有的相当因果关系之司法实践经验值得我们借鉴。

① ［美］H. L. A 哈特、托尼·奥诺尔：《法律中的因果关系》，张绍谦、孙战国译，中国政法大学出版社 2005 年版，第 10 页。

我国遗赠主体制度的立法完善探析

——以两岸遗赠制度比较为视角

吴国平 *

遗赠制度是继承法中的一项重要内容，在实施过程中，既涉及生活在大陆的遗赠人和受遗赠人，也可能涉及居住在台湾地区的受遗赠人。现行的《中华人民共和国继承法》（以下简称《继承法》）颁布于1985年并实施至今，由于受当时的立法理念、立法技术等诸多因素的影响，其中的遗赠制度（包括遗赠主体制度）不仅在内容上比较原则与简略，而且还存在一些立法空白。相比之下，台湾地区的有关规定相对较为完善，我们应当以民法典的编纂为契机，吸收台湾地区有益经验，对《继承法》中的遗赠主体制度进行修订与完善，使我国的继承制度更加科学与先进。

一、我国遗赠主体制度的主要内容

（一）《继承法》和司法解释有关遗赠主体制度的内容

我国现行的遗赠主体制度的内容主要体现在《继承法》和《最高人民法院关于贯彻执行〈中华人民共和国继承法〉若干问题的意见》（以下简称《继承法若干意见》）中。包括：

---

* 福建江夏学院国际教育学院院长、教授。

1. 遗赠的主体。根据《继承法》第十六条第三款的规定，遗赠法律关系的主体是遗赠人与法定继承人以外的自然人、集体组织、国家。被继承人为遗赠人，法定继承人以外的自然人、集体组织、国家等为受遗赠人。配偶、子女等法定继承人不得作为受遗赠人。

2. 受遗赠权的代理行使。根据《继承法若干意见》第八条的规定，法定代理人代理被代理人行使受遗赠权，不得损害被代理人的利益。法定代理人一般不得代理被代理人放弃受遗赠权。如有明显损害被代理人利益的，则应认定其代理行为无效。此外，《继承法若干意见》第五十三条对"转遗赠"问题作出了规定，即"继承开始后，受遗赠人表示接受遗赠，并于遗产分割前死亡的，其接受遗赠的权利转移给他的继承人。"

（二）《民法典各分编（草案）》（征求意见稿）遗赠主体制度的主要内容

1. 遗赠的主体范围。2018 年 9 月 5 日中国人大网公布的《民法典各分编（草案）》"继承编"（以下简称"继承编"）第九百一十二条规定："自然人可以依照本法规定立遗嘱处分个人财产，并可以指定遗嘱执行人。""自然人可以立遗嘱将个人财产指定由法定继承人的一人或者数人继承。""自然人可以立遗嘱将个人财产赠给国家、集体或者法定继承人以外的人。""继承编"只是将《继承法》第十六条中的"公民"改为"自然人"，在立法内容上没有变化。

2. 见证人范围。"继承编"第九百一十九条规定：继承人、受遗赠人和与继承人、受遗赠人有利害关系的人不能作为见证人。这与现行《继承法》第十八条第二、三项规定完全一致，没有变化。

3. 附义务之遗赠的履行。"继承编"第九百二十三条规定："遗嘱继承或者遗赠附有义务的，继承人或者受遗赠人应当履行义务。没有正当理由不履行义务的，经利害关系人或者有关组织请求，人民法院可以取消其接受附义务部分遗产的权利。"与现行《继承法》第二十一条相比，"继承编"只是将现行规定的"经有关单位或者个人请求，人民法院可以取消他接受遗产的权利"改为"经利害关系人或者有关组织请求，人民法院可以取消其接受附义务部分遗产的权利。"

4. 遗赠的失效。"继承编"第九百三十三条："有下列情形之一的，遗产中的有关部分按照法定继承办理：（1）遗嘱继承人放弃继承或者受遗赠人放弃受遗赠的；（2）遗嘱继承人丧失继承权或者受遗赠人丧失受遗赠权的；（3）遗嘱继承人、受遗赠人先于遗嘱人死亡或者终止的；（4）遗嘱无效部分所涉及的遗产；

（5）遗嘱未处分的遗产。与现行《继承法》第二十七条相比，“继承编”将“遗嘱继承人丧失继承权的”改为“遗嘱继承人丧失继承权或者受遗赠人丧失受遗赠权的”；将“遗嘱继承人、受遗赠人先于遗嘱人死亡的”改为“遗嘱继承人、受遗赠人先于遗嘱人死亡或者终止的”。

5. 无人继承又无人受遗赠的遗产的处理。“继承编”第九百三十九条规定：“无人继承又无人受遗赠的遗产，归国家所有，用于公益事业；死者生前是集体所有制组织成员的，归所在集体所有制组织所有。”与现行《继承法》第三十二条相比，“继承编”强调无人继承又无人受遗赠的遗产归国家所有后，要用于公益事业。

6. 执行遗赠时的限制条件。“继承编”第九百四十一条规定：“执行遗赠不得妨碍清偿遗赠人的债务、缴纳所欠税款。”与现行《继承法》第三十四条相比，“继承编”内容上没有变化，只是文字顺序上作了修改，将债务置于税款之前。

7. 清偿债务与缴纳所欠税款的顺序。“继承编”第九百四十二条规定：“既有法定继承又有遗嘱继承、遗赠的，由法定继承人清偿被继承人的债务、缴纳所欠税款；超过法定继承遗产实际价值的，由遗嘱继承人和受遗赠人按比例以所得遗产清偿。”这是“继承编”中的新增条款，现行《继承法》中没有规定。

此外，现行《继承法》第六条规定：“无行为能力人的继承权、受遗赠权，由他的法定代理人代为行使。限制行为能力人的继承权、受遗赠权，由他的法定代理人代为行使，或者征得法定代理人同意后行使。”但“继承编”中删除了现行《继承法》第六条的规定。

综上所述，《民法典各分编》（草案）（征求意见稿）在遗赠制度方面虽然增加了一些内容，但从总体上看并没有太大的变化，换言之，在立法内容上并没有大的突破。

二、台湾地区有关遗赠主体制度的主要内容

台湾地区“民法”第5编第3章“遗嘱”规定了遗嘱通则、方式、效力、执行、撤回和特留分等6节，共83条。其中包括了遗赠制度，并将遗赠作为遗嘱的一项重要内容，其方式、效力、执行和撤回规则等均适用遗嘱的相关规则。其中有关遗赠主体法律制度的内容有：

（一）遗赠人

根据台湾地区“民法”第1186条的规定，遗赠人（即遗嘱人）必须具有遗嘱能力。凡是没有遗嘱能力的人不得进行遗赠行为。据此，只要是具有遗嘱能力的自然人，均可以作为遗赠人。

（二）受遗赠人

在遗赠法律关系中，受遗赠人是根据遗嘱人所立遗嘱而有权获得遗嘱中指定财产利益的人。

受遗赠人须具备的条件有：第一，须为遗嘱发生效力时尚生存的人；第二，须未丧失受遗赠权。如受遗赠人因发生某种违法行为而丧失受遗赠权的，则遗赠对其不发生效力。

在继承开始时，凡是具有权利能力的人，除受遗赠缺格者（即依法丧失受遗赠权者）外，均可以为受遗赠人，包括自然人、法人或其他社会组织、国家。在台湾地区，受遗赠人范围既包括继承人，也包括继承人以外的人。在不违反特留份规定的前提下，继承人除依遗嘱而享有指定应继份的继承权外，还可以接受遗赠。

根据台湾地区“民法”第7条的规定，胎儿以将来非死产者为限，在遗赠人死亡时视为已经出生的，也可以被指定为受遗赠人。

（三）遗赠义务人

1. 一般遗赠关系的遗赠义务人。遗赠义务人是指履行遗赠义务的人。在台湾地区，遗赠义务人一般是继承人。在有遗嘱执行人的情况下，则遗赠义务人为遗嘱执行人。在无人承认继承时，则为遗产管理人。不论是遗赠义务人、遗嘱执行人还是遗产管理人，他们均负有履行遗赠、交付遗赠物的义务。

台湾地区“民法”第1215条规定，遗嘱执行人有管理遗产，并为执行上必要行为之职务。遗嘱执行人因前项职务所生之行为，视为继承人之代理。史尚宽先生曾解释，遗赠义务人虽然原则上为继承人，如有遗嘱执行人因其视为继承人的代理人，并于其执行职务中继承人不得处分与遗嘱有关的遗产，遗嘱执行人亦为遗赠义务人。“在无人承认之继承，遗产管理人有交付遗赠物之职务，其职务上行为视为继承人之代理，如有继承人承认继承时，其承认前所为，亦为遗赠义务人。”[①] 因此，在遗产继承中，遗产管理人被视为被继承人（遗嘱人）的信托受托人，其理所当然是遗赠义务人。

当遗赠义务人在遗嘱人死亡时已不生存或丧失继承权或抛弃继承权的，除遗嘱人另有意思外，对于遗赠的效力不产生影响。此时因遗赠义务人空缺而由直接受益的人作为遗赠义务人，负担遗赠义务。[②] 当继承人有数人时，除遗嘱另有指定外，他们共同为遗赠义务人。

2. 附负担遗赠的遗赠义务人。首先，在附负担的遗赠中，受遗赠人为负担履行义务人。如果受遗赠人在遗赠发生效力后未履行负担前死亡时，其继承人是否须负履行负担的义务呢？台湾地区学者认为，受遗赠人未进行遗赠的承认或抛弃而死亡时，其继承人可以在自己的继承权范围内进行承认或抛弃。受遗赠人的继承人如承认遗赠者，则于其应继份的范围内负履行负担的义务。如果受遗赠人已承认遗赠但在未履行负担前死亡时，则由承认继承的继承人负履行负担的义务。[③] 其次，对于何人有权请求受遗赠人或其继承人履行遗赠的负担，台湾地区所谓“民法”没有明文规定。在解释上认为，遗嘱人于遗嘱中有指定履行请求权人的，应依遗嘱的指定；遗嘱没有具体指定时，则应由遗嘱人的继承人、遗嘱执行人、继承人以外的受益人等作为负担履行请求权人。如果所附负担是为了公益事业，则负担有关公益的主管机关可以成为负担履行请求权人。

（四）替补遗赠和后位遗赠

在遗赠关系中，如果第一受遗赠人先于遗赠人死亡或放弃受遗赠或丧失受遗赠权时，该受遗赠人所应继受的财产利益即移转给与第二受遗赠人，后者为第二次的受遗赠人，因此称为替补遗赠，也称为补充遗赠。而后位遗赠，也称为后继遗赠，是指第一受遗赠人所受的遗赠利益，因某种条件的成就或期限的届至，应移转于第二受遗赠人的遗赠。后者亦为第二次的受遗赠人。他无须于遗嘱发生效力时存在，只要在该条件成就或该期限届至时存在即可。目前，这两类遗赠在台湾地区所谓“民法”中并没有规定。在学理上，台湾地区学者史尚宽、陈棋炎、

---

① 史尚宽：《继承法论》，中国政法大学出版社 2000 年版，第 517 页。

② 史尚宽：《继承法论》，中国政法大学出版社 2000 年版，第 518 页。

③ 陈棋炎、黄宗乐、郭振恭：《民法继承新论》（修订 7 版），台湾地区三民书局 2011 年版，第 364 页；史尚宽：《继承法论》，中国政法大学出版社 2000 年版，第 508 ~ 509 页。

黄宗乐、郭振恭教授等人认为，从尊重遗赠人意志的立场出发，应当在立法上承认之。[①]

三、海峡两岸遗赠主体制度之比较

（一）遗赠主体制度的相同点

1. 遗赠主体资格要件方面。大陆与台湾地区均规定遗嘱人须具有遗嘱能力，无遗嘱能力人视为主体不合格。凡是无遗嘱能力人所立的遗嘱均不具有法律效力，其遗嘱中所涉遗赠内容也就随之归于无效。同时，大陆与台湾地区立法均要求受遗赠人须为遗嘱发生效力时尚生存的人。如果受遗赠人于遗嘱发生效力前死亡的，则该遗赠不发生效力。

2. 转遗赠、替补遗赠和后位遗赠制度方面。大陆与台湾地区目前对转遗赠、替补遗赠和后位遗赠制度均没有作出规定。所不同的是，大陆的司法解释对转遗赠问题作出了规定，但这三个内容在立法层面上仍处于缺失状态。

3. 有关遗赠不适用代位继承的规定。大陆与台湾地区均要求受遗赠人须于继承开始时尚存在，因此，遗赠不适用代位继承的规定。

（二）遗赠主体制度的不同点

1. 大陆的遗赠与遗嘱继承相对应，是指遗嘱人对法定继承人以外的人（包括其他自然人、集体组织和国家）通过遗嘱实施的赠与行为。受遗赠人限于法定继承人以外的人。而台湾地区的遗赠并不要求必须是法定继承人以外的人，法定继承人也可以成为受遗赠人。[②] 这是海峡两岸遗赠法律制度的最大区别。

2. 台湾地区规定了遗赠义务人制度，而大陆继承法中的遗赠制度内容相对比较简要，对遗赠义务人问题没有作出规定。

从以上内容我们可以看出，台湾地区的遗赠主体制度相对比较具体，受遗赠人的范围比较广泛，特别是遗赠义务人制度的内容较为完善，同时，台湾地区学界有关替补遗赠和后位遗赠制度应在立法上予以确认的观点，法理依据充分，在执行上具有可行性，对尊重遗赠人的意思自治和保护受遗赠人的权益十分有利，

---

① 陈棋炎、黄宗乐、郭振恭：《民法继承新论》（修订7版），台湾地区三民书局2011年版，第346～347页。

② 吴国平：《台湾地区继承制度概论》，九州出版社2014年版，第269页。

这些都值得我们在制定民法分则“继承编”时参考。需要指出的是，台湾地区将法定继承人也纳入受遗赠人的范围，其受遗赠人主体范围过大，与法定继承人存在重叠的问题，与我国大陆实行“主体划分论”的立法模式有明显区别，其中之利弊，还需要在学术上深入分析比较和研究。这将在第四个问题中具体分析。

四、完善我国遗赠主体制度之构想

（一）我国遗赠法律关系主体制度存在的不足

目前，我国遗赠法律关系主体及其相关制度存在以下不足：

1. 没有规定转遗赠制度。目前，《继承法》对于在继承开始后，受遗赠人在表示接受或者放弃遗赠之前死亡的，其接受或者放弃受遗赠的权利是否可以转归其法定继承人享有没有作出规定。

2. 没有规定遗赠义务人制度。即目前立法对于遗赠义务人的产生方式及其义务内容等问题未作出规定。

3. 没有规定替补遗赠和后位遗赠制度。依照我国现行立法，在法定继承情况下，继承人先于被继承人死亡的，继承人的直系血亲卑亲属依法可以代位继承，但在遗赠情形下，受遗赠人先于遗赠人死亡的，则遗赠归于无效。即使遗赠人已有明确意思表示的，受遗赠人的直系血亲卑亲属也不能获得该遗赠财产，这不利于保护遗赠人自己处分自己身后财产的自由和权利。同时，由于后位遗赠制度的缺失，对于保护再婚当事人特别是生存配偶一方和未成年子女的居住权也十分不利。①

（二）完善我国继承法之遗赠主体制度的若干建议

1. 进一步明确遗赠法律关系当事人的范围。（1）规定受遗赠人的继承人可以成为遗赠的转继承人；（2）将遗赠人死亡时已经受孕的胎儿纳入受遗赠人的范围；（3）遗赠公证人、见证人及其配偶或其他直系血亲不得作为受遗赠人；（4）将继承人、遗嘱执行人和遗产管理人纳入遗赠义务人的范围。② 这里，有两个问题需要重点阐述：

第一，代位遗赠和转遗赠。对于代位遗赠和转遗赠问题，《大清民律草案》第

---

① 吴国平：《台湾地区继承制度概论》，九州出版社2014年版，第272页。
② 吴国平：《台湾地区继承制度概论》，九州出版社2014年版，第274页。

1516 条曾经规定："……受遗人在未承认以前死亡，其继承人有承认或抛弃遗赠之权。"《日本民法典》第 988 条规定："受遗赠人未为遗赠的承认或放弃而死亡时，其继承人得在自己继承权的范围内为承认或放弃。但遗嘱人在其遗嘱中已表示特别的意思时，从其意思。"《德国民法典》第 2180 条第 3 款和 1952 条第 1、3 款也有类似的规定。在德国、日本的立法例中，转遗赠与转继承所适用的法理是统一的。[①] 但《继承法》对代位遗赠和转遗赠问题均没有作出规定。当然，笔者并不主张《继承法》规定代位遗赠问题，而是建议继续坚持《继承法》第二十七条第一款第三项的规定[②]，并参考我国台湾地区"民法"1201 条的规定，"受遗赠人于遗嘱发生效力前死亡的，其遗赠不发生效力。"同时，我们还应当看到，在继承开始后，无论受遗赠人承认或抛弃遗赠，在法律上均已经因为遗赠人死亡和立有遗嘱而享有受遗赠的现实的权利。这时，如果受遗赠人承认或抛弃这一权利，则仅仅是针对已经取得的受遗赠权的确认或抛弃，因此，在法律上不应当剥夺受遗赠人的承认或抛弃权，同时也应当承认受遗赠人的法定继承人的"转遗赠权。"

长期以来，我国继承法理论认为，受遗赠人死亡后，并不产生遗赠财产由受遗赠人的继承人承受的问题，即既不会发生代位遗赠，也不会发生转遗赠问题。理由在于受遗赠人的受遗赠权只能由受遗赠人自己享有而不得转让。这一理论与大陆法系国家的立法例是不同的。[③] 而事实上，我国相关司法解释对转遗赠问题已做出了初步的规定，司法机关在实践中也有了这方面的审判实践。根据《继承法若干意见》第五十三条的规定，在继承开始后，受遗赠人表示接受遗赠，并于遗产分割前死亡的，其接受遗赠的权利可以直接转移给其继承人享有。现在需要做的就是以民法典的编纂为契机，将司法解释的这一规定上升到法律层面。因此，笔者建议：在民法分则"继承编"中明确规定以下内容：

（1）继承开始后，受遗赠人表示接受遗赠，并于遗产分割前死亡者，其接受遗赠的权利转归其继承人享有。当遗赠人在遗嘱中对遗赠作出特别的意思表示的，应从其意思。具体而言，即遗赠人可以在遗嘱中指定受遗赠人死亡后，由受遗赠

---

① 史尚宽：《继承法论》，中国政法大学出版社 2000 年版，第 555 页。

② 《继承法》第二十七条规定："有下列情形之一的，遗产中的有关部分按照法定继承办理：……（三）遗嘱继承人、受遗赠人先于遗嘱人死亡的；"

③ 房绍坤、郭明瑞、唐广良：《民商法原理（三）》，中国人民大学出版社 1999 年版，第 690 页。

人的继承人或者他人接受遗赠。①

（2）继承开始后，受遗赠人知道自己受遗赠，并从其知道自己受遗赠之日起2个月内作出接受遗赠的意思表示，但还没有实际接受遗赠即死亡的，其生前如果在遗嘱中有明确指定转遗赠人的，则其指定的继承人享有转遗赠权。② 但是，如果受遗赠人在继承开始后遗产分割前死亡，由于其不知道受遗赠，也尚未表示接受或者放弃受遗赠，这时应如何处理？笔者认为，根据《继承法》的立法宗旨和保护公民财产继承权的基本原则，从尊重遗赠人的意愿和保护受遗赠人及其继承人利益出发，应当确认转遗赠的效力，该项权利应转归死亡的受遗赠人的继承人享有。

第二，受遗赠人的范围。按照《继承法》第十六条第三款的规定，受遗赠人只能是国家、集体或者法定继承人以外的人，继承人不能作为受遗赠人。“继承编”第九百一十二条第二款、第三款分别规定：“自然人可以立遗嘱将个人财产指定由法定继承人的一人或者数人继承。”“自然人可以立遗嘱将个人财产赠给国家、集体或者法定继承人以外的人。”这些规定很明确地把受遗赠人的范围限制在法定继承人以外的国家、集体或者其他自然人。在理论上，对于受遗赠人的范围是否应当扩大到法定继承人，学者们曾有不同的看法。有的学者赞成受遗赠人的范围应当扩大到法定继承人。如陈苇教授等认为不宜限制受遗赠人须为法定继承人以外的人。而有的学者认为现行《继承法》以所指定的遗产继受人是否为法定继承人来区分遗嘱继承和遗赠是可取的。郭明瑞、张平华、刘春茂教授等主张受遗赠人只能法定继承人以外的国家、集体和自然人，其对遗产所继受只能是积极的财产利益，并不负担遗产债务的清偿责任，而仅仅是在遗嘱执行人或继承人在清偿遗产债务后取得受遗赠财产（在遗产有剩余情况下）。他们主张《继承法》上应坚持以继受遗产的内容和继受人与遗赠人的关系为双重标准来区分遗嘱继承与遗赠。③ 梁慧星教授起草的《继承法修改草案》和杨立新、杨震教授主持起草的《继承法修正草案建议稿》中都坚持了《继承法》“主体划分论”的立法模式。笔

① 张平华、刘耀东：《继承法原理》，中国法制出版社2009年版，第346页。

② 刘文：《继承法比较研究》，中国人民公安大学出版社2004年版，第165页。

③ 郭明瑞、房绍坤、关涛：《继承法研究》，中国人民大学出版社2003年版，第136页；张平华、刘耀东：《继承法原理》，中国法制出版社2009年版，第319页；刘春茂：《中国民法学．财产继承》（修订版），人民法院出版社2008年版，第365页。

者也赞成《继承法》现行规定，主张不宜再“创造”新的模式，以免造成认识上和执行上的混乱。理由是：现行《继承法》对遗嘱继承人与受遗赠人主体范围的划分很科学合理，在实践中也执行得比较顺畅，不会造成混乱。如果法定继承人既可以作为遗嘱继承人，又可以作为受遗赠人，这在理论上会造成当事人身份重叠，且各自的权利义务边界不清，在实际操作中也容易产生混乱，甚至产生不必要的纠纷而浪费司法资源。因此，笔者认为民法分则“继承编”中应当坚持现有规定，即法定继承人以外的人不能作为遗嘱继承人，而法定继承人也不能作为受遗赠人。遗嘱继承人限于法定继承人范围内，其对遗产的继受属于权利义务的概括继受，遗嘱继承人须承担清偿遗产债务的义务，且在清偿债务、执行遗赠之后，如果遗产还有剩余，遗嘱继承人才能继承遗产。当然，遗嘱继承人对其遗产债务的清偿责任仅以其所接受的积极财产的价值或数额为限。这也符合《继承法》的立法精神。这样规定，对于梳理和明晰不同的继承法律关系，增强遗产执行的可操作性具有重要的意义。

2. 建立遗赠义务人制度。建议借鉴台湾地区立法经验，在民法分则“继承编”中设立遗赠义务人制度，明确规定：第一，无行为能力人和限制行为能力人不得作为遗赠义务人。第二，由遗嘱指定的继承人或遗嘱执行人负责履行遗赠义务。如果遗赠人既没有继承人，也没有指定遗嘱执行人时，经受遗赠人申请，由人民法院指定遗产管理人作为遗赠义务人。因为在遗产继承中，遗产管理人通常被视为遗嘱人（遗赠人）的信托受托人，他自然可以担任遗赠义务人。第三，遗赠义务人的主要职责是：（1）全面清点遗产，编制遗产清单。即查明遗产的名称、数量、地点、价值等状况；编制遗产清单，明确遗嘱人以遗嘱处分的遗产的范围。（2）清结遗嘱人生前的债权和债务，管理和保护遗产。（3）严格执行遗嘱内容。主要包括：一是召集全体遗嘱继承人和受遗赠人，公开遗嘱内容，并对有关遗产的情况作出说明；二是按照遗嘱内容要求分配遗产，执行遗赠，即将遗产最终转移给遗嘱继承人和受遗赠人。（4）报告遗赠执行情况。遗赠执行完毕，遗赠义务人应向继承人等利害关系人报告遗赠执行的情况。属于人民法院指定的，应当及时向人民法院提交书面报告。

如果遗赠义务人在遗嘱人死亡时已死亡或丧失继承权或抛弃继承权的，除遗嘱人另有意思外，对于遗赠的效力不产生影响。此时由因遗赠义务人空缺而直接受益的人作为遗赠义务人，负担遗赠义务。[①] 当继承人有数人时，除遗嘱另有指定外，全体继承人共同作为遗赠义务人。[②]

3. 增设替补遗赠和后位遗赠制度。首先，关于替补遗赠。目前在世界上，法国、德国、瑞士、俄罗斯和美国等国家继承法都明确规定了替补遗赠制度，匈牙利等国家虽然没有规定替补遗赠，但也不禁止替补遗赠。[③] 而我国现行《继承法》和《民法典各分编（草案）》（征求意见稿）"继承编"中对此均没有作出规定。我国有学者曾主张《继承法》应当确认替补继承和替补遗赠制度。如张玉敏教授主持起草的继承法建议稿第三十七条规定遗嘱人可以在遗嘱中指定替补继承人和替补受遗赠人。[④] 笔者也赞成这一主张。因为根据我国《继承法》第二十七条的规定，当受遗赠人先于遗赠人死亡时，遗赠归于无效，遗产中的有关部分按照法定继承办理。即便在遗赠人已经有明确意思表示的情况下，受遗赠人的继承人也不能享受该财产利益。而在法定继承情况下，被继承人的直系血亲卑血亲却依法享有代位继承权。这样，就不能充分保障遗赠人的遗嘱自由，最大限度地使遗产的归属符合遗嘱人的意愿，也不符合老百姓希望将自己的财产代代相传的民间传统习惯。而承认和实行替补遗赠制度，既填补了我国继承立法的空白，又尊重了民风民俗和遗嘱人的遗嘱自由，全面保护和兼顾继承关系中各方当事人的合法权益，发挥继承制度在巩固家庭职能，维系家庭关系中的积极作用。

其次，关于后位遗赠问题，目前世界各国有三种立法例。一是在民法典中明确承认后位遗赠，德国、瑞士采此立法例。二是在民法典中明确禁止后位遗赠，法国采此立法例。三是在民法典中既未明确承认也未明确禁止后位遗赠，日本、台湾地区即采此立法例。[⑤] 我国《继承法》和《民法典各分编（草案）》（征求意见稿）"继承编"既未明确承认后位继承，也未明确禁止后位继承。对于我国民法典是否应当承认并规定后位继承（包括后继遗赠），学界也有否定说和肯定说两种不同的观点。[⑥] 而对于后位遗赠，也是如此。有学者提出，我国传统民法认为，在继承开始后，遗赠人已经对遗产实际享有某种权利，遗产不应该承认后位遗赠，

---

① 史尚宽：《继承法论》，中国政法大学出版社 2000 年版，第 518 页。

② 吴国平：《台湾地区继承制度概论》，九州出版社 2014 年版，第 280 ~ 281 页。

③ 刘文：《继承法比较研究》，中国人民公安大学出版社 2004 年版，第 165 页。

④ 张玉敏：《中国继承法立法建议稿及立法理由》，人民出版社 2006 年版，第 8 页。

⑤ 张平华、刘耀东：《继承法原理》，中国法制出版社 2009 年版，第 330 ~ 331 页。

⑥ 张平华、刘耀东：《继承法原理》，中国法制出版社 2009 年版，第 243 ~ 246 页。

以免干涉受遗赠人的权利。[①] 有的学者则认为，只要遗赠人关于候补受遗赠人或次位受遗赠人的指定不违反我国法律和社会公共利益，就应当承认其效力。[②] 笔者赞成后一种意见，认为我国民法分则“继承编”应当承认后位遗赠。因为这也是对遗嘱人意思自治和遗嘱自由权的一种尊重。如果遗赠人在遗嘱中对后位遗赠作出了事先安排，只要不违反法律和社会公序良俗，法律就没有必要去禁止或限制。当遗嘱中所设定的某种条件成就或期限届至，遗产就由前位受遗赠人转归后位受遗赠人，如果遗嘱人在遗嘱中对条件或期限没有具体规定时，则可参照《德国民法典》第 2106 条第 1 款的规定，即规定：遗产在前位受遗赠人死亡之时转归于后位受遗赠人。同时，可以对后位遗赠的次数加以限制。

以上建议，寄希望于国家立法机关在编纂民法分则“继承编”时予以统筹考虑，使我国继承制度能够与时俱进，在体系上和内容上得到进一步完善，以回应新时代人民群众保护财产利益和司法机关依法处理财产继承纠纷的实际需要。

① 房绍坤、郭明瑞、唐广良：《民商法原理（三）》，中国人民大学出版社 1999 年版，第 692 页。
② 刘春茂：《中国民法学·财产继承》（修订版），人民法院出版社 2008 年版，第 374 页。